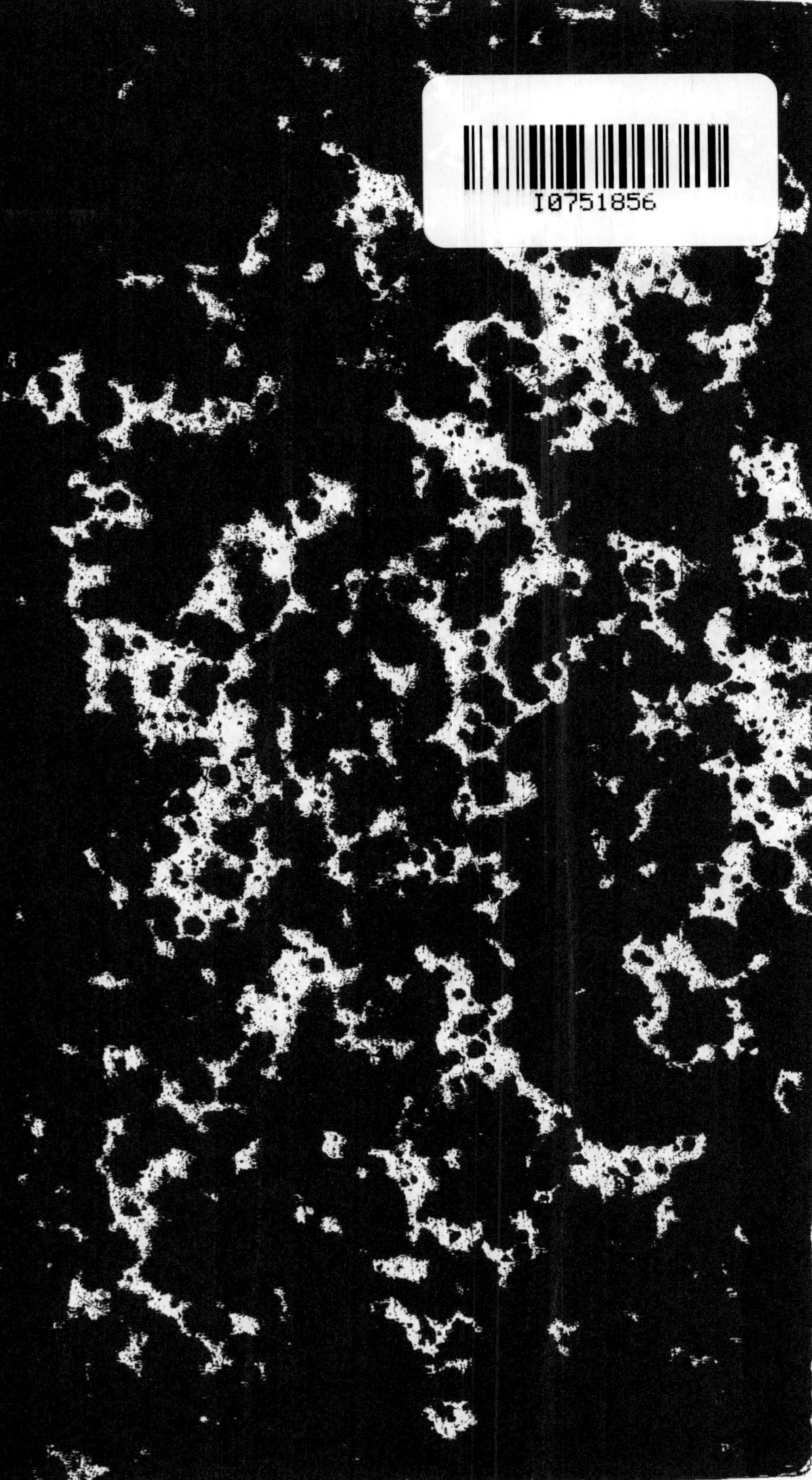

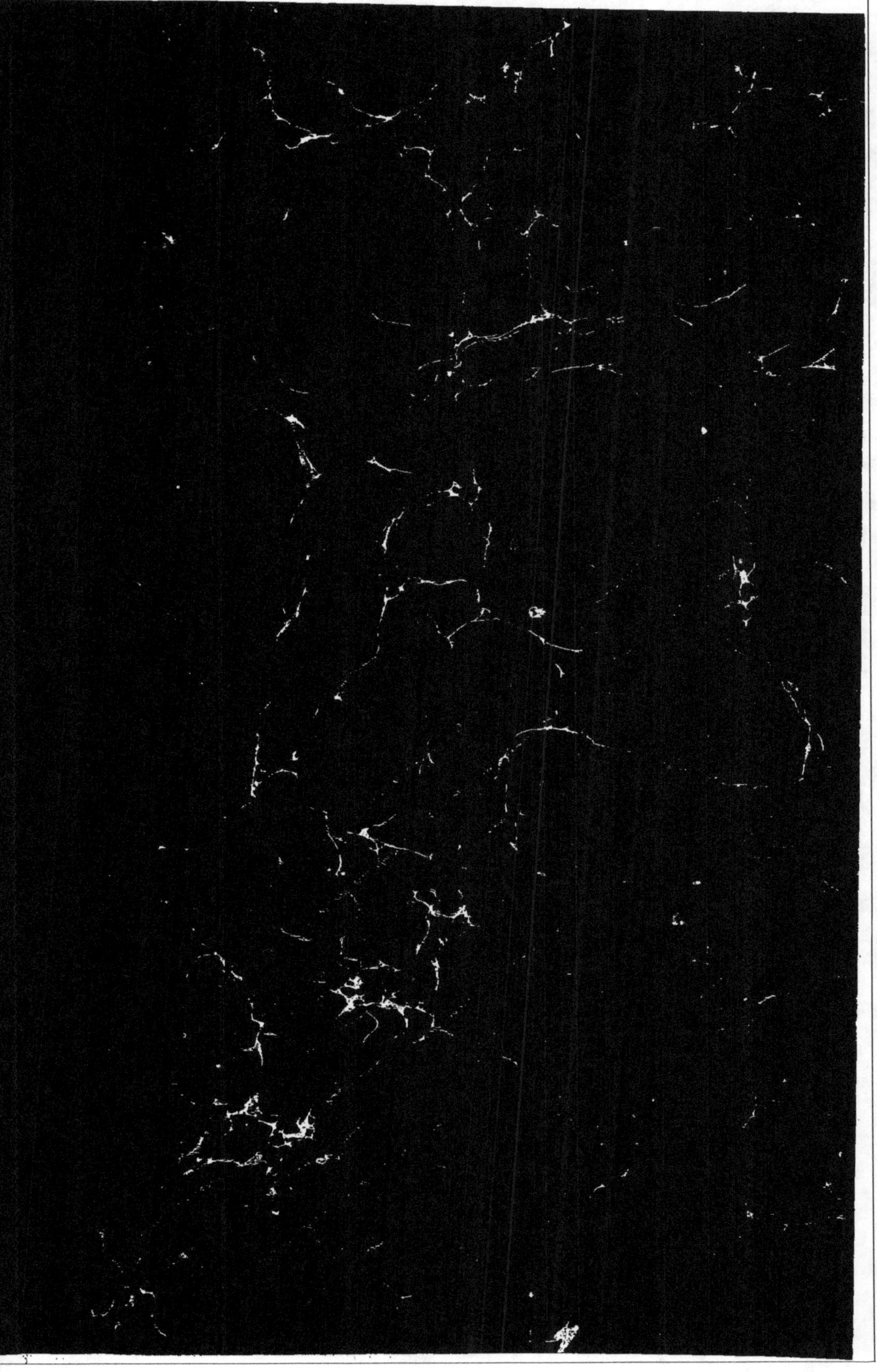

HISTOIRE GÉNÉRALE

DE

LA MARINE

PARIS. — TYPOGRAPHIE D'ALEXANDRE BAILLY
10, RUE DU FAUBOURG-MONTMARTRE

Rouargue frères del. et sc.

LE CORBIN

se perdant sur des récifs aux îles Maldives.

[illegible]

HISTOIRE GÉNÉRALE

DE

LA MARINE

COMPRENANT LES

NAUFRAGES CÉLÈBRES

LES VOYAGES AUTOUR DU MONDE, LES DÉCOUVERTES ET COLONISATIONS

L'HISTOIRE DES

PIRATES, CORSAIRES ET NÉGRIERS

EXPLOITS DES MARINS ILLUSTRES

VOYAGES DANS LES MERS GLACIALES

GUERRES ET BATAILLES NAVALES

JUSQU'AU

BOMBARDEMENT DE TANGER ET LA PRISE DE MOGADOR

PAR LE PRINCE DE JOINVILLE

EDITION SPLENDIDEMENT ILLUSTRÉE

PUBLIÉE SOUS LA DIRECTION

DE M. VAN TENAC

attaché au Ministère de la marine

TOME DEUXIÈME

PARIS

EUGÈNE ET VICTOR PENAUD FRÈRES, ÉDITEURS

10, RUE DU FAUBOURG-MONTMARTRE

1847

VICE-AMIRAL.

Histoire générale de la Marine.

HISTOIRE GÉNÉRALE

DE

LA MARINE.

LIVRE DEUXIÈME.

—

DEPUIS L'INVENTION DE LA BOUSSOLE JUSQU'AU SIÈCLE DE LOUIS XIV.

CHAPITRE PREMIER.

Turcs. — La boussole. — L'usage des voiles. — L'artillerie navale. — Les chevaliers de Rhodes triomphent des corsaires égyptiens. — Jean de Lastic déjoue les tentatives des Turcs et des Sarrasins. — Siége de l'île de Rhodes. — Siége de Bellegrade. — Incendie de la flotte ottomane devant l'île de Rhodes. — Les Turcs défont les Vénitiens. — Combat de Sapienza. — Prise et sac de Modon. — Ligue des princes chrétiens. — Conquête de l'île de Sainte-Maure. — Echec de Mételin. — Rupture de la ligue. — Le fameux corsaire Camali. — Prise de la grande caraque *la Mogarbine*. — Défaite de la flotte égyptienne. — Les Turcs vainqueurs des chevaliers de Rhodes. — Charles-Quint donne l'île de Malte aux chevaliers. — Siége de Coron. — Audace de Pallavicin, défaite des Turcs. — Armée navale de Soliman transportée par terre. — Pillage de l'île d'Aden, meurtre du roi. — Prise de Corfou. — Perfidies de Doria. — Les fameux corsaires Barberousse, Horuc et Dragut. — Conquête de Tripoli. — Défaite de la flotte des chrétiens. — Formidable armement de Soliman. — Sa défaite devant Malte. — Les chevaliers de Saint-Etienne. — Chypre saccagée. — Cruautés de Mustapha. — Nouvelle ligue des princes chrétiens. — Bataille de Lépante. — Le chevalier Fressinet. — Prise de Candie. — Décadence de la marine ottomane.

—

On a vu, page 35 du tome Ier, que la boussole est une invention des Européens, qui a été perfectionnée au quatorzième siècle par le Napolitain Flavio Gioja. Cette heureuse découverte, à laquelle la navigation moderne est redevable de ses progrès et de la hardiesse de ses expéditions, n'a cependant pas été adoptée sans difficulté. Avant d'y avoir une entière confiance, les hommes de mer ne l'ont employée que graduellement et avec hésitation.

Deux autres perfectionnements, dont il est également fait mention au chapitre XII du même tome, — l'usage des voiles et de l'artillerie, — ont aussi été profitables à la puissance navale. Nous parlerons plus tard des applications de la vapeur.

Reprenons l'histoire de la marine des Turcs à l'époque où nous l'avons quittée, c'est-à-dire depuis la destruction de leur flotte, à Limbro, par les escadres de Jean Biandras, prieur de Lombardie.

La navigation des chrétiens fut souvent troublée dans les mers de Chypre et de Rhodes par les corsaires égyptiens. Bérenger, qui alors était grand maître des Hospitaliers, se ligua avec le roi de Chypre pour leur donner la chasse. Ils armèrent une flotte de cent vaisseaux qui alla surprendre Alexandrie.

Les chevaliers, soutenus de soldats français, escaladent de toutes parts la ville, qui était grande, bien peuplée et défendue par une forte garnison. La victoire est longtemps douteuse; mais la valeur des chevaliers triomphe: la ville est forcée; ils y font un grand carnage des infidèles. Ils en sortent chargés de dépouilles des barbares.

La réputation des chevaliers de Rhodes augmenta encore sous le grand maître Philbert de Naillac. Ils résistèrent à l'orgueil et aux forces du victorieux Tamerlan, ce superbe vainqueur de Bajazet, qui vit tout plier sous ses armes.

Mais leur gloire causait trop d'ombrage aux Turcs et aux Sarrasins d'Egypte, pour que ceux-ci demeurassent longtemps tranquilles. Le soudan arma le plus secrètement qu'il put dix-huit galères et un grand nombre d'autres vaisseaux. Cette flotte aborda à l'improviste à une petite île voisine et dépendante de la religion, et la saccagea. Après cette expédition, les Sarrasins arrivèrent devant le port de Rhodes, le 25 septembre 1440: ils furent fort surpris de voir les rivages bordés de troupes qui les attendaient. Le grand maître, Jean de Lastic, qui avait été averti des préparatifs du soudan, s'était mis en état de le recevoir.

Les Sarrasins, voyant leur coup manqué, firent une sage retraite. Le maréchal de l'ordre, Louis de Saint-Sébastien, averti par un prisonnier qu'ils voulaient s'emparer de Lango, prit les devants et y arriva avant eux. Ils se retirèrent dans un port appartenant aux Turcs, et firent de tous leurs vaisseaux une estacade.

Le maréchal, qui les avait suivis, mit les soldats de ses vaisseaux sur les galères, et attaqua cette forteresse flottante avec beaucoup de vigueur. Le combat fut sanglant ; le nombre était du côté des Sarrasins, l'adresse du côté des chevaliers, et la valeur égale entre eux : la défense fut aussi vive que l'attaque. Les Sarrasins se sauvèrent à la faveur des ténèbres, après avoir perdu sept cents hommes ; le maréchal n'en perdit que soixante en cette occasion.

Le retraite humiliante des Sarrasins causa au soudan autant de dépit que de confusion, et lui inspira le dessein de s'en venger : il fit de grands armements, résolu d'immoler l'île de Rhodes à son ressentiment.

La flotte du soudan parut au commencement du mois d'août ; elle était très-puissante. Les Sarrasins étalèrent d'abord toutes leurs forces, et les firent passer en revue devant le port, afin d'épouvanter les habitants. Elle effraya effectivement le peuple ; mais elle ne fit qu'allumer le courage des chevaliers.

Les Sarrasins font le tour de l'île et débarquent dix-huit cents hommes ; après avoir pillé et brûlé tous les villages, ils s'approchent de la ville capitale et en forment le siége. Ils le poussent avec la dernière vigueur : leurs batteries sont bien servies, et ils donnent de terribles assauts ; mais ils sont toujours reçus et repoussés avec énergie.

Ennuyés enfin de n'employer contre les chevaliers qu'une rage impuissante, et de n'avoir fait pendant quarante jours que des efforts inutiles, ils se retirent avec autant de perte que de confusion, et vont rendre au soudan des témoignages non suspects de leur faiblesse.

Tels étaient les chevaliers de Saint-Jean de Jérusalem, lorsque Mahomet II conçut le dessein de les aller assiéger dans Rhodes. Il fit sommer le grand maître de le reconnaître pour souverain et de lui payer tribut. Le grand maître répondit en héros et en chrétien ; le fier Ottoman dès lors jura la perte des chevaliers.

Il envoya, comme un avant-coureur de sa fureur et de sa vengeance, une flotte de trente galères, pour ravager les côtes de toutes les îles qui appartenaient à la religion. Il alla ensuite faire le siége de Belgrade, que l'éloquence de saint Jean Capistran et le courage du brave Huniade lui firent lever. C'est alors qu'il mit en mer une puissante flotte, avec dix-huit cents hommes de débarquement. Le commandant fit une descente dans l'île de Cos, en assiégea le château, et le battit avec une artillerie nombreuse. Les infidèles ayant fait brèche, montèrent à l'assaut; mais ils trouvèrent dans les chevaliers une résistance à laquelle ils ne s'attendaient pas, et qui les força à se rembarquer aussitôt.

Les mauvais succès des Turcs contre Rhodes ne faisaient qu'augmenter la fureur et la rage de leur empereur; il arma de nouveau par mer et par terre, pour se saisir de toutes les avenues de Rhodes et de toutes les îles qui la pouvaient secourir.

Pierre d'Aubusson, grand maître de l'ordre, qui s'attendait à voir bientôt paraître l'ennemi, fit fermer le port avec une grosse chaîne de fer, remplir les magasins et construire de nouvelles fortifications; il envoya aussi de puissants secours aux îles qui dépendaient de la religion.

Enfin Mahomet fit un appareil de guerre redoutable. Vers la fin d'avril la grande armée des Turcs partit de Gallipoli, et arriva devant Rhodes le 23 mai 1480. Elle était composée de cent soixante vaisseaux de haut bord, sans compter les felouques, les galiotes, les vaisseaux plats et de transport.

Le pacha, qui commandait les Turcs, fit mettre à terre une grande quantité de soldats dont il avait chargé ses galères et des vaisseaux plats : ils allèrent à l'assaut avec une ardeur incroyable et un épouvantable bruit de tambours et de trompettes mêlé de cris. L'obscurité de la nuit les favorisait; mais le grand maître fit faire sur eux une si furieuse décharge d'artillerie qu'il en périt un très-grand nombre.

D'Aubusson avait lâché des brûlots sur les galères ottomanes; elles furent bientôt toutes en feu et détruites. Les Turcs, au retour du jour, furent effrayés de leurs pertes. Ils combattirent avec un nouvel acharnement jusqu'à dix heures, et furent contraints de se retirer.

Le pacha porta d'un autre côté ses attaques; mais elles n'eurent pas plus de succès : il trouva partout une valeur supérieure à la sienne. Enfin, après avoir perdu dix mille hommes et un grand nombre de vaisseaux, il résolut de lever le siége. En ce moment deux bâtiments espagnols venaient au secours de Rhodes : ils faisaient voile avec un vent favorable. Ces deux vaisseaux annoncèrent à Rhodes un secours prompt et puissant qui venait d'Italie. La joie en éclata dans la ville, et le pacha, informé du sujet de cette allégresse publique, précipita son départ pour Constantinople. Là, il fut témoin et victime des fureurs de l'impétueux

Mahomet, qui ne lui laissa la vie qu'en le privant de ses charges et de sa liberté.

Mahomet voulait se venger de l'humiliation qu'il avait reçue de la part des chevaliers de Rhodes ; il assembla une flotte de deux cents vaisseaux et une armée de trois cent mille hommes, qu'il voulut commander lui-même. Il partit effectivement de Constantinople ; mais la mort le surprit.

Bajazet II, son successeur, avait un caractère remuant qui ne lui permettait pas longtemps le repos. Il projeta de faire la guerre aux Vénitiens. Louis Sforce, duc de Milan, l'y détermina. Bajazet mit en mer une flotte de deux cent soixante-dix vaisseaux. Elle sortit du détroit et s'avança jusqu'à Napoli de Romanie. Celle des Vénitiens, commandée par Antoine Grimani, était composée de quarante-six galères, de dix-sept grands bâtiments marchands et de quatre-vingts autres navires, tant brigantins que vaisseaux légers. Elle mouilla devant Modon. L'action s'engage.

Deux vaisseaux vénitiens accrochent deux gros vaisseaux de l'armée ottomane, qui se défendent avec valeur ; ils y jettent beaucoup de feux d'artifice, dont la flamme est portée par le vent sur les vaisseaux chrétiens mêmes, qui en sont consumés, tandis que les vaisseaux turcs sont secourus à propos. Déconcerté par cette première disgrâce, Grimani se retire à l'île de Prodona.

Maîtres du champ de bataille, à peu de frais, les Turcs y restent quelque temps. Grimani, craignant que les ennemis ne le poursuivent, va se mettre en sûreté à l'île de Zante. Ce général est rappelé à Venise et dépouillé de sa charge par le Prégadi, conseil du sénat où réside toute l'autorité de la seigneurie.

Les Turcs, devenus maîtres de la mer, allèrent sans obstacle s'emparer de Lépante. Les Vénitiens, voyant leurs finances épuisées, leurs troupes affaiblies, leurs ennemis multipliés, envoyèrent à Bajazet un ambassadeur, pour lui demander la restitution de Lépante et la paix. Bajazet y mit des conditions si dures, que la république prit le parti de porter du secours aux villes que le Grand Seigneur demandait, prévoyant bien qu'il ne manquerait pas de les assiéger. Ce secours consistait en dix galères et six gros vaisseaux.

Bajazet expédia effectivement une flotte de deux cents vaisseaux pour attaquer Napoli. Les habitants se défendirent avec vigueur, et firent une sortie dans laquelle les Turcs perdirent bien du monde, ce qui les obligea d'abandonner le siége de cette place.

Les Turcs qui étaient à l'île de Sapienza, voyant approcher les Vénitiens, envoyèrent contre eux cent vaisseaux. Les deux flottes se joignirent et en vinrent aux mains. Le combat fut d'abord assez vif, et l'avantage était du côté des Vénitiens ; mais au moment où ils commençaient à triompher, et que les Turcs pensaient à s'aller briser sur le rivage pour se sauver, le vent tomba tout à coup. Le calme fut si grand que les galères avaient peine à se joindre. Les Turcs reprirent courage et se battirent avec une fureur qui déconcerta leurs ennemis. Ils vinrent à bout de couler la principale galère des Vénitiens, et d'en prendre une autre.

Le général vénitien ayant remis ses vaisseaux en état, alla une seconde fois au secours de Modon. Il mena cinq galères chargées de vivres pour ravitailler la place. Quatre passèrent au milieu des Turcs ; et, après avoir échappé à leur artillerie, entrèrent dans le port. Les habitants n'eurent pas plutôt appris l'arrivée de ces munitions de bouche, que, pressés par la faim, ils coururent en foule au port, ainsi que ceux même qui étaient commis à la défense des murs.

Les Turcs voyant les murs dégarnis et les brèches abandonnées, plantent les échelles, entrent dans la ville sans obstacle, et massacrent tout ce qui s'offre à eux. Les habitants, rappelés par les cris de ceux qu'on égorge, font des efforts impuissants pour repousser les Turcs; ils sont presque tous taillés en pièces, et ce qui échappe à l'épée des infidèles, met le feu à la ville, qui est prise à demi brûlée. Les Vénitiens, laissant Modon au pouvoir des ennemis, prennent le large pour s'en retourner à Zante ; mais ils sont assaillis par une tempête qui désempare leurs vaisseaux et les jette sur différents rivages.

Les conquêtes que Bajazet avait faites sur les Vénitiens alarmèrent l'Italie. Le pape Alexandre VI, pour détourner l'orage dont elle était menacée, engagea la plupart des princes chrétiens dans une ligue contre les Turcs. L'Empereur, les rois de France, de Castille, de Portugal et de Hongrie y entrèrent. Le pape était à la tête de cette ligue, dans laquelle on n'oublia pas de faire entrer aussi les chevaliers de Rhodes. On comptait tellement sur leur valeur, que leur grand maître fut nommé généralissime de l'armée chrétienne.

Les princes ligués observèrent religieusement leur parole. Louis XII, roi de France, envoya une escadre de huit galères bien équipées et chargées de troupes de débarquement, sous la conduite de Philippe de Clèves-Ravesteyn, qui avait ordre de suivre en tout les ordres du grand maître. Celui-ci, de son côté, arma beaucoup de vaisseaux de guerre, de galères, de galiotes et de barques. Tous ces bâtiments devaient se joindre à la flotte vénitienne, composée de trente galères.

Ravesteyn, qui ne voulait point partager avec d'autres l'honneur d'une expédition éclatante, alla mettre le siége devant Mételin, se croyant assez fort pour s'en rendre le maître avant la jonction des alliés. Il ne fut pas longtemps à s'apercevoir qu'il s'était trompé. La place était bien fortifiée et défendue par une bonne garnison. Comme il ne put la forcer, il envoya à Rhodes pour presser le départ de la flotte des chevaliers.

Le grand maître, entraîné par la vivacité de son zèle, fit partir aussitôt douze vaisseaux qui allèrent l'attendre à Lango. Il les suivit avec trente navires, et arriva le 23 novembre 1501. Il y apprit que Ravesteyn, après une perte considérable, avait été obligé de lever le siége et de se sauver. Ce mauvais succès déconcerta la ligue, qui ne tarda pas à se désunir; tous ces grands préparatifs se terminèrent à la conquête de l'île de Sainte-Maure, située au nord de Céphalonie. Pour Ravesteyn, il se retira en France, et rejeta hautement sur le pape la faute qu'il avait faite d'attaquer Mételin, sans attendre du secours.

Les Vénitiens, voyant la ligue rompue, les princes chrétiens, selon leur coutume, divisés au lieu de se réunir contre les infidèles, et se voyant eux-mêmes sur le point d'être immolés à l'ambition de Bajazet, dont ils avaient sujet de redouter la puissance, firent avec lui la paix, ou plutôt l'achetèrent en lui abandonnant l'île de Sainte-Maure.

La république de Venise recouvra ainsi la tranquillité par une paix forcée. Bajazet de son côté ne paraissait pas disposé à faire de mouvement. Les chevaliers de Rhodes étaient alors les seuls qui portassent les armes contre les Turcs. Ils troublaient leur navigation et celle des Egyptiens dans toutes les mers du Levant; ils désolaient leurs navires marchands et leurs corsaires, et remportaient sur eux des avantages continuels.

Cette suite de prospérités irrita contre eux Bajazet et le soudan. Ils se liguèrent secrètement contre les chevaliers, et firent tous les préparatifs nécessaires pour les combattre. Comme le soudan manquait de vaisseaux, et qu'il n'avait point de bois dans ses Etats pour en construire, le Grand Seigneur lui prêta quatre galères armées; il lui permit d'acheter à Constantinople des navires marchands et des agrés pour la marine, et de faire couper des bois dans la forêt voisine du mont Aman. On les travailla sur les lieux, et ils furent apportés à Alexandrie, prêts à être employés.

Quand l'armement du soudan fut prêt, Bajazet fit sortir de ses ports une flotte composée d'un grand nombre de galiotes, de flûtes et de bâtiments de différentes grandeurs, commandée par le fameux corsaire Camali; plusieurs autres corsaires se joignirent à lui. Il alla par ordre du sultan faire une descente dans l'île de Rhodes, où il devait mettre tout à feu et à sang; mais sa fureur y trouva une barrière à laquelle il ne s'attendait pas. Le grand maître Emeri d'Amboise, frère du cardinal de ce nom, reçut Camali en homme préparé. Celui-ci n'eut pas plutôt mis ses troupes à terre, que les chevaliers répandus dans l'île les enveloppèrent et les taillèrent presque toutes en pièces.

Camali ayant ramassé ce qui avait échappé à l'épée des chevaliers, remit à la voile et essaya de se venger sur les îles de Simia, de Tilo et de Nissaro, de la perte qu'il avait faite à l'île de Rhodes; mais il n'y fit éclater qu'une fureur inutile. Tous ces mauvais succès n'ayant fait que rallumer sa rage, il se flatta de l'assouvir entièrement dans l'île de Lango; mais sur la nouvelle qu'il reçut, que le grand maître y avait jeté des chevaliers et des troupes, il tourna ses vues du côté de Léro, petite île vers la côte de la Natolie, qui était défendue par un jeune chevalier, âgé de dix-huit ans.

Camali battit le château avec toute son artillerie, et renversa un pan de muraille. Le jeune commandant, qui n'avait qu'une faible garnison, fit habiller en chevaliers de Malte tous les habitants de l'île, les femmes même; les fit paraître sur la brèche, et fit en même temps jouer toute son artillerie. Les Turcs, croyant qu'il était arrivé la nuit dans l'île un nouveau secours de chevaliers, prirent l'épouvante, levèrent le siége et s'enfuirent.

Les chevaliers enlevèrent au soudan sa grande caraque, nommée *la Mogarbine,* la reine des vaisseaux, ou la reine de la mer. C'était un bâtiment d'une énorme grandeur. La proue en était plus élevée que la pointe du plus grand mât des plus hautes galères ; six hommes pouvaient à peine embrasser son mât. Ce vaisseau avait sept étages, dont deux étaient sous l'eau ; il portait mille soldats, outre les marchands et les matelots, et il était armé de plus de cent pièces de canon. Il partait tous les ans d'Egypte pour porter en Afrique et à Constantinople les riches marchandises que le soudan tirait des Indes par la mer Rouge.

Le grand maître d'Aubusson avait inutilement tout mis en œuvre pour l'enlever ; mais cet avantage était réservé à Emeri d'Amboise. Il donna ordre au chevalier de Gastineau, commandeur de Limoges, de monter le premier vaisseau de la religion, et d'aller attaquer *la Mogarbine ;* mais d'employer d'abord plutôt la ruse que la force. Le commandeur fit voile pour Candie. Il aperçut la caraque et s'en approcha. Lorsqu'il fut à portée de canon, il fit sommer le capitaine de se rendre ; celui-ci répondit avec la fierté d'un homme qui croit n'avoir rien à craindre. Le commandeur lui envoya plusieurs fois son canot pour l'amuser, et en même temps il s'approchait toujours de lui.

Lorsqu'il crut avoir trouvé l'occasion favorable, il lui lâcha une bordée qui tua le commandant, beaucoup d'officiers et grand nombre de soldats et de marchands qui étaient sur le pont. Les Sarrasins voyant que le chevalier se disposait à leur en donner une seconde, amenèrent le pavillon et se rendirent. Quelque temps après, les chevaliers prirent encore aux Sarrasins trois vaisseaux sur les côtes de Chypre.

Ce ne fut pas là le dernier échec que Campson, soudan d'Egypte, reçut des chevaliers. Il disposait un armement considérable pour troubler le commerce que les Portugais faisaient aux Indes. Il envoya vingt-cinq vaisseaux au golfe d'Ajazzo pour y couper du bois de construction qu'il devait transporter par le Nil jusqu'à Suez, et de là dans les ports de la mer Rouge. Le grand maître, s'intéressant pour le roi de Portugal, mit en mer dix-huit vaisseaux de différentes grandeurs, quatre galères et la grande caraque de la religion.

Il donna le commandement des galères au Portugais André Damaral, et celui des vaisseaux à Philippe de Villiers-l'Isle-Adam. Les galères rangèrent la côte de l'île de Rhodes ; les vaisseaux prirent le large pour éviter les calmes dangereux dans ces mers, côtoyèrent la Caramanie pour n'être point aperçus, et allèrent joindre les galères au cap de Saint-André, situé à l'est de l'île de Chypre. La flotte des chevaliers fut aperçue des Sarrasins, qui en prirent l'alarme.

Résolus de se battre, ils sortirent du golfe, faisant bonne contenance. Lorsque les deux flottes furent en présence, on se disposa de part et d'autre au combat. Les Sarrasins firent d'abord entendre un bruit épouvantable de cris et de hurlements mêlés au son de leurs timbales et de leurs autres instruments de guerre. Les chevaliers y répondirent avec des trompettes, des tambours, des hautbois. Peu après ils firent sur la flotte égyptienne une décharge de toute leur artillerie, si bien conduite, qu'elle la mit en désordre.

Les infidèles se remirent cependant et combattirent avec une valeur surprenante sous les ordres du neveu du soudan, qui faisait en même temps les fonctions d'un grand capitaine et d'un vaillant soldat. L'artillerie fut bien servie des deux côtés; la mêlée fut sanglante, et pendant trois heures la victoire toujours incertaine. Les Sarrasins se virent enfin obligés de céder à la force et au courage des chevaliers. Ceux-ci ayant maltraité et enlevé plusieurs bâtiments de la flotte ennemie, portèrent tous leurs efforts sur le vaisseau du neveu du soudan. Ce général les soutint avec une intrépidité assurée, et quoiqu'il se trouvât le plus faible, il préféra une mort honorable à une fuite honteuse. Il fut tué en combattant.

Dès que les Egyptiens se virent sans chef, ils cherchèrent leur salut dans la fuite ; ils abandonnèrent leurs vaisseaux et gagnèrent la terre, les uns à la nage, les autres dans des chaloupes. Les chevaliers se saisirent des vaisseaux abandonnés ; ils poursuivirent les fuyards jusqu'à terre, et prirent tout ce qui se trouva sur le rivage : ils brûlèrent les bois destinés pour la construction des vaisseaux, et conduisirent à Rhodes onze bâtiments ennemis, quatre galères, une nombreuse artillerie, de riches dépouilles et une quantité d'esclaves. Le reste de la flotte égyptienne fut brûlé ou coulé.

Soliman II, fils de Bajazet, attaqua d'abord les chrétiens en Hongrie, et, après leur avoir enlevé Bellegrade, il se prépara sérieusement à la conquête de Rhodes; mais, pour couvrir son dessein, il prétexta d'autres projets. Le grand maître ne prit point le change, il vit bien que l'orage le menaçait; il se disposa à le recevoir. C'était Philippe de Villiers-l'Isle-Adam, d'une illustre maison de France. Personne n'était plus capable que lui de résister à toute la puissance ottomane. Il était d'une fermeté que rien ne pouvait ébranler, et sa prudence égalait sa fermeté. Les événements ne le surprenaient jamais, il les prévoyait avec une habileté merveilleuse; son activité était souvent la cause de ses succès. Informé des formidables apprêts de Soliman, il fit tout ce que pouvait faire un grand homme pour se défendre; et si les Turcs se préparaient à Constantinople pour le bien attaquer, il se disposait, lui, à les bien recevoir.

Les hostilités commencèrent par la prise d'un brigantin que les infidèles enlevèrent à la vue de l'île. Ce coup fut regardé comme une déclaration de guerre, et comme le signal du siége de Rhodes. Trente vaisseaux devancèrent l'armée des Turcs, et firent une descente dans l'île de Lango, qu'ils avaient dessein de piller et de brûler; mais le chevalier qui y commandait les repoussa, et ils furent obligés de se retirer après avoir perdu bien du monde.

Ces trente vaisseaux s'approchèrent de Rhodes pour intercepter les secours qu'on y pouvait envoyer; ils furent bientôt suivis de cent autres, et ceux-ci du reste de l'armée; elle se trouva composée de quatre cents vaisseaux de toutes les grandeurs, sortis des ports de Constantinople, de la Syrie, de la Palestine et de l'Egypte. L'armée de terre était de cent quarante mille hommes et de soixante mille pionniers.

Ce formidable appareil aurait effrayé une ville qui n'avait que quatre mille cinq cents hommes de garnison et six cents chevaliers, si le courage de ceux qui la défendaient n'avait pas été supérieur au péril. Le grand maître, pour montrer à ses ennemis qu'il ne les craignait pas, fit arborer les étendards de la religion, sur les tours et sur les bastions, au son des fifres, des tambours et des trompettes. Pendant les treize premiers jours, les infidèles furent occupés à débarquer leurs troupes et tout ce qui était nécessaire pour le siége. Ils le commencèrent par une décharge de leur artillerie, qui était nombreuse et qui fut toujours bien servie. On leur répondit avec la même vivacité, et les chevaliers les poussèrent avec tant d'avantage, que Soliman fut obligé de venir ranimer par sa présence ses troupes rebutées qui commençaient à s'ébranler.

Ce siége fut un des plus cruels qu'on ait vus, puisque quarante mille Turcs y furent tués, et qu'il en périt autant par la maladie. Les chevaliers y firent des prodiges de valeur. Pour peu qu'on les eût secourus, ils auraient entièrement fait périr l'armée de Soliman; mais tout se refusait à eux, et il semblait que la mer, les hommes et les éléments eussent conjuré leur perte.

Deux vaisseaux, partis de Marseille avec un convoi considérable, furent battus par une tempête qui les empêcha de gagner Rhodes; l'un coula à la hauteur de Monaco, l'autre échoua sur les côtes de Sardaigne; un autre bâtiment, chargé de chevaliers anglais, eut un sort aussi triste. La guerre allumée entre François Ier et Charles V ne laissait aucune espérance à Rhodes d'être secourue par les princes chrétiens. Soixante galères vénitiennes, oisives dans le port de Candie, ne firent aucun mouvement en faveur des chevaliers: ils se virent ainsi obligés de rendre la ville par une capitulation honorable. Soliman y entra le jour de Noël. C'est ainsi que fut détruite la plus forte barrière qui existât entre les chrétiens et les infidèles.

Le grand maître, pour empêcher que les chevaliers commis à la défense des îles dépendantes de la religion ne tombassent entre les mains des Turcs, envoya des vaisseaux pour les en retirer; et, après avoir reçu de Soliman tous les honneurs que méritait sa valeur, il partit de Rhodes la nuit du premier jour de l'an, avec sa flotte de cinquante vaisseaux de différentes grandeurs, sur laquelle il avait ramassé les tristes débris de l'île de Rhodes et de son ordre, qui consistaient en cinq mille personnes.

A peine eut-il appareillé, qu'il s'éleva une furieuse tempête qui dispersa sa flotte. Douze grippes ou brigantins, aussi bien que plusieurs autres bâtiments, se virent dans la nécessité de gagner les îles de l'Archipel. La grande caraque fut en danger: le grand maître, avec ses meilleurs vaisseaux, arriva le 5 janvier 1523 à l'île de Candie, et mouilla au cap Salomon. De là il se rendit à la capitale de l'île, où était le rendez-vous général, et où tous les bâtiments dispersés arrivèrent les uns après les autres.

Le grand maître y séjourna douze jours, pendant lesquels il fit radouber sa flotte; il mit ensuite à la voile, et ayant jeté l'ancre à Cérigo, île située sur la côte méridionale de la Morée, il fit partir d'abord tous les gros vaisseaux pour Messine, et prit lui-même bientôt la même route avec les bâtimens légers. Ensuite il rangea, avec de grandes difficultés, les côtes de la Morée, de l'Albanie, de la Calabre, et alla aborder à Gallipoli, dans le royaume de Naples. Après avoir pourvu au besoin de tous les malades, il en partit vers la fin d'avril pour Messine, où il arriva avec la plus grande partie de ses vaisseaux en mauvais état, sans aucun signe de joie, sans aucunes marques d'honneur, sans pavillon de commandement; seulement il avait fait arborer au haut de son mât l'image de Jésus-Christ mort entre les bras de sa mère, avec ces paroles : *Voilà ma seule espérance dans mon affliction.*

L'ordre des chevaliers n'avait plus pour ainsi dire d'établissement; le grand maître faisait son possible pour en obtenir un : on le flatta du recouvrement de Rhodes et de la conquête de Modon. Enfin, après beaucoup de mouvement et de sollicitations de sa part, l'empereur Charles-Quint donna l'île de Malte aux chevaliers, par un traité signé le 24 mars 1530, à Castel-Franco, dans le Bolonais. L'Empereur marque dans cet acte : « qu'il donne à la religion de saint Jean et à ses grands maîtres, à perpétuité, tant en son nom qu'au nom de ses héritiers et successeurs, comme fief noble, libre et franc, les châteaux, places et îles de Tripoli, Malte et Goze, avec leurs territoires et juridictions, haute, moyenne justice, droit de vie et de mort, avec toutes autres maisons, appartenances, exemptions, priviléges, rentes et autres droits et immunités : à la charge qu'à l'avenir le grand maître et les chevaliers tiendront ces places de lui et de ses successeurs au royaume de Sicile, comme fiefs nobles, francs et libres, sans être obligés à autre chose qu'à donner tous les ans, au jour de la Toussaint, un faucon. »

Le grand maître s'embarqua pour aller prendre possession de l'île de Malte, dont les chevaliers, depuis ce temps-là, ont pris le nom. Il y arriva le 26 octobre avec sa flotte : elle était composée de cinq galères, de deux grandes caraques et de différents bâtiments de transport. Cette petite flotte était chargée des principaux officiers de l'ordre, et de ce qu'il avait de plus précieux.

Le grand maître trouva sa nouvelle demeure ouverte de toutes parts ; il fit fortifier cette île, et s'y mit en état de rendre à la religion autant de service qu'il avait tâché d'en rendre à Rhodes.

Soliman, après l'expédition de Rhodes, avait tourné ses armes du côté de la Hongrie, et y avait fait des conquêtes avec une rapidité étonnante. Vienne, en Autriche, et même l'empire d'occident, étaient l'objet de son ambition ; mais l'armée de Charles-Quint fut une digue à ce torrent. La marine des Turcs fut un peu suspendue pendant qu'ils faisaient la guerre en Hongrie. Soliman la ranima : il envoya dans la Méditerranée une armée de soixante-dix vaisseaux.

Charles-Quint, qui avait fait échouer sur terre les projets du Grand Seigneur, les déconcerta aussi sur mer. Il arma une puissante flotte dont il donna le commandement à André Doria, prince de Melphe. Le grand maître de Malte invité à prendre part à cet armement, ne balança pas : il fit partir un nombre considérable de vaisseaux bien armés et bien équipés, entre lesquels était la grande caraque : le prieur de Rome, qui les commandait, mit à la voile le 4 août 1542, et joignit le 8 la flotte de l'Empereur.

L'armée chrétienne, composée des escadres du pape, de l'Empereur et de Malte, qui formaient près de cent voiles, fit route vers la Morée : la principale galère du pape avait la droite, et celle qui portait l'étendard des chevaliers avait la gauche. Doria trouva en rade de Zante soixante galères vénitiennes ; il voulut engager Vincent Capello, qui les commandait, à se joindre à lui pour aller forcer la flotte ottomane qui s'était réfugiée dans le golfe de Larte, dont l'embouchure est fort resserrée : il lui représenta qu'après la défaite de la flotte des Turcs, qui paraissait assurée, ils feraient voile sans obstacle jusqu'à Constantinople, qu'ils trouveraient dégarnie, parce que le Grand Seigneur avait mis toutes ses troupes en campagne. Le Vénitien se refusa à ce projet, ayant reçu ordre de la seigneurie de ne rien faire qui la pût brouiller avec la Porte.

Les Turcs, affaiblis et fatigués par les maladies, n'attendirent pas l'armée chrétienne : ils se retirèrent vers l'île de Négrepont, avant de prendre la route de Constantinople. Doria ayant appris, entre l'île de Sapienza et Modon, la retraite des Turcs, assiégea la ville de Coron. Comme ses murs sont baignés par la mer, il rangea ses galères en croissant devant la place, et les grands vaisseaux étant plus élevés, il les fit placer par derrière, afin de tirer par-dessus.

Tous ces navires étaient chargés d'une nombreuse artillerie qui battait la ville avec deux batteries, de sept canons chacune, placées en terre ferme. La place fut bientôt foudroyée et obligée de se rendre, après avoir soutenu deux assauts. Doria alla ensuite s'emparer de Patras, pendant que les galères de la religion se saisissaient des forts situés le long de la côte. L'hiver s'approchant, tous les vaisseaux se séparèrent et se retirèrent dans leurs ports.

L'année suivante, les Turcs voulant profiter de l'éloignement des vaisseaux chrétiens, assiégèrent Coron par mer et par terre. Leur armée navale était de quatre-vingts voiles, parmi lesquelles étaient quatre galères commandées par le capitaine more, fameux pirate d'Alexandrie, dont les avis et la valeur étaient d'un grand poids parmi les musulmans. Doria, qui avait pris cette place, se trouva intéressé à la secourir. Il assembla cinquante-sept navires à Naples, avec lesquels il fit voile pour Messine, où était le rendez-vous de son armée ; il y fut joint par les galères du pape et celles de Malte.

Pour animer la garnison de Coron et l'exciter à se défendre, il envoya une galère commandée par Pellavicin, officier d'un grand courage, qui passa avec une hardiesse intrépide au milieu de l'armée des Turcs, brava leur nombre et leur force, et entra dans le port de Coron, où il répandit une joie inconcevable. Après avoir bien examiné l'état de la place, il repassa en plein midi au milieu de la flotte ottomane, et alla faire à son général le récit du succès de son voyage. Celui-ci voyant bien que le secours qu'il conduisait ne pourrait être utile qu'autant qu'il arriverait promptement, mit aussitôt à la voile et s'avança vers Coron ; il dépêcha encore Pallavicin pour annoncer son arrivée, et quand sa flotte fut près de celle des ennemis, il fit prendre les devants à quelques vaisseaux pour amuser les Turcs, et, à la faveur de quelques escarmouches, il entra dans le port.

Les Turcs se retirèrent à Modon, où ils furent défaits.

Le victorieux Doria, après avoir ravitaillé la place, se retira à Messine et à Civita-Vecchia, et l'escadre de la religion à Malte. Les Turcs, étant toujours à portée de Coron, s'en emparèrent l'année suivante. La garnison épuisée et plusieurs familles accablées de misère se retirèrent sur huit vaisseaux, et allèrent chercher un asile dans l'île de Malte.

L'Océan fut aussi un théâtre de guerre entre Soliman et les chrétiens. Cet empereur, irrité contre les Portugais de ce qu'ils avaient donné du secours à Charles-Quint et au roi de Perse, ses ennemis, prit la résolution de leur faire la guerre et d'interrompre leur commerce des Indes. Comme il n'avait point de flotte sur l'Océan, il fit conduire du golfe de Satolie et de la Caramanie jusqu'à Damiette des bois mis en œuvre et tout prêts pour la construction des vaisseaux ; il les fit mener par le Nil sur des radeaux jusqu'au Caire. Là il fit assembler toutes les pièces, et monter quatre-vingts bâtiments de différentes espèces, qu'il fit transporter par terre jusqu'au port de Suez, dans la mer Rouge.

Cette armée navale fit voile vers l'Arabie Heureuse; elle alla mouiller devant Aden. Le roi de cette ville, alarmé de voir dans ses rades une puissance étrangère et formidable, fit demander à l'eunuque Soliman, qui commandait cette armée, quel était le sujet de ses approches. Soliman le rassura par de belles paroles, par de riches présents et par les témoignages les plus flatteurs. Ce prince ouvrit son port au traître Soliman, qui s'empara de la ville et peu après fit mourir le roi.

Le perfide eunuque, après avoir chargé ses vaisseaux de toutes les provisions nécessaires, cingla vers le royaume de Cambaye : il arriva en dix-neuf jours devant l'île de Diu. La ville était occupée par les sujets du roi de Cambaye, et la citadelle par les Portugais : il prit la ville et traita les habitants en ennemis, quoique leur roi eût appelé les Turcs à son secours contre les Portugais. Il attaqua ensuite la citadelle ; mais les Portugais firent une vigoureuse résistance, et remportèrent toujours quelques avantages. Soliman, déconcerté par ces mauvais succès, fut contraint de lever honteusement le siége.

L'année suivante, le Grand Seigneur porta ses forces du côté de l'Italie; il envoya dans la Pouille une armée navale dont il fit usage contre les Vénitiens, alors même qu'il paraissait ne devoir rien entreprendre contre ces républicains. Ils étaient en paix ; mais une bagatelle fit naître les hostilités. Une galère vénitienne ayant heurté par hasard une galère turque, la nuit, dans le golfe de Corfou, celle-ci tira sur la vénitienne, qui, se voyant insultée, attaqua l'autre dans les formes, et la prit après avoir tué trois cents soldats qui la défendaient.

Soliman se crut outragé par ce fait, et résolut de manifester son ressentiment en ravageant toutes les îles qui appartenaient aux Vénitiens. Ceux-ci essayèrent d'apaiser le sultan ; ils en seraient peut-être venus à bout, si Barberousse, qui avait une haine particulière contre les chrétiens, ne l'avait excité à agir de toutes ses forces contre les Vénitiens.

Soliman donc, déterminé à la guerre, engagea la première action à l'île de Corfou, qui appartenait aux Vénitiens depuis cent cinquante ans. Cette île, située à l'entrée du golfe Adriatique, en est comme la clef : c'est aussi une des principales défenses de l'Italie. La ville est sur la côte orientale de l'île opposée à la terre ferme, et avance dans la mer : elle était alors bien pourvue et en bon état. Les Vénitiens, connaissant tout le péril qui les menaçait, demandèrent du secours aux princes chrétiens, principalement au pape, à l'Empereur et aux chevaliers de Malte. Le pape avait en mer quatre galères, l'Empereur cent vaisseaux, les chevaliers en avaient aussi plusieurs. Ces forces furent réunies aux cent navires de la république, et paraissaient devoir remporter de grands avantages sur les Turcs ; mais la mésintelligence des princes chrétiens, qui leur avait tant de fois fait perdre le fruit de leur ligue, sauva encore les Turcs dans cette occasion. Le pape se contenta de publier une espèce de croisade : André Doria, général des armées navales de l'Empereur, ne voulut point s'y prêter, et tout le fardeau de la guerre porta sur les Vénitiens.

Soliman fit descendre dans l'île de Corfou trente pièces d'artillerie et vingt mille hommes ; il y fit construire quatre cavaliers et dresser ses batteries ; mais un pacha ayant bien examiné la place et la croyant imprenable, après son rapport au Grand Seigneur, lui conseilla de se retirer. Soliman, déjà indécis par les approches des vaisseaux vénitiens, s'y détermina, fit rembarquer son artillerie et ses troupes, et retourna à Constantinople.

La guerre avec les Vénitiens n'était pas dans les idées de Soliman : la puissance de la république lui paraissait capable de balancer la sienne, et de troubler les projets qu'il avait formés contre la maison d'Autriche. Il fit secrètement solliciter les Vénitiens de faire la paix avec lui. La plus saine partie du sénat, à qui un accommodement paraissait plus utile qu'une guerre dans laquelle il y avait beaucoup à perdre et rien à gagner, était d'avis d'en faire un ; mais Charles-Quint, trouvant de l'avantage dans la division qui régnait entre la Seigneurie et la Porte, forma contre Soliman une ligue avec le pape, dans laquelle il voulut faire entrer les Vénitiens : il y trouva de grands obstacles, mais il en vint pourtant à bout.

Paul III, Charles-Quint et la république de Venise firent donc une ligue offensive et défensive contre les Turcs : les conditions en furent arrêtées à Rome ; elles portaient que le pape fournirait trente-six galères, l'Empereur quatre-vingt-deux, et la république autant : qu'outre cela l'Empereur armerait cent vaisseaux pour transporter les soldats et les munitions de bouche et de guerre, et qu'André Doria aurait le commandement de la flotte.

De son côté, Soliman arma puissamment par mer et par terre. Barberousse, qui commandait ses vaisseaux, partit avec cent vingt navires, et alla ravager de petites îles de l'Archipel qui appartenaient à la république ; ensuite il cingla vers Candie ; il fit le tour de l'île pour la reconnaître exactement, et ayant vu qu'elle était bien fortifiée, il se contenta d'en désoler quelques cantons, après quoi il se retira à l'île de Négrepont, pour éviter l'armée chrétienne.

Barberousse ayant été informé que Grimani, patriarche d'Aquilée, qui commandait les galères du pape, était entré dans le golfe de Larta, se dirigea de ce côté-là avec toute son armée, qui n'était que de cent cinquante voiles, dans l'espérance de l'y envelopper ; mais quoiqu'il apprit que Grimani en était sorti, qu'il se vit ainsi trompé, il ne laissa pas d'y entrer et d'y mouiller. Quand on sut à Corfou où était Barberousse, on assembla le conseil pour délibérer sur le parti qu'on devait prendre. Pendant qu'on était aux opinions et que les sentiments paraissaient extrêmement partagés, André Doria arriva ; on décida aussitôt qu'il fallait aller trouver Barberousse. On mit l'armée en bataille ; elle se trouvait composée d'environ cent cinquante galères, soixante navires de charge, et de plusieurs brigantins, ce qui faisait en tout deux cent cinquante bâtiments. On distribua tous ces navires en vingt-cinq petits corps. Grimani tenait l'avant-garde, Doria et Gonzague étaient au corps de bataille avec tous les gros vaisseaux ; le général vénitien avait l'arrière-garde. La flotte ainsi disposée, on fit voile pour l'île de Sainte-Maure.

Les Turcs, informés des approches de l'armée chrétienne, ne savaient ce qu'ils devaient faire. Les uns voulaient rester dans le golfe où ils se croyaient en sûreté, tant par une forteresse qui les couvrait que par la disposition du canal, qui était si serré qu'on n'y pouvait entrer que par une espèce de défilé ; les autres croyaient qu'il était indigne de la majesté de leur empire de se laisser insulter dans leurs ports par des hommes aussi méprisables que des chrétiens.

Le courageux Barberousse saisit cet avis qui était conforme à son inclination : On résolut de prendre le large avec toute l'armée, composée de cent cinquante navires à rames et de plusieurs autres bâtiments. On fit d'abord sortir cinquante galères pour observer l'armée chrétienne. Quand celle-ci eut aperçu les cinquante galères, elle revira sur elles sans changer son ordre de bataille : ainsi le général vénitien se trouva à l'avant-garde, et le patriarche à l'arrière-garde. Le Vénitien, avec toute sa flotte, força de rames pour venir à l'abordage. Les galères turques, se voyant pressées et battues par une artillerie bien servie, voulurent rentrer dans le golfe ; mais comme elles tâchaient toutes de passer en même temps pour éviter le péril, elles s'exposèrent à un plus grand danger en se mêlant et s'embarrassant les unes avec les autres : leur perte était inévitable si on les eût pris en queue et en flanc ; mais Doria ordonna à toute l'armée de se retirer et de faire voile pour l'île de Sainte-Maure. Une si belle occasion manquée fortifia le soupçon qu'on avait que Doria cherchait moins à vaincre qu'à prolonger la guerre.

Barberousse, qui s'ennuyait dans le golfe, ayant appris la retraite de l'armée confédérée, profita de l'occasion pour sortir et se mettre au large. Il rangea ses vaisseaux en bataille, et alla trouver ses ennemis. Doria, qui se vit malgré lui dans la nécessité de combattre, employa toute son éloquence pour détourner les généraux d'engager une action. Le général vénitien, Grimani et toute l'armée demandaient la bataille, et Doria ne pouvant pas avec honneur se refuser aux cris de tant de braves gens, se disposa au combat.

Les deux armées étant en présence, elles commencèrent d'abord par se disputer le vent. Doria fit ensuite glisser sa flotte le long de la côte, pour en écarter les Turcs ; mais la brise étant tombée, il fut obligé de faire remorquer ses vaisseaux, ce qui causa un retardement qui l'empêcha de réussir.

L'armée de Barberousse était sur trois lignes. Ce général était au corps de bataille ; il montait le principal vaisseau, pavoisé et paré des plus beaux étendards : les deux ailes étaient commandées par deux grands capitaines. Dragut, fameux corsaire, voltigeait devant eux avec quelques vaisseaux légers, pour frayer le chemin et commencer les escarmouches.

Barberousse alla se ranger le long de la terre ferme que Doria avait voulu occuper : par cette manœuvre il ne craignit point d'être enveloppé, et il faisait front partout. Les chrétiens, voyant les infidèles dans cette situation, crurent qu'ils ne leur échapperaient pas. Ils demandèrent le combat avec des clameurs qui retentissaient de toutes parts. Doria, qui se vit en danger d'être déshonoré s'il ne combattait pas, ou de trahir sa politique s'il combattait, voulut se tirer d'affaire par une dissimulation, à la faveur de laquelle il crut imposer à ses alliés, sans cependant en venir aux mains avec les ennemis. Pour tromper les uns, il feignit d'aller brusquer les autres : il leur tira quelques coups de canon de loin ; mais las enfin de dissimuler, il se retira ouvertement.

Les Turcs, enhardis par sa retraite, s'approchèrent des vaisseaux chrétiens qui étaient restés. Il s'en fallut peu qu'ils ne brûlassent un galion ; ils y mirent le feu, mais il fut bientôt éteint. Les chrétiens se voyant ainsi abandonnés par Doria, se retirèrent aussi et gagnèrent l'île de Corfou. Doria ne s'y rendit qu'après les autres, croyant par ce moyen passer pour le plus brave en n'arrivant que le dernier.

Barberousse vint mouiller à l'île de Pachsu, peu distante de Corfou ; il présenta plusieurs fois le combat aux chrétiens ; mais ceux-ci, occupés entre eux de murmures, de troubles et de divisions, ne se trouvèrent point en état de l'accepter. Barberousse, craignant les tempêtes qui sont fréquentes lorsque la saison est avancée (car c'était au mois d'octobre), se retira au golfe de Larta.

Les confédérés, honteux de leur fuite et devenus braves par la retraite de Barberousse, voulurent rétablir leur réputation en finissant la campagne par quelque expédition. Après avoir délibéré sur plusieurs projets, on s'arrêta sur celui qui pourrait le plus engager Barberousse à s'éloigner. Toute l'armée cingla du côté de Cattaro, golfe de la Dalmatie. On y fit le siége de Castel-Nuovo, petite ville moins fortifiée par l'art que par la nature ; la place fut prise et pillée. Barberousse, informé de l'entreprise des chrétiens, s'empressa de sortir du golfe où il s'était retiré et fit voile pour Castel-Nuovo, s'assurant que sa présence débarrasserait la place ; mais étant au milieu de sa route, il s'éleva une furieuse tempête, qui brisa trente de ses vaisseaux contre des rochers, et le reste se retira fort maltraité à la Valone, dans la haute Albanie.

Dès que les officiers de l'armée chrétienne surent la disgrâce de Barberousse, ils demandèrent à marcher au plus tôt pour attaquer l'armée ottomane, qui n'était pas éloignée. Elle s'était retirée en fort mauvais état dans un endroit où rien ne la défendait; d'ailleurs elle ne pouvait fuir, la plupart de ses rames étant brisées; en un mot, tout les engageait à une action qui ne pouvait manquer de réussir; mais Doria qui avait moins d'envie de vaincre les Turcs que d'humilier les Vénitiens, amusa encore les alliés, et par ses délais affectés, il donna le temps à Barberousse de se sauver.

En effet, il conduisit son armée navale à Constantinople, à la réserve de vingt-cinq galères et de quelques brigantins, qu'il laissa sous la conduite de Dragut au golfe de Lépante, pour troubler la navigation des chrétiens. Doria, après avoir mis ainsi le comble à ses trahisons, se retira avec ses vaisseaux en Sicile. Grimani prit la route d'Italie. Telle fut la fin d'une ligue que des prétextes de religion avaient rendue sacrée, et que des motifs humains rendirent inutile.

Les Vénitiens voyant leurs Etats menacés par des irruptions de Dragut et de Barberousse, trahis d'ailleurs et joués par Charles-Quint, et las d'être les victimes de sa politique et de la fureur des Turcs, travaillèrent à faire un accommodement avec Soliman. Ils sollicitèrent une paix en forme. Ils l'obtinrent à des conditions un peu dures; mais elles leur parurent moins insupportables que la conduite de Charles-Quint, et ils préférèrent une mauvaise paix à une plus funeste guerre.

Si le Grand Seigneur accorda la paix à la république de Venise, il n'eut pas des sentiments si pacifiques pour le reste des chrétiens. Il leur fit cruellement la guerre en Hongrie et sur mer, et ce fut toujours Barberousse qu'il employa dans ces expéditions. Comme il est souvent parlé de ce fameux corsaire, il n'est pas hors de propos de rapporter ce qui peut servir à le faire connaître.

Barberousse était de Mitylène, dans l'île de Lesbos, où son père était potier de terre. Son courage au-dessus de sa naissance le porta à abandonner ses parents et sa patrie pour se livrer aux sentiments de valeur qu'il sentait régner dans son âme. Les talents que la nature lui avait donnés en auraient fait un des plus grands hommes de l'univers, s'ils avaient été cultivés, et s'il eût embrassé une carrière où il eût pu les faire valoir sans crime et sans déshonneur. Mais il devint corsaire, et ne fit profession que de brigandage, de licence et de débauche. Sa valeur, sa force et son esprit ne se tournèrent qu'au mal. Il se montra habile et intrépide marin ; il se signala dans une infinité de circonstances contre les chrétiens ; il devint la terreur de la mer, et les Turcs lui donnèrent le nom de Cariadin ou Cheredin, qui dans leur langue signifie *courageux ;* il eut aussi celui de Barberousse à cause de la couleur de sa barbe. Selim Ier conçut tant d'estime pour cet aventurier, qu'il lui fit de riches présents, afin de le mettre dans ses intérêts. Soliman II se l'attacha tout à fait ; il le déclara général de ses armées navales, avec lesquelles il acquit beaucoup de gloire à l'empire ottoman.

Barberousse avait un frère aîné nommé Horuc, pirate comme lui, qui avait usurpé par une insigne perfidie le royaume d'Alger sur la côte de Barbarie. Horuc étant mort, son frère lui succéda, et il devint formidable sur cette côte. Les corsaires qui lui étaient soumis infestaient cette partie de la Méditerranée et interceptaient la plupart des vaisseaux qui passaient le détroit de Gibraltar pour aller en Sicile, ce qui obligea Charles-Quint à porter ses armes en Afrique.

L'Empereur d'Allemagne faisait continuellement éclater sa haine contre la France et ses alliés. François Ier, pour mieux résister à ses injustes desseins, fit avec Soliman une alliance. Ce monarque crut trouver la justification d'une pareille démarche dans l'exemple de David et de Salomon, et dans celui même de Charles-Quint, qui s'était lié dans un pressant besoin avec des hérétiques.

Soliman envoya à François Ier une armée navale de cent dix galères et quelques autres vaisseaux, sous la conduite de Barberousse. Ce général, après avoir ravagé les côtes de la Calabre et pris Reggio, alla jeter l'ancre au port de Marseille. Il y trouva l'armée de France composée de dix-huit vaisseaux et de vingt-deux galères, commandée par François de Bourbon, duc d'Enghien, mais mal équipée et fort en désordre. Les Français avaient eu plus d'attention à charger leur flotte de vin que de canon, de poudre et de boulets. Barberousse fut indigné de voir l'armement de ses alliés si dépourvu de munitions de guerre.

Les deux armées allèrent faire le siége de Nice, que François Ier voulait recouvrer comme lui appartenant, en qualité de comte de Provence.

La ville fut prise par composition, mais Barberousse, après avoir été deux mois devant le château, qui était hors d'atteinte à la sape et à l'artillerie; trompé d'ailleurs par de fausses lettres, qui annonçaient un grand secours, mais qui pourtant n'était qu'imaginaire, saccagea la ville et se retira au port d'Antibes. Il y apprit que le marquis du Gast et le duc de Savoie étant sur le point d'entrer dans le port de Ville-Franche, avaient été surpris par une effroyable tempête, et que quatre de leurs galères s'étaient brisées contre des rochers. Toujours prompt à saisir les occasions, Barberousse rassembla les débris de ces galères, fit retirer leur artillerie submergée, et alla passer l'hiver à Toulon, dont on lui rendit le séjour agréable par la variété des plaisirs qu'on lui procura.

Le printemps étant venu, il prit la route de Constantinople, et voulant laisser partout de ses traces, il ravagea en passant les côtes d'Italie; il mit tout au pillage dans l'île d'Elbe; il ruina Talamone en Toscane; il mit en cendres Porto-Hercole. Il fit un grand nombre de captifs dans l'île de Giglio, et porta l'épouvante et la mort dans celle d'Ischia; il désola toute la côte de la Calabre; il força la ville de Lipari, et fit un grand nombre d'esclaves dans l'île. Accompagné de plus de sept mille captifs, et chargé de l'exécration de toute l'Italie, il se rendit à Constantinople, où des applaudissements publics furent la récompense de ses exploits inhumains. Mais il n'en jouit pas longtemps : les excès qu'il fit dans les plaisirs, moins supportables à son âge qu'à tout autre, — il avait alors quatre-vingts ans, — furent la cause de sa mort, qui arriva à Constantinople le 4 juillet 1547.

Les chrétiens perdirent un terrible ennemi dans Barberousse, mais le retrouvèrent dans Dragut. Ce formidable marin était né de parents pauvres, dans un village de l'Anatolie, située vis-à-vis de l'île de Rhodes. Pendant qu'il gardait ses troupeaux, à l'âge de douze ans, sur le bord de la mer, il fut aperçu d'un maître canonnier, qui, en passant, remarqua dans sa physionomie un air noble, fier et courageux, qui le frappa. Celui-ci lui proposa de le suivre. Dragut ne balança point à accepter ce parti; il accompagna jusqu'au Caire cet étranger, qui en peu de temps le rendit excellent canonnier.

La vie de corsaire eut pour lui des charmes et l'attira sur mer. Il s'embarqua dans le port d'Alexandrie sur un brigantin, et fit des courses qui lui produisirent des prises considérables; il se mit ensuite sur les galères du Grand Seigneur, et s'attacha surtout à Barberousse, sous qui il apprit parfaitement le métier de la guerre; il le servit avec distinction dans toutes les occasions importantes.

Soliman nomma Dragut pour remplacer Barberousse, et le fit général de tous les corsaires. Il succéda ainsi à une partie des charges, et à toute la haine de Barberousse contre les chrétiens. Les ravages qu'il fit sur les côtes de l'Espagne et de l'Italie, et par lesquels il signala cette haine, le rendirent redoutable à Charles-Quint. Il s'empara d'Africa, ville forte située sur la côte de Barbarie, entre Tunis et Tripoli, et de quelques autres places voisines.

L'Empereur, la Sicile, Malte et toute l'Italie, alarmés de cette conquête, se réunirent et mirent en mer une flotte de cinquante-quatre galères, sous les ordres de Doria; elle fit voile pour Africa où était Dragut, dans l'espérance de l'y renfermer et de l'y prendre; mais l'habile corsaire, informé de ce dessein, laissa son neveu dans la place; il prit le large, et pour faire diversion, alla insulter les côtes d'Espagne. Mais voyant que son expédient ne réussissait pas, et que l'armée chrétienne pressait vivement les places qu'il avait conquises, il partit pour les secourir. Son adresse et sa valeur ne purent les défendre; la ville d'Africa fut reprise, ainsi que toutes les places dont il s'était emparé.

Le pacha Sinam, commandant de la flotte ottomane, se rendit peu après à Tripoli de Barbarie. Cette ville, située dans une plaine sablonneuse sur le rivage de la mer, a été bâtie par les Romains, conquise par les Goths, soumise par les rois de Fez et de Tunis, prise par Ferdinand, roi d'Espagne, et cédée par l'empereur Charles-Quint aux chevaliers de Malte pour se débarrasser du soin de la conserver. Elle avait alors pour gouverneur le chevalier Gaspard de Vallier, de la langue d'Auvergne, et maréchal de l'ordre, homme d'un mérite universellement reconnu; mais sa valeur était assez inutile dans une place qui n'était défendue que par une faible garnison, et très-peu fortifiée, parce que Charles-Quint n'y avait fait aucune dépense, et que les chevaliers la possédaient malgré eux.

Le maréchal l'aurait cependant défendue, si sa valeur avait été appuyée; mais il eut le malheur de se voir lâchement abandonné dans le temps qu'il se préparait à une vigoureuse résistance. Il fut d'abord trahi par un Provençal; peu après la garnison se révolta et plusieurs chevaliers l'imitèrent : tout cela, joint à la conduite du grand maître à son égard, le détermina à céder au temps.

Sinam profita des disgrâces du maréchal : il prit Tripoli en barbare; il viola les articles qu'il avait accordés ; il traita les chevaliers avec une indignité qui ne convenait ni à leur valeur ni à leur naissance, et les aurait tous réduits au comble de la misère, sans l'ambassadeur de France qui se trouva dans son armée et qui ramena à Malte sur ses galères ceux qui étaient sortis de Tripoli.

Après cette conquête, le pacha Sinam s'en retourna à Constantinople, où il trouva la famille de Soliman déchirée par de cruelles divisions : le sultan voyait sa maison désolée par des troubles domestiques, ses enfants lui causaient plus de chagrins et d'inquiétudes que ses ennemis mêmes.

Pendant que cet empereur était occupé à faire mourir quelques-uns de ses fils, et à combattre les autres, les chevaliers faisaient, dans les mers du Levant et sur les côtes de Barbarie, des courses qui désolaient les Turcs et les corsaires. Ils travaillaient aussi au dedans à se mettre en garde contre les entreprises de leurs ennemis ; et, par leurs nouvelles fortifications, ils leur ôtèrent et la hardiesse d'en tenter et l'espérance d'y réussir.

Tout était florissant à Malte, et la religion y jouissait tranquillement de toute sa gloire ; mais cette prospérité fut troublée par un accident, qui, en ruinant la marine de l'ordre, détruisit toute sa force et sa vigueur. Il s'éleva un furieux ouragan : les flots furent soulevés par cet effroyable tourbillon à une hauteur prodigieuse. Tous les vaisseaux en furent fracassés, et plusieurs allèrent se jeter bien avant dans les terres : quatre galères qui étaient amarrées chacune avec deux gros câbles furent chavirées; les amarres de toutes les autres furent rompues, et il se fit un terrible ravage dans toute l'étendue de l'île.

Malte était trop intéressée au rétablissement de la marine pour le négliger; aussi y travailla-t-on avec beaucoup d'activité. La flotte des chevaliers fut en peu de temps remise sur pied, et ils reprirent avec une nouvelle gloire la supériorité qu'ils avaient toujours eue sur les infidèles.

Mécontent de Soliman qui lui avait refusé les grands emplois que possédait Barberousse, Dragut s'était établi à Tripoli dont il avait fait la capitale d'un petit Etat qu'il gouvernait en roi. Il fortifia cette place selon les règles de l'art connues en ce temps-là ; il en fit l'asile de tous les corsaires, et le refuge de ceux qui allaient ravager les côtes de la Sicile, de Naples et de l'Italie.

Jean de la Cerda, duc de Medina-Cœli, vice-roi de Sicile, forma des desseins sur Tripoli. Il crut que s'il pouvait enlever cette place à Dragut, il se ferait une réputation qui relèverait encore sa dignité : il associa à son projet le grand maître Jean de la Valette-Parisot, qui se trouva très-intéressé dans la destruction d'un repaire de pirates, dont la proximité l'incommodait. Ils en écrivirent à Philippe II, roi d'Espagne. Ce monarque, qui vit que la prise de Tripoli assurait ses Etats, envoya en Sicile une flotte de quatre-vingt-seize vaisseaux, tant galères qu'autres bâtiments ; il en donna le commandement au vice-roi. La flotte partit de Messine sur la fin d'octobre 1551; une tempête la fit relâcher à Syracuse. Elle y séjourna pendant tout le mois de novembre ; et, au commencement de décembre, elle remit à la voile pour Malte, où elle arriva vers le milieu du mois. Toute l'armée étant rassemblée dans l'île, le vice-roi, dont la valeur n'était pas la principale qualité, changea de résolution : l'approche du péril affaiblit son courage. Il jeta ses vues sur l'île des Gerbes; il fit de cette petite île l'objet d'un grand armement, parce qu'elle était moins défendue et plus facile à prendre que Tripoli.

On s'embarqua le 10 février, et l'on fit voile pour les côtes d'Afrique : la flotte arriva aux petites Lyrtes, près de l'île des Gerbes. Cette île, qui n'a que trois myriamètres de tour, est à l'entrée du golfe de Capes, sur la côte du royaume de Tripoli, qu'elle a au levant.

Pendant que le vice-roi perdit un temps considérable à délibérer sur le parti qu'il devait prendre, les divisions, la disette et les maladies désolèrent sa flotte ; ils ne trouvèrent même pour étancher leur soif que des eaux du pays, malsaines. Le vice-roi fit enfin succéder à sa lâche inaction quelques mouvements guerriers; il fit une descente dans l'île ; et, après un léger combat donné contre une poignée de gens mal armés, il prit le château par composition. Cette conquête suffit pour l'éblouir. Il ne s'occupa plus qu'à faire construire des forts qui pussent immortaliser son nom ; et, comme s'il eût été de concert avec le Grand Seigneur, il lui donna tout le temps d'envoyer des forces navales au secours des Africains.

Soliman ne perdait point un temps dont le vice-roi faisait un si mauvais usage; il mit en mer une armée composée de tous les vaisseaux de ses ports, et de tous les corsaires qui couraient la mer sous ses pavillons. Elle avait ordre de joindre les vaisseaux que Dragut commandait. Les Turcs, instruits à Goze du triste état de la flotte chrétienne, partirent aussitôt pour la surprendre, et ils le firent en effet.

Cette flotte infortunée, en proie aux maladies, au trouble et aux dissensions, combattue par les vents contraires, ne pouvait tenir contre une escadre ennemie fraîche et bien pourvue: elle tâcha de prendre le large; mais la flotte ottomane, qui avait le vent sur elle, l'investit de toutes parts et la foudroya avec son artillerie. Les chrétiens effrayés et mis en désordre se précipitaient dans le péril en voulant l'éviter: les uns donnaient dans des basses où ils échouaient et où ils étaient pris; les autres se noyaient en voulant se sauver à la nage. Plusieurs croyaient trouver un asile dans l'île; ils y étaient massacrés par les habitants, qui voulaient par là faire leur cour aux Turcs, bientôt leurs maîtres.

Les infidèles tirèrent tout l'avantage possible du malheur des chrétiens: ils prirent vingt galères, quatorze vaisseaux, et firent cinq mille esclaves. Les galères de Malte se sauvèrent adroitement. Le vice-roi et Doria, profitant des ténèbres de la nuit et de la joie à laquelle les Turcs victorieux s'étaient livrés, se retirèrent à Malte avec neuf frégates légères.

Le général de la flotte ottomane, après s'être emparé de l'île des Gerbes et de la forteresse que le vice-roi y avait fait bâtir, se retira chargé de gloire et de butin, et cingla vers Constantinople, où il fit une entrée triomphale. Les vaisseaux du Grand Seigneur entrèrent dans le port, parés de tout ce qui pouvait leur donner de l'éclat: les galères chrétiennes dépouillées de tous leurs ornements, les pavillons abaissés et traînant dans l'eau étaient tirés par la poupe; les officiers prisonniers, une prodigieuse quantité d'esclaves portant sur leur visage toutes les marques de la tristesse et de la confusion, servaient à augmenter le plaisir et la vanité des Turcs.

Soliman, placé sous un superbe portique, vit ce triomphe avec un visage froid et tranquille. Il ne fut pas plus ébloui par l'éclat de sa prospérité, qu'il n'aurait été abattu par les disgrâces. Cependant l'avantage qu'il venait de remporter sur les chrétiens l'engagea à faire de nouvelles tentatives. Il crut devoir arrêter les progrès des chevaliers de Malte, qui ne cessaient de croiser sur les vaisseaux ottomans, et de troubler la dévotion et les voyages des pèlerins de la Mecque ; mais un événement le détermina particulièrement à tourner ses armes contre eux.

Un gros vaisseau turc, richement chargé, allait à Venise, et devait en rapporter des étoffes et des bijoux pour le sérail. Ce vaisseau et sa cargaison appartenaient au chef des eunuques, et les favorites du Grand Seigneur y étaient même intéressées : ce vaisseau était armé de vingt gros canons de fonte et de plusieurs autres d'un moindre calibre, et monté par deux cents janissaires aguerris, outre les passagers et les gens de l'équipage. Il fut rencontré, entre Zante et Céphalonie, par une escadre de Malte de sept galères, commandée par deux chevaliers qui tirèrent d'abord un coup de canon sans boulet, pour obliger l'officier turc d'amener.

Celui-ci, qui avait du courage et de l'expérience, répondit par un coup à boulet, arbora ses couleurs, et donna le signal du combat. Les Turcs eurent d'abord un grand avantage à la faveur de leur artillerie ; mais ils furent obligés de céder à la force et à la valeur : les chevaliers s'emparèrent du vaisseau et le conduisirent à Malte.

Dès que la nouvelle de cette action fut parvenue à Constantinople, les sultanes éplorées vinrent se jeter aux pieds du Grand Seigneur, et le conjurèrent de ne pas laisser impunie une insulte faite à sa propre maison. Soliman jura d'exterminer ces opiniâtres ennemis.

Il fit armer dans tous les ports du Pont-Euxin et de la Méditerranée, et équipa une flotte d'environ deux cents vaisseaux bien pourvus de munitions de bouche et de guerre : elle avait des vivres pour nourrir quatre-vingt mille hommes pendant six mois. Rien n'y manquait de tout ce qui est nécessaire pour l'attaque et pour la défense : un grand nombre de canons, parmi lesquels on en comptait cinquante de quatre-vingts livres de balles ; des machines pour lancer des pierres d'une grosseur démesurée ; de la poudre pour tirer cent mille coups de canon ; une prodigieuse quantité de feux d'artifice, et enfin des armes de toute espèce composaient l'attirail de guerre.

Piali et Mustapha, deux généraux pleins de courage et fort expérimontés, étaient à la tête de cette formidable armée. Leurs galères aussi bien que celle du Grand Seigneur étaient superbement ornées ; elles portaient chacune trois fanaux ; l'or et les croissants y brillaient de toutes parts. Les soldats qui devaient faire le siége étaient au nombre d'environ quarante mille hommes, parmi lesquels on comptait plus de six mille janissaires, et certains aventuriers, espèce d'enfants perdus, vêtus de peaux de lion, de tigre, de panthère, de léopard ; leurs bonnets étaient ornés de plumes d'oiseaux de proie.

Cette armée partit de Navarin, port de la Morée, où elle s'était assemblée. Elle fut jointe par six galères, que le renégat Lucciali amena d'Alexandrie ; par treize galères et deux galiotes de Dragut, et par les vaisseaux du roi d'Alger. Après avoir côtoyé la Sicile, elle parut devant l'île de Malte le 18 mai 1565. La grande maîtrise était alors remplie par Jean de la Valette-Parisot, de la noble et ancienne maison de Cornusson en Querci. Il était aussi distingué par sa piété que par son courage ; la prudence accompagnait sa valeur ; il était prompt à résoudre, courageux à entreprendre, habile à prévoir l'avenir. Avec cinq cents chevaliers et huit mille hommes de troupes réglées, il soutint les plus grands efforts de l'empire ottoman.

Les Turcs furent obligés de lever honteusement le siége, après avoir fait pendant quatre mois de terribles attaques et bouleversé la ville et ses fortifications. Les infidèles y eurent quinze mille soldats tués, et huit mille marins, parmi lesquels se trouva le fameux Dragut. Les pachas, après avoir embarqué leur artillerie et les restes de leur armée, cinglèrent vers Constantinople.

Soliman, ayant appris le mauvais succès de son entreprise, s'écria tout en courroux que son épée n'était heureuse que dans ses mains. Cependant, pour couvrir sa confusion et en imposer au peuple, il voulut que les pachas entrassent en triomphe dans le port de Constantinople, au son des instruments, les enseignes déployées, en un mot avec tous les honneurs de la guerre. Soliman, après cette disgrâce, renonça à combattre les chrétiens sur mer, et tourna ses efforts contre la Hongrie et la Transylvanie ; mais il n'y fut pas heureux. Le chagrin de ses mauvais succès, plus encore que sa vieillesse, le mit au tombeau.

L'insuccès qu'essuya Soliman devant l'île de Malte releva infiniment la gloire des chevaliers. Elle fut cependant partagée par ceux de l'ordre militaire de Saint-Etienne, qui leur donnèrent du secours.

Côme de Médicis, premier grand-duc, ayant remporté le 2 août 1554 une victoire sur les troupes de France, commandées par le maréchal Strozzi, voulut consacrer la mémoire de cet événement qui lui assura la souveraineté de la Toscane. A cet effet, il établit un ordre militaire sous le nom de Saint-Etienne, parce qu'il avait triomphé de ses ennemis le jour de saint Etienne, pape et martyr. Cet ordre, formé sur celui de Malte, fut approuvé par le pape Pie IV. Côme en fut le premier grand-maître, et ses enfants les premiers chevaliers.

Les chevaliers de Saint-Etienne, dès le commencement de leur institution, firent honneur à leur établissement. Ils se rendirent redoutables aux infidèles, et, pendant un siècle, toutes les années furent marquées par leurs différents exploits.

On assure qu'ils ont délivré plus de cinq mille six cents chrétiens des mains des infidèles, et fait sur eux quatorze mille huit cent soixante-onze esclaves. On voit à Florence dans deux places publiques les figures en bronze de Côme Ier et de son fils, coulées avec les canons pris sur les Turcs par les chevaliers de Saint-Etienne.

Sélim II succéda à son père dans l'empire, mais non à ses mœurs et à ses bonnes qualités. Il ne se fit connaître que pour un débauché, un perfide et un violateur public de sa loi. Livré au vin et aux débauches les plus infâmes, il n'eut aucune des qualités d'un homme de guerre. Cependant les exemples de ses prédécesseurs l'obligèrent dans les commencements de son règne à tenter quelques exploits militaires, d'abord contre les chrétiens.

Il proposa la conquête de Chypre à ses pachas. Il ordonna que l'on construisît des vaisseaux dans tous les ports, et qu'on radoubât tous ceux qui étaient construits; il fit faire une grande quantité de biscuit dans la Morée, et vingt-cinq galères furent envoyées à Alexandrie pour y prendre les provisions de l'armée. Tout étant disposé, la flotte, composée de plus de deux cents voiles, partit de Constantinople sous les ordres de Piali. Mustapha fut nommé général des troupes de terre. Les vaisseaux allèrent d'abord mouiller à Négrepont, puis à Rhodes, où toute l'armée s'assembla : de là on fit voile pour l'île de Chypre.

Cette île était possédée par les Vénitiens depuis quatre-vingts ans. La république, pour la mettre à couvert de l'orage qui la menaçait, demanda du secours aux princes chrétiens; mais elle n'en put obtenir que du pape et du roi d'Espagne, encore fut-il faible et tardif. Jérôme Zani, général des Vénitiens, prit les devants avec soixante-dix galéaces, laissant derrière lui les grosses galères avec les vaisseaux; il alla mouiller à Corfou, où il fut joint par vingt galères de Candie. Après avoir fait quelques courses vers les îles de l'Archipel, soit pour observer les mouvements des Turcs, soit pour profiter de quelque occasion que le hasard pouvait faire naître, il assembla à Candie toute son armée, qui montait à cent vingt galères. Il y attendit le secours du pape et du roi d'Espagne, qui y arriva sur la fin du mois d'août.

Les longs délais des chrétiens et leur inaction donnèrent aux Turcs tout le temps qu'ils pouvaient désirer pour se préparer à recevoir leurs ennemis. Ils furent aperçus de Baffo, ville de l'île de Chypre, située sur la côte occidentale; ils coururent toute la côte, depuis le cap de Chatte, ou de Gato, jusqu'à Himisso, y firent des descentes, brûlèrent, saccagèrent tout ce qui se présenta, et firent plusieurs prisonniers. Le lendemain ils allèrent jeter l'ancre à Salines, sur la côte méridionale de l'île; ils y débarquèrent leur artillerie et leurs troupes, et s'y retranchèrent sans trouver le moindre obstacle. Leur artillerie consistait en trente grosses pièces de canon et cent cinquante de moindre calibre; et leurs troupes en cent cinquante mille hommes d'infanterie, vingt-cinq mille de cavalerie et trois mille pionniers.

L'île, dégarnie de tout, n'était pas en état de résister à de si puissantes forces; elle était sans défense et ouverte de toutes parts. La facilité que les Turcs trouvèrent à se répandre dans la campagne, leur fit d'abord craindre de tomber dans quelque embuscade; mais ils se rassurèrent; et, se persuadant que toutes les troupes vénitiennes étaient renfermées dans Nicotie et Famagouste, ils résolurent d'assiéger ces deux villes.

Ils commencèrent par Nicotie, qui est située au milieu de l'île. Le gouverneur de cette place était d'un génie borné, sans ressource, sans courage ni capacité; il commandait à des soldats peu aguerris et mal armés; les fortifications de la place, quoique régulières, étaient imparfaites; les fossés n'étaient pas achevés, les provisions étaient insuffisantes. Les Turcs en firent le siége et la prirent d'assaut. Mustapha ne fut pas plutôt maître de la ville, qu'il souilla son triomphe par le massacre de près de vingt-cinq mille personnes. Ceux qu'il n'immola point à sa cruauté n'en furent pas plus heureux. C'étaient des femmes, des filles et des garçons choisis parmi ce qu'il y avait de plus beau ; il en chargea trois vaisseaux pour les envoyer à Sélim.

Une femme de condition, indignée de voir tant d'innocentes victimes destinées à servir aux passions des infidèles, et préférant une glorieuse mort à une vie aussi honteuse, mit le feu aux poudres et fit sauter les trois vaisseaux avec tout ce qui était dedans. Les Turcs s'étant emparé de Nicotie, s'approchèreut de Famagouste pour en faire le siége.

Pendant que les infidèles faisaient des conquêtes, les chrétiens ne s'assemblaient que lentement. Leur armée navale, après de longs délais, se forma enfin au port de la Suda, dans l'île de Candie : elle s'avança ensuite jusqu'à Siltia, dans la même île. Elle était composée de cent vingt-quatre galères légères, de douze grosses, de quatorze navires de guerre, qui appartenaient aux Vénitiens, de douze galères du pape, de quarante-cinq du roi d'Espagne, et d'un grand nombre de transports. L'armée partit de Candie le 18 septembre 1570, et cingla vers les côtes de Caramanie, où elle alla mouiller. Elle y fut d'abord informée de la prise de Nicotie. Les chrétiens furent très-alarmés de cette nouvelle. Doria prit la résolution de s'en retourner, ne voulant point hasarder une bataille contre les Turcs victorieux. Les officiers vénitiens mirent tout en œuvre pour le détourner d'un si lâche dessein ; leurs remontrances furent inutiles. Ses craintes l'emportèrent : il fit voile vers la Sicile.

Zani et Colonne, qui étaient restés unis, voulurent se distinguer par quelque coup d'éclat, afin de jeter sur Doria la honte de leur inaction ; mais ayant eu avis que Piali les cherchait avec toutes ses forces, et se sentant trop faibles pour lui résister, ils se retirèrent à la Canée, dans l'île de Candie. Le général ottoman les suivit assez loin, mais les vents commençant à s'élever, et la saison étant fort avancée, il s'en retourna avec sa flotte à Constantinople. Zani prit la route de l'île de Corse, et Colonne celle d'Ancône.

Tout l'hiver se passa en négociations de la part des Vénitiens. Le pape se donna des mouvements infinis pour liguer les princes chrétiens contre les Turcs. A Rome on ne parlait que de prières publiques, de processions, de jubilé ; mais pendant ce temps-là, Sélim faisait des préparatifs plus efficaces pour achever la conquête de l'île de Chypre. Son armée navale, grossie par les vaisseaux des corsaires d'Afrique, se trouva forte de deux cent cinquante voiles. Elle se mit en mer dès le mois d'avril, et alla ravager les îles de Candie, de Zante, de Céphalonie, de Corse, et porta l'épouvante jusque dans Venise; mais craignant d'être surprise par les chrétiens qui se liguaient, elle alla faire le siége de Famagouste. Cette place avait été fortifiée et munie pendant l'hiver. Les Turcs, pour ne pas la manquer, l'attaquèrent avec un grand appareil de guerre: ils avaient deux cent mille hommes devant la ville. Une infinité de sujets du Grand Seigneur s'y rendirent, guidés plutôt par la cupidité que par la valeur, et attirés par l'espoir du pillage. Elle fut battue pendant quinze jours par quatre-vingts pièces de la plus grosse artillerie ; enfin, après s'être bien défendue, avoir reçu cent cinquante mille coups de canon, et fait périr plus de soixante mille Turcs, elle se rendit aux infidèles, qui se virent par là maîtres de toute l'île.

Le cruel Mustapha n'eut pas plutôt signé la capitulation, qu'il en viola les articles. Il fit écorcher vif le gouverneur, qui n'avait commis d'autre crime que de s'être bien défendu, et qui, après avoir vécu en brave, mourut en chrétien. Enivré de sang, rassasié de carnage, après avoir mis la place conquise en bon état, Mustapha fit voile pour Constantinople, où ses exploits furent couronnés par des acclamations publiques.

Pendant que les Turcs jouissaient en repos de la gloire de leurs conquêtes, le pape Pie V travaillait vivement à liguer les princes chrétiens contre les infidèles. Il réunit avec lui, dans cette confédération, le roi d'Espagne et les Vénitiens. La ligue fut conclue à Rome. Selon les conditions de cette ligue, l'armée devait être composée de deux cents galères et de cent vaisseaux de guerre, de cinquante mille hommes d'infanterie, de quatre mille cinq cents chevaux et d'une artillerie proportionnée. Don Juan d'Autriche, fils naturel de Philippe II, fut déclaré généralissime. Il reçut à Naples, de la main du cardinal de Granvelle, qui en était vice-roi, le bâton de commandement que le pape avait bénit, et un étendard d'étoffe bleue, où l'image du crucifix était brodée en or et en argent.

Ce général partit pour Messine, où il fut reçu par Marc-Antoine

Colonne, qui commandait les galères du pape, et par Venieri, qui commandait celles de Venise. Toute l'armée étant assemblée, elle démarra et arriva bientôt à Corfou. Le pape avait fourni douze galères, le roi d'Espagne quatre-vingt-une, et les Vénitiens cent huit; le duc de Savoie deux, les Génois trois, les chevaliers de Malte autant. Outre ces galères, l'armée était fortifiée de six vaisseaux de guerre, de quatre-vingts pièces de canon, de vingt-quatre transports et d'environ soixante-dix brigantins. L'armée ottomane était d'environ trois cents voiles, sous le commandement d'Ali-Pacha; il avait sous ses ordres le pacha Pertau, le fils de Barberousse, le roi d'Alger, Sirocco, gouverneur d'Alexandrie, le fameux Lucciali, tous capitaines célèbres par les ravages qu'ils avaient exercés sur les terres des chrétiens.

Ali, qui avait ordre de combattre l'armée chrétienne, envoya un de ses officiers pour la reconnaître. Comme elle avait derrière elle l'île de Corfou, il ne fut pas possible de l'observer exactement; aussi le rapport fut-il peu fidèle. Cet officier assura que l'armée des chrétiens n'était pas considérable. En conséquence, les Turcs se déterminèrent à livrer bataille. De leur côté, les chrétiens avaient aussi observé l'armée des Turcs; ils savaient qu'elle avait passé à la vue de Zante, et qu'elle était entrée dans le golfe de Lépante. Ce golfe a la Morée au midi, Corinthe à l'orient, et la ville de Lépante au nord, qui lui donne son nom; il s'avance dans les terres du couchant au levant, l'espace de quatre-vingts milles. On voit à son embouchure les Courzolaires, cinq petites îles, ou plutôt cinq rochers, célébrés par les poëtes sous le nom d'Echinades.

Le Vénitien Barbarigo fut commandé pour se présenter à l'entrée du golfe avec huit galères, afin d'attirer les Turcs au large. Venieri, qui regardait l'entrée dans le golfe comme le signal assuré de la victoire, chercha à engager don Juan à faire cette démarche. Il l'assura qu'il était bien informé que cinquante galères avaient quitté l'armée ennemie et avaient pris leur route vers le Levant. Sur cette nouvelle, on ne balança plus à entrer dans le golfe. Les deux armées se virent bientôt en présence; et, animées d'un égal désir de combattre, elles se mirent en ordre de bataille.

Les deux flottes s'approchèrent: celle des Turcs arriva sur celle des chrétiens avec une brise favorable. Les infidèles avaient encore cet avantage que le soleil donnait dans les yeux de leurs ennemis. Le combat commença sur les deux heures après midi, avec des hurlements épouvantables, selon l'usage des Turcs. Ali entama l'action par un coup de canon auquel Juan d'Autriche répondit. Le vent ayant changé, les chrétiens qui étaient d'abord sous le vent des Turcs, se virent au vent de l'armée ottomane, et le soleil ayant tourné, les Turcs, dans la suite du combat, en furent aussi incommodés que les chrétiens l'avaient été au commencement.

Les six gros vaisseaux, qui formaient l'avant-garde, commencèrent à foudroyer les infidèles par leur artillerie nombreuse et bien servie. Les galères turques furent mises en désordre et leur ligne rompue; mais comme elles étaient conduites par d'habiles capitaines, elles se rallièrent, et le combat s'engagea de toutes parts. Les approches furent terribles. Les premières bordées de canon étant lâchées, on vint à l'abordage. Le bruit des armes et des décharges réciproques d'artillerie joint aux cris des blessés et de ceux qui animaient au combat, empêchait d'entendre le commandement des chefs. Toutes les divisions des deux armées combattirent alors en même temps.

Les galères des deux généraux se battirent avec un égal acharnement; ils étaient tous deux jeunes et passionnés pour la gloire. L'élite de l'armée chrétienne et la fleur de la noblesse étaient dans la galère de don Juan d'Autriche; dans celle d'Ali étaient des janissaires choisis, et un équipage d'une valeur plusieurs fois éprouvée. Juan d'Autriche arriva sur son ennemi avec une intrépidité qui l'aurait effrayé s'il avait été moins brave; il fit monter à l'abordage, et ses gens, animés par l'espoir de la gloire et du butin, firent d'abord un grand carnage parmi les Turcs. Ali ne s'étonna point de se voir au milieu d'un grand nombre de ses soldats morts et mourants; il raffermit le courage des autres qui commençait à s'ébranler. En donnant des ordres il donnait aussi l'exemple; et, combattant lui-même avec une valeur extraordinaire, il arracha des mains des chrétiens la victoire qui s'était déclarée pour eux, et les obligea de sortir de son vaisseau après une perte considérable.

Juan d'Autriche commanda un second abordage: les soldats chrétiens l'exécutèrent avec une résolution et une vigueur qui firent d'abord chanceler la fermeté des Turcs, déjà fatigués. Ali se trouva si vivement pressé, qu'il fut obligé de se retirer dans la chambre de poupe; il s'y défendit avec l'intrépidité d'un héros; mais il y succomba, et sa galère fut prise.

Pendant que les galères capitanes étaient aux prises, les deux corps de bataille se mêlèrent, et le combat fut sanglant.

Le carnage, l'horreur et la mort y régnaient de toutes parts, et la victoire incertaine favorisait tour à tour les deux partis ; mais la fumée de l'artillerie, que le vent poussait sur les Turcs et qui les aveuglait, la fit pencher du côté des chrétiens. Le vaillant Barbarigo, en combattant avec un courage héroïque, fut blessé d'un coup de flèche dans l'œil, dont il mourut. Mahomet et Sirocco y périrent aussi.

Les Turcs, ne pouvant plus soutenir le feu des chrétiens, se retirèrent et abandonnèrent un grand nombre de leurs galères aux vainqueurs. Plusieurs vinrent échouer sur le rivage, d'autres abordèrent, non sans effort, dans l'endroit où Lucciali recueillait les débris de l'armée ottomane. Le général Pertau fut le dernier qui se retira ; il soutint pendant quatre heures les efforts de quatre galères chrétiennes ; mais se voyant sans rames, sans gouvernail et presque sans soldats, il sauta dans un brigantin où il fut tué.

Ce combat fut si sanglant, qu'on assure que la mer parut teinte de sang et couverte de corps morts, de membres flottants, d'armes rompues et de débris de vaisseaux. Les chrétiens perdirent dix mille hommes et quinze galères ; les Turcs eurent environ trente mille hommes tués, cent soixante galères prises, quarante percées et hors de combat. Soixante de leurs brigantins furent aussi la proie des vainqueurs. Les richesses qu'on trouva sur les principales galères ottomanes étaient immenses.

Les chrétiens ne surent pas profiter de leur victoire ; au lieu de porter leurs armes devant Constantinople effrayée, ou de reconquérir l'île de Chypre, ils s'amusèrent à faire éclater publiquement leur joie par des arcs de triomphe, des inscriptions magnifiques, des fêtes superbes, des médailles, des discours éloquents, des prisonniers délivrés et des largesses au peuple.

Les flottes alliées se séparèrent, et par leur retraite donnèrent aux Turcs épouvantés et affaiblis le temps de se raffermir et de se refaire.

Les Vénitiens, désolés des conquêtes que les Turcs faisaient continuellement sur eux, firent leur paix avec Sélim : elle fut publiée à Venise le 15 avril 1573. Par un article de ce traité, ils s'engageaient à payer au Grand Seigneur cent mille ducats pendant trois ans. Sélim considéra cette somme comme un tribut, ce qui flatta beaucoup sa vanité. Les chrétiens regardèrent ce traité comme honteux à la république. Les Vénitiens l'envisageaient comme un moindre mal, et crurent qu'il valait mieux pour eux s'être humiliés que de périr. Malgré cette paix, Sélim, qui n'était pas fort religieux observateur de sa parole, forma le dessein de s'emparer de l'île de Candie; mais il fut prévenu par la mort.

Amurat III, son fils, lui succéda. Le caractère d'inconstance de ce prince se manifesta dans son humeur, dans ses mœurs et dans sa fortune. On ne voyait chez lui qu'alternatives d'amour et de haine, de continence et d'excès. Un jour suffisait pour lui voir dispenser à la même personne les plus hautes faveurs et les plus humiliantes disgrâces.

Son règne ne fut marqué par aucune expédition maritime. Pour se faire estimer de ses sujets et craindre de ses ennemis, il mit d'abord en mer une flotte si prodigieuse, que les Vénitiens, les chevaliers de Malte et de la Sicile s'en inquiétèrent; mais il fut obligé de désarmer ses galères pour remplacer le monde que la peste avait fait périr à Constantinople.

Mahomet III, en montant sur le trône, commença par massacrer vingt et un de ses frères, et il fit jeter dans la mer dix femmes de son père, parce qu'il les croyait enceintes. Il ne se vit pas plutôt affermi sur le trône, qu'il se renferma dans son sérail, pour s'y livrer à la volupté. Ses plaisirs furent quelque temps interrompus par la guerre que lui firent les chrétiens, qui l'attaquèrent et l'obligèrent d'entretenir en Hongrie et en Transylvanie des armées qui eurent alternativement de bons et de mauvais succès.

Le roi d'Espagne avait envoyé sur la côte de Barbarie soixante-dix galères, sous la conduite d'André Doria et de don Juan de Cordoue. Pour favoriser le dessein des Espagnols, le grand maître de Vignacourt expédia les galères de Malte dans la Morée, afin d'y donner l'alarme; elles prirent terre au bras de Maine, pays de la Grèce. Les chevaliers ayant fait leur descente, allèrent attaquer la forteresse de Château-Neuf, à un myriamètre de la mer; y entrèrent par le moyen du pétard et des échelles, y firent cinq cents esclaves, enclouèrent trente pièces de canon, et, après avoir pillé et brûlé la place, ils s'en retournèrent.

La fortune ne fut pas si favorable aux Espagnols : ils trouvèrent les côtes bordées de troupes qui les attendaient de pied ferme. Les vents contraires qui les repoussaient ne leur permettaient pas d'aborder. Ces deux obstacles firent avorter leur projet ; c'est ce qui fit dire à Mahomet, qu'il ne craindrait jamais la guerre que lui feraient les Espagnols et les Vénitiens, si les Français ne s'en mêlaient pas.

Les chevaliers de Malte, qui faisaient la guerre aux infidèles d'une autre manière que les Espagnols, exécutèrent contre Mahomet une entreprise avec autant de valeur que de prudence. Le grand maître fit partir au commencement du mois d'août 1602, pour cette expédition, cinq galères chargées de huit cents hommes de troupes, parmi lesquels il y avait deux cents chevaliers. Le bailli du Vivier, qui les commandait, alla mouiller à Lampadouse, petite île déserte sur la côte de Barbarie, où il prit deux flûtes turques. Il fit voile ensuite pour Mahomette, ville du royaume de Tunis, située dans un golfe. La descente s'y fit le 15 du même mois, au point du jour : trois chevaliers appliquèrent le pétard à trois portes, deux furent enfoncées, la troisième résista parce qu'elle était murée. Les chevaliers entrèrent ensuite dans la place, y firent un grand butin, et emmenèrent cinq cents esclaves, après avoir réduit la ville en cendres.

Le peu de soin que le Grand Seigneur avait eu de cultiver la marine, fut la cause de ces disgrâces. Il fut toujours malheureux sur mer. Il avait envoyé une flotte en Asie, qui fut battue et défaite par les Perses ; il en envoya une autre aux Indes pour y faire des conquêtes ; mais elle n'éprouva pas un sort plus heureux.

Mahomet, après avoir essuyé plusieurs échecs sur mer et sur terre, et avoir vu plusieurs fois son trône ébranlé par des séditions, mourut de la peste à Constantinople, sur la fin de l'année.

Achmet Ier, son fils, prit après lui, à l'âge de quinze ans, les rênes de l'empire. Il était beau de visage, d'une taille avantageuse, d'un esprit vif et d'un caractère un peu sévère. Il se vit d'abord beaucoup d'affaires sur les bras : il se trouva engagé dans la guerre contre les chrétiens et contre le roi de Perse, et des sujets rebelles d'Asie à réduire. Il fut attaqué sur mer dès le commencement de son règne par les chevaliers de Malte, ennemis irréconciliables des Ottomans. Le grand maître de Vignacourt, qui ne laissait échapper aucune occasion de leur nuire, joignit ses galères à celles de Naples, au nombre de onze, destinées à surprendre Lango, île si chère à la religion lorsqu'elle résidait à Rhodes. Cette flotte aborda et fit sa descente sans obstacle à Lango. Les chrétiens attaquèrent la ville et la prirent; ils se seraient également emparés du château, si le pont-levis avait été abaissé. Après avoir pillé la ville et ravagé l'île, ils se retirèrent.

Achmet trouva encore un autre ennemi sur mer qui lui fit essuyer bien des malheurs : c'était le grand-duc de Toscane ; il entretenait sur la Méditerranée des vaisseaux pour donner la chasse aux pirates et pour troubler la navigation des Turcs.

Mais la fortune ne leur était pas toujours contraire, et les chevaliers de Malte éprouvèrent que bien qu'on soit toujours brave, on n'est pas toujours heureux. Le grand-duc de Toscane fit partir pour l'île de Chypre six galères et six gros vaisseaux avec deux mille combattants. Il avait dans Famagouste des intelligences qui devaient favoriser la prise de cette place. Les Florentins étant débarqués dans l'île, allèrent appliquer à Famagouste des échelles qui se trouvèrent trop courtes, et des pétards qui furent inutiles, parce que les portes étaient murées. Le succès de cette entreprise dépendait du secret; mais le projet ayant été découvert, fut en même temps déconcerté : les troupes débarquées furent obligées de regagner leurs vaisseaux, ce qui ne se put faire sans une perte considérable.

Les Florentins cherchèrent à se venger de cette disgrâce. Avec trois galères et trois vaisseaux chargés de deux mille hommes de troupes et de deux cents gentilshommes volontaires, ils allèrent attaquer Hippone, connue aujourd'hui sous le nom de Bône, ville de la régence d'Alger. Malgré la résistance des Turcs et des Mores accourus pour défendre cette place, les chrétiens la prirent, y mirent tout à feu et à sang, et, après avoir fait un grand butin, ils ramenèrent en Toscane leur escadre triomphante.

Les chevaliers de Malte n'étaient pas moins attentifs à désoler les Turcs, et ils leur faisaient continuellement éprouver tout ce que peut la valeur animée d'une haine inspirée par des motifs de religion. Une escadre partie de Malte fit voile pour les mers du Levant : elle était composée du galion de la religion, commandé par le chevalier de Campremini; de celui du grand maître, commandé par le chevalier Fressinet, tous deux Français, et de deux pataches, sous la conduite de deux autres chevaliers de la même nation.

Cette escadre alla mouiller à la hauteur de Layazzo, forteresse située dans la Caramanie, vers les confins de la Syrie. Les chevaliers ayant mis à terre six cents hommes, les conduisirent avec tant d'habileté et de courage, qu'ils entrèrent dans la place à la faveur du pétard et des échelles : ils taillèrent en pièces tout ce qui osa leur résister. N'ayant plus d'ennemis à combattre, ils permirent le pillage, et huit jours après ils se retirèrent et emmenèrent six cents esclaves.

L'escadre victorieuse, partie de Layazzo, se répandit sur la mer pour chercher quelque occasion d'agir. Le chevalier Fressinet ayant pris terre sur les côtes de l'île de Chypre, fut averti qu'une armée navale de Turcs n'était pas éloignée; l'intrépide chevalier ne fut point effrayé de cette nouvelle. Il montait le galion du grand maître, de quarante canons; il était accompagné d'un vaisseau sicilien de trente pièces, et d'une patache de la religion.

Avec ces forces médiocres, il attendit la flotte des Turcs qui arrivait sur lui : elle était composée de quarante-deux galères et de deux mahones, espèces de galéaces. Le pacha de la mer, qui la commandait, enveloppa les trois bâtiments chrétiens, dont il se persuada qu'il allait faire aisément la conquête. Il voulut aborder avec sa galère le vaisseau de Fressinet, qu'il avait reconnu et qu'il croyait ne pas oser résister; mais Amurat Rais, fameux corsaire qui conduisait son avant-garde, lui conseilla de ne s'approcher qu'à la portée du canon du chevalier, dont il connaissait la valeur. Le pacha le crut et fit bien ; car sans ce conseil il était perdu avec toute son armée. Les Turcs attaquèrent Fressinet sur les deux heures après midi, et essayèrent de le foudroyer avec leur artillerie : il fit feu de tous ses canons, et quoiqu'il en eût beaucoup moins que les Turcs, son activité suppléant au nombre, il tira presque autant de coups. La nuit finit le combat.

Au point du jour, Fressinet se trouva seul, car le Sicilien avait été pris, et la patache s'était sauvée à la faveur des ténèbres; mais il ne perdit pas courage pour cela. Le combat recommença avec le jour, et devint plus furieux et plus opiniâtre. Les coups des Turcs n'étaient plus partagés, ils étaient tous portés sur le galion de Malte. Le chevalier vit bientôt son vaisseau rasé, ses mâts rompus, ses voiles déchirées. Son navire ne gouvernait plus. Comme il en faisait la principale force, il se défendit toujours contre une multitude qui ne l'attaquait pas impunément; mais au moment où les Turcs s'apercevaient le plus de sa résistance, un boulet de canon termina ses jours et le combat.

Ainsi mourut le chevalier Fressinet, qui eut la gloire de se battre pendant deux jours contre une si puissante armée, qui n'aurait peut-être pas remporté la victoire, si ce brave guerrier avait vécu plus longtemps. Ce triomphe, qui devait humilier le pacha, lui parut au contraire mériter tant de gloire, qu'il fit empoisonner le corsaire Amurat, de peur de la partager avec lui.

Les occupations que les Turcs avaient de la part des chevaliers de Malte, ne les délivraient pas de leur autre ennemi, le grand-duc de Toscane. Les vaisseaux de ce prince faisaient sans cesse sur eux des courses qui les tenaient toujours en alarme. Une de ses escadres prit en très-peu de jours quatre gros vaisseaux turcs richement chargés; elle insulta deux fois la ville d'Alger, prit, pilla et saccagea une place qui n'en est éloignée que de douze myriamètres, malgré la multitude des infidèles qui la défendaient.

L'année suivante, les Florentins troublèrent encore davantage la navigation des Turcs. Le grand-duc, dont les galères avaient autrefois enlevé la caravane d'Egypte, forma le dessein de faire encore une pareille tentative, sur la nouvelle qu'il reçut qu'on préparait une caravane considérable à Alexandrie. Il mit en mer, sous la conduite du sieur de Beauregard, Français, quatre gros vaisseaux, dont le moindre était monté de quarante pièces de canon et de quatre cents hommes d'équipage, Ce général partit de Livourne et alla ensuite croiser sur les côtes de Syrie, où il apprit, par un bâtiment de Marseille, que la caravane était encore à Alexandrie, et qu'elle devait mettre à la voile incessamment. Il la joignit entre l'île de Chypre et la Caramanie. Elle était composée de quarante galères et de deux galéaces. Quand elle eut aperçu la petite escadre du grand-duc, les galères se rangèrent en bataille en forme de croissant. Dans cet ordre elles fondirent sur Beauregard, qui les attendait de pied ferme. Une fois à portée, il les foudroya pendant une heure, avec une artillerie si bien servie et une fureur si soutenue, que ses vaisseaux paraissaient tout en feu.

Le pacha Mustapha Grego, qui commandait les galères ottomanes, voyant que le feu des Florentins avait amorti celui des Turcs, fit retirer ses galères, dans l'espérance que ses troupes, après avoir un peu respiré, reprendraient courage. Le combat dura six heures. Ses galères, qui étaient au vent de l'ennemi, ne purent ni entamer ni aborder aucun de ses vaisseaux. Beauregard, au contraire, coula cinq galères ennemies.

Il rencontra, entre les îles de Chypre et de Rhodes, un caramoussat turc richement chargé, chassa sur lui, le joignit et s'en rendit maître. Après avoir tué cent trente hommes, il y fit trois cents esclaves. Cette prise fut estimée cent quarante mille écus, sans compter ce qui fut pillé par les soldats. Le général Beauregard, commençant à manquer de vivres, s'en retourna à Livourne, où il arriva le 15 de juin 1611.

La caravane serait infailliblement tombée entre les mains des chrétiens, si elle eût continué son voyage ; mais ayant été informée que la mer était couverte de vaisseaux ennemis qui l'attendaient, elle rentra dans le port d'Alexandrie, et arriva heureusement à Constantinople au mois de décembre. Méhémet-Pacha, qui la conduisit, prit cinquante galères bien armées pour escorte.

Il présenta en arrivant le tribut ordinaire, ce qui fit beaucoup de plaisir, parce que les finances étaient épuisées. Ce tribut était porté par soixante mulets, chargés chacun de vingt mille séquins, ou cent quarante mille francs. Deux escadres, l'une de Malte et l'autre de Naples, s'étaient jointes pour enlever ce précieux tribut ; mais elles y perdirent leurs peines. Pour s'en dédommager, elles firent une descente dans l'île de Lango, prirent et pillèrent la ville, et s'en retournèrent chargés d'un très-grand butin.

L'année suivante, les galères du grand-duc abordèrent dans la même île. Elles s'emparèrent de la ville, forcèrent le château qui s'était défendu l'année précédente contre les vaisseaux maltais et napolitains ; et, après avoir fait un grand pillage, elles emmenèrent douze cents prisonniers. Le pacha de la mer souffrait impatiemment toutes ces disgrâces. Pour en arrêter le cours, il partit de Constantinople avec trente-trois galères, et ordonna à tous les pachas des îles de l'Archipel de l'aller joindre avec le plus de galères qu'ils pourraient. Mais pendant qu'il faisait ces préparatifs, en vue de rassurer les places alarmées, il fut obligé de les abandonner pour aller donner la chasse aux pirates de Russie, qui, sortant par toutes les bouches des rivières qui se jettent dans le Pont-Euxin, désolaient les Etats du Grand Seigneur, situés sur cette mer.

Les Turcs, ne pouvant pas empêcher les courses des chrétiens, cherchaient d'ailleurs toutes les occasions de s'en venger. Un vaisseau florentin ayant échoué sur les côtes de la Caramanie, les Turcs firent couper la tête à quarante hommes de l'équipage, et firent élever toutes ces têtes sur les murs de la petite ville d'Angliman, qui servait de port à Séleucie. Le grand-duc ne voulut pas laisser cette inhumanité impunie. Il mit en mer six galères bien armées, sur lesquelles étaient plusieurs seigneurs français, qui servaient en qualité de volontaires.

Cette escadre, commandée par Ingherrami, partit de Livourne le dernier jour de mars 1613, et prit sa route au levant. Le 10 avril elle mouilla à Messine, et alla ensuite faire le siége d'Angliman. C'était une forteresse assise sur une belle colline, dont la partie méridionale venait se terminer au bord de la mer; ses murs étaient élevés, solides, et fortifiés de huit tours. Cette place, défendue par une garnison de plus de trois cents hommes, était bien munie de vivres et d'artillerie; le port était gardé par quatre vaisseaux, sur chacun desquels il y avait cent cinquante soldats. Cent chevaux voltigeaient autour de la place, pour reconnaître ce qui se passait au dehors.

Elle fut attaquée avec autant d'ordre que de courage. Les Français qui accompagnaient le comte de Caudale, fils aîné du duc d'Epernon, y firent des prodiges de valeur. Après un combat de quatre heures, on fit jouer le pétard, et la place fut enfin emportée par escalade.

On y fit trois cent cinquante esclaves ; deux cent quarante-quatre chrétiens furent tirés des fers; toute l'artillerie fut enlevée ; on fit un riche butin, et l'on ôta de dessus les murs les têtes coupées : cruel trophée qui avait occasionné cette expédition. On mit le feu aux maisons, et on emmena deux galères de Chypre, qui étaient dans le port. Ingherrami, après avoir tiré une si glorieuse vengeance de l'insulte que les sujets du grand-duc avaient reçue des Turcs, prit la route de Livourne, où il arriva avec dix vaisseaux qu'il avait enlevés aux infidèles.

Achmet eut encore à essuyer quelques disgrâces de la part des chrétiens. Les sujets qu'il avait en Syrie s'étant révoltés, il envoya pour les réduire une armée navale sous les ordres du pacha de la mer. Il était parti de Constantinople avec plus de trente galères; il en devait prendre trente autres à l'île de Négrepont, et celles qui se trouveraient à l'île de Rhodes. Le duc d'Ossune, vice-roi de Sicile, mit en mer une escadre de huit galères, dans le dessein de harceler l'armée des Turcs. Le général sicilien alla en ordre de bataille attaquer les ennemis : il déchargea sur eux toute son artillerie; il attaqua la galère du commandant, où était l'étendard, et la prit après une demi-heure de combat. Les autres galères firent une vigoureuse résistance; mais la victoire se déclara pour les Siciliens : ils prirent cinq galères turques, et se rendirent maîtres des deux autres qui étaient échouées, dont l'équipage se sauva, excepté la chiourme, composée d'esclaves chrétiens, qu'ils mirent en liberté. D'Aragon, général des galères de Sicile, fit prisonniers beaucoup de Turcs distingués; il délivra mille chrétiens captifs, fit six cents Turcs esclaves, et s'en retourna à Palerme avec sa prise.

Cette perte mortifia le pacha de la mer; mais elle ne l'empêcha pas de suivre son dessein. Il se voyait encore soixante galères et presque autant de vaisseaux de guerre. Il continua sa route vers la Syrie, pour soumettre Facardin : c'était un émir ou gouverneur d'une partie de la Syrie, qui la voulait soumettre tout entière sous sa domination. Il se défendit avec vigueur, et força les Turcs à lever le siége.

L'année suivante, Achmet eut d'autres ennemis à combattre sur le Pont-Euxin. Une multitude de pirates s'y étant assemblés, ils formèrent une flotte considérable, et se rendirent tellement maîtres de cette mer, que la navigation n'y était plus libre. Achmet leur fit donner la chasse par un grand nombre de ses galères, et rétablit ainsi la liberté de la navigation.

Achmet, après avoir rétabli la tranquillité sur le Pont-Euxin, entreprit de la faire régner sur la Méditerranée. Il y était continuellement inquiété par les chevaliers de Malte. Ceux-ci ravageaient ses côtes, pillaient et désolaient ses îles; ils croisaient sur tous ses vaisseaux, et ils avaient même plusieurs fois porté l'épouvante jusqu'à Constantinople. Pour venger ces insultes, il résolut de tenter une entreprise sur l'île de Malte. Il mit en mer cinquante-cinq galères et quatre galiotes bien armées. Cette flotte fit voile en grand secret, et jeta l'ancre à la calle de Marsa-Siroc, le 6 juillet 1614. Les Turcs débarquèrent quatre mille hommes, qui s'annoncèrent par le pillage, le massacre et l'incendie. Les premiers coups tirés réveillèrent toute l'île.

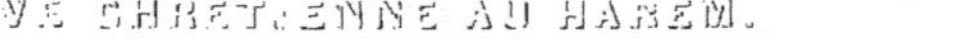

UNE CAPTIVE CHRÉTIENNE AU HAREM.

Histoire générale de la Marine

Le grand maître et les chevaliers se mirent en mouvement avec une impétuosité qui fit bien voir que s'ils étaient surpris ils n'étaient pas déconcertés. Ils repoussèrent les Turcs avec tant de vivacité, que ceux-ci eurent de la peine à se rembarquer, et ils les suivirent jusque sur le rivage, malgré le grand feu de leurs vaisseaux. Pendant cette action, qui dura depuis deux heures après minuit jusqu'à dix heures du matin, les Turcs eurent plusieurs gens tués, blessés et faits prisonniers. Les chevaliers n'y perdirent qu'un seul homme.

Le pacha de la mer, qui commandait la flotte et qui semblait n'être venu à Malte que par curiosité, fit voile pour la côte de Barbarie, où il trouva moins de résistance. Il soumit les rebelles de Tunis et de Tripoli ; il réprima la licence des gouverneurs, qui semblaient à peine reconnaître l'autorité du Grand Seigneur ; et, après avoir calmé le tumulte et la rébellion, il conduisit à Constantinople le vice-roi de Tripoli et ses richesses.

Achmet, quelque temps avant sa mort, avait encore deux puissantes armées en mer : l'une dans le Pont-Euxin, l'autre dans l'Archipel. La première fut défaite par les Cosaques, la seconde périt par la tempête. Ces différents échecs furent comme un présage de son trépas ; il mourut peu de temps après. Amurat IV lui succéda.

Le premier armement naval qui se fit sous ce nouveau règne fut employé contre les Tartares, qui avaient refusé de reconnaître pour leur roi celui que la Porte avait nommé. On envoya pour les réduire une flotte de trente-six galères, sous les ordres du capitan-pacha. L'amiral turc fit voile pour Caffa, capitale de la Tartarie-Crimée ; mais il trouva des peuples résolus, que sa présence et ses forces ne purent désarmer. Les troupes qu'il mit à terre furent taillées en pièces.

Les Tartares firent sur lui quinze cents prisonniers, lui prirent trente pièces de canon, et auraient enlevé tous ses vaisseaux, s'ils avaient voulu profiter de leurs avantages. Après cette disgrâce, l'amiral, couvert de confusion, retourna à Constantinople avec les débris de son armée.

La révolte des Tartares fut suivie des incursions des Cosaques. C'était une nation endurcie à la fatigue, travaillant beaucoup et mangeant peu, accoutumée à vivre de brigandage, et très-prompte dans ses expéditions. Ces peuples se servaient de vaisseaux longs et légers, qui avaient dix rames de chaque côté, et deux hommes sur chaque rame.

La poupe et la proue de ces bâtiments étaient peu différentes, de sorte qu'ils attachaient le gouvernail tantôt à l'une, tantôt à l'autre, sans être obligés de virer de bord. Ces petits navires étaient montés de cinquante hommes porteurs d'armes à feu et de cimeterres, qu'ils maniaient avec beaucoup de dextérité.

Ils avaient encore une grande quantité d'autres embarcations d'arbres creusés, qui ne pouvaient contenir que cinq ou six hommes. La multitude et la petitesse de ces pirogues les rendaient invincibles. Elles allaient en foule attaquer une galère : tous leurs coups portaient sur leurs ennemis, et ils n'en recevaient que très-peu. Lorsque les galères turques barraient l'entrée des rivières par où ils pouvaient s'échapper, ils portaient eux-mêmes leurs petits bâtiments, ou les faisaient conduire sur des charrettes ; et quand ils étaient vivement poursuivis sur mer, ils se réfugiaient à l'abri des rochers ou sur des basses dont les galères n'osaient approcher.

Ils étaient entrés dans le Pont-Euxin par le Danube, et avaient commencé par ravager les Etats du Grand Seigneur, situés sur cette mer. Ils s'approchèrent même de Constantinople ; ils pillèrent et brûlèrent la ville de Mezembre, qui n'est qu'à trois journées de cette capitale. Amurat eut bien de la peine à trouver quinze galères dans ses ports pour leur donner la chasse. Il en eut encore plus lorsqu'il fallut les armer ; il ne trouva ni forçats, ni mariniers, ni autres qui voulussent marcher ; il fut obligé de prendre de force des gens qui n'avaient aucune connaissance de la marine.

Cet armement si mal équipé n'intimida pas beaucoup les Cosaques, qui continuèrent toujours leur brigandage avec le même succès. On fit un nouvel effort pour arrêter le progrès de leurs hostilités, et on fortifia les quinze galères de dix autres ; mais les Cosaques qui faisaient aussi peu de cas de cet appareil que de l'autorité du Grand Seigneur, vinrent avec cent barques brûler un gros bourg qui touche aux tours de Constantinople. On voyait aisément les flammes et la fumée des pavillons du sérail.

Après un coup si hardi, ils employèrent six heures à ravager la côte, qui était ornée de maisons magnifiques et de palais superbes où le Grand Seigneur allait quelquefois se promener. Constantinople, effrayée, essuyait toutes ces insultes sans pouvoir se venger.

Amurat voyait ses ports dégarnis, ses arsenaux vides, ses sujets révoltés. D'un côté, le roi de Perse, son voisin et son ennemi armé, victorieux, et maître de plusieurs villes qu'il avait conquises. D'un autre, les Cosaques, qui le faisaient trembler jusque dans ses palais, et dont il ne pouvait réprimer l'insolence. C'en était fait de l'empire ottoman, si les chrétiens l'avaient attaqué dans des circonstances si favorables.

Les Cosaques ne se contentèrent pas de s'être joués de la faiblesse du Grand Seigneur, et d'avoir porté l'épouvante jusque dans sa capitale; ils allèrent surprendre la ville de Trébizonde, la pillèrent et la saccagèrent. Ils firent quelques tentatives pour prendre le château, mais ils ne purent en venir à bout.

Amurat ne fut pas plus heureux sur la Méditerranée. Il y reçut des échecs assez considérables de la part des chevaliers de Malte.

Cependant les Cosaques continuaient toujours leurs incursions contre les Turcs; leur nombre s'étant augmenté, ils s'étaient répandus dans toute la mer Noire, dont ils s'étaient entièrement rendus maîtres, avec deux cents barques. La navigation n'y était plus libre; personne ne se croyait en sûreté à Constantinople, et les inquiétudes du sultan s'augmentaient à mesure que le nombre de ces pirates se multipliait.

Le pacha de la mer arma quarante-trois galères pour aller donner la chasse aux Cosaques; mais de peur qu'ils ne vinssent insulter Constantinople pendant qu'il irait les chercher, il prit toutes les précautions nécessaires pour la garantir du côté du Bosphore : il fit construire à l'embouchure un fort garni de canons pour empêcher leurs approches. Il fit ensuite partir douze galères pour aller reconnaître les Cosaques, et il leur livra bataille.

L'artillerie des Turcs fit un grand effet parmi les Cosaques; ils y perdirent beaucoup de monde, et un grand nombre de leurs barques furent coulées. Le pacha emmena à Constantinople dix-sept barques et trois cents esclaves, avec autant de pompe que s'il eût remporté une victoire des plus éclatantes.

Quelque temps après cette expédition, les Turcs firent courir le bruit qu'ils allaient mettre sur la Méditerranée une formidable armée navale pour ravager les côtes maritimes des chrétiens; mais tout se réduisit aux pirateries d'Asan Calefat : c'était un renégat grec, fameux corsaire, qui courait les mers avec sept vaisseaux de guerre et quelques autres bâtiments. Il était la terreur de la mer ; il voltigeait avec tant de vitesse, qu'en très-peu de temps il semblait se reproduire de toutes parts. Il prit d'abord un vaisseau vénitien sur lequel étaient trois religieux de l'ordre des capucins, envoyés en terre sainte pour l'accomplissement d'un vœu de l'archiduchesse Isabelle-Claire-Eugénie, gouvernante des Pays-Bas.

Peu de temps après, il se rendit maître d'un navire français chargé d'argent et de marchandises ; il pilla dans le port d'Alexandrie trois vaisseaux de la même nation, qui y étaient à l'ancre ; il s'empara sur les côtes de la Sicile d'un gros vaisseau et d'une tartane ; enfin il surprit par artifice un bâtiment hollandais, et s'en rendit maître.

Chargé de butin il faisait voile vers Alger, lorsqu'il fut arrêté par une flotte chrétienne, composée de trois galères du pape, de quatre du grand-duc, et de huit de Naples. Quand les chrétiens eurent reconnu le corsaire, huit de leurs galères attaquèrent le vaisseau qu'il montait, et les sept dernières combattirent les autres bâtiments. Asan se défendit avec beaucoup d'intrépidité, et comme il avait à son bord quarante-six pièces de canon, il maltraita considérablement les galères qui l'attaquaient. Il fit une vigoureuse résistance ; mais enfin son vaisseau fut désemparé.

Les chrétiens auraient bien voulu le ménager, afin de le prendre avec toutes ses richesses ; mais un de leurs généraux ayant été blessé à mort, la rage prit la place de la prudence : ils ne gardèrent plus de ménagement et criblèrent son navire. Asan le voyant perdu y mit lui-même le feu ; il se précipita ensuite à la mer, après y avoir jeté son or et son argent ; mais il fut pris dans les flots et fait esclave.

Plusieurs soldats chrétiens furent assez téméraires pour monter sur ce vaisseau brûlant et près d'être submergé ; il en périt un très-grand nombre. Cependant le feu qui consumait ce vaisseau, gagna l'endroit où les esclaves étaient enfermés ; plusieurs se sauvèrent à travers les flammes, entre autres les trois religieux dont il a été parlé.

Pendant que ces hostilités s'exerçaient sur la Méditerranée, Amurat était continuellement inquiété par les Cosaques : ses efforts contre eux tournaient toujours à son désavantage. Les forts mêmes qu'il fit construire aux embouchures du Danube et du Borysthène, afin de leur fermer les passages, furent inutiles ; les Cosaques inquiétèrent Amurat jusqu'à sa mort.

La marine était alors en si mauvais état chez les Turcs, que deux vaisseaux anglais se rendirent redoutables à toute la flotte ottomane : elle était commandée par le capitan-pacha. Ce général envoya ses galères pour s'emparer de ces deux bâtiments, chargés de blé et à l'ancre dans le golfe de Volo. Les Anglais, voulant vendre chèrement leur vie, leurs biens et leur liberté, coupèrent leurs câbles, prirent le large, et soutinrent un combat de trois heures. Ils étaient abordés tantôt par une galère, tantôt par plusieurs ; mais ils repoussaient toujours les Turcs, après en avoir fait un grand carnage.

Toutefois les Anglais, accablés par la multitude, mirent le feu à leurs vaisseaux, firent sauter les Turcs au moment où ils étaient déjà montés à bord, coulèrent trois galères ennemies et se sauvèrent dans leurs embarcations. La victoire fut peu honorable pour les Turcs.

Amurat, pour oublier les fréquents échecs qu'il recevait sur la mer Noire et sur la Méditerranée, se fit un ennemi plus digne de son rang ; ce fut le roi de Perse. Il lui fit la guerre, et entreprit le siége de Babylone avec une armée de trois cent mille hommes. Ce formidable appareil affaiblit sa puissance navale ; mais, afin que ses places maritimes ne fussent pas exposées aux insultes des chrétiens, il avait ordonné aux corsaires de Barbarie de joindre ses escadres et de croiser de concert dans l'Archipel.

Amurat ne vécut pas longtemps : c'est ce qui l'empêcha de faire beaucoup de mal aux chrétiens ; car il avait formé le dessein de les attaquer. C'était un prince cruel, dissimulé, débauché, avare, et ses vices n'étaient rachetés par aucune vertu.

Après la mort du sultan Amurat, Ibrahim son frère fut mis sur le trône. Il était captif, et quand on le fit passer de l'obscurité de la prison à l'éclat du pouvoir, il fut si ébloui de ce changement, qu'il ne le pouvait croire. Il n'eut pas plutôt la souveraineté, que la marine des Turcs parut reprendre des forces.

La peste survint qui fit beaucoup de ravage, et qui suspendit toutes les expéditions maritimes. Ce terrible fléau, si fatal aux Turcs, fut très-favorable aux chrétiens ; car près de cinq mille esclaves, profitant de la calamité publique et de la négligence avec laquelle on les gardait, rompirent leurs chaînes, et s'étant emparés de quelques vaisseaux au port d'Alexandrie, ils se sauvèrent à Malte, à Marseille et en Candie, où ils furent bien reçus, au grand mécontentement de leurs maîtres.

Le sultan négocia longtemps auprès de la république de Venise pour les ravoir, mais il ne fut point écouté. Ce refus occasionna la fameuse guerre de Candie, dans laquelle la marine des Turcs parut encore plus forte qu'elle n'avait été jusqu'alors. Voici l'incident qui a donné lieu à cette guerre :

L'eunuque, surintendant des femmes du sérail, acheta une belle esclave dont il était éperdument amoureux. Un amour de cette espèce flatta moins la jeune esclave que l'amour d'un amant plus réel, et sa grossesse ayant décelé son infidélité, l'eunuque la chassa et la relégua chez son secrétaire. Après les couches de la belle esclave, il voulut voir l'enfant : il le trouva si beau, qu'il résolut d'en prendre soin ; il le mit dans le sérail avec la mère, qu'il destina à être la nourrice du sultan Mahomet, qui fut successeur d'Ibrahim. Ces deux enfants, élevés ensemble, et à peu près du même âge, amusaient souvent l'oisiveté du Grand Seigneur ; mais dans les marques de tendresse qu'il leur donnait, le prince préférait toujours à son propre fils l'enfant à qui la nature avait accordé plus de grâce et d'agréments, c'est-à-dire le fils de la belle esclave. La sultane, piquée de cette préférence, résolut la perte de l'eunuque, de l'esclave et de son fils.

L'aga, qui savait qu'il avait tout à craindre d'une princesse cruelle et jalouse, crut qu'il ne pouvait sauver sa vie que par la fuite ; il demanda la permission d'aller à la Mecque et de se retirer en Egypte, lieu d'exil des eunuques disgraciés. Cette faveur lui ayant été accordée, il s'embarqua avec l'esclave et son fils sur la flotte d'Alexandrie, composée d'un gros galion, de deux navires moins considérables et de sept saïques. Cette flotte rencontra à la hauteur de Rhodes six galères de Malte, commandées par le chevalier de Bois-Baudran, qui l'attaqua : une saïque fut d'abord enlevée, et l'on apprit par là toutes les forces et les richesses du galion.

Les chevaliers, que l'idée du butin qui s'offrait animait autant que la gloire, attaquèrent les Turcs avec une extrême vigueur. Deux galères de la religion prirent un des deux navires, chargé de bois destiné à la construction des vaisseaux ; trois autres accrochèrent le galion, mais il n'y en eut qu'une qui put demeurer attachée et qui eut par conséquent à essuyer tout le feu de l'ennemi. Le commandant alla au secours de sa galère, attaqua le galion par l'autre côté, et ses galères se réunirent contre ce bâtiment, dont l'équipage se retira dans l'entre-pont; mais la mousqueterie des chrétiens tirant par toutes les ouvertures du vaisseau, tua le capitaine et obligea ses gens de se rendre.

On trouva sur ce galion des richesses immenses que l'ennuque avait amassées sous trois empereurs. Les galères victorieuses, menant en queue les navires enlevés sur les infidèles, allèrent jeter l'ancre à Calismène, port de Candie, situé au nord de cette île. Après y avoir pris quelques rafraîchissements, elles partirent pour Malte, où elles furent reçues avec de grands témoignages de joie.

La victoire des galères de Malte irrita Ibrahim, et l'asile que les Vénitiens leur avaient donné dans l'île de Candie ne l'indisposa guère moins. Il aurait voulu faire éclater en même temps sa vengeance contre la religion et contre la république; mais comme il ne pouvait partager ses forces sans les affaiblir, il forma le projet de les réunir toutes contre les Vénitiens; et, pour mieux cacher son dessein, il feignit de vouloir attaquer les chevaliers de Malte, à qui il déclara la guerre.

Il mit en mer une flotte de trois cent soixante-dix-huit vaisseaux, pourvue de tout ce qui était nécessaire pour une expédition importante. Toute l'Europe avait les yeux sur ces grands préparatifs, et les chevaliers attendaient l'orage avec intrépidité. La flotte ottomane leva l'ancre le 10 mai 1645. Elle était composée de quatre-vingt-une galères, de deux mahones, d'un grand galion nommé *la Sultane,* de dix vaisseaux d'Alexandrie, de deux vaisseaux de Tunis, de dix navires anglais et hollandais qui servaient par force, de trois cents saïques ou caramousels chargés de troupes, de munitions, et de tout ce qui était nécessaire pour un siége. Le rendez-vous était à Chio. La flotte prit la route de Candie, où elle arriva avec un vent favorable, les pavillons arborés, les flammes déployées, les étendards flottants, au bruit des tambours, des trompettes et du canon. L'intérêt eut du moins autant de part dans cette expédition que l'envie de se venger. Les Turcs regardaient Candie comme une île dont ils pouvaient faire la clef de l'Archipel et un rempart de la Turquie. En s'en emparant ils s'ouvraient un chemin plus court et plus aisé pour aller en Afrique; ils se mettaient en état de secourir l'île de Chypre, de faire facilement des descentes sur les côtes d'Italie, et assuraient par là les voyages de la flotte d'Alexandrie.

On ne s'endormait pas tout à fait à Venise sur les grands préparatifs d'Ibrahim : on y armait secrètement; et, quand le sultan eut déclaré son dessein sur Candie, la république réunit toutes ses forces pour les opposer à celles des Turcs.

Ceux-ci vinrent mouiller dans le golfe de la Suda, près de la côte septentrionale de l'île de Candie ; ils y firent leur débarquement et attaquèrent la forteresse, qui était située sur un écueil : l'avantage de la situation et la vigoureuse résistance de ceux qui la défendaient, obligèrent les Turcs de se retirer. Ils se rembarquèrent et allèrent faire une seconde descente près de la Canée, dont ils firent le siége. Les Vénitiens, qui étaient maîtres de l'île depuis l'an 1204, n'étant pas préparés à cette attaque, ne purent défendre la place. Elle fut emportée en cinquante-sept jours : il en coûta vingt-cinq galères aux Turcs pour s'emparer de son havre.

Les Vénitiens, alarmés de cette conquête, levèrent des troupes de toutes parts, et travaillèrent à former une flotte qui pût les défendre des insultes d'un ennemi si redoutable. Ils se crurent même obligés de l'attaquer, pour empêcher qu'il ne se fortifiât davantage.

Désespérant de résister seuls à une si formidable puissance, ils demandèrent du secours à tous les princes chrétiens, intéressés comme eux à la conservation d'une île qui pouvait servir de boulevard à leurs Etats. Mais la plupart de ces princes étaient en guerre avec la république : ils aimèrent mieux favoriser par leurs divisions les progrès des infidèles, que de se reconcilier pour s'y opposer. Ainsi les Vénitiens se virent forcés de porter seuls le poids immense d'une si terrible guerre, pendant laquelle ils firent tout ce qu'on peut attendre d'une république qui s'est toujours distinguée par la sagesse et par la valeur.

Capello fut envoyé au secours de l'île attaquée. Ce général partit de Venise avec une flotte de cinquante galères, six galéaces, quarante vaisseaux de guerre, et quatre brûlots, sans compter un grand nombre de petits navires, qui suivent ordinairement une armée navale. Dès qu'il fut arrivé à Candie, il fit partir Morosini avec vingt-deux galères pour aller donner la chasse aux Turcs. La flotte ottomane, composée de trois cents voiles, aborda à la Canée, et y débarqua quarante mille combattants.

La flotte vénitienne ayant été renforcée par les galères du pape et de

Malte, Capello leva l'ancre pour aller combattre les vaisseaux des Turcs; mais il les trouva si bien retranchés et si bien défendus, qu'il n'osa les attaquer. Il envoya sur eux des brûlots, dont l'effet fut trop précipité; et, comme les Turcs n'en avaient jamais vus, ils en eurent plus de peur que de mal. Les mers de l'Archipel étaient couvertes des vaisseaux des Turcs et des chrétiens. Trente galères des infidèles, chargées d'hommes et de provisions, étaient en route pour la Canée : Capello cingla vers Cerigo pour les enlever, et laissa le gros de sa flotte sous la conduite de Grimani et de Thomaso Morosini. Mustapha-Pacha s'en retournait en même temps à Constantinople, avec cinquante-sept galères, deux vaisseaux, deux galéaces et grand nombre de saïques : il fut battu par une tempête qui lui fit perdre sept galères et plusieurs autres bâtiments. Il divisa sa flotte en deux escadres : il en envoya une à Chio, et avec l'autre il prit la route de Négrepont.

Morosini poursuivit la flotte de Mustapha; mais une tempête l'ayant séparé de ses vaisseaux, le pacha l'attaqua avec quarante navires : quinze de ses meilleures galères l'abordèrent. Ce général se défendit en homme qui combattait pour l'honneur de sa religion et pour l'intérêt de sa patrie. Il se soutint contre deux cents Turcs, qui, sur son tillac, combattaient de l'épée et de la demi-pique ; mais, accablé par le grand nombre, il fut tué et tomba glorieusement sur la multitude de ceux qu'il avait fait périr. La mort du capitaine ne ralentit point l'ardeur des soldats : les Turcs affaiblis et rebutés se retirèrent, ne voulant point acheter une victoire qu'ils auraient payée trop cher.

Peu de temps après, la flotte vénitienne, qui avait fait voile pour Candie, voulut attaquer les Turcs dans le détroit des Dardanelles; mais une tempête la jeta sur la côte de l'île de Psara, qui est fort dangereuse. Le général Grimani y périt avec une grande partie de ses bâtiments.

Pendant qu'on se battait ainsi sur mer, les Turcs étaient occupés sur terre au siége de Candie, capitale de l'île; mais Ibrahim, qui avait fait attaquer cette place, ne jouit pas longtemps de l'espérance de la posséder, car il fut étranglé à Constantinople. Ce prince, uniquement occupé de ses plaisirs, n'avait aucune des qualités nécessaires pour gouverner un grand empire.

Après la mort tragique d'Ibrahim, son fils, qui n'avait encore que sept ans, fut proclamé sultan sous le nom de Mahomet IV. Ce changement de prince fut sans effet à Candie. Le général Chusain, qui l'assiégeait, la pressait toujours vivement.

Les Vénitiens firent sur mer des prodiges, et les Turcs y furent toujours battus; mais les chrétiens éprouvèrent que leurs propres avantages leur étaient ordinairement funestes, tandis que les Turcs, au contraire, tiraient toujours quelque bénéfice de leurs disgrâces.

Chusain demanda de nouveaux renforts à Constantinople, afin de pousser plus vivement le siége de Candie. On lui envoya une flotte composée de soixante-dix galères, de dix mahones et de trois autres navires. Cet armement ne pouvait guère manquer d'être découvert par les Vénitiens, qui devaient lui disputer le passage des Dardanelles. Il sortit cependant du détroit sans aucun obstacle. Riva, qui commandait la flotte vénitienne, était si peu préparé à recevoir les Turcs, qu'une partie de ses vaisseaux s'était éloignée pour faire de l'eau; mais quand il vit la flotte ottomane dans l'Archipel, il rassembla la sienne et poursuivit les Turcs jusque dans le golfe de Fochia. Quoiqu'il n'eût que dix-neuf vaisseaux, il les attaqua avec vigueur, et eut d'abord quelque avantage; mais le vent ayant changé tout à coup, les Turcs en profitèrent pour pousser sur l'armée ennemie une partie de leurs vaisseaux, auxquels les Vénitiens avaient mis le feu, et qui formaient autant de brûlots. Les bâtiments chrétiens furent obligés de sortir pour éviter d'être embrasés. Pendant qu'ils faisaient retraite, les Turcs coupèrent leurs câbles et parvinrent à se sauver. Treize de leurs vaisseaux furent réduits en cendres dans cette occasion.

Deux ans après, les Turcs équipèrent une flotte de onze cents voiles, en comptant les galères, les vaisseaux, les galéaces, les saïques, les brigantins et les autres petits bâtiments. Elle était chargée de mortiers, de bombes, de grenades et de feux d'artifice de différente espèce. Le capitan-pacha, qui la commandait, fit voile pour Candie avec toute la confiance que pouvaient inspirer des forces si considérables.

Il présenta la bataille aux chrétiens, qui l'acceptèrent de bonne grâce: elle fut opiniâtre, et la victoire vigoureusement disputée. Le capitan-pacha eut la poupe de sa galère emportée, ce qui fit perdre courage et prendre la fuite à sa flotte. Une mahone, qui en fut séparée après avoir perdu quatre cents hommes et son capitaine, tomba au pouvoir des Vénitiens, qui y firent deux cents esclaves. Ceux-ci abordèrent ensuite une sultane, montée par trois cents hommes, qui offrirent de se rendre, si on voulait leur conserver la vie; mais les Vénitiens, écoutant plutôt leur ressentiment que la prudence, refusèrent de faire quartier à des gens qui n'en faisaient à personne.

Ils attaquèrent la sultane avec fureur, s'emparèrent du pont, et se préparaient à se rendre bientôt maîtres du reste, lorsque l'équipage, aimant mieux recevoir la mort de sa propre main que de celle des ennemis, mit le feu aux poudres, et enveloppa dans une même destinée les vainqueurs et les vaincus.

Quatre autres vaisseaux, dont l'un était de soixante pièces de canon, et les autres de quarante-quatre et de quarante, prirent le même parti. Quinze vaisseaux de l'aile droite forcèrent de voiles et se sauvèrent. Le vaisseau d'un renégat fut pris à l'aile gauche avec deux autres bâtiments. La plupart des navires qui s'offraient à la vue des Vénitiens furent amarinés, coulés ou brûlés.

Quelques jours après, ils trouvèrent les vaisseaux ennemis qui avaient pris la fuite; ils les attaquèrent et les défirent. Il en coûta aux Turcs trente-neuf galères, vingt-trois vaisseaux et trois galéaces; une partie de ceux qui voulurent se sauver alla se briser sur des rochers. Le débris de cette malheureuse flotte se retira dans l'île de Rhodes.

La nouvelle de cette victoire causa autant de joie à Venise que de consternation à Constantinople. Cependant les Vénitiens ne purent pas profiter de leur avantage, à cause de la division qui régnait entre les princes chrétiens. Les Turcs étaient aussi déchirés par des troubles intestins : tout était en combustion dans leur capitale. Ces différentes agitations qui désolaient les chrétiens et les infidèles empêchaient les Turcs de pousser avec vivacité le siége de Candie, et ralentissaient l'ardeur des Vénitiens.

Les années suivantes furent marquées par de pareilles victoires que les Vénitiens remportaient sur les Turcs; mais ces triomphes ne servaient qu'à diminuer les forces des vainqueurs. Les Turcs, quoique toujours vaincus, par le moyen même de leurs défaites faisaient passer des troupes dans l'île de Candie; ils s'y soutenaient par là, et la diminution de leurs vaisseaux et de leurs soldats ne donnait que de faibles atteintes à leur formidable puissance. Les ressources qu'ils trouvaient abondamment dans leur vaste empire, pour rétablir leurs pertes, rendaient les coups qu'on leur portait presque insensibles. Il n'en était pas de même des Vénitiens.

L'année 1656 se passa à peu près comme les autres. Les Turcs envoyèrent en Candie un armement considérable : il consistait en soixante galères, vingt-huit vaisseaux et neuf galéaces. Cette flotte partit de Constantinople dans le dessein d'attaquer celle des chrétiens : elle la trouva à l'embouchure des Dardanelles, où les Vénitiens les attendaient pour leur disputer le passage. La flotte vénitienne n'était que de vingt-neuf galères et de quelques brigantins, sous le commandement de Laurent Marcello.

Les Turcs établirent deux batteries, l'une sur la côte d'Europe, l'autre sur celle d'Asie; mais les décharges continuelles qu'elles firent ne dérangèrent point les chrétiens de leur poste. Le vent s'étant tourné du côté du nord, et devenu par là favorable aux Turcs, ils se mirent en mouvement pour sortir du détroit; mais ils furent fort étonnés quand ils virent les chrétiens aller au-devant d'eux malgré le désavantage du vent. Ils n'osèrent se battre contre des gens si déterminés. Ils se retirèrent entre les châteaux et les bouches des Dardanelles.

Le prieur de La Rochelle, à la tête de son escadre, et Mocénigo avec ses trois vaisseaux, s'avancèrent vers les châteaux pour couper cette retraite aux Turcs; on les attaqua dans leur poste. Le général Marcello aborda une sultane et s'en rendit maître aussi bien que d'une galère; mais un boulet de canon, qui l'emporta, l'empêcha de jouir de sa victoire. Les autres commandants vénitiens eurent un succès égal, tous les vaisseaux turcs furent pris, brûlés ou coulés, excepté quatorze galères qui se sauvèrent avec le capitan-pacha, plus quatre galères de l'Archipel.

Les Vénitiens, ne pouvant pas monter tous les vaisseaux qu'ils avaient pris, en brûlèrent une grande partie, et ne conservèrent pour marque de leur triomphe que douze galères, quatre vaisseaux et deux galéaces. Pour eux, ils n'eurent que trois cents hommes tués ou blessés : *supposé,* dit un auteur, *qu'on puisse ne compter Marcello que pour un homme.* Les Vénitiens, encouragés par cette victoire, allèrent attaquer les îles de Ténédos et de Stalimène, qu'ils prirent en peu de temps.

La prise de Ténédos causa beaucoup de chagrin à Constantinople, parce qu'elle y occasionna la cherté des vivres.

Le grand vizir, pour calmer tous ces troubles et prévenir une révolte générale, partit avec cent mille hommes sur une flotte composée de dix-huit vaisseaux, trente galères, dix galéaces, et un nombre prodigieux de petits bâtiments. Il mit à la voile le 17 juillet 1627, se flattant de sortir des Dardanelles sans obstacle. Mais il rencontra Bembo, qui vint à lui avec dix-huit vaisseaux pour lui disputer le passage. Les Turcs le chargèrent à l'instant, dans l'espérance d'avoir bientôt l'avantage sur un ennemi aussi faible. Leur amiral, leur vice-amiral et cinq autres gros vaisseaux s'attachèrent à l'amiral vénitien, qui se défendit bord à bord pendant trois heures d'une manière à se faire craindre. Les autres vaisseaux s'engagèrent : la victoire pencha encore du côté des Vénitiens.

Le lendemain, Mocénigo ayant aperçu cinq galères turques qui allaient se mettre en sûreté à l'abri d'une pointe, les attaqua avec l'escadre de Malte, pendant que les autres vaisseaux faisaient feu sur les navires mouillés hors de cet asile. Mocénigo s'avança vers la pointe, malgré le feu des deux batteries; mais un boulet, qui tomba dans la soute aux poudres, fit sauter son vaisseau. Les Vénitiens vengèrent sa mort sur la galère amirale des Turcs, qu'ils firent brûler. Le 28 du même mois, la flotte ottomane, étant rétablie, fit voile pour Ténédos, et reprit cette île et celle de Stalimène.

Différents événements qui succédèrent à ces expéditions, rendirent la marine des Turcs extrêmement languissante. La guerre s'alluma entre le sultan et l'empereur. Constantinople se vit agitée de nouveaux troubles occasionnés la plupart par la révolte des pachas. Alors il ne fut plus question d'expéditions maritimes. Les Vénitiens furent longtemps sans trouver l'occasion de se signaler. Après la mort de Mocénigo, la charge de généralissime fut donnée à François Morosini. Il se mit en mer au commencement de l'année 1658, il prit sur les Turcs l'île de Chercie; mais comme il s'avançait vers celle de Scarpanto, il fut surpris par une tempête qui dispersa sa flotte.

Tout était tranquille sur mer, et les mouvements dans l'île de Candie étaient assez languissants; mais ils furent ranimés par un secours de quatre mille Français, que Louis XIV y envoya. Avec ce renfort,

Morosini prit la forteresse de Sainte-Vénérande l'épée à la main, et se saisit de la nouvelle Candie qu'ils avaient bâtie pour bloquer l'ancienne. L'année suivante les Vénitiens, qui étaient maîtres de la mer, attaquèrent une flotte turque de vingt-quatre galères dans le canal de Milo, et la défirent. Les Turcs perdirent treize galères dans ce combat.

Ils essuyèrent une plus fâcheuse disgrâce l'année suivante. Leur flotte d'Alexandrie, richement chargée d'argent et de marchandises, composée de dix-sept gros vaisseaux, de trente-sept saïques et de six galères, étant à la hauteur de Rhodes, fut attaquée par les Vénitiens qui, après un combat fort opiniâtre, prirent dix-huit saïques et trois vaisseaux, et brûlèrent un gros navire et dix petits bâtiments. Ils firent deux cent soixante-dix esclaves.

La guerre de Hongrie, qui fut allumée entre le Grand Seigneur et l'empereur, suspendit toutes les affaires de la mer et les hostilités de Candie ; mais la paix étant conclue entre les deux empires, les forces du sultan, qui étaient occupées ailleurs, se réunirent contre les Vénitiens. Comme les forces maritimes de l'empire ottoman étaient affaiblies par la perte d'un nombre prodigieux de vaisseaux, le grand vizir fit construire soixante galères, et les joignit à quarante autres qui étaient prêtes, et à une grande quantité de bâtiments de transport. Il en composa une flotte destinée pour Candie, dont on voulait accélérer la conquête. Ce furent là les premiers coups qui sapèrent Candie par les fondements.

Les Vénitiens ne furent pas oisifs pendant ces mouvements ; ils firent embarquer des troupes sur une flotte composée de seize galères, de cinq galéaces et de trente-cinq vaisseaux, qui arriva heureusement, malgré les vents contraires, au port de la Suda, dans l'île de Candie. Le capitaine général, André Cornaro, partit peu de temps après avec une autre flotte, et alla faire son débarquement à Candie et à Standia.

Le grand vizir s'embarqua à Napoli de Malvoisie, sur la côte orientale de la Morée, et passa dans l'île de Candie avec des forces proportionnées à l'importance de ses desseins. Il était résolu de tout mettre en œuvre pour soumettre cette île, et les Vénitiens ne négligèrent rien de ce qui pouvait contribuer à la défendre. Le grand vizir résolut de faire le siége de cette place ; mais comme les plus habiles ingénieurs de l'Europe avaient épuisé tout leur art pour en faire une place inexpugnable, il fut longtemps à faire ses préparatifs et à prendre toutes les mesures possibles pour réussir dans son entreprise. Ainsi, ce ne fut que le 22 mai 1667 qu'il établit son camp devant la ville. Il la battit avec des canons qui portaient depuis soixante jusqu'à cent vingt livres de balles.

L'histoire nous présente peu d'expéditions aussi longues et aussi meurtrières que ce fameux siége. Les forces maritimes des Turcs n'étaient employées qu'à porter du secours à Candie, et celles de la république servaient à leur fermer les passages. Quand les deux partis se rencontraient, il fallait livrer le combat. Il arriva par mer aux Vénitiens un puissant secours composé des escadres du pape, de Naples, de Malte et de Sicile ; mais ils n'en tirèrent aucun avantage, la plupart de ces galères n'ayant fait que paraître devant Candie, et s'étant retirées aussitôt.

Au mois de mars de l'année 1668, le grand vizir ayant appris que six ou sept galères vénitiennes avaient mouillé près de Standia, petite île située au nord de Candie, fit partir le soir même douze galères pour les surprendre. Celles-ci jetèrent l'ancre à quelque distance des navires de la république, dans le dessein de les enlever au point du jour. Mais l'officier vénitien qui faisait les fonctions de capitaine général, averti de l'approche des Turcs, les suivit avec quatre galères et de bonnes troupes. En entrant dans le port de Standia, il y trouva une escadre de quatorze galères qui venait d'y arriver. Afin de ne pas donner aux Turcs le temps de se reconnaître ou de fuir, il alla à eux avec toute sa flotte, malgré l'obscurité de la nuit. Pour s'éclairer, il avait fait mettre une espèce de fanal à chaque mât.

Les Turcs, qui n'aperçurent d'abord que deux galères, se mirent en mouvement pour les envelopper ; mais se voyant enveloppés eux-mêmes par un plus grand nombre d'ennemis, ils mirent toute leur espérance dans leur courage. On se battit vivement pendant sept heures, et les chrétiens eurent tout l'avantage. Ils prirent ou coulèrent à fond cinq galères ennemies, dont l'amirale était du nombre ; les autres, dispersées et fort maltraitées, se sauvèrent à la faveur des ténèbres. Les chrétiens eurent dans cette action deux cents soldats de tués et cinq cents de blessés. Les Turcs y perdirent leurs meilleurs officiers et un grand nombre de soldats. On leur fit quatre cents prisonniers, parmi lesquels se trouvèrent cinq ou six pachas, et l'on délivra onze cents esclaves chrétiens, à condition qu'ils feraient une campagne sur la flotte de la république.

Cependant les Vénitiens fatigués, ou même épuisés par des succès inutiles, demandèrent du secours à la France, et Louis XIV fit partir pour Candie les ducs de Beaufort et de Navailles. Le premier commandait la flotte française, qui était composée de deux escadres, l'une de vaisseaux et l'autre de galères, sous les ordres du comte de Vivone. Le second commandait les troupes, qui étaient au nombre d'environ cinq mille hommes. Le duc de Beaufort, qui avait reçu du pape un riche étendard avec l'image du crucifix, arbora le pavillon de Sa Sainteté, sous lequel Sa Majesté voulait que ses troupes combattissent. Il sortit des ports de Provence le 6 de juin, fit route avec quatorze vaisseaux vénitiens qu'il rencontra, et arriva à la hauteur de Candie le 19 du même mois. La descente des Français se fit avec une magnificence qui étonna les Turcs, et qui donna un rayon d'espoir aux Vénitiens. Le 27, les Français firent une sortie, ayant à leur tête les ducs de Beaufort et de Navailles : ils attaquèrent les Turcs dans leurs retranchements, fondirent sur eux avec une impétuosité qui les effraya, les chassèrent de trois redoutes avec une valeur qu'ils n'avaient point encore éprouvée, et s'emparèrent des batteries, qu'ils furent contraints d'abandonner.

Un si heureux commencement annonçait les plus grands succès; mais un événement aussi fâcheux qu'imprévu fit avorter toutes ces belles espérances. Le feu prit à un petit magasin rempli de poudre, de bombes et de grenades, dont les éclats tuèrent trente de nos soldats. Les autres, s'imaginant qu'ils étaient sur un terrain miné, prirent l'épouvante et s'enfuirent, tellement qu'il ne fut pas possible de dissiper leur frayeur, ni de les ramener au combat. Les Turcs poursuivirent les fuyards : il y en eut cinq cents de massacrés, et le duc de Beaufort y périt.

Les troupes maritimes eurent part à l'action et aux disgrâces de celles de terre. Toute la flotte chrétienne vint mouiller le plus près qu'il lui fut possible du camp des ennemis pour le canonner. Elle consistait dans les navires des différents Etats qui les avaient envoyés au secours de Candie, et se trouvait composée alors de quatre-vingts vaisseaux de toutes grandeurs, de six galéaces et de cinquante galères.

Le vent les o bligea de s'éloigner un peu de la côte, ce qui fit que leurs décharges n'eurent pas grand effet. *La Thérèse*, vaisseau français de soixante-dix canons, sauta avec tout son équipage, qui était de trois cents hommes, et l'amiral reçut cinq boulets qui le percèrent de part en part.

Les Français se retirèrent aussi vite qu'ils étaient venus, et leur retraite précipitée empêcha de partir pour Candie un nouveau secours que le roi y envoyait sous les ordres du maréchal de Bellefond. Cependant quatre vaisseaux qui avaient pris les devants arrivèrent à la Suda, et y débarquèrent deux mille barils de poudre dont ils étaient chargés. Cette poudre ne fut pas d'un grand secours à la ville, qui était réduite alors aux dernières extrémités. On y voyait des montagnes de terre transportées sur la pointe des rochers; du sein de la mer s'élevaient des digues qui fournissaient des logements aux soldats au milieu des vagues. Le canon, les fourneaux et les mines avaient renversé les murailles et les forts; aucune maison n'était sur pied dans la ville : les bourgeois vivaient dans les cavernes, et les soldats logeaient sur la brèche. Cette ville, qui portait de si glorieuses marques de la valeur de ceux qui la défendaient, fut enfin obligée de capituler le 8 septembre. Les Turcs la prirent par composition, après avoir perdu plus de cent vingt mille hommes.

La prise de Candie fut comme l'époque de la décadence de la marine ottomane. Les chevaliers de Malte suffirent pour les intimider et pour les désoler. En toute occasion ils ont fait voir aux Turcs ce que pouvait le courage sur le nombre. Nous ne pouvons nous dispenser de rapporter ici un exemple de la valeur des chevaliers.

Le chevalier d'Hocquincourt fut investi par trente-trois galères ottomanes dans le port de l'île Dauphine. Le général turc débarqua des troupes pour attaquer par terre le vaisseau maltais que montait le chevalier, et le fit en même temps foudroyer par mer avec l'artillerie de ses galères. Les Turcs, le voyant si maltraité, s'avancèrent pour monter à l'abordage, et s'attachèrent en même temps à sa proue et à sa poupe. D'Hocquincourt faisait face de toutes parts; et, quoique son vaisseau fût presque tout désemparé et qu'il eût perdu beaucoup de monde, il tombait sur les Turcs de tous côtés avec tant de vivacité, qu'il les précipitait dans la mer à mesure qu'ils se présentaient.

Indigné du peu de succès de ses gens et de la résistance des chrétiens, le général turc se fit jour au travers de ses galères, et il poussa sa capitane avec toute l'impétuosité de sa chiourme sur le vaisseau maltais. Ce violent effort ne servit qu'à entraîner hors du port le navire chrétien. Il s'éleva alors une brise favorable, dont le chevalier profita pour se retirer dans un port qui appartenait aux chrétiens. Le Turc perdit dans cette action plus de six cents hommes et plusieurs galères qui furent coulées à fond.

La marine des Turcs fut si négligée après la prise de Candie, que pendant la guerre de Hongrie qui s'alluma peu de temps après entre les deux empires, François Morosini, généralissime des Vénitiens qui étaient entrés dans ces démêlés, désola toute la Morée, et fit trembler les îles voisines de Constantinople, sans que rien s'opposât à la rapidité de ses conquêtes. En 1684, il partit avec les galères du pape, de Malte et de Toscane; il s'empara de la ville et de l'île de Sainte-Maure, où il trouva cent vingt-six pièces de canon et beaucoup de munitions. En 1685, il prit Coron d'assaut; il y mit tout à feu et à sang, et battit partout les infidèles. En 1686, il prit Navarin et Modon. En 1687, il remporta sur les Turcs, près des Dardanelles, une victoire complète, suivie de la prise de Patras, Lépante et quelques autres places. Ces victoires parurent si intéressantes pour la république, que le sénat fit ériger une statue d'airain à Morosini, distinction qui n'avait point encore été accordée à un homme vivant. Par un décret du sénat on lui donna le nom de *Péloponésiaque,* dans l'inscription mise au bas de sa statue.

Morosini profita de ses victoires et prit Corinthe avec Sparte ou Mistra, et Athènes ou Setines.

Ces expéditions navales des Vénitiens et des chevaliers de Malte ne réveillèrent point l'attention des Turcs : leur marine, épuisée par la guerre de Candie, est restée depuis ce temps toujours assoupie.

PREMIER MAÎTRE.

Histoire générale de la Marine.

CHAPITRE II.

Vénitiens. — Rivalité des Génois. — Prise de Péra et de Caffa. — Batailles de Corfou et de Gallipoli. — Paix forcée. — Le doge André Dandolo. — Siége et prise de Zara. — Fréquentes révolutions. — Zara vendue cent mille écus par le roi de Naples. — Troisième guerre ligustique. — Pillage de galères génoises. — Ligue des Vénitiens avec le roi d'Aragon et les Grecs. — Sanglante bataille du Bosphore. — Défaite des Génois en Sardaigne. — Ils se liguent avec Jean Visconti, seigneur de Milan. — Bataille de Sapienza. — Quatrième guerre ligustique. — Les Vénitiens sont vaincus devant Pole. — Guerre clodiane. — Victor Pisani est remis en liberté. — Il relève la marine vénitienne. — Combat de Brondolo. — Les Vénitiens reprennent des places que leur avaient enlevées les Génois. — Mort de Pisani. — Paix entre Venise et Gênes. — Combat de Livourne. — Nouvelle paix. — Guerre avec les Turcs. — L'amiral Capelli meurt de chagrin d'avoir été battu. — Lâcheté de Nicolas Canalis. — Les Turcs s'emparent de Scyros et de Négrepont. — Horrible carnage. — Confédération des princes chrétiens. — Exploits de Mocénigo. — Audace et supplice d'un prisonnier sicilien. — Génois. — Ils résistent aux Impériaux. — Siége de Savone. Défaite des Aragonais. — Paix signée et bientôt rompue. — Victoire de l'île de Chio. — Conquête de Cagliari par Doria. — Trêve de cinq ans. — La Corse défendue par les Génois. — Bataille de Ponza. — Décadence de la marine génoise.

—

Ce fut sous le doge Pierre Gradenigo qu'on vit renaître, entre les Vénitiens et les Génois, ces anciens démêlés que la jalousie avait enfantés, et que des fleuves de sang n'avaient pu éteindre. Ces deux peuples rivaux conservaient toujours une animosité réciproque, qui éclata enfin avec la même fureur qu'auparavant. Voici quelle en fut l'occasion :

Les Génois avaient considérablement affaibli les Pisans ; ils avaient enlevé Livourne, comblé son port, et pris cinquante galères. Les Vénitiens, réveillés par le bruit des avantages des Génois, prirent la résolution de secourir et de venger les Pisans, leurs anciens alliés ; ils mirent en mer soixante-six galères, sous la conduite de Roger Morosini. Elles firent voile pour Constantinople, où elles prirent d'emblée Péra, possédée et fortifiée par les Génois, avec quelques autres places voisines.

L'année suivante, les Vénitiens envoyèrent encore dans le Pont-Euxin vingt-cinq galères : elles s'emparèrent de Caffa, dans la Chersonèse taurique, qui appartenait encore aux Génois. Ceux-ci armèrent soixante-dix galères, dont ils donnèrent le commandement à Lampade Doria. Ce général, pour obliger les Vénitiens à quitter la mer Noire, entra dans le golfe Adriatique. Les Vénitiens, voyant leur capitale en danger, firent les derniers efforts pour détourner l'orage qui les menaçait : ils mirent en mer une flotte de quatre-vingt-quinze galères, qui trouva celle des Génois devant l'île de Corfou. Les Vénitiens, tant de fois victorieux des Génois, se flattaient d'en triompher encore. Les Génois, honteux de leurs disgrâces passées, marchaient avec la pleine confiance qu'ils allaient cette fois effacer leurs anciens affronts. Dans ces dispositions, on livra le combat.

Bientôt les hurlements des matelots et des soldats qui s'animaient mutuellement, le choc furieux des vaisseaux qui se brisaient les uns contre les autres remplissaient l'air d'un bruit affreux. Au commencement, aucun des deux partis n'eut l'avantage ; ce ne fut qu'après un horrible carnage que la victoire, qui avait si souvent favorisé les Vénitiens, se déclara enfin pour les Génois. Les premiers furent défaits, et leur armée navale périt entièrement.

Après la bataille de Corfou, les Vénitiens, pour empêcher l'ennemi triomphant de tirer tout l'avantage de sa victoire, rétablirent promptement leurs forces navales ; ils envoyèrent vingt-cinq galères du côté de la mer Egée, pour mettre à couvert les places maritimes qu'ils possédaient dans ces parages. Cette flotte fut attaquée par les Génois, au détroit de Gallipoli. Après un combat cruel, les Vénitiens furent encore battus ; ils perdirent seize galères, et le reste se sauva. Les Génois, profitant de leur victoire, allèrent s'emparer d'une place dans l'île de Candie.

Ces deux nations s'affaiblirent tellement par la guerre qu'elles se firent, que leur épuisement les contraignit de faire la paix.

Le doge étant mort, il eut pour successeur Marin George, à qui succéda Jean Souvance. François Dandolo prit sa place en 1319. Il ne se passa rien de considérable pendant son règne. Barthélemy Gradenic, qui lui succéda, mourut l'an 1342, et eut pour successeur André Dandolo. Ce doge, qui n'avait que trente-six ans quand il fut élu, avait l'esprit orné, et cultivait les belles-lettres : il a écrit plusieurs histoires, entre autres celle de Venise jusqu'à son temps ; il mérita par ses ouvrages l'estime, l'amitié et les applaudissements de Pétrarque.

Comme Zara fut reprise pour la dernière fois sous ce doge, nous allons rapporter les différents mouvements que ses fréquentes révoltes ont occasionnés.

Zara, capitale de la Dalmatie, est entourée des eaux de la mer, et ne tient à la terre que par un pont-levis. Elle est appelée en latin *Iadera*, d'un fleuve voisin qui va tomber dans le golfe Adriatique. Ses habitants, fameux par leur inconstance et leurs rébellions, furent les premiers de toute la Dalmatie qui se soumirent aux Vénitiens ; mais aussi prompts à changer de maîtres qu'à s'en donner, ils se mirent après sous l'autorité d'un seigneur de Croatie.

Dominique Contarini, doge alors, mit en mer une puissante armée, avec laquelle il alla assiéger Zara, et la prit. Cette ville, ainsi conquise, était continuellement tentée de secouer un joug qu'elle ne portait que par force : elle suivit son penchant, chassa le gouverneur vénitien, et se livra à Coloman, roi de Hongrie. Le doge Ordelaphus, qui était dans la treizième année de son règne, ayant appris la mort de Coloman, profita de l'occasion : il alla avec une flotte nombreuse soumettre Zara et les places de la Dalmatie qui avaient suivi son exemple.

Dominique Michieli, son successeur, ramenant de la Syrie son armée victorieuse, apprit, en rangeant la côte de la Dalmatie, que Zara s'était encore révoltée ; il la prit et la ruina presque entièrement. Les habitants de cette ville rebelle furent punis, mais ils ne se corrigèrent pas. Ils reçurent une garnison de Bela, roi de Hongrie, et se mirent sous sa protection. Les Vénitiens, plus piqués d'honneur que d'intérêt dans la conservation d'une ville qui leur était à charge par ses révoltes, envoyèrent une puissante armée navale pour la soumettre : elle fut assiégée ; mais la garnison s'étant bien défendue, on fut obligé de se retirer.

Les Vénitiens remirent à une occasion plus favorable l'humiliation de

Zara : ils la trouvèrent dans la cinquième croisade. Les princes chrétiens s'étant rendus à Venise pour aller de là contre les infidèles, les Vénitiens engagèrent l'armée chrétienne à leur prêter secours pour reprendre Zara. Ainsi cette armée sainte, comme on l'appelait alors, fut obligée de servir d'abord la passion des Vénitiens. Toutes les forces des chrétiens réunis parurent devant Zara : on croyait l'emporter d'emblée; mais on y trouva plus de résistance qu'on ne pensait, car la ville étant bien pourvue d'hommes et de vivres, le siége fut long; mais enfin il fallut céder au grand nombre : Zara fut forcée, et dès qu'elle fut prise, on la démantela du côté de la mer.

Toutes ces révolutions ne firent que des impressions peu efficaces sur l'esprit des habitants de Zara. Cette ville, toujours portée à la révolte, profita du temps des grandes affaires de la république pour se soustraire à sa domination. Les Vénitiens, aussi attentifs à la réduire sous leur joug qu'elle était prompte à le secouer, envoyèrent des troupes pour la soumettre; mais ils furent trahis par un Espagnol à qui ils avaient confié leur cavalerie, ce qui rendit le siége fort long. Zara fut cependant prise par le doge Souvance; mais la modération dont il usa à l'égard des habitants ne servit qu'à entretenir dans leur esprit le goût de la révolte.

Ce peuple inquiet ne fut pas longtemps sans faire de nouveaux mouvements; il offrit son port, sa ville et tout ce qui en dépendait, à Louis, roi de Hongrie. Les Vénitiens, avertis de ces négociations secrètes, envoyèrent d'abord cinq galères à Zara, pour y prendre le gouverneur, qui aurait pu être la première victime des Zarentins. Cette escadre fut fortifiée par d'autres vaisseaux, et l'on fit le siége de Zara par mer et par terre : la place fut pressée, parce qu'on apprit que le roi de Hongrie approchait avec une puissante armée pour la secourir. On construisit des ponts, par le moyen desquels on pouvait aller des galères sur les murs; on battait en même temps les murailles avec des machines. On donna un assaut général; mais les habitants, qui se battaient en désespérés, repoussèrent les Vénitiens.

Le roi de Hongrie arriva avec son armée : il alla d'abord attaquer le camp des Vénitiens, qui le reçurent avec un grand courage. Le commandant des galères vénitiennes comprit, par un bruit extraordinaire, que les troupes de terre étaient aux prises, ce qui l'engagea à faire descendre ce qu'il avait de soldats, à la réserve de ceux qui étaient nécessaires pour garder ses galères ; il en composa un bataillon, qui, en ranimant le courage des Vénitiens, ébranla celui de leurs ennemis : de façon que la victoire, qui jusqu'alors avait été en balance, se déclara enfin pour les Vénitiens. Il y eut dans cette occasion un horrible carnage des Zarentins et des Hongrois. Louis, après sa déroute, reprit le chemin de Hongrie ; mais son départ fut plutôt une fuite qu'une retraite.

Les Vénitiens victorieux retournèrent au siége, qu'ils poussèrent avec plus de vigueur qu'auparavant ; ils brisèrent la chaîne qui fermait le port, et s'emparèrent de la ville. Elle fut reprise quelques années après par Ladislas, roi de Naples, qui se donnait aussi le titre de roi de Hongrie ; mais ce prince ayant été informé que les plus grands seigneurs de Naples tramaient une conspiration, vendit Zara aux Vénitiens, avec toutes ses appartenances, pour la somme de cent mille écus.

On a pu remarquer, par tout ce qui a été dit, jusqu'à quel point était montée l'animosité réciproque de Gênes et de Venise. Ces deux villes jalouses se disputaient l'empire de la Méditerranée, et elles se faisaient réciproquement tout le mal possible. Il semblait qu'à mesure que leurs forces diminuaient, leur antipathie augmentait ; et quand elles paraissaient vouloir reprendre une nouvelle vigueur, ce n'était que pour se donner de nouvelles marques de haine. C'est ce qui devint évident sous le doge Dandolo. L'antipathie des deux villes, qui avait semblé un peu assoupie, se réveilla tout à coup.

Voici quelle fut l'occasion de cette troisième guerre ligustique, comme l'appellent quelques auteurs. Les Génois, qui possédaient plusieurs places sur les côtes du Pont-Euxin, voulurent faire seuls le commerce sur cette mer : ils n'y voyaient qu'avec chagrin les marchands vénitiens ; ils les inquiétaient quelquefois sourdement, d'autres fois à découvert. Ces petites étincelles de jalousie causèrent insensiblement un grand incendie. Les Génois, ne gardant plus de mesures, attaquèrent en ennemis déclarés des vaisseaux vénitiens, qui se retirèrent avec perte du côté de Caffa.

La république de Venise envoya demander à celle de Gênes une réparation de l'insulte et du dommage faits à ses sujets : le refus qu'on en fit fut regardé comme une déclaration de guerre. Les Vénitiens rassemblèrent à la hâte des galères de Candie, de Dalmatie, de Négrepont et du golfe Adriatique, au nombre de trente-cinq. Cette flotte étant en pleine mer, fut jetée par la tempête au port de Cariste, île de Négrepont, où elle trouva à l'ancre quatorze galères génoises richement chargées.

Le général vénitien ne voulant pas laisser échapper une occasion si favorable à la vengeance de la république, les fit envelopper, et pour les battre par mer et par terre, il fit descendre une partie de ses troupes. Les Génois, affaiblis de toutes parts, usèrent de ruse à défaut de la force : ils appareillèrent comme s'ils avaient voulu forcer leurs ennemis, tout supérieurs qu'ils étaient. A la vue des Vénitiens étonnés d'une action si hardie, ils firent partir quatre galères, qui prirent le large par l'endroit le moins défendu. Morosini, un des principaux officiers de la flotte vénitienne, lâcha une de ses galères après la cinquième qui voulait suivre les premières : celle-ci fut prise. Les autres, qui étaient effrayées, ne purent pas tenir une route certaine ; elles allèrent heurter contre des écueils et des rochers. Les Vénitiens qui les poursuivaient s'en emparèrent facilement.

Comme elles étaient chargées de marchandises précieuses, les soldats se jetèrent dedans pour les piller, malgré la défense qu'on leur en avait faite. Le général vénitien voyant que les quatre galères se sauvaient à la faveur de l'avidité de ses soldats, fit mettre le feu à cinq galères ennemies qui n'étaient pas encore pillées. Malgré toutes ces précautions, les quatre galères génoises se sauvèrent. Elles se joignirent à six autres commandées par Philippe Doria qui, pour venger la perte des Génois, brûla et saccagea l'île de Négrepont et se saisit de Chio.

Ces avantages remportés de part et d'autre ne servaient qu'à ranimer la fureur des deux nations. Les Vénitiens firent une ligue avec le roi d'Aragon et les Grecs. Leur armement n'était alors que de quarante galères ; le roi d'Aragon leur en donna trente, sous la conduite de Ponce, et les Grecs quarante. Aux approches de l'armée confédérée, celle des Génois, qui était de soixante-quatre navires, se retira du côté de Péra. S'y voyant suivie de près par ses ennemis et se trouvant dans la nécessité de combattre, elle se ménagea l'avantage du lieu, n'ayant pas celui du nombre. Elle s'écarta de la pleine mer pour n'être point enveloppée, et se mit en bataille dans un lieu étroit, où la multitude des vaisseaux était inutile ; elle avait de front les Vénitiens et les Aragonais, et les Grecs la prenaient en flanc. Toutes ses forces étant réunies, et en état d'agir, elle se trouva avoir beaucoup d'avantage sur celles des ennemis qui, étaient partagées et qui ne pouvaient pas agir de toutes parts. Les Grecs furent ébranlés du premier choc et s'enfuirent. Les Génois n'ayant plus à lutter qu'avec les Phéniciens et les Aragonais, le combat devint très-opiniâtre, et l'on se battit près de deux heures, sans qu'aucun des deux partis pût se flatter d'avoir l'avantage.

Le soir, il s'éleva un vent de sud contraire aux Génois, et qui aurait dû les obliger à se retirer ; mais leur courage leur fit mépriser les obstacles ; ils tinrent ferme contre leurs ennemis et contre les vents. L'opiniâtreté se joignit à la valeur dans les deux partis ; le combat fut soutenu malgré l'obscurité, qui le rendit effroyable. Les plaintes des mourants, les gémissements des blessés, les hurlements des soldats, le choc des galères, joint à l'horreur des ténèbres, étaient quelque chose d'affreux. Pendant ce combat nocturne, toutes les galères mêlées s'entre-choquaient indifféremment, l'allié et l'ennemi étaient confondus ; la mort volait de toutes parts, et on la recevait souvent d'un ami. Comme on était en hiver, la nuit fut longue et le carnage horrible.

Le lendemain matin, le jour naissant éclaira le plus affreux spectacle qu'on eût jamais vu ; le canal était couvert de dards et de flèches, de débris de vaisseaux, de corps flottants, de rames brisées, de galères errantes au gré de la mer, et d'hommes qui luttaient contre les flots. Chaque parti fut alors en état de connaître la perte qu'il avait faite. Le général aragonais ayant été tué, ses troupes se retirèrent ; les Vénitiens, extrêmement affaiblis par la perte d'un grand nombre de leurs plus braves soldats, prirent le même parti.

Le champ de bataille resta aux Génois. Ils remportèrent dans cette occasion une victoire sanglante, et d'autant plus glorieuse, qu'ayant à se défendre contre trois nations confédérées, ils avaient encore été obligés de combattre contre le vent et contre la mer. Les auteurs qui parlent de cette action sont presque tous passionnés : les Grecs, qui s'y comportèrent en lâches, disent qu'ils y ont fait des actions héroïques ; Surita, Espagnol, assure que les Aragonais remportèrent la victoire ; les Vénitiens et les Génois sont plus sincères ; les premiers avouent qu'ils perdirent la bataille, et les Génois, qui se reconnaissaient victorieux, conviennent que cette victoire leur coûta cher, et qu'on n'en fit aucun feu de joie à Gênes. Les Vénitiens perdirent quatorze galères, les Aragonais dix, et il y eut des deux nations deux mille morts et dix-huit cents prisonniers; il en coûta aux Génois treize galères, et ils perdirent beaucoup de monde.

Les Vénitiens avaient trop de fierté pour ne pas venger l'affront qu'ils avaient reçu à la bataille du Bosphore. Nicolas Pisani, avec vingt galères bien armées, alla se joindre à l'armée aragonaise, qui en avait quarante. Celle des Génois, commandée par Antoine Grimaldi, était de quarante-trois galères. Ces deux armées se rencontrèrent du côté de l'île de Sardaigne; elles se disposèrent au combat, l'une pour réparer l'honneur qu'elle avait perdu, l'autre pour conserver la gloire qu'elle avait acquise. L'ordonnance du combat fut singulière de la part des Vénitiens : pour se mettre dans la nécessité de vaincre ou de périr, ils lièrent toutes leurs galères ensemble, afin qu'aucune ne pût fuir et qu'on pût combattre aussi solidement que sur terre; ils en réservèrent dix pour voltiger selon les besoins du combat.

Quand on fut sur le point de livrer la bataille, les Génois, qui croyaient n'avoir affaire qu'aux Aragonais, furent fort étonnés de voir les pavillons des Vénitiens, dont ils ignoraient la jonction; mais il n'y avait plus à reculer, il fallut absolument en venir aux mains. Les Génois furent entièrement défaits; ils perdirent trente-deux navires et eurent bien de la peine à tirer leur général de la mêlée. Grimaldi retourna à Gênes avec les tristes débris de sa flotte; les deux armées victorieuses couronnèrent leur triomphe par la prise de deux villes de l'île de Sardaigne, qui appartenait à la république de Gênes.

Cette défaite humilia considérablement les Génois; ces républicains, ne se trouvant pas en état de se relever par eux-mêmes d'une disgrâce si accablante, offrirent à Jean Visconti, seigneur de Milan, de se mettre sous sa puissance, pourvu qu'il les aidât à se venger des Vénitiens. Visconti les écouta favorablement, et leur donna des secours pour mettre une nouvelle armée en mer.

Les Vénitiens firent aussi des alliances pour opposer à la ligue des Génois, et expédièrent une puissante flotte sous la conduite du général Pisani. Pagan Doria, qui commandait l'escadre génoise, évitait celle de Venise qui le cherchait; et, pendant que Pisani errait d'un côté, Doria faisait voile de l'autre; il alla porter l'épouvante dans le golfe Adriatique; il ravagea la côte de l'Istrie, et jeta l'alarme jusqu'aux portes de Venise.

André Dandolo mourut à peu près dans ce temps-là, et Marin Phalère fut mis à sa place. Doria alla au-devant de Pisani, qui le cherchait, avec une armée de cinquante-sept vaisseaux : ils se rencontrèrent à l'île de Sapienza, peu éloignée de Modon dans la Morée ; ils se battirent avec une fureur égale, et l'avantage resta aux Génois. Pisani fut battu et fait prisonnier avec cinq mille hommes, et il perdit trente-six galères. Doria fut si occupé de la victoire qu'il venait de remporter, qu'il ne pensa point à profiter de ses avantages. La perte de Venise était inévitable, si le général y eût conduit son armée triomphante ; mais il aima mieux revenir à Gênes pour y recueillir les applaudissements qu'il avait mérités.

Ce fut sous le gouvernement d'André Contarini, élu en 1368, que s'alluma la quatrième guerre entre les Vénitiens et les Génois, qui fut la plus meurtrière et la plus féconde en grands événements. Elle fut occasionnée par les démêlés survenus entre Jean V, empereur des Grecs, et son fils Andronique. Les Vénitiens, partisans de Jean, reçurent de lui en récompense Ténédos, petite île de l'Archipel, près de l'Anatolie : Andronique fit le même présent aux Génois, qui étaient pour lui. Ce fut là la pomme de discorde qui ralluma entre ces deux nations toute la violence d'un feu mal éteint.

Les îles de Lemnos, de Ténédos, de Chypre et la côte de Dalmatie furent longtemps le théâtre de plusieurs hostilités, qui se terminèrent enfin par un combat dans lequel les Vénitiens furent vaincus devant Pole : ils y perdirent quinze galères avec leurs équipages et beaucoup de monde.

Enflés d'un tel succès, les Génois crurent qu'ils pouvaient tout entreprendre. Ils radoubèrent leurs galères maltraitées, armèrent celles qu'ils avaient enlevées aux Vénitiens, et se firent une armée navale de quarante-huit galères. Avec cette flotte ils s'approchèrent de Venise et prirent un vaisseau à la vue de ses habitants alarmés; ils firent une descente à Chiosa, qui mit la république à deux doigts de sa perte. Chiosa ou Chioggia est un port de Venise, qui en est éloigné de vingt-quatre milles, et qui lui ressemble en quelque façon par sa situation et par ses canaux. Cette ville s'appellait autrefois Clodia, et comme elle a principalement fait parler d'elle dans cette guerre, on a dit *la guerre clodiane*.

Les Génois étant entrés dans une partie de la ville de Chiosa, s'y battirent contre la garnison, laquelle se défendit bien et obligea les Génois à remonter sur leurs vaisseaux, qui cinglèrent du côté de Zara. Cette retraite des Génois sauva Venise. La république, sentant le péril, fortifia ses ports et toutes leurs avenues par des forts, des estacades, des vaisseaux, des chaînes, et tout ce qui pouvait les mettre en sûreté.

Les Génois, fâchés d'avoir manqué leur coup, revinrent sur leurs pas avec quarante-huit galères et plusieurs autres petits vaisseaux, commandés par Pierre Doria. Ils étaient fortifiés par des secours considérables de leurs alliés. Ils s'emparèrent d'abord du port de Chiosa, et s'approchèrent ensuite de la ville. Les Vénitiens, après avoir longtemps combattu au dehors, rentrèrent au dedans, où ils se défendirent avec vigueur; mais après une généreuse résistance, les Génois se rendirent maîtres de la ville, la pillèrent, et arborèrent leurs étendards sur les lieux les plus éminents. La prise de Chiosa répandit dans Venise une consternation extrême; la frayeur fut si grande, qu'on délibéra dans le sénat si l'on devait transporter la république en Candie : moins enivrés de leur victoire, les Génois se seraient approchés de Venise, et l'auraient prise sans obstacle.

Le peuple de Venise courait par la ville, éperdu, gémissant et demandant la liberté de Victor Pisani, qu'il regardait comme son libérateur, et qui était retenu en prison depuis une disgrâce qu'il avait essuyée devant Pole. Le sénat, sentant le besoin qu'il avait de ce grand homme, le remit dans ses charges. Pisani commença par rassurer les esprits alarmés, en fortifiant la ville de tous les côtés. Il fit armer une grande quantité de petits navires et de gondoles pour fermer le passage des vivres aux Génois et pour les tenir comme assiégés dans Chiosa.

Raffermis par de petits avantages, les Vénitiens faisaient tous les jours de nouveaux efforts pour écarter le péril qui les menaçait. Les Génois, sachant que les Vénitiens reprenaient courage, allèrent occuper le port de Malamoque, le plus important pour Venise, et s'y établirent. Effrayés de voir leurs ennemis si près d'eux, les Vénitiens firent les derniers efforts pour les écarter; en deux jours ils armèrent trente-quatre galères; mais comme ils manquaient de rameurs, le doge y embarqua des artisans à qui il faisait apprendre à manier la rame. Le peuple, résolu à tout sacrifier pour conserver sa liberté et sa vie, prodiguait sans peine ses biens et ses travaux.

Etonnés du grand appareil qui se faisait à Venise, les Génois abandonnèrent Malamoque, après en avoir démoli le fort, et se retirèrent du côté de Chiosa. Pisani, pour mettre à profit cette retraite précipitée, sortit de la ville avec trois cents petits navires et cinquante gondoles, et se cacha dans des roseaux pour surprendre les Génois, qui, ayant aperçu l'embuscade, s'enfuirent et rentrèrent dans Chiosa. Pisani les poursuivit jusque-là, prit le fort des Salines, attaqua la ville, et l'aurait prise sans l'arrivée de trois galères génoises.

Le doge partit de Venise, une nuit, avec vingt-quatre galères et plusieurs autres vaisseaux; il se jeta au point du jour dans le port de Chiosa, et y fit couler deux vaisseaux barrotés pour en fermer l'entrée. Il mit son monde à terre : la garnison de Chiosa, forte de dix mille hommes, fit une sortie : le combat fut cruel; mais les Vénitiens, obligés de céder aux plus forts, se retirèrent, après une perte considérable d'hommes et de vaisseaux. Le doge ne se déconcerta point de ce mauvais succès. Il fit échouer beaucoup de vaisseaux pour fermer tous les passages, et pour tenir les Génois bloqués dans Chiosa. De son côté, Pisani, qui avait aussi des galères sous son commandement, en fit échouer, tendit des chaînes et dressa des estacades : tout cela avait pour but de renfermer les Génois dans Chiosa, et de les tenir captifs dans un lieu où ils étaient entrés triomphants.

Sur ces entrefaites, Charles Zani, qui était parti de Venise avec cinq galères et qui avait fait plusieurs prises sur les Génois, revint avec quatorze galères bien armées; le sénat lui ordonna aussitôt d'aller se joindre au doge devant Chiosa. Sa présence ranima l'espérance et le courage des Vénitiens. Le doge l'envoya avec douze galères se réunir à Pisani, qui était près de Brondolo, un des ports de Venise. Ce fut là qu'on se signala de part et d'autre par les exploits les plus glorieux, tant sur terre que sur mer. Les deux partis regardaient ce moment comme celui qui devait décider du sort des deux républiques. La mort de Pierre Doria, général des Génois, fut un événement bien avantageux pour les Vénitiens; elle releva autant leur courage qu'elle abattit celui des ennemis. Les Génois, désolés de la perte de leur général, combattirent d'abord pour la venger; mais l'épouvante s'étant répandue parmi eux, ils se retirèrent à Chiosa après avoir perdu bien des hommes et beaucoup de vaisseaux. Les Vénitiens en prirent quatre-vingts.

Revenus des frayeurs que leur avaient causées les approches des Génois, ils travaillèrent à réparer leurs pertes, et se virent bientôt dans une brillante situation : leur république, peu auparavant aux abois, se trouva plus florissante que jamais. Ils avaient des chefs d'une grande réputation et d'un vrai mérite. Ils mirent en mer une armée de cent galères, et allèrent reprendre sur les côtes de l'Istrie et de la Dalmatie les places occupées par les Génois. Victor Pisani mourut sur ces entrefaites : ce général ayant appris que douze galères génoises faisaient voile du côté de la Pouille pour la traite des blés, quitta le siége de Zara pour les aller enlever : il les attaqua au commencement de la nuit; mais elles se sauvèrent à la faveur des ténèbres. Pisani se retira au port de Manfredonia, où il mourut. C'était un grand capitaine, vigilant, actif, laborieux; il aurait été comparable aux plus grands hommes, s'il avait eu autant de bonheur que d'habileté.

Après la mort de Pisani, les Vénitiens et les Génois eurent des alternatives de bons et de mauvais succès : ils s'enlevaient tour à tour des places et des vaisseaux, et chaque jour était pour ainsi dire marqué par quelque avantage qu'ils remportaient les uns sur les autres; mais la haine des deux républiques se trouvant épuisée, elles se prêtèrent aisément aux projets d'accommodement que leur proposa le duc de Savoie. Les conditions de la paix furent acceptées de part et d'autre, et on se rendit tous les prisonniers qu'on avait faits. Ce fut ainsi que se termina cette guerre ruineuse qui avait duré environ six ans. Cette réconciliation se fit en 1383, qui fut aussi l'année de la mort d'André Contarini, doge de Venise.

Sous le règne de François Foscari, les guerres de Lombardie, que les Vénitiens eurent à soutenir contre Philippe, duc de Milan, donnèrent un nouveau sujet de rupture aux deux républiques rivales. Les Vénitiens ayant été battus dans un combat donné sur le Pô, en attribuèrent la cause aux Génois, qui avaient dressé et conduit l'armée navale de Philippe. Il n'en fallut pas davantage pour réveiller une haine qui n'était qu'assoupie. Les Vénitiens envoyèrent dix-huit galères bien armées dans la mer de Gênes. Pierre Lorédan, qui les commandait, aborda à Livourne, où il fut rejoint par cinq galères florentines.

Les Génois lui opposèrent François Spinola, avec vingt-quatre galères. Spinola, emporté par l'ardeur de combattre, dès qu'il eut appris que la flotte vénitienne était à l'ancre, fit voile avant que tous ses vaisseaux fussent prêts. Etant en présence des ennemis, avec l'avantage du vent dont il voulut profiter, il força de rames, et arriva sur eux avec une furie capable de les étonner. Lorédan, qui ne voulait pas combattre si près de la côte, feignit d'avoir peur ; et, par une fuite bien entendue, il courut au large et gagna le dessus du vent. Il revira ensuite sur les Génois, qui le suivaient de près : le combat fut opiniâtre et sanglant, sans que la fortune se déclarât. Trois galères vénitiennes étaient serrées de près. Spinola, qui les aperçut, y courut pour achever leur défaite ; mais il se vit lui-même sur le point d'être coulé par un vaisseau florentin, qui, emporté par les courants, vint l'aborder de bout-au-corps. Les Génois, croyant alors la galère de leur général perdue, se sauvèrent dans les ports voisins. Les Vénitiens prirent huit galères et le général ennemi.

Les deux partis continuèrent à se harceler de nouveau pendant quelque temps, après quoi ils se réunirent encore par une nouvelle paix, dont les deux républiques avaient un extrême besoin.

François Foscari mourut en 1457. Pascal Malipiéri fut mis à sa place, et mourut en 1462. Christophe More lui succéda. La république eut des guerres assez considérables à soutenir sous le gouvernement de ce doge, et il fut comme le précurseur des pertes qu'elle fit dans la suite. La paix conclue avec les Génois fit renaître la tranquillité à Venise ; mais elle fut bientôt interrompue par une nouvelle guerre que la république fut obligée d'avoir avec les Turcs. Mahomet II s'étant emparé de Constantinople, et ayant établi son empire sur les débris de celui des Grecs, portait ses vues sur tous les pays voisins qu'il n'avait pas encore usurpés. La Morée était trop à sa convenance pour ne pas entrer dans ses projets de conquête. Il se rendit maître de tout ce pays, à la réserve cependant des villes qui appartenaient aux Vénitiens. La république, alarmée à l'approche d'un si formidable ennemi, prit de sages mesures pour prévenir les coups qui la menaçaient. Elle mit en mer trente-cinq galères et douze gros vaisseaux, sous la conduite de Jacques Lorédan. Les Vénitiens reprirent la ville d'Argos, dont les Turcs s'étaient saisis, et reçurent sous leur domination l'île de Lemnos.

Victor Capelli eut le commandement des armées navales. C'était lui qui avait engagé la république à faire la guerre aux Turcs avant qu'ils se rendissent plus puissants. La flotte vénitienne était composée de vingt-cinq galères et de trente-six autres vaisseaux. Ce général alla forcer Aulide, prit Imbros, et s'empara de la ville qui a succédé à l'ancienne Athènes. Comme il avait des intelligences dans Patras, il cingla de ce côté-là ; mais la cupidité de ses soldats rendit son entreprise malheureuse: pendant qu'ils s'amusaient à butiner, ils furent enveloppés et défaits par les Turcs.

Capelli ne fut point déconcerté par ce mauvais succès; comme il le devait plutôt à la faute de ses gens qu'au mérite de ses ennemis, il fit une seconde tentative qui ne réussit pas mieux que la première : ses troupes furent défaites; il en ramassa les débris sur ses vaisseaux qu'il conduisit à Négrepont, où il mourut de chagrin.

Nicolas Canalis fut fait quelque temps après général de l'armée navale des Vénitiens : il prit plusieurs villes qui appartenaient aux Turcs dans la Morée et aux environs de Négrepont; il rassembla dans cette île tout le butin qu'il avait fait sur eux. Ces conquêtes firent une vive impression sur Mahomet, qui résolut dès lors de tout mettre en œuvre pour se venger. Avant de rien entreprendre, il fit vœu d'exterminer les chrétiens, et d'immoler à son ressentiment tous ceux qui tomberaient entre ses mains. C'était principalement aux Vénitiens qu'il en voulait. Il ne pouvait souffrir de les voir plus longtemps maîtres de Négrepont; la proximité de cette île mettait ces républicains en situation de causer aux Turcs des inquiétudes continuelles.

Le sultan imagina que s'il pouvait les en chasser, il éloignerait un ennemi dangereux, et qu'il serait par là plus à portée de pousser ses conquêtes. Pour exécuter ce projet, il mit en mer une puissante flotte d'environ trois cents bâtiments de toute espèce. Canalis alla au-devant des Turcs avec trente-cinq galères. Etant arrivé à Imbros, il apprit que l'ennemi était de l'autre côté de cette île : il envoya dix de ses galères le reconnaître. Les signaux lui ayant annoncé que l'armée ottomane était infiniment supérieure à la sienne, il força de rames et de voiles pour prendre le large. Les Turcs le suivirent ; mais la nuit le déroba à leur vue.

Le lendemain, les Turcs allèrent mouiller devant Scyros : ils battirent cette île de façon qu'elle se soumit d'abord. S'étant assurés de ce poste qui leur était avantageux, ils se présentèrent devant l'île de Négrepont. Après y avoir forcé, pillé et brûlé deux villes, ils allèrent assiéger la capitale par mer et par terre. Canalis avait jeté quelques troupes dans cette ville, et y avait fait entrer des provisions. Machmut, grand vizir, connu par sa prudence et sa valeur, enveloppa la place avec son armée navale, qui était d'environ trois cents vaisseaux. Il mit des troupes à terre, mais elles furent repoussées et forcées de se rembarquer. Quelques jours après, Mahomet arriva par terre avec une armée de plus de cent vingt mille hommes ; il les fit passer dans l'île par le moyen d'un pont qu'il jeta sur l'Euripe. A son approche, les habitants donnèrent des marques d'une valeur extraordinaire ; ils firent plusieurs sorties dans lesquelles Mahomet perdit beaucoup de monde ; mais il les resserra, et les fit battre avec cinquante-cinq pièces de canon distribuées en plusieurs batteries. Le feu des vaisseaux et de l'armée de terre, qui foudroyait les murs et les édifices de la ville de Négrepont, n'affaiblissait point le courage de ceux qui y étaient renfermés ; ils soutinrent plusieurs assauts avec une fermeté intrépide. Mahomet essaya de gagner par des promesses ceux qu'il ne pouvait ébranler par la force ; mais ils ne se laissèrent point séduire ; ils avaient appris, aux dépens des chrétiens de la Morée, à se défier des paroles d'un souverain qui avait pour loi de n'en respecter aucune. Les Vénitiens, qui connaissaient combien la conservation de cette place était importante à la république, y envoyaient continuellement des secours de vaisseaux.

Canalis, qui manquait de vivres, en alla chercher en Candie, où son armée navale fut jointe par les galères arrivées de Venise, et par sept autres qu'il reçut du gouverneur de Candie : il fit voile pour l'Euripe, et entra dans le canal. Il s'agissait de rompre le pont et de brûler une partie des vaisseaux des Turcs : c'est ce que son conseil voulait entreprendre ; et s'il avait pu réussir, il renfermait Mahomet et toute l'armée ottomane dans l'île, d'où il ne se serait pas sauvé un homme. Mahomet comprit si bien le danger, qu'il voulut lever le siége et se retirer ; mais son grand vizir l'en empêcha. C'est par son conseil que le sultan fit donner un assaut général, dans lequel toutes les forces de terre et de mer furent employées.

Canalis, au lieu de profiter des avantages que le vent, la mer et sa situation lui offraient, demeura dans une honteuse inaction. Rien ne put l'en tirer, ni les vifs empressements de toute son armée ni les cris des habitants qui imploraient son secours : et, comme s'il eût été d'intelligence avec les Turcs, il s'opposa au dessein que plusieurs officiers avaient formé d'aller avec quelques vaisseaux rompre le pont.

Mahomet profita de l'indolence du général vénitien : il prit la ville d'assaut après un effroyable carnage de ses soldats, qui montaient à la brèche sur des monceaux de morts et de mourants. Les assiégés se retirèrent alors dans la place d'armes, où ils formèrent un bataillon, résolus de se défendre jusqu'à la dernière extrémité. Le combat recommença dans cet endroit et fut plus furieux qu'auparavant : la place devint alors une boucherie où coulèrent des ruisseaux de sang ; mais les habitants, étant infiniment inférieurs en nombre, furent presque tous massacrés. Mahomet vengea par cet horrible carnage la mort de quarante mille hommes qu'il avait perdus dans cette expédition, sur des gens qui n'avaient commis d'autre crime que de s'être défendus en braves. Ainsi fut enlevée aux Vénitiens la plus belle, la plus commode et la plus florissante île de la mer Egée ; et, par cette conquête, Mahomet acquit la facilité de parcourir toutes les côtes et les îles de la Méditerranée.

Après la ruine de l'ancienne Eubée, l'armée navale de Canalis s'augmenta considérablement. Jacques Vainieri lui amena vingt-cinq vaisseaux bien armés ; quatorze galères le vinrent trouver suivies de seize autres, et il se vit ainsi en peu de temps cent vaisseaux de guerre. Il tint en échec l'armée ottomane jusqu'à Chio, mais il n'osa lui livrer le combat. Les infidèles, effrayés de se voir observés, avaient déjà pris la résolution de gagner le rivage, et d'abandonner leurs vaisseaux pour sauver leur vie ; mais voyant que le général vénitien n'avait pas un grand empressement pour se battre, et se rassurant bientôt, ils se retirèrent chargés de riches dépouilles. Celui qui les commandait voyant que l'armée vénitienne les suivait de loin, dit en plaisantant : « En vérité, les Vénitiens « sont bien polis : ils nous ont accompagnés par honneur à la prise « d'une de leurs plus importantes places, et ils nous reconduisent de « même chez nous. » Canalis, ayant appris que Mahomet s'était retiré par terre avec toutes ses troupes, et ayant vu la retraite de son armée navale, se rendit avec tous ses vaisseaux devant Négrepont, dans le dessein de reprendre cette ville ; mais après de vaines tentatives qui ne firent qu'augmenter sa honte, il se retira à Venise, où sa lâcheté lui attira toute l'indignation publique. Le sénat le déposa d'une charge qu'il n'aurait jamais dû occuper, et on le condamna à un bannissement perpétuel.

On prétend qu'il ne voulut s'engager dans aucune bataille, dans la crainte d'exposer la vie de son fils, qui était à son bord ; et qu'il préféra le devoir d'un bon père à celui d'un bon général ; ce qui engagea la république à rendre un décret par lequel il fut défendu aux généraux des flottes vénitiennes de mener leurs enfants avec eux. Pierre Mocénigo succéda à Canalis dans le commandement de l'armée navale. Le doge Christophe More mourut l'an 1471, et Nicolas Thron fut mis à sa place.

Toute l'Europe fut alarmée des rapides conquêtes de Mahomet, et ne regarda qu'en tremblant le progrès des armes de ce fier conquérant. Le pape Paul II écrivit à tous les princes chrétiens pour les porter à réunir leurs forces contre celles des Turcs ; mais il n'en put tirer aucun secours, parce qu'ils étaient tous engagés dans des guerres particulières. Il détermina l'empereur à convoquer à ce sujet une diète à Ratisbonne; mais elle ne produisit que de vains projets qui se réduisirent à rien. Paul Morosini, ambassadeur de Venise, y fit une harangue dans laquelle il dit que la république avait soixante galères prêtes à agir, et qu'elles devaient être jointes par vingt-trois autres et par quatre vaisseaux de charge que devait fournir Ferdinand, roi de Naples.

Le pape Paul mourut dans ce temps-là; mais Sixte IV fit revivre le dessein qu'avait conçu son prédécesseur, de faire une ligue contre les Turcs. Cette confédération se fit entre le pape, le roi de Naples et les Vénitiens. Le pape fournit vingt galères, commandées par le cardinal Caraffa. Pierre Mocénigo, qui commandait la flotte vénitienne avant la jonction des galères confédérées, fit plusieurs petites expéditions, qui, dans une autre conjoncture, auraient donné de la réputation à ses armes, et auraient mérité quelque attention; mais elles n'étaient pas capables de dédommager la république de la perte qu'elle venait de faire.

Au printemps de l'année 1473, Mocénigo fit voile pour les îles de Rhodes et de Chypre, où il fut joint par dix galères de Naples et par dix autres du pape. Il alla avec ce renfort au secours du prince de Caramanie, que Mahomet avait dépouillé d'une partie de ses Etats. Il prit Sighin, Curco, Séleucie, et ravagea toute la Lycie. Après cette expédition, un jeune Sicilien nommé Antonello, fait prisonnier à Négrepont, et qui s'était échappé des mains des infidèles, vint donner avis à Mocénigo que la flotte des Turcs, qui était à l'ancre à Gallipoli, était peu en garde contre la surprise, ainsi qu'un grand arsenal qui n'en était pas éloigné, et qui contenait de quoi équiper plus de cent galères. Il ajoutait que si on voulait lui confier un vaisseau et des hommes, il s'engageait à y aller mettre le feu.

Le général vénitien saisit avec empressement la proposition, et donna ce qu'on lui demandait. Le Sicilien partit sur-le-champ, et s'engagea au milieu de la flotte ottomane avec une barque chargée de pommes, qu'il vendit pendant tout le jour sans être soupçonné : la nuit il mit le feu à cent galères. Une foule de peuple étant accouru à l'éclat que jetaient les vaisseaux embrasés, le feu fut promptement éteint. Le Sicilien, qui n'avait pas bien pris ses mesures, incendia son propre vaisseau, et se sauva par terre ; il fut pris et conduit à Mahomet, qu'il étonna par la fierté de ses réponses, mais qu'il aigrit aussi à tel point, que celui-ci le fit scier par le milieu du corps. Le doge Nicolas Thron mourut cette année, et Nicolas Marcel le remplaça.

Mocénigo, qui fut occupé sur la fin de la dernière campagne à pacifier les troubles qui s'étaient élevés dans l'île de Chypre, eut cette année, en 1474, bien d'autres affaires. Les Turcs, avec une armée formidable, allèrent assiéger Scutari, ville d'Albanie. André Lorédan se jeta dans cette place pour la défendre, et Mocénigo fit voile de ce côté-là pour la secourir. Il y soutint si vigoureusement les efforts des Turcs, qu'ils furent obligés de lever le siége après avoir perdu bien du monde. Lorsqu'ils se furent retirés, Mocénigo prit la route de Venise, et il eut pour récompense la place du doge Nicolas Marcel, qui était mort dans ce même temps.

Comme la marine des Vénitiens se mêle avec celle des Turcs, nous nous arrêtons en cet endroit, pour ne pas répéter inutilement le récit des mêmes événements.

Génois.

L'empereur, dont la haine contre la république et le désir de la vengeance augmentaient tous les jours, arma puissamment par mer et par terre, dans le dessein d'assiéger la ville de Gênes, et de mettre ainsi la république hors d'état de lui nuire. Les Génois, peu effrayés de ses grands préparatifs, n'employèrent que trois jours pour armer soixante-dix galères qu'ils lui opposèrent, ce qui obligea sa flotte à se retirer à Savone, leur asile ordinaire. Les Impériaux, comptant bien qu'ils seraient suivis dans ce port, le bâclèrent, en fermèrent toutes les avenues par par des digues; et, ayant approché leurs vaisseaux le plus près possible de la terre, ils les arrêtèrent avec des chaînes.

Les Génois, après de vains efforts pour forcer ces barrières, tentèrent de brûler tous ces bâtiments renfermés; mais ils éprouvèrent encore la fatalité qui les avait déjà empêchés de réussir dans une pareille occasion : il s'éleva un vent violent qui rejetait le feu sur les vaisseaux d'où il partait; une tempête y succéda, et mit les Génois dans l'impossibilité de tenir la mer. Ils se retirèrent à Noli, où ils étaient plus à portée d'observer les mouvements de l'ennemi.

Les Impériaux ne perdirent point de temps : ils sortirent de leur retranchement, et se rangèrent le long de la côte, couverts par l'armée de terre. Les Génois feignirent de prendre la route de Gênes, se flattant par cette manœuvre d'attirer l'ennemi au large; mais le général de la flotte impériale ne prit point le change. Les Génois impatients résolurent de l'attaquer, quelque chose qu'il en dût arriver; mais celui ci les évita encore, et se réfugia dans le port de Savone.

Cette ville, qui avait dans ce temps-là un des plus beaux ports de toute la côte, était d'un grand secours à l'Empereur; c'était le refuge de tous ses vaisseaux poursuivis par la tempête ou par les ennemis. Les Génois entreprirent de le lui enlever; ils en firent le siége par terre. Frideric, qui sentait de quelle importance était pour lui cette place, envoya à son secours cinquante-cinq vaisseaux, auxquels se joignirent quatre-vingts galères pisanes. Quand on fut informé à Gênes de cet armement, on délibéra sur le parti qu'on devait prendre. Il fut décidé qu'on lèverait le siége, et qu'on opposerait à l'ennemi une armée navale aussi forte que la sienne. Cela fut exécuté avec beaucoup de promptitude.

Après la levée du siége de Savone, les Impériaux restèrent dans les rades de Pise : les Génois, voyant que les Impériaux n'avaient point appareillé, rentrèrent dans leur port et désarmèrent mal à propos ; car les Impériaux, instruits de cette conduite, mirent à la voile et parurent tout à coup devant Gênes. Le magistrat fit alors armer à la hâte quelques galères, en monta une, et après y avoir fait arborer l'étendard de Saint-Georges, il courut hardiment sur les Impériaux. Ceux-ci le croyant suivi du reste des vaisseaux nombreux de la république, prirent la fuite. Ce stratagème, ou cette heureuse témérité, préserva ainsi la ville.

Il ne se passa rien sur mer de considérable entre les deux partis jusqu'à la mort de Frideric. La fin de ce prince fut celle de bien des troubles ; elle procura entre autres avantages aux Génois une paix dont ils avaient besoin.

La république de Gênes était devenue trop puissante pour ne pas causer de l'ombrage à plusieurs souverains; la célébrité de son commerce lui attira beaucoup d'ennemis, contre lesquels elle eut longtemps des guerres à soutenir. Elle fut plusieurs fois insultée par les Aragonais, tant en Sicile, après le massacre des Français, que dans les îles de Corse et de Sardaigne, à l'époque où le roi d'Aragon prit les intérêts des Pisans. Alors les Génois armèrent quarante-cinq galères, dont ils donnèrent le commandement à Antoine Grimaldi, qui partit de Gênes au mois de juillet 1332, et fit voile pour Barcelone par un vent favorable. Il y brûla presque tous les vaisseaux qui étaient en rade, et fit une descente dans l'île de Majorque, dont il ravagea tout le pays. Les Aragonais envoyèrent quarante-deux galères et plusieurs autres vaisseaux pour le renfermer dans le port de Minorque ; mais celui-ci tomba sur eux avec une intrépidité qui les déconcerta. Ils prirent la fuite, et se sauvèrent à la faveur du vent et de la nuit. Grimaldi envoya quinze de ses galères en Sicile, et comme la saison avancée ne lui permettait pas de tenir la mer, chargé de butin, il se retira à Gênes.

En 1334, les Génois envoyèrent croiser vers les îles de Majorque et de Minorque, dix vaisseaux, qui rencontrèrent quatre navires catalans, montés de dix-huit cents hommes, parmi lesquels il y en avait quatre-vingts de la plus illustre noblesse du pays. Le commandant génois, qui ne voulait pas manquer une si belle prise, les suivit pendant dix jours sans pouvoir les atteindre, tant par rapport au gros temps qu'à cause de la pesanteur de ses vaisseaux. Pour remédier à ce dernier inconvénient, il fit jeter à la mer tout ce qui n'était point absolument nécessaire ; et, pour mettre ses gens dans l'obligation de vaincre ou de périr, il fit jeter aussi toutes les provisions de bouche, en disant qu'il fallait mourir de faim ou vivre aux dépens des ennemis. Cet expédient lui réussit : les Génois tombèrent avec fureur sur les vaisseaux catalans, et s'en rendirent maîtres, après un combat assez sanglant.

Les Aragonais mirent en mer six galères, avec lesquelles ils se saisirent de quelques vaisseaux qui appartenaient à la république ; mais le commandant génois, de son côté, partit de son port avec dix galères ; il rencontra les six aragonaises chargées du butin qu'elles avaient fait : il les battit et s'en empara. Ayant ensuite appris que cinq vaisseaux ennemis rangeaient les côtes de Sardaigne, il divisa son escadre en deux pour environner l'île, et ne pas manquer les vaisseaux aragonais ; il les rencontra effectivement et s'en rendit encore maître.

La paix se fit peu de temps après ; mais au bout de quelques années, leurs anciennes inimitiés se réveillèrent aussi vives qu'auparavant. Voici à quelle occasion : Les Aragonais ayant rencontré deux vaisseaux génois richement chargés, furent tentés de s'en emparer ; le souvenir des troubles passés les encourageant, ils exécutèrent leur dessein. Ils joignirent ensuite, à cinq qu'ils avaient déjà, les deux bâtiments pris ; et, avec ce léger armement, ils tentèrent de s'emparer de l'île de Chio, appartenant à la république. Ils crurent réussir par une descente imprévue, et en brusquant une attaque ; mais ils furent reçus avec plus de valeur qu'ils ne pensaient. Les Génois qui étaient dans l'île se servirent habilement de cinq vaisseaux et d'une galère de Mitylène, qui étaient dans leur port ; ils repoussèrent l'ennemi avec tant de vigueur, qu'il fut obligé de se retirer en Syrie. Il fut même joint vers les côtes d'Alexandrie par les Génois, qui, sans être supérieurs en forces, lui livrèrent le combat. L'action fut très-chaude et dura longtemps. Les Génois ayant pris trois vaisseaux, parmi lesquels se trouvaient ceux qu'on leur avait enlevés, forcèrent la victoire à se déclarer pour eux.

La république de Gênes envoya contre les Aragonais sept vaisseaux sous la conduite d'Antoine Doria ; il cingla vers le levant, dont il savait qu'une des escadres aragonaises avait pris la route; mais les Aragonais, informés qu'il les allait chercher, revirèrent de bord et s'en retournèrent à Barcelone. Doria, averti à Modon de leur retraite précipitée, les suivit; et, chemin faisant, il brûla dans le port de Syracuse deux vaisseaux aragonais qui y étaient à l'ancre. Il passa de là en Sardaigne, où il reconquit Cagliari, que les Aragonais avaient usurpée. Après avoir brûlé plusieurs de leurs vaisseaux, il alla, mais inutilement, jusqu'à Barcelone chercher la flotte qu'il avait manquée; les Aragonais avaient mis leurs vaisseaux hors d'insulte. Doria, chargé de butin, revint à Gênes, où il fut reçu avec de grands applaudissements. Cette expédition fut suivie d'une trêve de cinq ans.

Alphonse V, roi d'Aragon, renouvela la guerre entre les deux nations. Ce prince ne fut pas plutôt sur le trône, qu'il forma le dessein d'étendre sa domination. Il mit en mer une armée navale de treize galères et de quatorze vaisseaux. Il passa dans l'île de Corse et s'empara de Calvi; il alla ensuite mettre le siége devant Bonifacio. Cette place était bien fortifiée, mais peu munie : Alphonse la fit attaquer avec vigueur; elle se défendit de même; mais les vivres commençant à lui manquer, elle proposa une suspension d'armes, et demanda la permission d'envoyer à Gênes, promettant de se rendre à tel jour, si elle n'était pas secourue; ces conditions furent accordées.

Les Génois, pour secourir la place, armèrent sept gros vaisseaux et un huitième d'une moindre grandeur : ils furent longtemps sans pouvoir appareiller, à cause d'un vent de sud qui soufflait toujours; mais s'étant rangés au nord, ils mirent à la voile et arrivèrent en peu de temps devant Bonifacio. Alphonse, qui voulait rendre ce secours inutile, avait fermé le port par l'assemblage de plusieurs énormes poutres, liées ensemble, et par une grosse chaîne de fer. Cinq grands navires qui se touchaient par les flancs, et qui étaient amarrés solidement les uns aux autres, formaient encore une estacade d'autant plus sûre, qu'elle était chargée de machines de guerre et d'hommes qui la défendaient. On y montait par deux ponts, dont une extrémité touchait à terre, ce qui donnait le moyen de remplacer facilement ceux qui auraient été tués ou blessés.

Tous ces obstacles ne servirent qu'à enflammer l'ardeur des Génois. Un de leurs vaisseaux, qui était d'une monstrueuse grandeur, força de voiles sur l'estacade, rompit les cordages, brisa les chaînes et enfonça les poutres ; il fut suivi par les autres vaisseaux qui étaient peu inférieurs en force. Le combat fut un carnage horrible. Les Aragonais, assaillis en face par les Génois, et battus en arrière par les habitants de Bonifacio, perdirent bien du monde ; mais ce qui acheva leur défaite, fut l'entreprise hardie d'un habile plongeur, qui alla couper les amarrages des vaisseaux aragonais. Ils commencèrent alors à se séparer, et à flotter au gré des eaux.

Les Aragonais, ayant ainsi perdu l'avantage que la situation de leurs vaisseaux leur donnait pour le combat, furent bientôt déconcertés. Les Génois, voyant leur embarras, se jetèrent sur eux avec une furie toute nouvelle : ils entrèrent dans le port, ravitaillèrent la place, et fortifièrent la garnison. Alphonse, qui s'était comporté dans cette occasion en grand guerrier, ne fut point abattu par cette disgrâce. N'ayant pu empêcher les Génois d'entrer dans le port, il voulut tomber sur eux quand ils en sortiraient. Pour réussir dans ce projet, il rassembla tous ses vaisseaux, les sépara en deux escadres qu'il plaça des deux côtés de l'entrée du port, de façon qu'il fallait nécessairement que les Génois passassent au milieu.

Le général qui commandait les vaisseaux de la république fit remplir une vieille galère de matières combustibles, et mit cette espèce de brûlot à la tête de ses vaisseaux. Les ennemis voulurent l'envelopper et s'en saisir dès qu'il fut à portée ; mais ceux qui étaient dedans y mirent le feu et se retirèrent dans des chaloupes. Les Aragonais, effrayés du spectacle de cette galère ardente, que les flots et les vents poussaient sur eux, furent obligés de s'écarter. Les Génois, alors forçant de voiles et de rames, et faisant tomber une grêle de flèches sur leurs ennemis, passèrent au milieu d'eux, et gagnèrent le port de Gênes. Alphonse se retira en Sicile, et, après son départ, les habitants de Calvi, ennuyés de sa domination, se remirent sous l'obéissance des Génois.

Quelques années après, la république eut de nouveaux démêlés avec Alphonse. Il assiégeait Gaëte, dans le royaume de Naples ; les habitants, pressés, demandèrent du secours aux Génois, intéressés à la conservation de cette place, parce qu'ils avaient dans son port plusieurs vaisseaux chargés de précieuses marchandises. Les Génois, qui n'avaient pas oublié les anciennes injures qu'ils avaient reçues d'Alphonse, envoyèrent au secours de Gaête douze gros vaisseaux et un moindre, sous la conduite de Blaise Allaret, plus recommandable par ses exploits guerriers que par sa naissance. Alphonse ayant appris le départ des Génois, alla à leur rencontre avec dix-huit vaisseaux. Il montait un grand navire bien armé, et il était accompagné d'un nombre considérable de seigneurs des plus distingués.

Les deux flottes furent en présence un jour entier, pendant lequel on se porta des paroles de part et d'autre, peut-être autant pour s'observer mutuellement, que pour se faire véritablement des propositions. Quoi qu'il en soit, elles n'aboutirent à rien ; le lendemain, la mer n'était point agitée : la lutte commença avec beaucoup de fracas. Les deux partis combattirent longtemps. Allaret avait eu la précaution de faire rester trois vaisseaux qui ne paraissaient point : ils se montrèrent sur la fin de la bataille, dans le temps que les deux partis étaient épuisés. Ce renfort se jeta avec impétuosité sur les ennemis; l'un de ces vaisseaux arriva avec tant de fureur sur celui d'Alphonse, et donna si violemment de la proue dans son flanc, que six cents hommes qui le montaient furent jetés à l'autre bord : leur poids, joint au choc, le fit presque chavirer; les Génois firent pleuvoir en même temps une nuée de traits sur le vaisseau aragonais.

Alphonse se tenait à la poupe à découvert, et s'acquittait de tout ce qu'on pouvait attendre de la prudence d'un grand capitaine et de la valeur d'un généreux soldat; mais comme sa vie était visiblement exposée, on le contraignit de descendre dans l'entre-pont Les Génois, venus à l'abordage, sautèrent sur le vaisseau et le prirent avec le roi. Cette bataille se donna près de l'île de Ponza, sur la côte du royaume de Naples; elle dura dix heures, et les Génois firent la plus belle capture qu'on puisse faire en pareille occasion. Ils comptaient parmi leurs prisonniers dans cette journée, deux rois, des princes, des ducs, des comtes, des vice-rois et une grande quantité d'autres personnes de distinction. Ils s'emparèrent de tous les vaisseaux d'Alphonse, avec leurs immenses richesses, à l'exception de ceux qu'ils coulèrent à fond. Le butin fut si considérable, que tous les équipages des vaisseaux génois en furent enrichis, et le nombre des prisonniers était si grand, que Blaise Allaret, craignant qu'ils ne se rendissent maîtres de ses vaisseaux, en mit beaucoup à terre.

Le malheur d'Alphonse fit respirer un peu les habitants de Gaête, qui attendaient le dénoûment de ce combat comme le moment critique de leur destinée. Ils firent sur les assiégeants une sortie, qui, jointe à la défaite de l'armée navale, les mit tous en fuite. Allaret fit une espèce d'entrée triomphale dans le port de Gaête; et, après y avoir fait radouber ses vaisseaux les plus maltraités, il alla rassurer la ville de Gênes, inquiète sur le succès du combat dont elle n'était pas encore informée.

Les Génois conclurent quelque temps après la paix avec Alphonse; mais comme elle avait plutôt été faite par la nécessité des temps, qu'inspirée par une sincère réconciliation, elle ne dura pas: on recommença de part et d'autre des hostilités, qui n'eurent rien d'éclatant ni de glorieux jusqu'à l'an 1458. La république était alors cruellement agitée par des troubles étrangers et intestins. Pierre Fragose, qui la gouvernait, ayant à soutenir les entreprises d'une foule d'ennemis puissants, voulut quitter les rênes du gouvernement, et les fit offrir à Charles VII, roi de France. Ravi de mettre un puissant Etat sous sa domination, ce monarque y envoya Jean de Calabre, fils aîné de René d'Anjou, roi de Sicile. Ce prince, qui joignait un esprit fin à une extrême patience, et qui était parfaitement instruit des mœurs italiennes, se rendit à Gênes; il prit possession de cette ville au nom du roi et reçut les serments de fidélité. Alphonse, roi d'Aragon, piqué de ce que les Génois s'étaient livrés à un prince avec qui il avait de vifs démêlés au sujet du royaume de Naples, fit éclater son dépit par de grands préparatifs de guerre. Il équipa vingt vaisseaux, dix galères, et plusieurs autres bâtiments, et fit assiéger Gênes par mer et par terre. Mais la mort mit un terme à son ressentiment, et délivra la république des frayeurs qu'il lui avait causées.

La puissance maritime de Gênes éclata, comme on l'a vu précédemment, dans les grands démêlés qu'elle eut avec la république de Venise, avec les empereurs de Constantinople et dans les guerres saintes.

Les Génois étaient aussi hardis navigateurs que braves marins. En 1345, ils avaient découvert les Canaries, et en 1449, les îles du cap Vert. Christophe Colomb, leur illustre compatriote, avait parcouru, sur des vaisseaux de la république, toutes les mers alors connues. Les Génois n'étaient pas moins habiles en architecture navale; car les historiens rapportent que dans la flotte du comte d'Armagnac, connétable de France, au siége de Harfleur, qui eut lieu en 1416, il y avait neuf *carraques* génoises. C'était là une nouvelle espèce de *naves* dont on commençait à faire usage dans la Méditerranée ; elles étaient déjà de fortes dimensions ; quelques-unes avaient trois couvertes ou ponts. « Ces « bâtiments, dit un auteur, servirent de modèles aux Anglais pour « construire des vaisseaux d'une force et d'une grandeur inconnues jus- « qu'alors dans l'Océan. »

Tout ce qu'on vient de lire de la marine des Génois doit en donner une haute idée. La Méditerranée a été le théâtre de leur puissance et de leur valeur. Etablis à Péra, ils ont fait plus d'une fois trembler Constantinople. Leur autorité, affermie au fond du Pont-Euxin, les a rendus longtemps les maîtres de cette mer. Ils ont résisté aux puissances les plus formidables ; ils ont eu en même temps plusieurs ennemis à combattre. Les dissensions dont cette république inconstante dans son gouvernement fut déchirée, donnent lieu de croire que si elle avait dû périr, ce n'aurait été que du sort de la plus illustre république du monde, Rome, qui ne périt que par ses propres forces, c'est-à-dire par ses guerres intestines.

Les troubles affreux causés par l'animosité réciproque des Doria et des Spinosa donnèrent occasion à l'établissement d'un prince appelé duc ou doge. Tantôt la république se donnait aux ducs de Milan, tantôt aux rois de France. On compte qu'elle s'est donnée à ceux-ci jusquà sept fois. Elle était en proie tantôt à l'ambition des grands, tantôt au caprice de la populace; elle fut une fois immolée à la faction des Adornes, une autre fois à celle des Frégoses. Toutes ces vicissitudes l'exposèrent souvent aux plus imminents périls. Il est étonnant que cette république n'y ait pas succombé : rien ne prouve mieux sa force et sa puissance, et l'on a lieu de penser que si sa conduite avait été aussi sage que celle de la république de Venise, et son gouvernement aussi bien réglé, elle n'eût été aussi florissante.

CHAPITRE III.

Espagnols. — Le roi de Castille se rend maître de la mer. — Les Mores sont encore vaincus. — Siége et prise d'Algéziras. — Déclaration de guerre du roi de Castille. — Les provinces d'Aragon ravagées. — Fuite de don Pèdre. — La marine sous Ferdinand V. — Premières découvertes. — Le nouveau monde. — Christophe Colomb, Alonzo, Ojeda, Americ Vespuce, Yanez Pinson. — Conquête et soumission des Canaries. — Les Espagnols forcent les Turcs à abandonner Otrante. — Ferdinand se ligue avec le roi de Naples contre le roi de France. — Voyage du roi d'Espagne dans le royaume de Naples. — Son entrevue avec Louis XII. — Prise d'Oran par la flotte espagnole. — Horuc Barberousse se fait roi d'Alger. — Conquête de Tunis. — Ligue des princes chrétiens. — Prise de Tunis par Charles-Quint. — Son expédition malheureuse contre Alger. — Don Juan d'Autriche s'empare de Tunis et de Biserte. — Iman-Pacha reprend Tunis. — Défaite de l'armée de don Sébastien, à Tanger. — Le duc d'Albe s'empare de Lisbonne et proclame Philippe II. — Bataille des Açores. — Cruauté du marquis de Sainte-Croix. — Philippe V relève la marine espagnole. — Descente en Sicile. — Perfidie des Anglais. — Traité de Vienne. — Siége de Carthagène. — Résistance des Espagnols. — Leur système de guerre maritime.

Portugais. — La flotte de Jean de Menezès fait le siége d'Azamore. — Elle se retire avec perte. — Le roi de Fez envoie assiéger Arzile. — Les Portugais repoussent l'ennemi. — Nouveau siége et prise d'Azamore par les Portugais. — Navigation bornée. — Périple de Hannon. — Le détroit de Gibraltar et le cap de Bonne-Espérance, anciennement connus. — Première expédition des Portugais sur les côtes d'Afrique. — Découverte de Porto-Santo et de Madère. — Le cap Boïador. — Le cap Blanc. — Le cap Vert. — Le cap Sainte-Catherine. — Les Açores, les îles du cap Vert, les côtes de Guinée, le fleuve Zaïre. — Vasco de Gama double le cap de Bonne-Espérance. — Mélinde, Calicut, Mozambique, Quiloa, Montbaze, les îles Angedives. — Expédition de don Pédro. — Découverte du Brésil. — Les Portugais sont menacés à Calicut. — Cochin, Cananor. — Jean de Nova découvre l'île de la Conception et défait la flotte du roi de Calicut. — Gama prend un vaisseau égyptien richement chargé, et défait entièrement la flotte du roi de Calicut. — Etablissement de colonies portugaises. — Sumatra, Malaca, Goa, Macao, Mazua, Surate, Bantam, etc. — Générosité des papes : leurs bulles et leurs donations. — Différends entre le Portugal et l'Espagne au sujet des Moluques. — Les Portugais dépossédés de leurs colonies par les Hollandais.

—

Le roi de Castille tira un grand avantage de la consternation des Mores, après la défaite de Tariffa : il leur enleva plusieurs places ; et, pour se rendre maître de la mer, il arma quarante galères et d'autres vaisseaux, qu'il mit sous le commandement du Génois Bocanegra. Ce général, ayant rencontré douze galères du roi de Grenade, les attaqua, en brûla quatre, en coula deux, et emmena les six autres.

Les Mores, voulant réparer leurs pertes, firent passer en Espagne une armée sur quatre-vingts galères.

Mais étant entrée dans l'embouchure du fleuve de Guadamecil pour débarquer, elle fut bloquée par Bocanegra, à qui s'étaient ralliées dix galères portugaises. Treize galères, sorties du port d'Algéziras, vinrent pour secourir les Mores; mais Bocanegra envoya contre elles une partie de ses vaisseaux, qui en coulèrent quatre, et en prirent deux, pendant que le reste alla se briser contre les rochers. Bocanegra fut rejoint par ses vaisseaux victorieux, et livra bataille aux Mores, qui furent encore vaincus, et essuyèrent une perte de vingt-cinq galères.

Après cette expédition, les dix galères portugaises furent rappelées, sans que pour cela la flotte castillane en éprouvât un affaiblissement : car elles furent remplacées par vingt galères aragonaises, qui de treize galères des Mores, qu'elles avaient rencontrées dans leur route, en avaient amariné quatre, et fait échouer deux.

Encouragé par le succès, le roi de Castille entreprit le siége d'Algéziras : il fit investir cette ville par mer et par terre au mois d'août 1342. Pendant ce siége, qui dura dix-neuf mois, sa flotte, composée de vaisseaux génois, portugais et aragonais, croisait dans le détroit, et s'empara de beaucoup de bâtiments chargés de vivres, appartenant aux ennemis. Elle fut renforcée, sur la fin du siége, par vingt galères du roi d'Aragon, ce qui détermina les Mores à ouvrir leurs portes au roi de Castille, lequel y fit une entrée triomphale. Ce prince laissa dans la ville un monument de sa gloire et de sa religion : il consacra à la sainte Vierge un temple, dont les infidèles faisaient leur principale mosquée.

Pendant que le roi de Castille était ainsi occupé, celui d'Aragon n'était pas oisif : il faisait la guerre à son beau-frère, le roi de Majorque. Après avoir passé dans cette île, avec une flotte de cent six voiles, il s'en rendit le maître, en chassa le souverain, et s'empara de Minorque et d'Iviça.

Les rois de Castille et d'Aragon avaient été jusque-là assez unis; ils s'étaient même secourus mutuellement contre leurs ennemis; mais la bonne intelligence, qu'il est bien rare de voir longtemps régner entre deux monarques voisins, se rompit enfin et pour un sujet de peu d'importance. Don Pèdre, roi de Castille, faisant son séjour à Séville, descendit sur le bord de la mer pour y prendre le divertissement de la pêche du thon. Pendant qu'il y était occupé, dix galères aragonaises, accompagnées de quelques autres embarcations, rangeaient la côte. Ayant aperçu deux navires génois chargés d'huile, elle les attaquèrent et les prirent, à la vue du roi de Castille et dans un de ses ports. Ce prince fit dire au général aragonais qu'il avait manqué de respect pour sa personne, et qu'il eût à rendre au plus tôt ce qu'il avait pris. L'Aragonais répondit qu'il combattait ses ennemis partout où il les trouvait, et emmena sa prise.

N'écoutant que son ressentiment, le roi de Castille, sans autre formalité, fit arrêter tous les vaisseaux catalans qui étaient dans ses ports, et déclara la guerre au roi d'Aragon. Celui-ci, qui n'avait pris nulle part à tout ce qui s'était passé, pour n'avoir point de guerre, désavoua son officier et voulut dédommager les Génois du tort qu'on leur avait fait. Mais le roi de Castille, déterminé à la guerre, envoya ravager les provinces voisines du royaume d'Aragon, et surprit plusieurs places; il mit en mer dix-huit galères avec lesquelles il assiégea et prit Guardamar, sur la côte de Valence, à l'embouchure de la Sègre; il brûla la ville après l'avoir prise; mais il ne put venir à bout du château. Une tempête furieuse jeta ses galères sur la côte et en fit échouer seize. Cette disgrâce ne fit que ranimer sa fureur; il s'en retourna à Séville où il travailla à un armement de quatre-vingts navires et de quarante et une galères. Avec cette flotte, il alla se présenter devant Barcelone; mais l'escadre aragonaise, qui n'était que de quarante bâtiments, l'empêcha d'aborder. Il se retira, et cet appareil fut sans effet. La guerre entre ces deux rois fut longue, et dura jusqu'à la fuite de don Pèdre de Castille, surnommé le Cruel, qui se vit forcé d'aller chercher un asile hors de ses Etats. Il en sortit avec vingt-deux navires et une galère, fuyant vers Bayonne : il eut le malheur de perdre, dans la traversée, la galère qui le suivait, et qui était chargée de ce qu'il avait de plus précieux.

C'est sous Ferdinand V que la marine, en Espagne, est parvenue à son plus haut point de splendeur. Ce prince était d'une taille médiocre, mais bien proportionnée, et très-adroit dans tous les exercices du corps. Il parlait bien, et sans être lettré ni savant, il aimait et récompensait les lettres, les siences et les arts; il était sobre, chérissait la justice et la religion, et avait d'ailleurs toutes les qualités qui forment le grand prince, et surtout un grand amour pour la gloire; il le fit même éclater plus d'une fois au delà de ses véritables bornes. Par son mariage avec la reine Isabelle, princesse d'un rare mérite, il réunit sur sa tête les couronnes de Castille, de Léon, d'Aragon, de Navarre et de Grenade. C'est sous son règne que le nouveau monde fut découvert, aussi bien que plusieurs îles de l'Océan; c'est à la même époque que commencèrent ces heureuses navigations qui ont fait découvrir des trésors, dont jusqu'ici se sont enrichies toutes les nations.

Ferdinand ne fut pas plutôt placé sur le trône de Castille, qu'il envoya une flotte aux îles Canaries, afin de les soumettre à son obéissance, et qu'il fit partir vingt-cinq navires pour la Guinée. Le roi établit là un commerce d'autant plus avantageux, que l'on payait les précieuses marchandises qu'il en tirait avec des coquillages. Les habitants de ces pays estimaient plus ces objets que l'or et l'argent, parce qu'ils attachaient à cette production de la mer une grande vertu contre le tonnerre. Ces vingt-cinq navires revinrent richement chargés, sans pourtant que Ferdinand en profitât; car ils tombèrent entre les mains du roi de Portugal, avec qui il était en guerre.

Mahomet II, qui avait alarmé toute l'Europe par la rapidité de ses conquêtes, avait formé de grands projets sur l'Italie : il s'était déjà rendu maître d'Otrante, port fameux vers la bouche du golfe Adriatique. Ferdinand envoya sur les côtes d'Italie une flotte de soixante-dix vaisseaux bien équipés, pour arracher cette place des mains des infidèles. Ce puissant secours, qui arriva à Otrante avec la nouvelle de la mort de Mahomet, obligea les Turcs à abandonner le port.

L'Europe n'était pas le terme des vues de Ferdinand; il les portait plus loin. Des sept îles des Canaries, quatre étaient déjà conquises; il restait encore la grande Canarie, Ténériffe et Palma à conquérir. Il fit partir une escadre, qui, profitant des divisions qui régnaient dans la grande Canarie entre deux rois qui s'en disputaient le gouvernement, la soumit en faisant mourir l'un et se déclarant pour l'autre.

Charles VIII, roi de France, usant des droits de la maison d'Anjou, s'était emparé du royaume de Naples. Ferdinand, inquiet du voisinage d'un si puissant monarque, et craignant pour la Sicile, entra dans la ligue formée en Italie pour éloigner les Français. En prenant ce parti, il viola le traité qu'il avait fait avec Charles VIII, et la parole qu'il lui avait donnée de ne point s'intéresser dans l'affaire de Naples. Il envoya une flotte composée de galères et de vaisseaux, sous la conduite de Gonzalve Hernandès de Cordoue, au secours du roi de Naples : cette flotte était chargée de cinq mille hommes d'infanterie et de six cents de cavalerie. Ce général, qu'on nommait *le grand capitaine*, recouvra la Calabre ; et, fortifié de soixante-dix vaisseaux, il enleva la ville dé Naples aux Français.

Ce ne furent là que des essais de la marine sous Ferdinand. Pendant son règne, on découvrit ces terres immenses que de vastes mers séparent de notre continent.

Quelques voyages sur mer, et le bruit que faisaient alors les entreprises des Portugais, inspirèrent à Christophe Colomb le goût de la navigation. Par la seule inspection d'une carte de notre hémisphère, il jugea qu'il devait y en avoir un autre.

Gênes, sa patrie, l'ayant traité de visionnaire, et Jean II, roi de Portugal, ayant refusé ses services, Colomb se rendit à la cour d'Espagne, où la reine Isabelle lui confia trois vaisseaux. Des îles Canaries, où il mouilla, il ne mit que trente jours pour découvrir la première île de l'Amérique. Pendant ce court trajet, son équipage ne cessa de murmurer. Il y en eut même qui dirent assez haut « qu'il fallait jeter à la mer cet aventurier qui n'avait rien à perdre, et qu'ils en seraient quittes pour rapporter qu'il était tombé dans l'eau en contemplant les astres. »

Cependant, aussitôt que les compagnons de Christophe Colomb eurent pris terre à l'île de Guanahani, l'une des Lucayes, ils saluèrent en qualité d'amiral et de vice-roi ce téméraire qu'ils voulaient noyer quelques heures auparavant.

Effrayés à la vue des trois bâtiments espagnols, les insulaires gagnèrent les montagnes. Colomb ne put prendre qu'une femme, à laquelle il fit présenter du pain, du vin, des confitures et quelques bijoux ; ce bon traitement fit revenir les sauvages. Les Castillans leur donnaient pour de l'or ce que, en Europe, on ne daignerait pas même regarder : c'étaient des tessons de vases de terre brisés, des morceaux de verre et de faïence.

Le cacique ou le chef de ces insulaires permit aux Espagnols de construire un fort en bois, dans l'île qu'ils avaient nommée *Hispaniola*. Colomb y laissa trente-huit des siens, partit pour l'Europe, et, se dirigeant vers le nord-est, il eut bientôt perdu la terre de vue. Il avait à son bord quelques habitants des différentes îles qu'il avait découvertes, et outre l'or, qui avait été le principal objet de ses recherches, il rapportait une petite quantité de toutes les productions qui pouvaient devenir la matière de quelque commerce; des oiseaux inconnus, et d'autres curiosités naturelles propres à attirer l'attention et à exciter l'étonnement des Européens. Le voyage fut heureux; on avait déjà fait cinq cents lieues sur la mer Atlantique, lorsque des vents violents commencèrent à s'élever, et, continuant de s'accroître, causèrent un ouragan terrible.

Tout ce que l'expérience et l'habileté de Colomb purent lui fournir de ressources pour sauver ses vaisseaux fut employé; mais il était impossible de résister à la violence de la tempête, et, comme on était encore loin de toute terre, la perte de l'escadre semblait inévitable. Les matelots, suivant l'usage, eurent recours aux prières, à l'invocation des saints; mais ces moyens étant sans effet, et les Espagnols se croyant perdus, on les vit s'abandonner au désespoir, et s'attendre à chaque moment à être engloutis par les flots.

Colomb était en proie à des sentiments plus douloureux encore, et qui lui étaient personnels. Il craignait que l'étonnante découverte qu'il venait de faire ne pérît avec lui, et que le genre humain ne fût privé de tous les avantages qui pouvaient en être les fruits. Moins touché de la perte de sa vie qu'occupé à conserver le souvenir des grandes choses qu'il avait tentées et exécutées, il se retira dans sa chambre, et écrivit sur du parchemin un récit abrégé de son voyage, de la route qu'il avait suivie, de la situation et de la richesse des pays qu'il avait découverts, et de l'établissement de la colonie qu'il y avait laissée. Ayant ensuite enveloppé son écrit d'une toile cirée, il l'enferma dans une espèce de gâteau de cire, qu'il mit dans un tonneau bouché avec beaucoup de soin, et qu'il jeta à la mer, espérant que quelque accident heureux préserverait un dépôt si précieux au monde.

Enfin, la Providence vint à son secours et sauva une vie réservée à d'autres événements du plus haut intérêt. Le vent tomba, la mer se calma, et Colomb, qui ne s'arrêta que cinq jours à Lisbonne, entra dans le port de Palos, sept mois et onze jours après son départ de ce même endroit.

Aussitôt qu'on découvrit son vaisseau, tous les habitants coururent au rivage pour embrasser leurs parents et leurs compatriotes, et savoir des nouvelles de leur voyage; mais lorsqu'ils apprirent l'heureuse issue de l'expédition, lorsqu'ils virent des hommes extraordinaires amenés par Colomb, des animaux inconnus et des productions singulières des pays dont jusqu'alors on n'avait pas même soupçonné l'existence, l'effusion de la joie fut générale et ne put se contenir : on sonna toutes les cloches, on tira le canon.

Colomb, en débarquant, fut reçu avec les mêmes honneurs qu'on aurait rendus au roi. Tout le peuple, en procession solennelle, l'accompagna, lui et sa troupe, à l'église, où l'on remercia Dieu d'avoir couronné d'un plein succès le voyage le plus long et le plus important qui eût jamais été entrepris.

Egalement étonnés et ravis d'un résultat sur lequel ils ne comptaient presque plus, Ferdinand et Isabelle, qui se trouvaient alors à Barcelone, répondirent à la lettre que leur avait adressée Colomb, de la manière la plus honorable et la plus flatteuse, et lui mandèrent de se rendre sur-le-champ auprès d'eux, voulant apprendre de lui-même le détail de son expédition, et les circonstances du service signalé qu'il venait de rendre.

L'entrée de Colomb dans Barcelone se fit, par ordre du roi et de la reine, avec tout l'appareil convenable à un événement qui allait donner à leur règne un si grand lustre.

Ferdinand et Isabelle le reçurent assis sur leur trône, revêtus de tous les ornements royaux, et placés sous un dais magnifique. A son approche, ils se levèrent, et, ne permettant pas qu'il se mît à genoux pour leur baiser la main, ils lui ordonnèrent de s'asseoir sur un siége préparé pour lui, et de leur exposer les détails de son voyage, ce qu'il fit avec une gravité convenable à la dignité de l'assemblée, et avec la modeste simplicité d'un esprit supérieur.

Ce qui satisfit plus que toutes les faveurs cet esprit actif et entreprenant, toujours occupé de grands objets, ce fut l'ordre d'équiper promptement une flotte, avec laquelle il pût, non-seulement s'assurer la possession des pays qu'il avait déjà découverts, mais aller encore à la recherche des contrées plus riches qu'il se flattait toujours de découvrir.

Tandis que ces préparatifs se faisaient, le bruit de l'expédition et des découvertes de Colomb se répandait et attirait l'attention de toute l'Europe, frappée d'étonnement en entendant dire qu'on avait découvert un nouveau monde.

Colomb voulait qu'on regardât les pays nouvellement découverts comme une portion de ces vastes régions de l'Asie, comprises alors sous le nom général d'Inde. Ce sentiment, d'ailleurs, était confirmé par ses observations sur les productions de ces contrées. L'or abondait dans l'Inde, et il avait rapporté des îles qu'il avait visitées une assez grande quantité de ce métal pour croire qu'on y en trouverait des mines. Le coton, autre production des Indes orientales, était commun dans ces îles. Le piment lui paraissait être une espèce de poivre d'Inde. Les oiseaux qu'il avait apportés étaient ornés de plumages de couleurs aussi riches que ceux de l'Asie, et il voyait dans l'alligator le même animal que le crocodile.

Ces diverses circonstances déterminèrent non-seulement les Espagnols, mais encore les autres nations de l'Europe à adopter les opinions de Colomb. Les pays qu'il avait découverts furent considérés comme faisant partie de l'Inde; et Ferdinand et Isabelle leur en donnèrent le nom dans la ratification du traité de Santa-Fé, accordé à Colomb à son retour. Lorsque ensuite l'erreur fut découverte, et la vraie situation du nouveau monde mieux déterminée, il conserva son premier nom : on l'appelle encore Indes occidentales, et les habitants sont appelés Indiens.

Le goût des découvertes et des entreprises s'anime tout à coup parmi les Espagnols à un point étonnant, et quoique peu accoutumés aux grands voyages de mer, ils montrent la plus grande impatience pour une seconde expédition. Ferdinand partage l'enthousiasme de ses sujets; dix-sept vaisseaux sont équipés, quinze cents hommes les montent, et parmi eux se trouve un grand nombre de gentilshommes déjà connus pour avoir occupé les premières places du royaume.

La flotte met aussitôt à la voile, et cingle vers l'hémisphère occidental. Chaque navire est chargé de tout ce qui peut être nécessaire pour se défendre et pour former un établissement, et l'on a eu soin d'embarquer toutes les espèces d'animaux domestiques de l'Europe, et toutes les plantes qu'on croyait pouvoir réussir sous le climat des Indes occidentales.

Cependant Colomb était trop impatient de revoir la colonie qu'il avait laissée à Hispaniola, pour s'arrêter dans aucune des îles qu'il rencontra sur sa route : c'étaient la Désirade, la Dominique, la Guadeloupe, Antigoa et Porto-Ricco, dont les habitants se nourrissaient des corps de leurs ennemis pris à la guerre.

Arrivé à la Nativité, où il avait laissé trente-huit hommes, sa surprise fut extrême de ne voir personne se montrer et accourir au-devant de la flotte, avec des transports de joie; inquiet du sort de ses compatriotes, et soupçonnant ce qui leur était arrivé, il prit terre. Tous les naturels du pays, qui eussent pu lui donner quelques nouvelles de sa colonie, s'enfuirent à son approche. Il trouva le fort entièrement démoli; des lambeaux d'habillements espagnols, des débris de leurs armes et de leurs ustensiles, répandus autour de lui, ne laissèrent aucun doute sur le destin malheureux de la garnison.

Après le départ de Colomb, qui leur imposait par sa présence et son autorité, la garnison avait secoué toute espèce de subordination, et, oubliant les sages instructions de l'amiral, chaque particulier s'était rendu indépendant, et s'était abandonné sans aucun frein à toutes ses fantaisies : l'or, les femmes, les provisions des insulaires étaient devenus la proie de ces oppresseurs. Ils s'étaient portés en petite troupe dans l'île, exerçant partout leur avidité et leur insolence.

Ces violences, sans prétextes, avaient à la fin lassé la patience et excité le courage de ce peuple, malgré sa douceur et sa timidité. Le cacique de Cibao, dont les Espagnols infestaient surtout le territoire, attirés par les mines d'or de ce district, en avait surpris et fait périr plusieurs qui parcouraient l'île avec autant de sécurité que si les habitants n'eussent eu contre eux aucun motif de plainte. Il avait ensuite assemblé ses sujets, et ayant investi le fort, il y avait fait mettre le feu. Quelques Espagnols avaient été tués en s'y défendant; le reste avait péri en traversant un bras de mer pour échapper à l'ennemi.

Colomb s'occupa des précautions qui pouvaient prévenir de nouvelles injures; et, dans cette vue, il fit choix d'une situation plus saine et plus commode que celle de la Nativité. Il y traça, dans une grande

plaine voisine d'une large baie, le plan d'une ville qu'il appela *Isabelle,* du nom et en l'honneur de sa protectrice, la reine de Castille. Les Espagnols avaient poussé l'ouvrage avec tant d'activité, que les maisons et les remparts de cette cité naissante, la première que les Européens eussent fondée dans le nouveau monde, et d'où dépendait le salut commun, furent bientôt en état de les loger et de les mettre à l'abri de toute invasion.

Cependant, au milieu de ces travaux si nécessaires, Colomb eut à combattre non-seulement tous les dégoûts et toutes les difficultés qui pouvaient accompagner l'établissement d'une colonie dans un pays inculte, mais, ce qui était plus embarrassant encore, la paresse, l'impatience et l'indocilité de ses gens. Plusieurs d'entre eux étaient des gentilshommes, qui, n'ayant jamais soutenu aucun travail de corps, s'étaient engagés dans cette expédition, sur les descriptions pompeuses et exagérées de quelques-uns des premiers compagnons de Colomb, ou sur l'idée fausse adoptée par Colomb lui-même, qu'Hispaniola était ou le Cipango de Marc-Paul, ou l'Ophir d'où Salomon tirait ces marchandises précieuses qui avaient répandu dans son royaume de si immenses richesses.

Toutefois Colomb, pour prévenir l'oisiveté qui nourrissait le mécontentement des Espagnols en leur laissant le temps de penser au renversement de leurs espérances, projette différentes expéditions dans l'intérieur du pays, et envoie Alonzo d'Ojeda, officier actif et vigilant, à la tête d'un détachement, visiter le district de Cibao, où l'on disait que l'or était en plus grande abondance qu'ailleurs. Lui-même protége cette expédition avec une grande partie de ses troupes; et, pour frapper plus sûrement l'imagination des indigènes, il déploie dans cette occasion tout l'appareil militaire. Les enseignes flottent au gré des vents; une musique guerrière se fait entendre, et des éclaireurs à cheval voltigent en avant et en arrière du corps principal de la petite armée.

C'était la première fois que les habitants du nouveau monde voyaient des chevaux; leur aspect les frappa d'admiration et de terreur. Dans leur ignorance, ils imaginèrent que le cheval et le cavalier ne formaient qu'un seul corps animé.

En employant les ressources d'une tactique habile, et mettant à profit les manœuvres et les évolutions européennes, Colomb s'efforçait d'inspirer aux insulaires une grande crainte des Espagnols; mais il ne négligeait aucun des moyens propres à gagner leur confiance et leur amitié.

La description que les naturels du pays lui avaient faite de Cibao s'était trouvée vraie. Cette contrée montagneuse et sans culture roulait l'or dans tous les ruisseaux ; on y en rencontrait même des grains dont quelques-uns étaient d'une grosseur considérable.

A tant de signes certains de la présence du métal, objet unique de de leurs cupides désirs, les Espagnols cessèrent de douter que la terre de ce canton renfermait dans son sein des trésors dont ils se flattaient d'être bientôt les maîtres, et Colomb, pour s'assurer la possession de cette riche province, y éleva un petit fort, qu'il nomma Saint-Thomas, en mémoire de l'incrédulité de ses troupes qui n'avaient pas voulu croire que le pays produisît de l'or, jusqu'à ce qu'ils l'eussent vu de leurs yeux et touché de leurs mains.

L'espérance des richesses que devait procurer le pays de Cibao, vint fort à propos pour relever les esprits abattus des colons, que pressaient des besoins de différents genres; car les provisions de bouche qu'ils avaient apportées d'Europe était, en grande partie, consommées.

Les Espagnols, qui n'avaient pas encore eu le temps de préparer la terre, pour lui faire produire des aliments, se voyaient en danger de mourir de faim, et étaient déjà réduits à une très-faible ration. Ils commençaient à être attaqués des maladies particulières à la zone torride. Effrayés de la violence et des symptômes du mal, ils accusaient Colomb et les compagnons de sa première expédition, qui, par leurs descriptions pompeuses d'Hispaniola, les avaient engagés à quitter leur patrie pour un pays barbare et stérile, où ils allaient sans doute périr de faim ou de maladie.

Par ses soins et sa prudence, Colomb ramena l'ordre et la paix, il crut pouvoir ensuite quitter l'île et poursuivre ses découvertes. Il voulait surtout s'assurer si ces nouvelles contrées tenaient à quelques régions de la terre déjà connues, ou si elles en étaient une portion absolument séparée. Il confia, pour tout le temps de son absence, le gouvernement de la colonie à son frère don Diégo, auquel il adjoignit un conseil composé d'officiers, et donna le commandement d'un corps de troupes à don Pédro Margarita, qu'il chargea de visiter les différentes parties de l'île, et d'y établir l'autorité des Espagnols; enfin, il leva l'ancre, et mit à la voile, accompagné seulement de deux barques de moyenne grandeur.

Pendant un ennuyeux voyage de cinq mois entiers, Colomb fut éprouvé par toutes les sortes de dangers auxquels un navigateur peut être exposé, sans faire aucune découverte importante que celle de la Jamaïque. En rangeant la côte sud de Cuba, il se trouva engagé dans un labyrinthe formé par un nombre infini de petites îles qu'il appela le *Jardin de la Reine*. Dans cette route inconnue, au travers des rochers et des écueils, il fut souvent retardé par des vents contraires, assailli de tempêtes furieuses; et ses provisions finirent par s'épuiser.

Excédée de fatigue et de faim, sa troupe murmurait, menaçait, et était prête à se porter contre lui aux plus violentes extrémités. Environné de dangers de toute espèce, il était obligé de veiller sans cesse. Jamais navigateur n'eut autant d'occasions d'exercer son expérience et ses lumières; elles furent le salut de sa petite escadre; mais une fièvre brûlante fut sur le point de lui faire perdre la vie; il ne dut même le retour à la santé qu'à la joie qu'il éprouva de trouver à Isabelle son frère Barthélemy, et cette particularité contribua beaucoup à son rétablissement.

Tant que les Indiens avaient pu espérer que leurs souffrances finiraient par le départ volontaire de leurs oppresseurs, ils s'étaient soumis en silence; mais voyant les Espagnols établis dans l'île, ils se décidèrent à attaquer l'ennemi avec toutes leurs forces réunies, et à le chasser de l'établissement qu'il avait formé par la violence. Telles étaient en général les dispositions des Indiens, lorsque Colomb revint à Isabelle. Désespérés des injustices et des outrages qu'ils éprouvaient de la part des Espagnols, et enflammés d'une rage dont leur caractère doux et patient ne paraissait pas susceptible, ils n'attendaient qu'un signal de leur chef, pour tomber tous à la fois sur la colonie.

Les Espagnols qui s'écartaient étaient souvent surpris, et ne reparaissaient plus. La crainte du danger réunit enfin les esprits, et rétablit l'autorité de Colomb. On ne vit de salut que dans une entière confiance en sa sagesse, son courage éprouvé et son expérience. Enfin, il était devenu indispensable de recourir aux armes contre les Indiens, ce que

Colomb avait jusque-là cru prudent d'éviter avec le plus grand soin.

Quelque inégal que pût paraître le combat entre les habitants du nouveau monde, nus, armés seulement de massues, de bâtons durcis au feu, de sabres de bois, de frondes, de flèches dont la pointe était d'os de poisson, et des Européens accoutumés à la discipline et pourvus de tous les instruments de destruction connus alors en Europe, la situation des Espagnols n'était pourtant pas sans danger. La prodigieuse supériorité du nombre des Indiens compensait beaucoup d'avantages.

Convaincu que tout dépendait de la vigueur et de la rapidité de ses opérations, Colomb rassembla ses forces à l'instant. Le corps de troupes qui entra en campagne, consistait seulement en deux cents fantassins, vingt cavaliers et vingt grands chiens. Ces animaux n'étaient pas les ennemis les moins dangereux qu'eussent à redouter les Indiens naturellement timides, et dans l'état de nudité où ils se trouvaient alors.

L'armée des caciques, si l'on en croit les historiens espagnols, se montait à cent mille hommes; mais, au lieu de chercher à attirer leurs ennemis dans l'épaisseur des bois, et dans les défilés des montagnes, ils commirent la faute impardonnable de prendre poste à Véga-Réal, terrain immense, entièrement plat, et la plus grande plaine de la contrée.

Colomb a vu l'imprudence des caciques; il les attaque au milieu de la nuit, et, sans qu'il en coûte une goutte de sang espagnol, il remporte une victoire complète. Le bruit des armes à feu, joint à la charge impétueuse de la cavalerie, a porté la terreur dans l'âme des Indiens, et les chiens, lâchés à propos, ont tellement ajouté à leur trouble et à leur consternation, qu'ils jettent leurs armes et abandonnent le champ de bataille, sans opposer la moindre résistance. On en tue beaucoup, on en fait prisonniers un plus grand nombre, qu'on réduit à la déplorable condition d'esclaves. Les autres, dès ce moment, perdent tout espoir et toute pensée de se défendre désormais contre des hommes qu'ils regardent comme invincibles.

Un tribut vexatoire, imposé sur chaque Indien au-dessus de l'âge de quatorze ans, suivit le désastre de Vèga-Réal. Tous ceux qui habitaient dans les parties de l'île où l'on trouvait de l'or, étaient obligés de fournir, tous les trois mois, autant de poudre d'or qu'en peut contenir un grelot de faucon ; la taxe des autres était de vingt-cinq livres de coton. C'est la première contribution régulière à laquelle aient été assujettis les Indiens, et elle a servi de base et de modèle pour des exactions plus onéreuses encore.

Colomb s'écartait en cela des maximes de douceur que jusqu'ici il avait suivies et recommandées; mais, à cette époque, on intriguait puissamment contre lui à la cour, pour ruiner son crédit et décrier ses opérations. Il vit alors que le seul moyen de réduire ses adversaires au silence, c'était de fournir une assez grande quantité d'or, non-seulement pour justifier ce qu'il avait annoncé des richesses d'Hispaniola, mais encore pour engager Ferdinand et Isabelle à poursuivre l'exécution de ses plans.

Le résultat des diverses accusations auprès d'une cour ombrageuse, fut la nomination d'un commissaire chargé de se transporter à Hispaniola et d'y examiner la conduite de Colomb.

Les ennemis de ce grand homme obtinrent que l'on confierait cet emploi important à Aguado, valet de chambre de Ferdinand, qu'ils proposèrent, bien moins pour sa capacité que pour son dévouement à leurs intérêts. Cet homme écouta avidement et les Espagnols mécontents et les Indiens eux-mêmes. Il encouragea les uns et les autres à produire leurs griefs, bien ou mal fondés. Il fomenta l'esprit de dissension dans l'île, et ne fit aucun règlement qui pût remédier à des abus dont il voulait faire des crimes à l'administration de Colomb.

Sentant combien sa situation serait humiliante s'il demeurait plus longtemps dans le pays où un juge si prévenu observait toutes ses démarches et affaiblissait son autorité, Colomb prit la résolution de retourner en Espagne, dans le dessein de mettre sous les yeux de Ferdinand et d'Isabelle un récit exact de tout ce qui s'était passé.

Débarqué après une navigation longue et difficile, dans laquelle l'équipage et lui-même furent réduits à six onces de pain par jour pour chaque personne, il parut à la cour avec la confiance tranquille, mais modeste, d'un homme irréprochable, ayant rendu d'importants services à l'Etat.

Honteux d'avoir trop facilement écouté des accusations frivoles ou mensongères, Ferdinand et Isabelle reçurent Colomb avec des marques de considération si distinguées, que ses ennemis demeurèrent couverts de confusion, et que leurs plaintes et leurs calomnies ne furent plus écoutées. L'or, les perles, le coton et d'autres marchandises précieuses que Colomb produisit, parurent réfuter pleinement les propos que les mécontents avaient tenus sur la pauvreté du pays.

En soumettant les Indiens et en leur imposant une taxe régulière, il avait donné à l'Espagne une multitude de nouveaux sujets, et fondé pour elle un revenu qui paraissait devoir être considérable. Les mines qu'il avait trouvées étaient une autre source de richesses encore plus abondante, et, quelque solides que fussent ces avantages, Colomb les représentait seulement comme des préludes à d'autres conquêtes, et comme un garant de découvertes plus importantes qu'il méditait, et auxquelles les précédentes devaient infailliblement le conduire.

Isabelle et Ferdinand se déterminèrent à pourvoir la colonie d'Hispaniola de tout ce qui était nécessaire pour en achever l'établissement, et à donner à Colomb une nouvelle escadre pour aller à la recherche des autres pays dont il regardait l'existence comme incontestable.

Les préparatifs de ce nouvel armement se firent de concert avec l'amiral. Le premier voyage n'avait eu pour objet que la découverte du nouveau monde ; dans le second, on s'était proposé de se faire un établissement; mais les mesures prises pour le former avaient été insuffisantes ou rendues inutiles par l'esprit de mutinerie des Espagnols et par des accidents imprévus. On voulait dresser et suivre un nouveau plan pour une colonie régulière, qui pût servir de modèle à tous les établissement semblables qui se feraient dans la suite.

Chaque article fut pesé et réglé avec une attention scrupuleuse. On fixa le nombre des colons qui s'embarqueraient. Il y en avait de tous les ordres et de toutes les professions, et le nombre en était déterminé d'après l'utilité de chaque classe et les besoins de la colonie. On devait aussi emmener des femmes. On s'était convaincu que, dans un pays où la disette de vivres avait causé tant de désastres, le premier soin devait être d'obtenir des subsistances par la culture, et l'on y faisait passer un grand nombre de cultivateurs. Enfin, comme toutes les vues et toutes les espérances se portaient sur les métaux précieux que les mines déjà découvertes devaient leur fournir, on envoyait une troupe d'ouvriers habiles dans l'art d'extraire et de laver le minerai.

Ces dispositions étaient sages, et convenables à l'objet qu'on avait en vue; mais on prévoyait qu'il serait difficile de trouver beaucoup d'Espagnols qui voulussent aller s'établir dans un pays dont le climat avait été funeste à un si grand nombre de leurs compatriotes. Colomb proposa de transporter à Hispaniola, et de faire travailler aux mines les malfaiteurs condamnés aux galères, ou même à la mort, lorsque les crimes dont ils étaient convaincus n'étaient pas d'une nature atroce.

Cet avis ouvert sans beaucoup de réflexion, fut adopté de même. On vida les prisons d'Espagne pour peupler la colonie, et les juges furent autorisés à condamner, en certains cas, à la déportation.

Quoique Colomb eût obtenu promptement et sans peine de Ferdinand et d'Isabelle leur approbation pour toutes les parties du plan qu'il avait proposé, lorsqu'il fallut le mettre à exécution, il essuya des retardements qui auraient lassé la patience d'un homme moins accoutumé que lui à rencontrer des difficultés et à les surmonter.

Ces délais furent en partie l'ouvrage des artifices et de la méchanceté des ennemis de l'amiral.

Quoi qu'il en soit, Colomb a levé l'ancre, et, des Canaries, où il touche, trois des six vaisseaux qui composent sa flotte cinglent vers Hispaniola. Gagnant ensuite les îles du cap Vert, il continue sa route au sud. Arrivé à cinq degrés en deçà de la ligne, un calme plat l'arrête; le vent a cessé de fraîchir, et, suspendues aux vergues, les voiles tombées sur les mâts couvrent le pont; la chaleur est telle, que les tonneaux éclatent ou laissent fuir le liquide qu'ils contiennent, et que les provisions se gâtent.

Jamais les Espagnols ne s'étaient avancés si loin au sud : étonnés d'un état de choses qu'ils n'ont pas soupçonné, ils craignent que les vaisseaux ne prennent feu, et se rappellent avec effroi ce qu'ont dit de la zone torride les anciens, qui la croyaient inhabitable. Heureusement des pluies abondantes tombent à propos pour les rassurer; mais elles diminuent peu la violence de la chaleur, quoiqu'elles soient continuelles et qu'on puisse difficilement se tenir sur le pont.

L'amiral, qui avait dirigé toutes les manœuvres du voyage avec son sang-froid et sa vigilance ordinaires, se trouva si épuisé par la fatigue et le défaut de sommeil, qu'il fut saisi d'un violent accès de goutte, accompagné de fièvre. Ces circonstances le forcèrent à céder aux instances des équipages, et à changer sa route, pour porter au nord-ouest, et toucher à quelqu'une des îles Caraïbes, où il pourrait se réparer, et prendre quelques provisions.

Tel était l'espoir de Colomb, lorsque tout à coup une voix forte et sonore se fait entendre : « Terre! terre! » s'écrie du haut des hunes un des gabiers en vigie. On gouverne aussitôt vers le point indiqué, et l'on découvre l'île de la Trinité, nom que lui donne l'amiral, et que depuis elle a toujours conservé.

Près de là se trouve l'embouchure de l'Orénoque; elle porte à l'Océan une masse d'eau si énorme, et coule avec tant d'impétuosité, que, lorsqu'elle rencontre la marée, le choc des flots est tel, qu'ils s'élèvent et combattent entre eux d'une manière surprenante et terrible. La rapidité du fleuve le fait triompher dans cette lutte opiniâtre, et on le voit porter ses eaux à plusieurs lieues de l'Océan, sans les y mêler.

Placé entre ce terrible courant et les vagues agitées, Colomb n'échappa qu'avec beaucoup de difficulté par un détroit qui lui parut si dangereux, qu'il l'appela la Bouche-du-Dragon ; mais lorsque le danger fut passé, il vit, dans l'objet même qui l'avait si fort effrayé, des motifs d'espérance et de consolation. Il conjectura qu'une rivière si considérable ne pouvait pas être fournie par une île, et qu'elle devait couler au travers d'un très-grand continent : il ne douta pas que ce ne fût celui qu'il cherchait depuis si longtemps.

Plein de cette idée, il navigua, à l'ouest, le long de la côte des provinces qui sont aujourd'hui connues sous les noms de Paria et de Cumana. Il prit terre en différents endroits, et eut quelque commerce avec les naturels du pays, dont les traits et les mœurs lui parurent ressembler à ceux des Indiens d'Hispaniola. Ils portaient des ornements d'or en petites plaques, et des perles très-belles, qu'ils échangèrent volontiers pour de petites merceries d'Europe. Ils semblaient avoir plus d'intelligence et de courage que les habitants des îles. On voyait dans cette contrée des quadrupèdes de différentes espèces, et une grande variété d'oiseaux et de fruits.

L'amiral fut si transporté de la beauté et de la fertilité du pays, que, plein de cet enthousiasme qui accompagne ordinairement la passion des découvertes, il imagina que c'était là le paradis terrestre de l'Ecriture, que Dieu avait donné à l'homme pour y habiter tant que son innocence le rendrait digne d'un si beau séjour.

C'est ainsi que Colomb eut la gloire de faire connaître au genre humain l'existence d'un nouveau monde, d'étendre cette découverte, et de conduire, le premier, les Espagnols au vaste continent qui est devenu la plus considérable partie de leur empire, et la principale source de toutes leurs richesses. Il ne put se dispenser de regagner Hispaniola, dont il trouva la colonie en pleine révolte.

Pendant son absence, ce pays avait éprouvé beaucoup de révolutions. Son frère l'Adelantade, d'après les conseils qu'il avait reçus de Colomb, avant son départ, avait transporté la colonie d'Isabelle dans un lieu plus commode, de l'autre côté de l'île. Il avait jeté les fondements de Saint-Domingue, qui a été longtemps la ville la plus considérable que les Européens eussent dans le nouveau monde, et le siége de tous les tribunaux suprêmes de la cour d'Espagne en Amérique.

Cette révolte n'était pourtant pas fort à craindre de la part de ces pauvres Indiens, timides, nus et désarmés. Mais pendant que l'Adelantade était en campagne, il en éclata une autre plus dangereuse parmi les Espagnols eux-mêmes. Roldan en était le chef : Roldan, cet homme que Colomb avait placé dans un poste qui le constituait gardien de l'ordre et de la tranquillité publique !

Un caractère turbulent et une ambition aveugle le portèrent à cette démarche indigne de son rang, et les motifs qu'il en donnait à ses compatriotes étaient frivoles et sans fondement. Il accusait Colomb et ses deux frères d'arrogance et de fierté.

Tel était le malheureux état de la colonie, lorsque Colomb arriva à Saint-Domingue. Il fut bien surpris d'apprendre que les trois vaisseaux qu'il avait envoyés des Canaries n'y avaient pas encore paru, par la maladresse du pilote et la force des courants : ils avaient été emportés à cent soixante milles à l'ouest de Saint-Domingue, et forcés de se jeter dans un havre de la province de Xaragua, où Roldan et les séditieux étaient cantonnés.

Roldan cacha soigneusement aux commandants des navires sa séparation d'avec l'Adelantade, et, employant toute son adresse pour gagner leur confiance, il leur persuada de débarquer un nombre considérable des nouveaux colons qu'ils amenaient, et qui se rendraient, disait-il, à

Saint-Domingue par terre. Il n'eut pas besoin de beaucoup de raisonnements pour engager ces gens-là à épouser sa querelle : c'étaient des scélérats échappés des prisons d'Espagne, accoutumés à vivre dans l'oisiveté et la licence, et à qui les actes de violence étaient familiers. Aussi adoptèrent-ils facilement un genre de vie qui ne différait en rien de celui qu'ils venaient de quitter.

Ce fut alors que les commandants des navires, s'apercevant, mais trop tard, de la faute qu'ils avaient commise en laissant débarquer tant de monde à la fois, firent voile pour Saint-Domingue, et mouillèrent dans son port peu de jours après l'arrivée de l'amiral ; mais le fonds de provisions qu'ils avaient été chargés de porter était tellement diminué par la longueur du voyage, que ce qui en restait ne pouvait être pour la colonie que d'un bien faible secours.

Par degrés et sans effusion de sang, Colomb parvint à rompre une association dangereuse, qui menaçait d'une ruine entière la plus belle des Antilles, et à rétablir au moins les apparences de l'ordre et d'un gouvernement régulier.

En conséquence de cet accord avec les mutins, on donna des terres à chaque colon, en différentes parties de l'île, et l'on imposa aux Indiens de chaque district l'obligation de cultiver une certaine quantité de terrain pour leurs nouveaux maîtres. Ce travail fut substitué au tribut qu'on avait d'abord exigé. Mais, quelque nécessaire que pût être ce règlement dans une colonie encore faible, il fut pour ce malheureux peuple la source de calamités sans nombre et des plus cruelles oppressions, en introduisant dans tous les établissements espagnols les *repartimientos* ou répartitions d'Indiens.

Ce ne fut pas même le seul effet funeste de la révolte d'Hispaniola. Elle empêcha encore Colomb de poursuivre ses découvertes sur le continent ; car sa propre sûreté l'obligea à garder près de lui son frère l'Adelantade, et les marins qu'il aurait pu employer à cette expédition. Aussitôt que l'état des affaires le lui permit, il envoya quelques-uns de ses vaisseaux en Espagne, avec un journal de son dernier voyage, une description des nouvelles contrées qu'il avait découvertes, une carte de la côte le long de laquelle il avait navigué, et des échantillons de l'or, des perles et des autres productions curieuses ou précieuses qu'il avait eues, par échange, des naturels du pays.

Il fit passer en même temps à la cour de Castille un rapport détaillé de la révolte d'Hispaniola, dans lequel il accusait les mutins non-seulement d'avoir excité dans la colonie des troubles qui pouvaient entraîner sa ruine, mais d'avoir mis obstacle à toutes les mesures qu'on aurait pu prendre pour pousser les découvertes plus loin. Il proposait en même temps différents règlements propres à perfectionner le gouvernement de l'île, et à étouffer l'esprit de sédition qui, quoique suspendu dans le moment actuel, pouvait se rallumer avec plus de fureur encore que la première fois.

Roldan et ses partisans ne négligèrent pas, de leur côté, d'envoyer par les mêmes vaisseaux l'apologie de leur conduite, et leurs récriminations contre l'amiral et ses frères, et, malheureusement pour l'Espagne et pour Colomb, ils obtinrent plus de confiance auprès de Ferdinand et d'Isabelle, que l'amiral lui-même.

Quoique récente en Espagne, l'ardeur pour les expéditions lointaines commençait à y devenir générale. Toutes les tentatives antérieures, faites par cette nation, avaient été jusqu'alors conduites par Colomb seul, et aux frais du gouvernement. Des armateurs particuliers, séduits par les descriptions magnifiques que l'amiral faisait des pays qu'il venait de visiter, et par les échantillons de richesses qu'il avait envoyés, offrirent d'équiper à leurs frais des bâtiments pour aller à la découverte de nouvelles contrées.

La cour d'Espagne voyait ses modiques ressources épuisées par ses premières expéditions, qui, en faisant espérer de grands avantages pour l'avenir, n'en avaient apporté jusqu'alors que de très-médiocres. Le souverain n'était pas fâché de rejeter désormais sur ses sujets la dépense de pareilles entreprises.

Une des premières offres de cette espèce fut celle d'Alonzo d'Ojeda. C'était un fort bon officier qui avait accompagné Colomb dans son second voyage. Son rang et l'excellente réputation dont il jouissait lui procurèrent assez de crédit parmi les négociants de Séville pour équiper quatre vaisseaux, dans l'espérance qu'il obtiendrait l'agrément du roi pour le voyage.

Sans donc consulter Colomb, et sans avoir aucun égard aux droits et à l'autorité qu'on lui avait donnés par la capitulation de 1492, on permit à Ojeda de faire voile pour le nouveau monde, et, pour le diriger dans sa course, l'évêque lui communiqua le journal du dernier voyage de l'amiral, et les cartes des pays qu'il avait découverts. Ojeda n'entra dans aucune route nouvelle, et, suivant servilement celle que Colomb avait tenue, il arriva sur la côte de Paria. Il fit quelques échanges avec les naturels, et, portant ensuite à l'ouest, il alla jusqu'au cap Vela, et reconnut une grande étendue de côtes, au delà de celles que venait de visiter Colomb. Après avoir ainsi constaté la vérité de l'opinion de l'amiral, qui avait regardé ces pays comme faisant partie d'un continent, il retourna en Espagne par Hispaniola, remportant quelque gloire de sa découverte, mais avec un médiocre bénéfice pour ceux qui avaient placé leurs fonds dans cette expédition.

Améric Vespuce, gentilhomme florentin, accompagnait Ojeda dans ce voyage : on ignore en quelle qualité; mais, comme il était bon marin et très-habile dans les sciences relatives à la navigation, il acquit tant d'autorité parmi ses compagnons, qu'ils lui abandonnèrent la direction principale de toutes les manœuvres et opérations du voyage. Peu de temps après son retour, il communiqua la relation de ses aventures et des découvertes qu'il venait de faire à un de ses compatriotes, et, pressé par la vanité, il eut l'impudence de s'y montrer comme ayant découvert le premier le continent du nouveau monde.

Le voyage d'Améric était écrit avec adresse et une sorte d'élégance recherchée. Au récit amusant des faits, il avait joint des observations judicieuses sur les productions naturelles, les mœurs et les habitants de ces contrées inconnues. Comme c'était la première description du nouvel hémisphère qu'on rendît publique, un ouvrage si propre à satisfaire la passion des hommes pour le nouveau et le merveilleux dut se répandre avec rapidité, et se faire lire avec admiration. Peu à peu on s'accoutuma à appeler ce pays du nom de celui qu'on supposait l'avoir découvert. Les nations sont convenues de donner le nom d'Amérique à cette nouvelle partie du globe. La prétention hardie d'un heureux imposteur a dérobé à l'auteur de cette grande découverte la gloire qui lui appartenait. Le nom d'Améric a supplanté celui de Colomb.

Au voyage d'Ojeda et d'Améric Vespuce succéda celui d'Alonzo Nigna, également entrepris pour tenter des découvertes. Non-seulement Colomb avait introduit parmi les Espagnols le goût des expéditions lointaines, mais encore les premiers aventuriers qui se distinguèrent dans cette carrière avaient été tous formés sous lui, et devaient à ses leçons les connaissances et l'habileté qui les mettaient en état de suivre ses traces. Alonzo Nigna, qui avait servi sous l'amiral, dans sa dernière expédition, se joignit à Christophe Guerra, marchand de Séville, pour équiper un seul vaisseau avec lequel il alla à la côte de Paria. Ce voyage semble plutôt avoir eu pour but un commerce lucratif qu'un intérêt général et important à la nation. Nigna et Guerra ne firent aucune découverte intéressante ; mais ils rapportèrent en Europe une assez grande quantité d'or et de perles, pour exciter chez leurs compatriotes le désir de faire des entreprises semblables.

Peu de temps après, Vincent Yanez Pinson, un des compagnons de Colomb dans son premier voyage, partit de Palos avec quatre vaisseaux. Il fit voile droit au sud, et fut le premier Espagnol qui se hasarda à passer la ligne. Il ne paraît pas avoir pris terre en aucun endroit de l'Amérique, au delà de l'embouchure du Maragnon, la rivière des Amazones. Tous ces navigateurs adoptaient la fausse théorie de Colomb, et croyaient que tous les pays découverts étaient une partie du grand continent de l'Inde.

Un grand nombre de ceux qui étaient mécontents de l'administration de Colomb avaient profité, pour retourner en Espagne, des vaisseaux qu'il avait expédiés de Saint-Domingue. La ruine de toutes les espérances de ces malheureux aventuriers avait porté au plus haut degré leur rage contre l'amiral. Leur misère et leur infortune, en excitant la compassion, rendaient leurs plaintes intéressantes et leurs accusations croyables. Ils excédaient sans relâche Ferdinand et Isabelle de mémoires contenant le détail de leurs malheurs et des injustices de Colomb. Toutes les fois que le roi ou la reine paraissaient en public, ils les environnaient en tumulte et renouvelaient leurs importunités pour le payement des arrérages qui leur étaient dus, et pour la punition de l'auteur de leurs maux. Ils insultaient les fils de Colomb partout où ils les rencontraient, leur reprochant la fatale curiosité d'un père visionnaire, qui avait conduit la nation dans des régions malheureuses, véritable gouffre où allaient s'engloutir les richesses de l'Espagne, et tombeau ouvert pour ses peuples.

Cette guerre contre Christophe Colomb était secondée par les insinuations secrètes et plus dangereuses des courtisans qui avaient déjà formé leurs plans, et qui enviaient ses succès et son crédit. Ferdinand recevait volontiers ces accusations, et les écoutait avec une grande prévention contre celui qui en était l'objet. Malgré les peintures flatteuses que l'amiral avait faites des richesses de l'Amérique, les retours avaient été jusqu'alors si modiques, qu'il s'en fallait de beaucoup qu'ils eussent dédommagé des frais des armements. La gloire de la découverte du nouveau monde et la perspective éloignée des avantages du commerce, étaient tout ce que l'Espagne avait retiré de ses avances ; mais le temps avait déjà affaibli les premiers sentiments de satisfaction et de joie que la découverte avait causés, et la gloire toute seule n'était pas un objet qui pût satisfaire l'âme froide et intéressée de Ferdinand. On entendait si mal alors la nature du commerce, que l'espérance d'un bénéfice éloigné, ou même qui ne serait pas sur-le-champ très-considérable, ne paraissait mériter aucune attention.

Ferdinand regardait l'entreprise de Colomb comme ruineuse pour l'Espagne, et s'en prenait à la mauvaise conduite et à l'incapacité de l'amiral, de ce qu'un pays abondant en or n'avait pas encore enrichi ses conquérants. Isabelle même, qui, d'après la bonne opinion qu'elle avait de Colomb, l'avait constamment protégé, fut à la fin ébranlée par le nombre et la violence de ses accusateurs, et commença à croire qu'une haine si générale devait être l'effet de griefs véritables qui demandaient à être redressés, soupçons, d'ailleurs, que l'évêque de Badajos fortifiait et confirmait avec l'animosité qu'il avait toujours montrée.

La reine n'eut pas plutôt cédé au torrent de la calomnie, qu'on prit une résolution funeste aux intérêts de Colomb. François de Bovadilla, chevalier de Calatrava, fut nommé pour aller à Saint-Domingue. Muni de pleins pouvoirs pour rechercher la conduite de l'animal, il était autorisé à le déplacer, et à prendre lui-même le gouvernement de l'île, s'il trouvait les accusations fondées.

Il était impossible à l'accusé d'éviter la condamnation, lorsqu'on donnait au même homme et le droit de le juger et l'intérêt de le trouver coupable. Ainsi, quoique Colomb eût alors apaisé toutes les dissensions de l'île ; quoiqu'il eût amené les Espagnols et les Indiens à se soumettre à l'autorité ; quoiqu'il eût pris des mesures sages pour faire exploiter les mines et cultiver les terres, ce qui assurait pour l'avenir un revenu considérable au roi et de grands avantages aux colons, Bovadilla, sans aucun égard pour le genre et l'importance de ces services, montra, en mettant le pied à Saint-Domingue, une résolution déterminée de le traiter en criminel.

Il prit possession de la maison de l'amiral, qui se trouvait alors absent, saisit tous ses effets, comme si Colomb eût été déjà convaincu, se rendit maître, par violence, du fort et des magasins du roi, se fit reconnaître en qualité de gouverneur de cette île, mit en liberté tous les prisonniers détenus par les ordres de l'amiral, et le cita lui-même à son tribunal pour répondre de sa conduite, en lui envoyant en même temps la copie d'un ordre du roi qui enjoignait à Colomb de lui obéir.

Profondément affecté de l'ingratitude et de l'injustice de Ferdinand et d'Isabelle, Colomb n'hésita pas un moment sur le parti qu'il avait à prendre. Il se soumit à la volonté de ses souverains avec un silence respectueux, mais il en appela directement au trône des procédés d'un juge si violent et si évidemment partial.

Bovadilla, sans daigner même voir l'amiral, le fit arrêter sur-le-champ, mettre aux fers, et traîner à bord d'un vaisseau. Jusque dans cet humiliant revers de fortune, la fermeté qui distinguait le caractère de Colomb ne l'abandonna point. Rassuré par le témoignage de sa conscience, et se consolant même par le souvenir des grandes choses qu'il avait exécutées, il souffrit cette horrible insulte avec calme et dignité.

Toutefois, tandis que les violences et l'insolence de Bovadilla obtenaient des habitants de Saint-Domingue une approbation générale, qui déshonore leur mémoire et leur pays, un homme bien digne d'estime conservait le souvenir des grandes actions de Colomb, et était touché des sentiments de respect et de compassion dus à son rang, à son âge et à son mérite. Alonzo de Valléjo, capitaine du vaisseau sur lequel on avait embarqué l'amiral, avait à peine perdu de vue les côtes de l'île, qu'il s'approcha humblement de son prisonnier, et offrit de lui faire ôter les fers dont il était si injustement chargé. « Non, s'écrie Colomb, transporté d'une généreuse indignation, je porte ces fers par ordre du roi Ferdinand et de la reine Isabelle; j'obéirai à ce commandement comme à tous ceux que j'ai reçus d'eux. Leur volonté m'a dépouillé de ma liberté, leur volonté seule peut me la rendre. »

Heureusement le voyage fut court : quelques jours ont passé, et déjà

Colomb touche les côtes d'un royaume qu'il a doté de possessions immenses dans un nouvel hémisphère.

Aussitôt que Ferdinand et Isabelle apprirent que l'amiral était amené prisonnier, ils conçurent quelle impression universelle de surprise cet événement allait produire, et combien leur réputation en souffrirait. L'Europe entière serait révoltée de voir traiter avec cette indignité un homme qui avait exécuté de si grandes choses; on se récrierait contre l'injustice d'une nation à qui il avait rendu tant de services, et contre l'ingratitude des souverains dont il avait illustré le règne.

Honteux de leur propre conduite, le roi et la reine s'empressèrent non-seulement de lui faire quelque réparation d'une si cruelle injure, mais encore d'effacer la tache que cette injustice imprimait à leur réputation. Ils donnèrent sur-le-champ l'ordre de mettre l'amiral en liberté, l'invitèrent à venir à la cour, et lui envoyèrent de l'argent pour y paraître d'une manière convenable à son rang.

En se présentant, Colomb se jette à leurs pieds : il demeure quelque temps dans le silence. Enfin, il se remet de son trouble, et justifie sa conduite par un long discours, dans lequel il produit les preuves les plus éclatantes de son innocence, de sa droiture, et de la fureur de ses ennemis.

Ferdinand le traita avec politesse, et Isabelle avec une sorte de tendresse et de respect. Ils témoignèrent tous deux au héros leur chagrin de ce qui s'était passé, protestèrent qu'on avait agi contre leurs intentions, et promirent à Colomb, pour l'avenir, leur bienveillance et leur protection. Ils destituèrent sur-le-champ Bovadilla de son emploi, afin d'écarter le soupçon qu'ils eussent pu favoriser ses violences; mais ils ne rendirent pas à l'amiral les droits et les priviléges attachés au titre de vice-roi des pays qu'il avait découverts.

Ils nommèrent au gouvernement de Saint-Domingue Nicolas d'Ovando, chevalier de l'ordre militaire d'Alcantara.

Colomb fut violemment frappé de ce nouveau coup, dirigé par des mains qui semblaient s'employer à guérir ses anciennes blessures. Partout où il allait, il portait avec lui, comme un monument de leur ingratitude, les fers dont il avait été chargé; il les avait toujours suspendus dans sa chambre, et il voulut qu'à sa mort, après son quatrième voyage, on les ensevelît avec lui dans son cercueil.

Colomb venait d'aborder, pour la quatrième fois, à Saint-Domingue, et le gouverneur de l'île, Nicolas d'Ovando, reçut l'amiral avec de grandes marques de respect; il le logea dans sa propre maison, et lui accorda toutes sortes de distinctions. Toutefois, au milieu de démonstrations simulées, il lui fut impossible de cacher la haine qui dévorait son cœur.

Colomb résolut de quitter les contrées où commandait un homme qui manquait envers lui de franchise et d'humanité. Il mit à la voile pour l'Espagne avec deux vaisseaux; et, après une traversée très-malheureuse, il gagna le port de San-Lucar.

C'est là qu'il apprit la mort de la reine Isabelle, sa protectrice. Aussitôt que sa santé le lui permit, Colomb alla à la cour, où le roi le reçut avec une politesse froide. Colomb présenta requête sur requête, pour obtenir la punition de ses oppresseurs et la restitution des priviléges promis et garantis par le traité de 1492. Ferdinand éluda ses demandes; et, Colomb, le cœur navré de l'ingratitude du roi, mourut avec l'héroïque fermeté qui avait toujours distingué son noble caractère.

Ce grand homme avait découvert quinze cents lieues de nouvelles terres, depuis le cap de Honduras jusqu'à Porto-Seguro, au Brésil!

Christophe Colomb paraît avoir eu, dès longtemps avant l'époque où il entreprit son célèbre voyage, l'idée qu'il y avait des découvertes importantes à faire vers l'Occident. En 1474, il s'ouvrit de ses suppositions à un physicien célèbre de Florence, nommé Paul, qui l'encouragea de ses conseils et de son approbation.

Colomb avait-il puisé ces idées dans la force seule de son génie, qui lui montrait la nécessité de l'existence d'un autre continent sur la seconde moitié de notre sphère terrestre, comme une nécessité pour que l'œuvre de Dieu fût complète et digne de son auteur? Quelques vagues assertions des anciens, quelques rêves de poëte, quelques voyages fabuleux étaient-ils ses guides, et n'était-il porté à son audacieuse entreprise que par des pressentiments et l'ambition d'effacer tout ce qui avait été fait avant lui, dût-il y sacrifier sa vie? Ou bien encore est-il vrai que la connaissance de l'existence de terres dans l'Occident lui ait été donnée d'une manière certaine par des navigateurs qui avaient été jetés jusque sur ces terres par la tempête? Et faut-il attribuer à cette certitude la confiance et la persévérance qu'il montra dans l'accomplissement de ses projets?

Dans ces derniers temps, la dernière opinion a pris de la consistance, et nous ne devons pas négliger ici de dire, d'après M. Eugène Maissin, capitaine de corvette, quelques mots à ce sujet.

Voici d'abord un récit que nous trouvons dans l'*Hydrographie* du P. Fournier, et qu'il a emprunté sans doute à Garcilasso de la Vega :

« Environ ce temps (1480), un pilote basque, que quelques-uns font Basque-François, natif de Saint-Jean de Luz ; d'autres Basque-Espagnol, qu'ils nomment *Alonzo Sanchez de Huelva,* au comté de Niebla, trafiquant, avec un petit navire à Madère, de conserves et de sucre. Comme il trajetoit des Canaries à Madère, fut battu d'une si grande tempête que, n'y pouvant résister, il fut contraint de s'abandonner à la mer, qui fut si grosse l'espace de vingt-neuf jours, que, durant tout ce temps, il ne put prendre hauteur par le soleil ni par les étoiles ; voire que la tempête les empêchoit de naviguer et dormir, tant elle étoit grande. Mais, enfin, s'étant calmée par le changement du vent, ils se trouvèrent auprès d'une île, de laquelle on ne sait pas bien le nom : on croit, toutefois, que c'est celle que nous appelons Saint-Domingue ; et, ce qui est étrange, est qu'il faut qu'il ait été porté là par un vent qui, toutefois, en cette navigation, calme plutôt la mer qu'il ne l'irrite. Ce pilote, abordé à terre, prit aussitôt les élévations, et ne manqua pas de faire de bons mémoires de tout ce qui lui étoit arrivé, ensemble des choses qu'il avoit vues ; et, s'en retournant, il en fit un autre de celles qui lui arrivèrent depuis. Ayant fait aiguade et provision de bois, il se remit à la voile, et ayant été plus longtemps qu'il ne pensoit en cette navigation, l'eau et les provisions lui manquant, de dix-sept hommes qui étoient avec lui, il n'en arriva que cinq à la Tercère, du nombre desquels étoit le pilote, qui s'en alla loger en la maison de Christophe Coulon, Génois, qui s'occupoit à faire des cartes pour naviguer. Cet excellent homme le reçut avec de grandes démonstrations d'amitié, et leur fit tout le bon accueil qu'il lui fut possible, afin de s'instruire d'eux des choses qu'ils disoient leur être arrivées en un si long et étrange voyage ; mais, quelque bon traitement qu'il leur pût faire, ils moururent tous affaiblis par tant de maux qu'ils avoient soufferts. Ce fut sur les relations de ce pilote que Coulon, du depuis, forma le dessein qu'il exécuta en soixante-huit jours, lorsque, assisté des rois de Castille, il aborda aux Indes occidentales. Quelques-uns disent que ce n'étoit pas à la Tercère où il demeuroit, mais à Madère. »

Le même récit se trouve dans l'*Histoire navale d'Angleterre* de Ledard, avec quelques variantes.

On doit dire pourtant que ces assertions et d'autres analogues, émises par des écrivains contemporains de Christophe Colomb, tels qu'Oviedo et Fernando Lopez de Gomara, n'avaient paru jusqu'ici que l'effet de l'envie qui s'attache toujours aux œuvres des hommes de génie, et on ne leur croyait aucun fondement raisonnable. On a trouvé tout récemment un fait analogue que l'on ne peut rejeter aussi complétement et qui, sans être décisif, mérite quelque attention. Ce fait se rencontre dans les *Mémoires de la ville de Dieppe,* Mémoires dont les pièces justificatives n'existent plus depuis le bombardement de 1696, pendant lequel les archives furent brûlées, mais qui furent écrites autrefois d'après ces pièces mêmes. Ce ne sont pas, il est vrai, des preuves incontestables, mais des indices qui doivent être pris en considération.

Ces Mémoires disent qu'en l'année 1488, un capitaine dieppois nommé Cousin, s'étant élevé fort au large dans l'océan Atlantique, fut porté vers l'ouest sur une terre inconnue, à l'embouchure d'un grand fleuve, qui ne serait autre que le *Maranham*. Il avait avec lui un étranger appelé Pinson, marin insubordonné, qu'à son retour de Dieppe il fit renvoyer du service de la ville. Or, sur les navires de Christophe Colomb, il y avait trois frères Pinson, deux d'entre eux commandant les deux navires qui accompagnaient celui de Colomb, le troisième étant pilote.

Un de ceux-ci était-il le marin étranger qui avait accompagné le capitaine Cousin? Les relations fréquentes qui existaient alors entre Dieppe et l'Espagne, la similitude des noms, la possibilité du fait, doivent au moins donner de très-grands doutes à cet égard. Il est certain, d'après le journal même de Colomb, qu'il accordait à l'un des Pinson une très-grande confiance et le consultait en toute circonstance; il est certain également que celui-ci insistait toujours pour faire route plus au sud et que sans lui l'expédition n'aurait atterré que sur la Floride, si toutefois les équipages, déjà si mutins, avaient eu encore la patience de quelques jours. On voit enfin qu'après l'expédition, les Pinson abandonnèrent Colomb ; le plus influent des trois, Alonzo, celui qui, à deux reprises différentes, quitta son chef, mourut. Yanez, son frère, obtint en 1499 de faire un voyage à ses frais ; aussitôt il vend tous ses biens, s'embarque avec son autre frère et ses neveux, va droit au sud-ouest et aborde au Brésil, en 1500, vers le cap Saint-Augustin ; exécutant cette expédition avec une sécurité qu'expliquerait la connaissance de documents à lui laissés par son frère.

Devant ces faits, une seule réflexion porte à hésiter. On se demande pourquoi, si Pinson avait la certitude de l'existence du nouveau continent, il ne chercha pas à exploiter lui-même cette certitude en proposant le premier d'accomplir cette expédition.

Quoi qu'il en soit de ces diverses opinions, qu'éclairciront peut-être les recherches à venir, Colomb se résolut d'entreprendre le grand voyage de découvertes qu'il méditait et qui devait l'illustrer. Comme il ne pouvait seul faire les frais de l'armement qui lui était nécessaire, il s'adressa successivement à plusieurs gouvernements, qui l'accueillirent assez mal, et il dut certainement montrer une grande persévérance et avoir une grande foi dans ses croyances pour surmonter tous les dégoûts et toutes les lenteurs qu'il rencontra. Gênes, sa patrie, à laquelle il s'adressa d'abord, le repoussa comme un visionnaire. Le roi de Portugal, tout préoccupé de ses découvertes sur les côtes d'Afrique et du chemin vers l'Inde par l'est, n'écouta ses propositions qu'avec jalousie. Il voulut même lui enlever l'honneur de son entreprise, en envoyant vers l'ouest une caravelle qui, heureusement pour Colomb, fut battue de la tempête et rentra au port sans avoir rien accompli. Colomb, indigné, quitta alors le Portugal, envoya son frère Barthélemy en Angleterre et vint lui-même en Espagne où il s'adressa à Ferdinand et à Isabelle, alors fort occupés de chasser les Arabes de la Péninsule.

Ferdinand, après la mort de la reine Isabelle, son épouse, avait abandonné la Castille à Jeanne, sa fille, et à son mari, Philippe d'Autriche, qui ont eu pour fils Charles-Quint. Ferdinand s'était retiré dans son royaume d'Aragon, s'appliquant uniquement à conserver les Etats qui lui restaient. Gonzalve, qui lui avait conquis le royaume de Naples, fut soupçonné de le vouloir usurper ; et, quoique tout parlât en faveur de l'innocence de ce grand capitaine, le roi voulut s'en assurer lui-même et se rendre à Naples. Il équipa pour ce voyage une flotte considérable composée d'un grand nombre de galères, de vaisseaux de Catalogne et de Sicile, et de moindres vaisseaux et bâtiments de transport.

Il partit de Barcelone ; mais les vents contraires l'obligèrent à relâcher dans plusieurs ports d'Espagne et de France. Il prit la route de Gênes. Avant d'y arriver, il fut joint par Gonzalve et par toutes les galères que celui-ci avait emmenées, ce qui calma un peu ses inquiétudes. Continuant sa route, il apprit la mort du roi de Castille, son gendre. On fit auprès de lui des instances pour l'engager à retourner sur ses pas, et à reprendre le gouvernement de Castille; mais il y résista, et se rendit à Naples.

Les troubles qui désolèrent la Castille, depuis la mort de Philippe d'Autriche et la démence de Jeanne, sa femme, rappelèrent néanmoins Ferdinand en Espagne. Il partit de Naples au commencement de juin 1507, avec une flotte composée de seize galères et d'un grand nombre de transports; il alla mouiller à Savone, dans l'Etat de Gênes, où il eut une entrevue avec Louis XII, roi de France, dont il avait épousé la nièce. Le roi de France lui donna une marque de confiance en lui faisant visite, sur sa galère, sans être bien accompagné. Ferdinand répondit en roi à cette politesse; et, après avoir séjourné trois jours à Savone, il se rembarqua pour se rendre en Espagne, où il reprit l'administration du royaume de Castille.

Pendant que Ferdinand était occupé à rétablir le bon ordre et la paix dans ce royaume, le cardinal Ximenès, archevêque de Tolède, travaillait à porter l'épouvante sur les côtes d'Afrique. Ce grand homme exécuta la célèbre entreprise sur Oran, ville maritime d'Afrique sur les côtes d'Alger. Cette place était l'entrepôt et l'asile de tous les pirates qui ravageaient les côtes d'Espagne. Le cardinal Ximenès, résolu de l'enlever aux Maures, fit un armement de quatre-vingts vaisseaux, de treize galères et de plusieurs autres bâtiments. Cette flotte, chargée de dix mille hommes d'infanterie et de quatre mille cavaliers, mit à la voile vers le mois de mai 1509; elle sortit du port de Carthagène avec un vent favorable. Le lendemain, jour de l'Ascension, elle entra dans le port de Marsalquivir, non loin d'Oran. Le débarquement se fit sans obstacle; la ville d'Oran fut battue par l'artillerie des vaisseaux pendant qu'on la pressait par terre. L'attaque fut si vive et si bien conduite, et le succès si prompt et si heureux, que la prise de cette place fut regardée par les Espagnols comme miraculeuse. A peu près dans le même temps, Ferdinand mit en mer une armée navale, laquelle alla forcer les Vénitiens à rendre toutes les places de la Pouille, qui appartenaient au royaume de Naples.

Charles d'Autriche, si connu sous le nom de *Charles-Quint*, succéda à Ferdinand. Le cardinal Ximenès, qui se trouvait à la tête des affaires, continua d'en avoir l'administration pendant l'absence du nouveau roi, et par ses ordres. Il n'omit point de régler tout ce qui concernait la marine, et fit radouber les vaisseaux et construire des galères. Il n'eut point à se repentir de cette précaution; car l'escadre qu'il mit en mer, pour donner la chasse aux infidèles, s'empara de dix galères turques montées de plus de six cents hommes.

Ximenès ne fut pas si heureux en Afrique: les habitants d'Alger, en proie à l'ambition de deux princes mores qui se disputaient la seigneurie de cette ville, appelèrent à leur secours le fameux Horuc, qui y accourut; mais ce pirate, au lieu de protéger la ville, en devint l'usurpateur; il se fit lui-même roi d'Alger, et employa les premiers moments de sa puissance à ravager les côtes d'Espagne. Le cardinal Ximenès, sollicité par le fils du roi que Horuc avait dépouillé de ses Etats, et engagé par les intérêts du royaume dont il avait l'administration, envoya en Afrique Diégo Véra avec un grand nombre de vaisseaux et de galères, que montait une armée de huit mille hommes. Le général espagnol, qui avait ordre de faire le siége d'Alger, se conduisit avec si peu de prudence, que Horuc battit ses troupes, en fit un horrible carnage, et dissipa ce qui put échapper à sa fureur. Diégo Véra lui-même eut beaucoup de peine à regagner l'Espagne.

Après la mort de Horuc, son frère, connu sous le nom redoutable de *Barberousse*, succéda à son autorité dans Alger, et se rendit maître de Tunis. Cette conquête alarma les princes chrétiens, qui se liguèrent contre la puissance d'un si terrible ennemi de leur religion et de leurs Etats. Charles d'Autriche, qui avait pris possession du royaume d'Espagne, se mit à la tête de cette confédération. Le pape fournit neuf galères pour cette expédition; les chevaliers de Malte quatre, le Portugal vingt, plus un grand galion ; tous ces vaisseaux, joints à ceux d'Espagne, de Gênes, de Sicile et de Naples, faisaient environ trois cent soixante voiles, et portaient quarante mille combattants ; ils étaient commandés par Charles-Quint lui-même. Après avoir fait voile de Cagliari, où était le rendez-vous général, il toucha, le 25 juin, à Porto-Farina, éloigné de trois myriamètres de Tunis. Tous les vaisseaux étant arrivés, ou ayant pris terre à la vue du fort de la Goulette, Charles-Quint y établit son camp, malgré plus de trois cents pièces d'artillerie qui tiraient de ce fort, qu'il vint même à bout de prendre ; il s'empara bientôt aussi de Tunis ; et après y avoir replacé le véritable roi sur son trône, et forcé Barberousse de s'enfuir, il appareilla pour s'en retourner en Europe ; il vint d'abord mouiller à Trapani, de là à Palerme, à Messine et à Naples, où il entra triomphant.

Charles, animé par un si glorieux succès, voulut tenter contre Alger une pareille entreprise ; mais comme ses mesures ne furent pas si bien concertées dans cette affaire que dans celle de Tunis, le succès aussi n'en fut pas le même. Il assembla bien à la vérité en Italie, en Allemagne et en Espagne, les forces qui lui parurent suffisantes pour cette expédition ; son armement était de deux cent cinquante vaisseaux, parmi lesquels il y avait soixante-cinq galères, et son armée de terre de vingt-deux mille hommes ; mais il fit peu de cas des avis d'André Doria, excellent homme de mer, qui lui conseilla de différer son départ jusqu'au printemps suivant, alléguant que la saison était trop avancée pour se mettre en mer.

Charles, n'écoutant que la gloire qu'il avait acquise à Tunis, s'en promit autant à Alger, et appareilla inconsidérément. Cette témérité lui coûta cher : ayant débarqué ses troupes assez près d'Alger, il s'y retrancha effectivement, et s'y fortifia malgré l'opposition des Mores ; mais il eut à combattre les vents et les orages ; il s'en éleva un des plus terribles qui dura plusieurs jours et plusieurs nuits. Une pluie continuelle inonda les tranchées, ruina les fortifications, et amollit la terre de telle sorte, que les soldats ne pouvaient se tenir fermes sur leurs pieds. La poudre, humectée ou mouillée, rendait inutiles les armes à feu ; le vent emportait les huttes, les tentes et les épaulements. L'infanterie, qui ne pouvait ni attaquer ni se défendre, fut taillée en pièces par les Mores, ou périt par les mauvais temps.

Quant à la flotte, les vaisseaux, rompus par les coups de mer, se fracassaient les uns contre les autres, ou allaient se briser sur des rochers ; d'autres étaient engloutis avec leurs équipages. Cent quarante gros bâtiments et quinze galères périrent dans cette funeste circonstance, ainsi qu'une infinité d'hommes et de chevaux, et quantité de vivres.

Charles ne trouva point d'autre remède à cet affreux désastre, que de rembarquer le peu qui lui restait de son armée; encore ne le fit-il que très-difficilement, car les barques qui venaient chercher les troupes, n'en pouvant prendre que peu, parce que la mer était grosse, laissaient aux Mores le temps et la facilité de tuer une partie de ceux qui attendaient sur le rivage. Avec ce qu'il put sauver de ses vaisseaux et de ses troupes, Charles se retira en Espagne. Il arriva à Carthagène au mois de novembre 1541.

Philippe II, fils de Charles-Quint, ayant succédé à son père au royaume d'Espagne, se vit dans l'obligation de soutenir la guerre en Afrique, pour conserver les places qu'il y possédait. Oran n'était point une ville indifférente aux Espagnols et aux Turcs. Les Espagnols, qui s'en étaient saisis, avaient par là une entrée facile en Afrique, et par ce moyen y assuraient et favorisaient leurs conquêtes, et tenaient les Mores en bride. Les Turcs avaient grand intérêt de reprendre cette ville, parce que sans elle ils ne pouvaient être paisibles possesseurs de la côte de Barbarie. Déterminés à en chasser les Espagnols, ils assemblèrent un grand nombre de vaisseaux, de galères, de galiotes, et en firent le siége. Le roi d'Espagne, pour la secourir, fit partir de Carthagène une flotte. Les Turcs, effrayés à la vue d'un armement aussi considérable que prompt, levèrent le siége, et prirent la fuite avec tant de tumulte et de précipitation, qu'ils laissèrent toute leur artillerie. Le général espagnol les suivit, et leur prit trois gros vaisseaux et vingt-cinq galiotes.

Les Turcs ayant résolu, l'année suivante, de faire une nouvelle tentative sur Oran, Philippe II mit en mer une flotte composée de cent treize galères, d'un galion de grandeur extraordinaire, et d'environ cent vaisseaux pour porter les munitions et les troupes. Don Garcie de Tolède, qui la commandait, fit avorter le projet des Turcs, et s'empara du pignon de Velez, forteresse fameuse occupée alors par les corsaires qui désolaient les côtes d'Espagne, et qui troublaient la navigation du détroit.

Le roi d'Espagne, après avoir sauvé Oran, entreprit de s'emparer de Tunis, qui, refusant de payer le tribut que lui avait imposé Charles-Quint, avait formé le dessein de se mettre sous la protection du Grand Seigneur. Don Juan d'Autriche, dont les galères étaient oisives depuis la bataille de Lépante, fut choisi pour cette expédition. Il partit, le 8 septembre 1573, du port de l'ancienne Lilibée, en Sicile, avec cent seize galères et plusieurs autres bâtiments; il débarqua ses troupes sans obstacle, et s'empara aisément de Tunis, parce que les habitants s'étaient réfugiés, avec leurs effets, sur les montagnes et dans les bois : il se rendit maître avec une égale facilité de la ville de Biserte. Don Juan d'Autriche établit partout de fortes garnisons, et fit voile pour la Sicile.

Sélim II, mécontent de la prise de Tunis, pensa sérieusement à la recouvrer. Dans ce dessein, il fit, l'année suivante, partir de Constantinople, sous les ordres de Sinan-Pacha, une armée navale forte de cent soixante galères, trente gros vaisseaux et plusieurs autres navires de moindre grandeur. Les troupes dont ces bâtiments étaient remplis montaient à quarante mille hommes; Sinan, avec ces forces, et favorisé par la division qui régnait entre les Espagnols, prit Tunis. Après un si glorieux succès, il retourna à Constantinople.

La côte d'Afrique était depuis longtemps le théâtre de la guerre. Don Sébastien, roi de Portugal, fut tenté d'y aller aussi faire connaître son nom. Il fit un armement de plus de deux mille voiles; mais parmi cette multitude de vaisseaux, à peine y en avait-il soixante qui fussent en état de défense. Les troupes ne valaient pas mieux que les vaisseaux : elles consistaient en paysans sans expérience, et en une noblesse qui avait eu plus de soin de se parer que de s'armer. Le roi fit voile de Lisbonne le 25 juin 1578, et alla mouiller à Cadix; il en partit pour jeter l'ancre entre Tanger et Arzille, sur les côtes de l'Océan. Après avoir débarqué ses troupes et formé son armée, il la conduisit imprudemment dans les terres : elles lui étaient inconnues. Ainsi écarté de ses vaisseaux, il fut coupé, son armée enveloppée et entièrement défaite.

Le cardinal Henri, grand-oncle de don Sébastien, monta après lui sur le trône de Portugal; mais il n'y resta pas longtemps : il mourut au milieu des débats excités pour lui donner un successeur. Tous les prétendants se présentèrent alors : chacun s'efforça de faire valoir ses droits. Cependant don Antoine, prieur de Crato, qui avait le peuple pour lui, se trouvant à portée, fut déclaré roi dans Lisbonne. Philippe II, qui d'abord n'avait mis en mouvement, pour appuyer ses prétentions, que les savants des Universités, alors eut recours aux armes. Il envoya une armée de terre, sous les ordres du duc d'Albe, qui entra en Portugal le 27 juin 1580, avec une flotte de soixante galères et de plusieurs autres vaisseaux, commandée par le marquis de Sainte-Croix. Il entra dans le Tage et s'empara de tous les vaisseaux portugais qui s'y trouvèrent. Le duc d'Albe, avançant de son côté, s'empara de la capitale du royaume, et le 11 septembre il y fit proclamer roi de Portugal, Philippe II.

Don Antoine, ne pouvant tenir contre un si redoutable rival, alla implorer le secours de l'Angleterre et de la France; il trouva disposée à le protéger Catherine de Médicis, mère de Henri III, qui avait aussi des prétentions sur le royaume de Portugal. Cette princesse avait beaucoup d'autorité, et fit décider dans le conseil qu'on équiperait une flotte qui conduirait don Antoine aux îles Açores. La principale de ces îles était dans ses intérêts, et les Castillans n'étaient aimés dans aucune. La flotte qu'on équipa, et que commandait le général Strozzi, était composée d'environ soixante-dix vaisseaux de toutes grandeurs. Elle avait à bord six mille hommes; neuf de ces vaisseaux prirent les devants et arrivèrent à l'île de Tercère, où Emmanuel de Sylva commandait pour don Antoine. Le reste fit voile quelque temps après, et alla faire sa descente à l'île de Saint-Michel.

Informé de la destination de cette flotte, Philippe arma aussi pour tâcher de conserver les Açores, qui lui étaient d'une extrmèe importance pour la navigation des Indes orientales et occidentales : cet armement était composé de cinquante gros navires, de cinq plus petits, et de douze galères; on n'en avait point encore vu sur l'Océan s'éloigner autant des côtes. Le marquis de Sainte-Croix, qui commandait cette flotte, partit de Lisbonne le 10 juillet 1582, et arriva aux Açores six jours après les Français; il mouilla à l'est de l'île de Saint-Michel.

Les Français ayant jeté l'ancre à l'ouest, les deux flottes ne pouvaient pas se voir, parce que des caps avancés les cachaient l'une à l'autre. Le marquis de Sainte-Croix fut informé, par le gouverneur de la citadelle, que les Français, s'amusant à butiner dans l'île, avaient négligé d'attaquer la forteresse, et que la division régnait parmi eux; il était bien difficile que l'union régnât dans une milice formée à la hâte de soldats et de volontaires de différentes nations. Le marquis résolut de profiter de ces circonstances, démarra, et cingla vers la côte méridionale de l'île pour reconnaître la flotte française. Le lendemain, 23 juillet, les Français appareillèrent aussi. Alors les deux flottes se trouvèrent en présence en ordre de bataille.

Les Français, qui avaient le dessus du vent, au lieu d'aller à l'ennemi, se rangèrent du côté de l'île de Sainte-Marie; les Espagnols en firent autant. La manœuvre des Français n'était point indifférente : ils voulaient pendant la nuit faire couler dix vaisseaux de guerre le long de l'île, afin de prendre la flotte espagnole en flanc, tandis qu'on l'attaquerait de front; mais le calme qui régna toute la nuit empêcha l'exécution de ce dessein. On se canonna tout le lendemain, sans s'attaquer de part ni d'autre. Les Français eurent un vaisseau si criblé qu'il coula.

La nuit suivante le marquis de Sainte-Croix fit un mouvement bien entendu qui lui fit gagner le vent; il crut le matin livrer bataille; mais les Français, occupés à se radouber, ne parurent pas disposés au combat. Les Espagnols qui étaient également maltraités, et qui avaient entre autres un de leurs gros vaisseaux désemparés, se mirent aussi à réparer leurs navires. Ce ne fut que le 26 juillet que les deux flottes s'approchèrent en ordre de bataille; le calme retarda l'action; mais le vent s'étant élevé sur le midi, le combat commença. L'avant-garde française était de cinq gros vaisseaux : Strozzi montait l'amiral; il avait pour vice-amiral Brissac. Celle d'Espagne était de quatre navires, dont l'un était le galion *le Saint-Martin*, monté par le marquis de Sainte-Croix. Comme le vent était variable, la disposition des deux armées variait aussi.

Brissac se battit, avec une valeur admirable, contre trois vaisseaux espagnols; son navire fut entamé de toutes parts, et tellement fracassé, qu'il fut contraint de l'abandonner : il gagna dans une chaloupe un vaisseau-français. Strozzi combattit avec une égale intrépidité.

Il fut enveloppé par plusieurs vaisseaux espagnols; il soutint pendant une heure toute leur artillerie; après avoir perdu plus de trois cents hommes, dans cette occasion il y fut lui-même blessé d'un coup de mousquet, dont il mourut peu de temps après. Sa mort termina la bataille, qui avait duré cinq heures.

Les Français se retirèrent avec une perte de deux mille hommes, de huit de leurs plus gros vaisseaux, et de leurs principaux chefs. Le marquis de Sainte-Croix fut si charmé de leur défaite, qu'il ne pensa point à les poursuivre; s'il l'avait fait, il y a apparence qu'il n'en serait pas échappé un seul. Ce général ternit l'éclat de sa victoire par le massacre des prisonniers français, inhumanité qui fut blâmée par les Espagnols même; ensuite, il se rendit maître de l'île de Saint-Michel, et s'en retourna en Espagne.

L'île de Tercère, la plus considérable des Açores, était toujours dans les intérêts de don Antoine; le marquis de Sainte-Croix partit l'année suivante pour en faire la conquête; il avait une flotte de soixante navires bien armés, sans compter les vaisseaux de transport, qui portait dix mille hommes de troupes réglées. Avec ces forces il acheva de soumettre les Açores, et par là Philippe II devint paisible possesseur du royaume de Portugal et de ses dépendances.

Philippe V n'eut pas plutôt dissipé les ennemis qui s'opposaient à son avénement au trône, qu'il pensa à mettre sur un bon pied la marine d'Espagne, si faible alors, que les corsaires de Barbarie venaient enlever impunément les navires marchands à la vue de leurs ports. Il fit construire des vaisseaux, en acheta aussi de l'étranger; car l'Espagne fournit peu des matériaux nécessaires à la construction; et il forma des établissements favorables à la navigation. En 1716, il se trouva en état de faire partir six vaisseaux et cinq galères, qui allèrent joindre les escadres auxiliaires destinées à renforcer l'armée navale des Vénitiens en guerre avec les Turcs. L'escadre espagnole fut augmentée la même année, et eut part aux grandes actions qui forcèrent les Turcs à lever le siége de Corfou.

L'année suivante, le roi d'Espagne fit de nouveaux préparatifs pour renforcer l'armée navale des chrétiens, qui devait encore agir contre les Turcs. Mais Joseph Molinez, grand inquisiteur d'Espagne, fut arrêté dans les Etats de Milan, sans que ses prières et les sollicitations du pape pussent engager l'empereur à lui rendre la liberté. Cette violence détermina le roi d'Espagne à en demander satisfaction avec les forces maritimes destinées contre les infidèles; il augmenta même l'armement, et l'envoya vers l'île de Sardaigne, afin qu'on s'en emparât. Les Espagnols se saisirent d'abord de Cagliari, et ensuite de toute l'île, malgré l'opposition des Impériaux.

Le roi d'Espagne, pour s'assurer cette conquête, redoubla ses forces de mer. Il assembla dans ses ports un grand nombre de vaisseaux de guerre, de frégates, de galères, de galiotes, de brûlots, de tartanes et de bâtiments de transport. Il envoya en croisière deux escadres; l'une dans la Méditerranée, contre les vaisseaux au service de l'Empereur, l'autre au cap Finistère, contre les corsaires et autres ennemis. Il forma, en même temps à Barcelone, une grande flotte de vaissaux armés ou construits dans les ports de Cadix, de Malaga, de Carthagène et d'Alicante. La marine d'Espagne comptait déjà cinquante vaisseaux de ligne, répandus dans les mers de Sicile et de Sardaigne, des galiotes à bombes, des brûlots, un très-grand nombre de transports, et plusieurs bateaux plats pour servir au débarquement. Outre ces bâtiments, le roi d'Espagne avait une puissante escadre dans les mer de l'Amérique, pour arrêter les courses des corsaires et le commerce des contrebandiers, et cinq autres vaisseaux de guerre pour escorter des navires marchands qui faisaient voile vers la nouvelle Espagne.

La flotte espagnole qui était dans la Méditerranée fut considérablement renforcée, et fit en Sicile une descente à laquelle on ne s'attendait pas. Peu de temps après le débarquement, qui eut lieu le 1er juillet 1718, les Espagnols s'emparèrent de Palerme et de Messine; mais ces prospérités furent troublées par un échec qu'ils essuyèrent de la part d'une flotte anglaise que commandait l'amiral Byng. Ce général avait été se rafraîchir à la rade de Cadix, et y avait été reçu par les Espagnols comme ami; de là il prit la route de Naples, d'où il rabattit sur la Sicile. Il arriva le 11 août dans le canal de Messine, en présence de la flotte espagnole. Ceux-ci, ne pouvant regarder les Anglais comme des ennemis, puisque la cour d'Espagne n'avait aucun démêlé avec celle d'Angleterre, firent les signaux de paix, auxquels les Anglais ne répondirent point. Les Espagnols, fort inférieurs en forces, à cause des détachements qu'ils avaient envoyés à Malte et en différents endroits de la Sicile, prirent le parti de se mettre en ligne, et de cingler vers le cap de Passaro. L'amiral Byng les suivit et donna sur leur arrière-garde, qui ne consistait qu'en un vaisseau commandé par le marquis de Mari, et quelques frégates. Sept gros navires anglais attaquèrent ce vaisseau, qui, après s'être défendu pendant quatre heures, échoua sur la côte ; l'équipage eut le bonheur de se sauver. Le gros de la flotte espagnole consistait en six vaisseaux de ligne et trois frégates, qui furent attaqués en même temps par dix-sept vaisseaux anglais. Le combat fut sanglant et opiniâtre, quoique les Espagnols eussent été surpris ; et malgré l'inégalité des forces, ils se battirent depuis le matin jusqu'au soir. L'amiral Byng, avec son vaisseau de quatre-vingts pièces de canon, et six autres, attaqua le commandant espagnol, qui montait *le Saint-Philippe*. Celui-ci se défendit avec une valeur extraordinaire ; mais son vaisseau étant criblé, et lui-même dangereusement blessé, il fut obligé de se rendre. La résistance fut égale partout, et les Anglais ne durent la victoire qu'au nombre, encore ne purent-ils empêcher les Espagnols de sauver quatre vaisseaux de ligne, dix frégates et une galiote à bombes.

Tout affaiblis qu'ils étaient alors, les Espagnols ne perdirent pas courage. Ils mirent encore en mer une flotte considérable, composée de vaisseaux équipés à Cadix, à la Corogne et au port du Passage. Chargée de troupes de débarquement, de munitions de bouche et de guerre, elle mit à la voile le 13 mars 1720, sans qu'on en sût la destination. Les Anglais en conçurent de grandes inquiétudes et cherchèrent la flotte d'Espagne pour la combattre. Ils coururent inutilement toutes les mers ; ne la rencontrant point, ils s'en retournèrent à Londres. La flotte d'Espagne de son côté, battue par la tempête, fut obligée de regagner ses ports, où elle rentra le 29 mars.

La Sicile était toujours le théâtre de la guerre entre les Impériaux et les Espagnols, qui se la disputaient ; elle l'aurait sans doute été longtemps, si les puissances voisines, dont le repos était troublé par cette guerre, n'eussent employé leur médiation pour la faire finir ; il y eut une suspension d'armes, arrêtée au congrès de Cambrai, et la paix se fit enfin entre l'Empereur et le roi d'Espagne, par un traité conclu à Vienne le 30 avril.

Les forces maritimes du roi d'Espagne consistaient, avant la conclusion de ce traité, en dix-huit vaisseaux de guerre et douze frégates qui étaient en mer, en six vaisseaux de soixante-dix à quatre-vingts pièces de canon près d'être lancés à l'eau, et en plusieurs autres sur le chantier, indépendamment de tous les bâtiments retenus dans les ports pour la sûreté des côtes, et de ceux qui étaient destinés à convoyer les navires commerçants dans les Indes occidentales.

Aussitôt que le roi d'Espagne eut fait la paix avec le roi d'Angleterre, il entra en guerre avec l'Empereur, au sujet de quelques Etats d'Italie. La marine espagnole n'y eut part que pour le transport des troupes et des munitions. En 1731, il arriva à Cadix sept vaisseaux de guerre, construits dans les ports de Biscaye, dont l'un, nommé *la Capitane,* était de cent douze pièces de canon, deux de soixante-dix-huit, deux de soixante-quatre, et deux de soixante. Sur la fin de la même année, une escadre de vingt-trois vaisseaux, dont deux étaient de quatre-vingts canons, cinq de soixante-dix, dix de soixante, trois de cinquante, un de trente, et deux de seize, accompagnée de plusieurs galères et bâtiments de transport, fut mise en mer pour faire passer des troupes en Italie.

La ville d'Oran fut en même temps l'objet de grands préparatifs de la part du roi d'Espagne. Cette place importante, située avec un port à l'extrémité occidentale de l'Etat d'Alger, avait été autrefois conquise par le cardinal Ximenès; mais les Algériens l'avaient reprise en 1707, dans le temps que Philippe V était occupé à se maintenir sur le trône contre plusieurs puissances liguées. Ce prince n'ayant plus d'inquiétude à cet égard, entreprit d'enlever à son tour Oran aux infidèles. Il fit partir pour cette expédition une flotte de douze vaisseaux de ligne, deux frégates, deux galiotes à bombes, sept galères, dix-huit galiotes à rames, douze barques longues armées, et quatre cent soixante-seize bâtiments de transport. Cette flotte mit à la voile le 15 juin 1732. Battue par les vents et les courants, elle n'entra que le 23 dans la baie, et le 29 on commença à mettre les troupes à terre. On s'y établit malgré l'opposition d'une multitude de Mores et de Turcs, qui furent défaits, et l'on s'empara enfin de la ville, laquelle fut abandonnée par les habitants.

La cour d'Espagne, partagée entre les affaires d'Afrique et celles d'Italie, faisait de grands armements sur mer. Sur la fin de l'année, on comptait dans les ports de la Méditerranée vingt-quatre vaisseaux de ligne, un de quatre-vingts pièces de canon, dix de soixante-dix, sept de soixante, et le reste de quarante à cinquante, avec deux galiotes à bombes et deux brûlots.

Pendant toute cette guerre, les vaisseaux du roi d'Espagne ne servirent qu'au voyage de l'Amérique, et à transporter des troupes en Italie. La paix fut faite avec l'Empereur. Une autre guerre a succédé, qui a mis la marine dans un plus grand mouvement.

Les Anglais avaient la liberté de faire le commerce en Amérique, dans les Etats du roi d'Espagne, mais avec des bornes prescrites par des traités. Ils furent accusés et convaincus de les avoir passées. Plusieurs de leurs bâtiments, surpris en fraude, furent arrêtés et confisqués par les Espagnols. La nouvelle n'en parvint pas plutôt en Angleterre, qu'elle y excita de grands murmures. Les négociants intéressés crièrent; le Parlement écouta leurs plaintes, et le roi prit parti. Les négociations que firent faire les deux souverains par leurs ministres, n'aboutirent à rien, et l'on se prépara de part et d'autre à soutenir ses droits par la force, plus efficace ordinairement que la négociation. Le roi d'Angleterre envoya dans la Méditerranée, vers les côtes d'Espagne, l'amiral Haddock, avec une escadre de quatorze vaisseaux de guerre, qui fut peu de temps après renforcée d'un pareil nombre. De leur côté, les Espagnols équipèrent trente vaisseaux, et une guerre ouverte entre les deux nations suivit enfin ces armements.

Le roi d'Espagne mit ses places maritimes en état de défense, et des vaisseaux en mer pour garantir ses côtes; il en envoya d'autres en Amérique non-seulement pour préserver ses colonies, mais encore pour attaquer celles des Anglais. Il délivra un nombre considérable de commissions à des armateurs, pour croiser sur les Anglais, et en 1740 vingt-huit vaisseaux se trouvèrent armés.

Outre ces bâtiments, il restait encore à armer à Cadix *le Royal,* de cent quatorze canons; *l'Elisabeth,* de quatre-vingt-quatre; *le Ferdinand,* de soixante; *le Ptolomée* et *le Xavier,* chacun de cinquante-quatre.

On vit encore l'année suivante, à Cadix, équiper une escadre de quatorze vaisseaux. L'amiral était de cent dix pièces de canon, un de quatre-vingts, huit de soixante, trois de cinquante-quatre, un de quarante-six, etc. Six autres furent armés à Carthagène et au Férol, dont un était de soixante-dix canons, trois de soixante-quatre, un de soixante et un de cinquante.

La nouvelle Géorgie, Porto-Bello, Saint-Augustin et Carthagène, en Amérique, ont été le théâtre des principaux événements de cette guerre; mais comme le siége de cette dernière place est un trait remarquable de la valeur des Espagnols, il convient d'en donner ici une idée. Edouard Vernon, amiral anglais, vint assiéger Carthagène avec la plus nombreuse flotte qui ait paru dans ces mers. Elle était composée de trente-six vaisseaux de guerre, dont huit à trois ponts; de douze frégates depuis vingt jusqu'à cinquante canons; de deux galiotes à bombes; de plusieurs brûlots, et de cent trente bâtiments de transport, chargés de plus de neuf mille hommes de débarquement.

L'amiral anglais parut le 13 mars 1841 devant Carthagène. Le 19 il mouilla le long de la côte, hors de la portée du canon des fortifications avancées. Après avoir fait sonder les avenues du port par quatre vaisseaux, le 20, toute la flotte s'approcha des premiers forts, qui furent attaqués avec toute la vigueur possible, et emportés à la faveur du canon, des bombes et des grenades. Les Anglais, maîtres de tout ce qui défendait l'approche de Carthagène, s'attachèrent alors au corps de la place; mais ils n'y arrivèrent pas sans beaucoup de peine; don Sébastien de Eslaba, vice-roi de Santa-Fé, qui la défendait, leur fit payer chèrement la conquête de tous les forts dont ils s'emparèrent d'abord, et mit en œuvre ce que la prudence a de plus fin, et le courage de plus hardi. Il fit des sorties heureuses et bien ménagées; il mit le feu à ceux de ses vaisseaux qui pouvaient tomber au pouvoir des ennemis; il en fit échouer d'autres pour barrer l'entrée du port; il désempara et maltraita une partie de ceux des Anglais. Enfin, avec son peu de monde, il força l'amiral Vernon à rembarquer ses troupes, et à se retirer à la Jamaïque, avec environ vingt vaisseaux de moins, et après avoir perdu, dans les différentes actions, par le scorbut et la dyssenterie plus de neuf mille hommes.

Pendant le siége, qui dura deux mois, les Anglais jetèrent neuf mille bombes et une infinité de boulets rouges, de pots à feu, de grenades et de flèches enflammées. Il est bien étonnant que, malgré un feu si violent, et pendant une si longue défense, les Espagnols n'aient pas perdu cinq cents hommes. Leurs forces consistaient, dans la ville et dans les forts, en onze cents hommes de troupes disciplinées, trois cents miliciens, deux compagnies de nègres et mulâtres libres, et six cents Indiens de la montagne, pour les travaux. Il y avait dans le port six vaisseaux de guerre, quatre cents soldats de marine et six cents matelots. Les vaisseaux et les troupes de marine étaient commandés par don Blas de Leso, lieutenant général des armées navales. Cet officier et le vice-roi, étant un jour assis sur le gaillard d'un vaisseau, furent légèrement blessés, le premier au bras, et celui-ci aux pieds, de quelques éclats que fit voler un boulet de canon, qui enleva les supports du siége que le vice-roi occupait. Cette expédition est la plus grande qui se soit faite dans les mers du nouveau monde depuis qu'il est découvert.

Au reste, il ne faut pas juger de la valeur qu'avait alors la marine des Espagnols par leurs armements; s'ils n'en faisaient pas d'aussi considérables que leur situation pouvait le leur permettre, ou qu'en faisaient les autres nations, ils employaient un moyen assez simple pour faire avec avantage la guerre aux puissances maritimes, chez qui le commerce était exercé. Mettre en mer des flottes nombreuses, était changer, selon eux, des frais immenses contre de très-légers avantages, quelque heureux qu'on fût. Ils croyaient que la moindre victoire coûte beaucoup, et que la plus grande vaut peu de chose; mais qu'en se bornant à croiser sur les vaisseaux marchands des ennemis, avec de simples armateurs, on ne risque presque rien, et que pour peu qu'on leur nuise, on leur nuit beaucoup. Le succès a justifié cette sage conduite: les armateurs espagnols ont causé à l'Angleterre des pertes incalculables.

Portugais.

Après la mort de Jean II, Emmanuel monta sur le trône. Les Portugais continuaient à parcourir les côtes de Barbarie, afin de trouver quelque occasion favorable d'étendre les bornes de leur domination. Zéjam, oncle du roi de Fez, voyant avec quelle avidité ils cherchaient à faire des conquêtes, leur tendit un piége dans lequel ils donnèrent imprudemment : il alla à la cour du roi Emmanuel, lui fit entendre qu'il avait des intelligences dans Azamore, et qu'il lui livrerait cette ville et plusieurs autres, s'il voulait y envoyer une flotte. Le crédule monarque, qui comptait trop facilement sur le succès d'une pareille entreprise, et sur les promesses d'un prince infidèle, se laissa éblouir par ces offres ; il lui envoya une escadre sous le commandement de Jean de Ménézès. Elle partit de Lisbonne le 26 juillet 1508 , parut ensuite devant Azamore et en fit le siége.

Le général portugais attendait avec une extrême confiance l'effet des flatteuses promesses du prince more ; mais il ne fut pas longtemps à s'apercevoir de son erreur, et de la tromperie de Zéjam. Celui-ci se mit à la tête des assiégés, qui firent plusieurs sorties sur les Portugais, et qui tombèrent sur eux avec tant d'impétuosité, que Ménézès, qui ne s'y attendait point, fut obligé de lever le siége après une perte considérable. Il eut quelques vaisseaux de coulés et plusieurs de brûlés, par de petits bâtiments, remplis de matières combustibles, que les Mores faisaient approcher. Ménézès, ne pouvant se retirer en Portugal, à cause des vents contraires, alla mouiller à Gibraltar.

Le roi de Fez, piqué de l'insulte que les Portugais avaient faite à une de ses villes, chercha bientôt à s'en venger. Le 19 octobre de la même année, il alla faire le siége d'Arzile, occupée par les Portugais. Le gouverneur se défendit en homme de courage ; mais il était pressé. Ménézès, qui en fut averti, vola à son secours avec sa flotte, qui heureusement n'était pas éloignée : il arriva cependant un peu trop tard ; car la ville, ne pouvant résister à la multitude des barbares qui l'assiégeaient, fut prise, et la garnison obligée de se retirer dans la forteresse. Ménézès, informé du triste état et du pressant danger où elle était, crut qu'il serait indigne de sa gloire de n'être venu précisément que pour voir périr de si braves gens. Il mit donc en usage tous les ressorts de la prudence et de la valeur pour les secourir. Ne pouvant entrer dans le port, à cause des vases qui le rendent dangereux, et de la tempête qui augmentait encore le péril, il mit sur de petits bateaux plats des troupes composées de criminels condamnés aux galères, auxquels il promit la liberté ; de mercenaires à qui il donna de l'argent, et de plusieurs autres, qui, poussés par le désir d'acquérir de la gloire, s'étaient engagés dans cette expédition.

Ces barques chargées de gens excités par différents motifs, s'ouvrirent un passage, malgré tous les efforts des infidèles, et portèrent dans la citadelle des munitions de bouche et de guerre. Un secours venu si à propos fit reprendre courage à la garnison. Pierre de Navarre, amiral d'Espagne, qui était à Gibraltar avec sa flotte, appareilla de son côté pour aller au secours des Portugais. Les deux flottes réunies désolèrent les barbares, avec leur canon qui les battait sans relâche à revers et à découvert. Les Mores, affaiblis par des pertes considérables, étonnés de la valeur des chrétiens, et désespérant de prendre le fort, se retirèrent après avoir réduit la ville en cendres.

Emmanuel n'oubliait pas la trahison de Zéjam, qui n'avait cherché à le tromper que pour se rendre maître lui-même d'Azamore. Pour se venger de cette perfidie, il mit en mer une flotte de quatre cents vaisseaux de toutes les grandeurs. Elle cingla vers les côtes de l'océan Atlantique, et jeta l'ancre à un kilomètre d'Azamore. Les Portugais ayant fait leur descente, assiégèrent cette place. Elle fut défendue avec beaucoup d'intrépidité; mais le gouverneur, qui en faisait le plus fort appui par sa prudence et son habileté, ayant péri, les Portugais s'emparèrent de la place, et remportèrent ensuite plusieurs victoires sur les Mores voisins.

On a vu précédemment la naissance et les progrès de la marine des Portugais; mais pour la montrer dans tout son éclat, il faut dire en passant quelque chose des belles découvertes que cette nation a faites dans les deux hémisphères.

Non-seulement les terres de l'Amérique, mais encore quantité d'îles et de côtes dans l'Afrique et dans les Indes étaient inconnues aux anciens. Comme on ne connaissait alors ni l'usage des instruments d'observation, ni de la boussole, on n'osait prendre le large; et si l'on se trouvait quelquefois en pleine mer, c'est qu'on y avait été jeté par la tempête. La navigation était si peu étendue, que, dans l'océan Atlantique, on ne connaissait point le cap de Non, *caput Non,* — les Colonnes d'Hercule : c'était le *non-plus-ultra,* et ce que signifiait son nom. Ce cap est dans le Bidulgérid.

Il est cependant vrai, si l'on en croit des auteurs d'une autorité respectable (voir tome Ier, page 190), que les Portugais n'ont pas découvert les premiers les côtes de l'Afrique dont on va parler. On prétend que Hannon, par un décret du sénat de Carthage, avec une flotte de cinquante vaisseaux chargés de trente mille hommes, destinés pour établir des colonies, sortit de la Méditerranée par le détroit de Gibraltar, parcourut toute la côte occidentale de l'Afrique, et poussa ses courses jusqu'aux confins de l'Arabie, où il les termina faute de vivres. Il en fit en langue punique une relation connue aujourd'hui sous le nom de *Périple*.

C'en est assez pour démontrer que les anciens croyaient qu'on pouvait faire par mer le tour de l'Afrique. Cornelius Nepos dit que de son temps Eudoxe, voulant se dérober à la colère du roi Lathyre, s'embarqua dans le golfe Arabique, et continua sa route jusqu'à Gadès, c'est-à-dire jusqu'au détroit de Gibraltar ; et M. Huet, évêque d'Avranches, prétend que dès le temps de Salomon le cap de Bonne-Espérance était connu et très-fréquenté. Si toutes ces relations sont vraies, comme il semble qu'on n'en peut douter, les Portugais n'ont fait que retrouver un chemin qui s'était perdu.

Henri, duc de Visco, fils de Jean Ier, roi de Portugal, voulant faire pénétrer le nom de Jésus-Christ et la gloire des Portugais dans les terres inconnues, forma le dessein de pousser la navigation sur les côtes d'Afrique, au delà des bornes ordinaires. C'était un prince hardi, courageux, entreprenant et habile dans l'astronomie. Convaincu par ses propres lumières, par le rapport de quelques Africains, et peut-être par les anciennes histoires dont on a parlé, qu'on pouvait pousser plus loin les découvertes faites dans l'Océan occidental, il en conçut le projet, et employa pour l'exécuter les biens de l'ordre de Christ dont il était grand maître. Il fit embarquer sur deux vaisseaux une nombreuse et brillante noblesse, qui voulut partager la gloire et les périls d'une si belle expédition. Ils firent voile vers le sud, rangèrent les côtes du mont Atlas, passèrent de trente myriamètres le cap de Non, et arrivèrent au promontoire de Ganare, où ils furent arrêtés par de furieuses agitationt de la mer ; la difficulté de doubler ce cap les empêcha de pénétrer plus avant.

Ce faible succès et les grands obstacles qu'on avait rencontrés ralentirent l'ardeur de ceux qui s'étaient prêtés aux projets de don Henri. Mais ce prince ne fut point rebuté par les difficultés ; et comme il crut qu'on pouvait les vaincre, il entreprit de les surmonter. Il jugea de ce qu'on pouvait faire par ce qu'on avait déjà fait, et dix ans après son premier coup d'essai, il fit partir des vaisseaux sous la conduite de Gonzalès Zarco et de Tristan Vaz, qui, après avoir essuyé plusieurs périls et parcouru beaucoup de côtes, découvrirent l'île de Madère. Ils avaient déjà découvert Porto-Santo.

Ces découvertes, dont le succès avait répondu si heureusement aux espérances de l'Infant don Henri, réveillèrent l'attention de plusieurs Portugais, piquèrent leur curiosité, et leur inspirèrent le dessein de marcher sur les traces de Gonzalès et de Vaz; et d'aller plus loin qu'ils n'avaient fait jusqu'alors. Gilles Annius, habile marin, fut un de ces Portugais. Il se mit en mer et trouva dans sa course des bancs, des rochers et des écueils capables d'effrayer tout autre moins hardi et moins courageux que lui. Les dangers renaissaient à chaque instant; mais il fut moins occupé de ce qu'ils avaient d'affreux que des moyens de s'en garantir. Il vint à bout de toutes les difficultés qu'il rencontra sur sa route. Il fut récompensé de son intrépidité et de sa persévérance, car il découvrit et doubla le promontoire de Ganare, ou cap Boïador. Les premiers vaisseaux envoyés par don Henri n'avaient pu le passer, à cause des courants qui se jettent avec impétuosité dans les lieux profonds, et forment avec un grand bruit des gouffres capables d'épouvanter les plus intrépides. Annius para ce redoutable promontoire, suivit la côte fort loin, découvrit beaucoup de peuples inconnus, à qui il donna une première idée de la religion de Jésus-Christ. Cette expédition parut si glorieuse au royaume de Portugal, et si utile à la religion, que le pape Martin V donna par une bulle aux Portugais toutes les terres qu'ils découvriraient depuis le promontoire de Ganare jusqu'aux extrémités des Indes. En 1441, Nuno Tristan et Antoine Gonzalès poussèrent plus loin leurs découvertes, et allèrent jusqu'au cap Blanc.

Alphonse V, roi de Portugal, charmé de ces nouvelles découvertes, en voulut partager la gloire. Pour les continuer, il envoya, en 1446, des vaisseaux sur les côtes d'Afrique, avec d'excellents capitaines et d'habiles pilotes : ils découvrirent le cap Vert, promontoire célèbre sur la côte occidentale de la Nigritie, près de l'embouchure du fleuve Sénégal. Ils ne bornèrent pas là leur navigation; ils l'étendirent jusqu'au cap Sainte-Catherine, 2 degrés et demi au delà de l'équateur, les îles Açores, plusieurs autres îles, et ouvrirent le commerce avec différents peuples, et surtout avec les habitants de la Guinée, de qui ils tirèrent une grande quantité d'or en échange de bagatelles.

En 1449, Antoine Nolli découvrait les îles du cap Vert; Jean de Santarem et Pierre Escovar reconnaissaient les côtes de Guinée, où les Français avaient déjà paru.

Jean II, successeur d'Alphonse V, marqua encore plus d'ardeur pour les découvertes : son conseil le contraria, mais ne fit qu'augmenter ses désirs. Il envoya une flotte en Guinée, sous la conduite de Jacques Azambuya, qui y fit un établissement. Après avoir échangé ses marchandises pour de l'or et de l'ivoire, il retourna en Portugal. Don Juan, sensible au progrès de la religion et aux appas des richesses de l'Arabie et des. Indes, voulut s'ouvrir le chemin de ces pays inconnus. Il fit travailler les plus habiles mathématiciens aux tables des latitudes, pour faciliter la navigation, et il équipa une flotte qu'il mit sous les ordres de Jacques Canus, homme d'un grand mérite. Canus mit à la voile en 1484, prit la route d'Afrique, passa le cap Sainte-Catherine, et trouva l'embouchure du Zaïre. Ce fleuve est le plus considérable du Congo, et les plus grands navires le remontent jusqu'à quatre myriamètres. Il y dressa une colonne sur laquelle étaient gravées les armes de Portugal, et pénétra dans l'intérieur des terres, pour les intérêts du commerce et pour la gloire de la religion.

Le roi Jean, qui avait toujours fort à cœur la découverte du chemin des Indes, fit partir une nouvelle flotte sous les ordres de Barthélemy Diaz, qui entreprit de pousser sa navigation au delà de celle de Canus. Diaz était un homme d'une grande capacité, d'une fermeté inébranlable, et d'un mérite à remplir avec honneur cette importante mission. Il prit la mer et laissa bientôt derrière lui les bornes des navigations précédentes. Il côtoya hardiment des rivages inconnus; il s'avança jusqu'à la pointe d'un promontoire, le plus long et le plus dangereux qui soit dans l'univers ; il le doubla et le passa même sans être effrayé des horribles tempêtes dont il fut battu, ni intimidé du soulèvement général de son équipage. Mais les vivres commençant à lui manquer, il reprit la route du Portugal, où il arriva après six mois de navigation.

Comme il faisait au roi le récit de son voyage, et la description du cap qu'il avait paré, il le nomma le *cap des Tourmentes,* parce qu'il y règne toujours des vents impétueux; mais le roi, transporté de joie de cette heureuse découverte, l'appela le *cap de Bonne-Espérance,* parce qu'il lui fit espérer qu'on pénétrerait bientôt dans les Indes. Dans ce but, il fit construire des vaisseaux qui, par leur solidité et leur architecture, étaient en état de résister à tout et de se soutenir au milieu des plus grands périls; mais la mort surprit ce prince au milieu de ses utiles projets.

Emmanuel, qui lui succéda, voulut aussi découvrir le chemin des Indes. Il fit donc équiper quatre vaisseaux, les munit de tout ce qui est nécessaire pour un voyage de long cours, et en donna le commandement à Vasco de Gama, homme éclairé et d'un courage à toute épreuve. Cet amiral appareilla le 9 juillet 1497, prit sa route vers les îles Fortunées, cingla du côté de celles du cap Vert, et découvrit en passant l'île de Saint-Jacques. Il s'engagea ensuite dans une vaste mer, où il fut battu pendant trois mois d'une furieuse tempête. Il passa la ligne, revira au sud-est, et à 10 degrés de latitude méridionale il trouva l'embouchure d'une belle rivière, où il se rafraîchit et fit provision d'eau, de bois et de toutes les choses dont il pouvait avoir besoin.

Vasco de Gama, après s'être remis de ses fatigues, continua sa route et doubla le cap de Bonne-Espérance ; après quoi il fut assailli d'une si affreuse tempête, que les soldats et les matelots, effrayés du péril qui s'offrait à leurs yeux, employèrent les pleurs, les prières et les menaces pour engager leur amiral à retourner sur ses pas ; mais ni leurs cris ni le danger présent ne purent ébranler son courage.

Ayant passé le cap le 25 novembre, il rangea la côte orientale de l'Afrique, la parcourut avec une intrépidité qui le fit triompher de la révolte de son équipage, de la trahison des habitants du pays, et des tempêtes dont sa flotte fut agitée. Enfin, après beaucoup de difficultés et de périls, il jeta l'ancre devant la ville de Mélinde, où il trouva un peuple doux et rempli d'humanité pour les étrangers. Il en reçut mille marques d'une bonté généreuse, et obtint du roi même un pilote expérimenté pour le conduire à Calicut. Il fit en vingt et un jours ce trajet, qui est de trois cent cinquante myriamètres, et eut la gloire d'ouvrir un chemin dans les Indes, de fixer une route jusqu'alors inconnue, et de faciliter les moyens d'aller chercher les richesses dont ce pays abonde. Il ne fut que onze mois à se rendre aux Indes, puisqu'il partit de Portugal au commencement de juillet, et arriva à Calicut, sur la côte de Malabar, à la fin du mois de mai de l'année suivante.

Gama y fut reçu gracieusement par le roi du pays. Ce prince était vêtu d'une robe de coton semée de roses d'or ; il avait sur la tête un bonnet doré en forme de tiare, des bracelets d'or aux bras et aux jambes, et des bagues d'or et beaucoup de pierreries aux doigts des mains et des pieds. Le bon accueil que le roi de Calicut fit à Gama ne fut pas de longue durée. Les Etats de ce prince étaient remplis de Turcs et de Juifs qui y négociaient. Ceux-ci, à qui des motifs de fortune et de religion inspiraient beaucoup de haine pour les Portugais, et qui craignaient d'ailleurs de voir leur commerce détruit ou diminué par celui de ces nouveaux venus, cherchèrent à les décrier dans l'esprit du roi de Calicut, en les représentant à ce prince comme des pirates avides, qui n'avaient d'autre dessein que de lui enlever sa couronne et le chasser de son royaume.

Ces discours eurent leur effet : le roi de Calicut en fut alarmé, et donna ses ordres pour faire arrêter Gama ; mais l'amiral portugais, en ayant été averti, remonta sur ses vaisseaux et fit voile pour l'Europe. Il relâcha à Mozambique, Quiloa, Montbaze, puis à l'île d'Angedive, sur la côte du royaume de Décan, pour se radoùber et se rafraîchir ; il remit ensuite à la voile, regagna Mélinde et retourna en Europe par la même route : il arriva à Lisbonne au mois de septembre, plus de deux ans après son départ.

Le roi Emmanuel ayant ouvert un chemin pour aller aux Indes, voulut en profiter. Il fit armer treize vaisseaux plus considérables que les premiers, et en donna le commandement à don Pedro Alvarès Cabrera, homme très-distingué par son mérite et par sa vertu. La plus brillante jeunesse monta sur ces vaisseaux, afin d'avoir part aux richesses de l'Orient et à la gloire des premières conquêtes qu'on méditait de faire dans les Indes. Cabrera mit à la voile le 18 mars 1500, et arriva aux îles du cap Vert après treize jours de navigation. Il essuya en route une furieuse tempête qui jeta la flotte en pleine mer; un de ses vaisseaux, après avoir lutté quelque temps contre les vents et les flots, fut obligé de relâcher à Lisbonne. Cabrera, pour éviter la bonace qui règne quelquefois sur les côtes de la Guinée, et pour doubler le cap de Bonne-Espérance avec moins de danger, fit faire à sa flotte réunie un grand circuit en tirant au sud-ouest ; et, après un mois de navigation, il fut poussé par les vents à la vue d'un continent qu'il prit pour une île. En côtoyant, il trouva un port agéable, sûr et commode, à qui il donna le nom de *Port-Assuré;* il y mouilla, s'y rafraîchit et y planta une croix, ce qui lui fit nommer cette contrée *Sainte-Croix;* mais on l'appela dans la suite *Brésil,* à cause d'un bois rouge qui porte ce nom et qui y est très-commun.

Cabrera, après avoir séjourné quelque temps au Brésil, fit voile pour le cap de Bonne-Espérance, qui en est éloigné de six cents myriamètres; il commença le 5 mai cette longue et pénible traversée, dans laquelle il eut beaucoup de périls et de difficultés à essuyer. Il se trouva sur une mer inconnue, où le calme et l'orage se succèdent tour à tour, ce qui la rend extrêmement dangereuse. Cabrera en fit une triste expérience; car un tourbillon imprévu submergea à ses yeux quatre de ses vaisseaux avec tous les équipages. Une affreuse tempête le tint encore pendant vingt jours entre la vie et la mort; sa flotte fut dispersée, et un de ses vaisseaux rentra fort maltraité à Lisbonne, avec six hommes qui restaient seuls de tout l'équipage.

Cabrera, pour avoir perdu une partie de ses vaisseaux, ne perdit rien de son courage : il doubla le cap de Bonne-Espérance, découvrit quelques terres, et alla jeter l'ancre à Mozambique, dans le Zanguébar, vis-à-vis de l'île de Madagascar. Il y arriva le 21 juillet, y rafraîchit et ravitailla sa flotte, puis il remit à la voile et fut mouiller à Quiloa, entre le royaume de Mozambique et celui de Mélinde. Il y fut d'abord assez bien reçu; mais sur de mauvaises impressions que le roi de Quiloa prit contre lui, il appareilla et dirigea sa route vers Mélinde, où on l'accueillit avec de grands honneurs et de grands témoignages d'amitié. Il en partit le 7 août avec un vent favorable, et arriva à Calicut, où le sort ne le traita pas mieux que Gama.

On lui fit d'abord un assez bon accueil; mais le roi et les habitants, qui avaient encore été prévenus contre les Portugais par des marchands égyptiens, en usèrent cruellement avec les gens que Cabrera mit à terre; car au moment où ils s'y attendaient le moins, ils furent investis, forcés et massacrés. Cabrera ne laissa pas cette trahison impunie : il brûla dix grands vaisseaux qui étaient dans le port de Calicut, après avoir pillé tout ce qui pouvait l'accommoder. Il foudroya la ville à coups de canon, et en détruisit presque tous les habitants. Il se retira après cette expédition, et alla négocier à Cochin, à Cananor et chez d'autres peuples établis sur la côte de Malabar, dans la presqu'île de l'Inde, en deçà du golfe de Bengale. Sa cargaison étant faite, il partit au mois de janvier 1501, et s'en retourna en Europe par le même chemin. Il arriva à Lisbonne le 30 du mois de juillet, après avoir perdu encore un de ses vaisseaux.

Le roi Emmanuel, qui s'était vivement intéressé à la navigation de Cabrera, avait eu beaucoup d'inquiétude pendant son voyage. Pour en apprendre des nouvelles, il envoya au-devant de lui quatre vaisseaux commandés par Jean de Nova, capitaine aussi brave qu'expérimenté. Nova découvrit, chemin faisant, l'île de la Conception, située un peu en deçà de l'équateur; il fit voile ensuite jusqu'à Mélinde, où il apprit le retour de Cabrera et ses aventures. Voyant qu'il ne pouvait lui être d'aucune utilité, il continua sa route jusqu'aux Indes, et alla aborder au royaume de Cananor.

Le roi de Calicut, toujours animé contre les Portugais, qu'on lui avait dépeints avec des traits odieux, fit armer plus de quatre-vingts bâtiments pour envelopper ceux de Jean de Nova. Celui-ci se défendit avec un courage qui intimida ses ennemis, remporta sur eux une victoire complète; et, après avoir mis sur ses vaisseaux les plus riches marchandises, il partit pour Lisbonne, chargé de trésors et couvert de lauriers.

Il découvrit sur sa route l'île de Sainte-Hélène, qui est située à 16 degrés de latitude méridionale dans la grande mer d'Ethiopie, et fort éloignée du continent et des îles; elle est aussi utile que commode pour le rafraîchissement des vaisseaux qui reviennent des Indes, et c'est pour cette raison qu'on l'appelle *l'Hôtellerie de la mer*.

Don Emmanuel, chargé des grands avantages qu'il tirait du commerce des Indes, y envoya une seconde fois Vasco de Gama, avec une flotte de vingt vaisseaux, pourvue de tout ce qui était nécessaire pour se faire aimer des Indiens, ou pour s'en faire craindre; il fit prendre les devants à Vincent Sodré avec onze vaisseaux, et lui donna ordre d'attendre Gama à Mozambique. Celui-ci, avec quatre bâtiments qu'il s'était réservés, prit la route de Sofala pour y découvrir le pays. Quelques auteurs ont placé là Ophir, où Salomon envoyait ses vaisseaux par la mer Rouge, et d'où il tirait une grande quantité d'or et d'ivoire. Gama y perdit un bâtiment. Il alla ensuite joindre Vincent Sodré, qui, en l'attendant, avait fait construire une caravelle, selon les ordres qu'il en avait reçus. Gama est le premier qui se soit servi de ces sortes de navires dans la mer des Indes.

Gama prit la route de Quiloa, où toute sa flotte se trouva rassemblée; il fit aiguade au delà de Mélinde, dans un golfe où il fut porté par les vents, et prit ensuite le large pour gagner les Indes. En approchant des terres, il rencontra un grand vaisseau qui appartenait au soudan d'Egypte, et qui était bien armé et richement chargé. Il l'attaqua; les infidèles se défendirent jusqu'au lendemain; mais, malgré toute leur résistance, le vaisseau fut pris, pillé, brûlé et tout l'équipage égorgé. Gama étant arrivé aux Indes, fut obligé de se tenir continuellement en garde contre les piéges que lui tendait Zamory, roi de Calicut. Ceux de Cochin, et de Cananor lui accordèrent leur amitié, et lui permirent volontiers de faire ses emplettes dans leurs Etats.

Lorsque ses vaisseaux, richement chargés, étaient prêts à partir, le roi de Calicut, qui croyait que la flotte de Gama aurait peine à se défendre à cause de sa charge, l'attaqua avec vingt-neuf bâtiments; mais le général portugais combattit avec tant de valeur dans cette occasion, que la flotte du monarque indien fut entièrement défaite. Gama, après cette victoire, pourvut aux besoins des nouvelles colonies, et laissa des vaisseaux et des troupes pour les soutenir : il partit ensuite pour l'Europe; et, après avoir essuyé une tempête au cap de Bonne-Espérance, il arriva à Lisbonne le premier jour du mois de septembre 1503.

Après le départ de Gama, la presqu'île de l'Inde fut cruellement déchirée par des guerres intestines : le roi de Calicut livra plusieurs combats à ses voisins; les Portugais en prenaient la défense, et leur aidaient à repousser les efforts de cet ennemi commun. Ils avaient encore à soutenir la haine, les complots et les pratiques secrètes des Egyptiens, qui faisant également commerce dans les Indes, ne cherchaient que les occasions de nuire aux Portugais, et de les perdre.

Le roi de Portugal, pour affermir ses colonies naissantes, envoya aux Indes différentes flottes bien équipées. François Albuquerque et Alphonse son frère partirent avec plusieurs vaisseaux, et firent voile pour les Indes. Ils rassurèrent par leur présence les Portugais consternés; rétablirent le roi de Cochin dans ses Etats; bâtirent un fort dans sa capitale, ainsi qu'aux îles Angédives, pour la sûreté du commerce; firent des alliances; mirent le roi de Calicut à la raison; et, après avoir chargé leurs vaisseaux d'épiceries, ils reprirent la route de Lisbonne, où Alphonse arriva le 17 juillet 1504. Son frère et deux autres capitaines disparurent en chemin, sans qu'on ait pu savoir ce qu'ils étaient devenus.

Emmanuel voyant les prospérités qui accompagnaient les Portugais dans les Indes, résolut d'y faire un établissement où sa domination fut solidement établie. Il y envoya François Alméida, en qualité de vice-roi : c'était un gentilhomme qui s'était fait par ses actions un grand nom dans la marine. Il partit de Lisbonne le 25 mars 1505, avec une flotte de vingt-deux vaisseaux, bâtit sur sa route plusieurs forts pour favoriser la navigation des Indes, qui commençait à fleurir, et arriva le 6 avril aux îles du cap Vert. A peine y parut-il avec sa flotte, qu'il se vit sur les bras toutes les forces du roi de Calicut, qui s'était ligué avec les Egyptiens et les Arabes. Leur armée navale était de près de deux cents vaisseaux. Alméida n'en fut point effrayé ; il opposa à leur grand nombre sa valeur et son intrépidité, et remporta sur eux une victoire signalée.

Peu de temps auparavant, son fils était allé, par ses ordres, croiser vers les Maldives avec neuf vaisseaux, pour y attendre les Turcs qui venaient des Moluques ; mais, connaissant peu ces mers, il fut jeté par hasard dans l'île de Ceylan, qui était tout à fait inconnue aux Portugais: il fut de sa nation le premier qui découvrit cette île si abondante en pierres précieuses et en aromates. Il en prit possession au nom du roi de Portugal, et y fit dresser une colonne de marbre, sur laquelle étaient gravées les armes de ce souverain.

Pendant que ces choses se passaient dans les Indes, Tristan d'Acuna, accompagné d'Alphonse Albuquerque, partit de Portugal avec une flotte de dix-huit vaisseaux. Il fit sur sa route une descente dans l'île de Madagascar, pour connaître les mœurs de ses habitants et les productions du pays. Cette île avait été découverte, le 1er février, par huit vaisseaux qu'Alméida renvoyait en Europe. Après un assez long voyage mêlé de beaucoup d'aventures, Tristan arriva aux Indes, où sa présence et sa flotte étaient nécessaires pour relever le courage des Portugais, qui, depuis quatre mois, avaient été continuellement aux prises avec le roi de Calicut.

Il se distingua dans les Indes par plusieurs belles actions, et reprit le chemin de sa patrie avec cinq vaisseaux.

Albuquerque, qui était resté aux Indes, croisa avec quelques vaisseaux pour tenir en respect tout le pays situé aux environs des golfes Persique et Arabique. Il y eut sans cesse les armes à la main, ce qui fatigua beaucoup ses gens, et leur fit perdre courage ; mais le sien fut inébranlable. Alméida, de son côté, avait de redoutables ennemis à combattre. Le roi de Calicut, soutenu de toutes les forces maritimes des Malabares, et d'une multitude de vaisseaux turcs et égyptiens, lui livra plusieurs combats dont les succès furent différents. Laurent Alméida, fils du vice-roi, en vint aux mains avec une puissante flotte égyptienne, qui allait au secours du roi de Calicut ; mais il y perdit la vie, après avoir donné des preuves d'une éclatante valeur.

François Alméida reçut en grand homme la nouvelle de la mort de son fils si brave ; mais il se prépara en même temps à la venger. Il assembla une flotte de dix-neuf vaisseaux, et alla trouver les ennemis, qui jouissaient paisiblement du fruit de leur victoire. Quoique leurs forces fussent supérieures aux siennes, leur armée étant de plus de cent navires, il leur livra bataille avec une fermeté qui les ébranla. Il coula, prit ou brûla la plus grande partie de leurs vaisseaux. Ce triomphe assura aux Portugais pendant longtemps l'empire de la mer des Indes.

Alméida, après quatre ans de séjour dans ce pays, fit voile pour le Portugal ; il s'arrêta au cap de Bonne-Espérance pour y faire de l'eau et y prendre d'autres rafraîchissements. Un jour, ses gens s'étant écartés, et ayant été attaqués par ceux du pays, Alméida courut à leur secours. Ce grand homme, que la mort avait respecté au milieu des plus affreux hasards, et qui retournait couvert de gloire dans son pays, périt dans cette occasion, où il n'y avait ni honneur à acquérir pour lui, ni avantage à procurer à sa patrie.

Alphonse Albuquerque prit la place d'Alméida. Ce nouveau vice-roi ayant reçu un renfort de trois mille soldats et de quinze vaisseaux, commandés par Ferdinand Cotin, entreprit, pour signaler son élévation, d'humilier le roi de Calicut, ennemi déclaré des Portugais. Il fit le siége de la ville, et attaqua la citadelle, qui était située à l'entrée du port. Cette entreprise eut un résultat fort désavantageux aux Portugais ; Cotin, entre autres, y périt.

Pendant ces tragiques scènes dans le royaume de Calicut, Lopès Sequeyra descendit dans l'île de Sumatra, où aucun Portugais n'avait encore pris terre. On la croyait autrefois une péninsule, parce que la mer, qui la sépare du continent où est Malaca, était inconnue. Cette île, dont les approches sont défendues par des écueils qui l'environnent de toutes parts, est ce que les anciens appelaient *la Chersonèse d'or*. Sequeyra passa de Sumatra à Malaca, et lia avec le roi du pays une amitié qui ne fut pas durable, parce qu'elle n'était pas sincère du côté de ce prince. En effet, après les avoir amusés par ses artifices, il en fit un horrible massacre. Sequeyra échappa à sa cruauté, et s'en retourna en Portugal.

Alphonse Albuquerque soutenait avec éclat la dignité dont il était revêtu ; il donnait du crédit à la puissance des Portugais, et de la terreur à leurs ennemis ; mais pendant qu'il se signalait aux Indes par de glorieux exploits, on lui rendait de fort mauvais offices en Portugal : on y décriait sa conduite, et on cherchait à le perdre dans l'esprit du roi. Albuquerque, pour se justifier et confondre ses ennemis, résolut de faire quelque action d'éclat ; il jeta pour cela les yeux sur Goa. Il arma puissamment, et s'approcha de cette ville avec vingt et un vaisseaux et un grand appareil de guerre. A la vue d'un si redoutable ennemi, les habitants effrayés prirent aussitôt la fuite, et Albuquerque s'empara de leur ville le 7 février 1510. Comme il était convaincu que la violence et la crainte ne sont pas des moyens propres à inspirer de la confiance, il rappela par ses bienfaits ces habitants fugitifs, et les gagna par ses bontés et ses caresses.

Albuquerque ne fut pas longtemps possesseur tranquille de Goa ; les habitants, qui supportaient fort impatiemment une domination étrangère, mirent tout en œuvre pour en secouer le joug : ils employèrent la ruse, la force et la perfidie. A la faveur de ces moyens, ils chassèrent les Portugais de Goa. Albuquerque, fortifié du secours de dix vaisseaux qui arrivaient de Portugal, et qui étaient chargés de la plus brillante jeunesse du pays, résolut de tenter une nouvelle entreprise sur Goa. Avec toutes ces forces, il attaqua la ville, et la reprit le 25 novembre. Depuis ce temps, elle a été le siége du commerce des Portugais dans les Indes. Cette conquête rendit Albuquerque bien cher à sa nation ; aussi, par reconnaissance, on lui éleva une statue au haut du portail d'une des plus considérables églises de Goa.

Après la prise de cette ville, Albuquerque chercha à étendre ses conquêtes. Il arma vingt-trois vaisseaux, fit voile du côté de Sumatra, et alla venger à Malaca l'injure que Sequeira y avait reçue. Il assiégea cette ville, si célèbre par son commerce et par ses richesses, et la prit avec d'éclatantes marques de prudence et de valeur. Il jeta ensuite la vue sur les îles de la Sonde, puis sur les Moluques, et les envoya reconnaître par Antoine Abrea avec trois vaisseaux. Albuquerque, occupé de ce nouveau projet, apprit que la ville de Goa était assiégée par ceux à qui il l'avait enlevée ; il courut à son secours, et en fit lever le siége en très-peu de temps. Ce succès fut suivi de beaucoup d'autres prospérités.

Albuquerque vit le roi de Calicut, qui avait toujours été son ennemi, rechercher enfin son amitié ; il abaissa aussi le roi des Moluques, ainsi que plusieurs autres souverains des Indes, et les obligea à payer tribut au roi de Portugal.

L'envie et la malignité se déchaînèrent contre ce grand homme : on travailla à obscurcir l'éclat de ses belles actions, et à le noircir auprès du roi de Portugal ; on lui prêta des fautes qu'il n'avait point faites ; on en grossit de fort légères qu'il n'avait pu éviter dans une aussi grande administration. Enfin, on décria si fort toute sa conduite, et on employa tant d'artifices et de mensonges pour le ruiner dans l'esprit de son prince, que ce monarque, trop crédule, le rappela, et mit en sa place Lopès Suarès Alvarenga.

Alphonse Albuquerque avait fondé l'empire des Portugais dans les Indes, porté la gloire de leur nom jusqu'aux extrémités de la terre, soumis à la domination de son roi toute la côte de la mer des Indes, depuis le fleuve Indus jusqu'au cap de Comorin ; découvert plusieurs îles, assujetti Malaca, conquis le royaume d'Ormus, et soutenu l'effort d'une multitude d'ennemis puissants. Il eut tant de chagrin de se voir ainsi récompensé de tous les services qu'il avait rendus à son roi et à sa patrie, qu'il en tomba malade, et mourut à bord d'un vaisseau au port de Goa, en revenant d'Ormus.

Albuquerque fut donc remplacé par Lopès Suarès. Les commencements de son administration ne furent pas heureux ; il alla, par ordre du roi de Portugal, au secours de la ville d'Aden, assiégée par les troupes du soudan d'Egypte ; le malheur le suivit devant cette place : il y perdit presque toute sa flotte, et reprit le chemin des Indes, où en arrivant il trouva cinq vaisseaux envoyés du Portugal. Fernand Andrada, qu'il a fait partir, avec huit navires, pour la Chine, à l'effet d'explorer le pays et d'y établir le commerce, échoue dans ces négociations. Ses députés sont mal reçus de l'empereur de la Chine, et les Portugais, chassés, obtiennent seulement de rester dans une île voisine, où ils bâtissent la ville de Macao.

Suarès fut relevé par Jacques Lopès Siqueira. En 1520, les Portugais découvrent l'île de Mazua, voisine des Etats du Prêtre-Jean, empereur d'Etiopie, sur les bords de la mer Rouge. Depuis cette année jusqu'en 1540, ils font peu de découvertes par mer, mais beaucoup en avant dans les terres. C'est ainsi qu'ils forment un établissement à Surate, et que don Pédro Mascarenas conquiert Bantam, dans l'île de Java.

Faria y Souza, accompagné de Mindès Pinto, entreprend une expédition à la poursuite de Coye Hazem, corsaire more guzarate. Ils découvrent l'île de Pulocondor, près de Champa; parcourent les côtes de Camboge, Pulscampas, l'île d'Haïnan, Canipiloo, dans la baie de Cochinchine; l'embouchure du Tananquier; Mutipinam; Ning-Po en Chequiany; les îles Likayo, où les Portugais construisent un port. Ils en sont chassés par le gouverneur de Chequiany, après la mort de Faria.

Deux ans plus tard, en 1542, Diégo Zamoto et Christophe Borello découvrent les îles ouest du Japon, qui doivent ce nom à la principale, où l'empereur tenait sa cour, dans la ville de Myako. En même temps, Fernand Mindès Pinto reconnait les îles situées à l'est, au Bungo.

Depuis la mort d'Albuquerque, les rois de Portugal ont toujours envoyé aux Indes des vice-rois, des vaisseaux et des troupes, soit pour y affermir leur commerce et leurs conquêtes, soit pour les étendre. Leurs sujets ont éprouvé successivement dans ces riches climats la bonne et la mauvaise fortune; ils y ont été tantôt victorieux et tantôt vaincus.

Avant que les Portugais eussent ouvert ce nouveau chemin, on n'allait aux Indes qu'en s'embarquant dans les ports de la mer Rouge ou du golfe Persique : telle fut la route que prirent Bacchus, Osiris, Sésostris, Ptolomée Philadelphe et plusieurs autres, dont parlent les histoires anciennes. Dans ces navigations, ils suivaient la côte, et par conséquent ils y employaient un temps considérable. Un certain pilote, nommé Hippalus, dont parle Arrien dans son *Périple de la mer Rouge*, fut le premier qui s'écarta des rivages et qui prit la pleine mer. Poussé par un vent de sud-ouest, il fit heureusement le trajet de la mer Rouge, et arriva aux Indes par un chemin plus court; mais on y va aujourd'hui par mer de l'extrémité de l'Europe; cette voie a été ouverte par les Portugais. Voici de quelle manière ils la suivent au dix-septième siècle :

Les Portugais partent de Lisbonne vers le mois d'avril, et vont droit à l'île de Madère, qui en est à soixante-quinze myriamètres; ils prennent ensuite la route des Canaries, éloignées de cent cinquante myriamètres; de là, ils tirent vers le cap Blanc, et vont aux îles du cap Vert. Pour éviter les vents du sud, qui règnent ordinairement de ce côté-là, ils font un demi-cercle, mettant le cap au sud-ouest, gagnent le Brésil, et, revirant au sud-est, ils vont doubler le cap de Bonne-Espérance. Quand ils l'ont passé, ils rangent la côte orientale de l'Afrique; et, si la navigation a été retardée, ils passent l'hiver à Sofala ou à Mozambique. De là, après avoir passé deux fois la ligne, ils prennent le large et vont en peu de temps à Goa. Pour le retour, ils mettent ordinairement à la voile au mois de décembre, à cause des vents d'est; ils tâchent de doubler le cap de Bonne-Espérance au mois de mars ou au mois d'avril, et vont ensuite se refaire à l'île de Sainte-Hélène, située au milieu de la mer.

Comme les souverains pontifes ont autorisé les nouvelles découvertes qui ont été faites dans l'Afrique et dans les Indes, nous dirons la part qu'ils y ont eue, afin de ne laisser rien d'essentiel à désirer dans cette partie de l'histoire.

Après les découvertes faites par les soins de don Henri, prince de Portugal, le pape Martin V, pour engager les Portugais à poursuivre des entreprises si heureusement commencées, leur accorda la propriété de toutes les terres qu'ils découvriraient depuis le promontoire de Ganare jusqu'aux extrémités des Indes. Eugène IV, son successeur, fit présent à Edouard, roi de Portugal, des îles Canaries. Jean II, roi de Castille, s'en plaignit au pape par des lettres fort vives, et par ses ambassadeurs. Eugène, pour calmer les inquiétudes de ce prince mécontent, envoya à Edouard un second rescrit, par lequel il lui mande que, dans les concessions qu'il lui a faites, il n'a pas voulu toucher aux terres sur lesquelles quelque prince chrétien pouvait avoir des droits ou des prétentions. Ces lettres sont écrites de Bologne, l'an 1436.

Alphonse V, roi de Portugal, ayant étendu sa domination le long des côtes de l'Afrique, et cherchant à s'ouvrir un chemin dans les Indes, le pape Nicolas V, pour l'y encourager, lui donna par un bref tout ce qu'il avait conquis et tout ce qu'il pourrait conquérir, ainsi que le pays qui s'étend depuis le cap de Non et le cap Boïador jusqu'au delà de la Guinée, et qui avait été découvert par les soins de don Henri. Il lui donna aussi le pouvoir de s'emparer des royaumes, des terres, des biens des idolâtres, même de faire esclaves ces étrangers, avec leurs femmes et leurs enfants. Ce bref est daté de Rome, du 5 des ides de janvier 1454.

Ces faveurs des papes, si libéralement départies aux Portugais, excitèrent la jalousie des Espagnols. Jean II, roi de Castille, qui s'en était déjà plaint, revint encore à la charge.

Le pape Nicolas V, informé de ces démêlés, donna l'année suivante aux Portugais une bulle très-favorable, qui les maintenait dans la possession de tout ce qu'ils occupaient en Afrique, et qui confirmait les bulles et les donations de Martin V et d'Eugène IV. Cette bulle est datée de Rome, l'an 1455, le 6 des ides de janvier, l'an huitième de son pontificat; le pape Calixte III confirma ce rescrit l'année suivante.

Les Portugais et les Espagnols étaient trop voisins pour être longtemps amis. Les nouvelles découvertes qu'ils faisaient de part et d'autre, produisaient aussi entre eux de nouvelles rivalités. Alphonse eut un fort grand démêlé avec Ferdinand et Isabelle, au sujet des Canaries dont ils s'appropriaient également la possession ; mais ce différend n'eut point de suites fâcheuses : les deux rois aimant mieux prendre la voie de la négociation que celle des armes, ils firent un concordat, dans lequel il fut décidé que les Açores, la Guinée et l'Ethiopie occidentale appartiendraient aux Portugais. Le pape Sixte IV confirma ce traité, aussi bien que les bulles de Martin V, d'Eugène IV et de Nicolas V, par des lettres données à Rome l'an 1481, le 11 des kalendes de juillet.

Colomb ayant découvert le nouveau monde, Ferdinand et Isabelle en informèrent le pape Alexandre VI. Ce pontife leur adressa une bulle qui leur accorde, ainsi qu'à leurs successeurs, toutes les îles découvertes et à découvrir vers l'occident et le midi, tirant une ligne du pôle arctique au pôle antarctique, distante de cinquante myriamètres des Açores et du cap Vert, pourvu que ces terres et ces îles n'aient été possédées par aucun prince chrétien, jusqu'au jour de la Nativité de Jésus-Christ de l'an 1493. Cette bulle est datée de Rome, du 4 mai 1493. Il est à remarquer que ce pape et ses prédécesseurs disent dans toutes les bulles déjà citées, qu'ils donnent aux rois d'Espagne et de Portugal les terres conquises et à conquérir, de leur propre mouvement, sans que personne leur en ait parlé, et sans que ces princes l'aient demandé.

Ce partage d'Alexandre VI parut peu équitable aux deux partis. Jean II, roi de Portugal, prétendit qu'il coupait le chemin à ses conquêtes, et qu'il mettait obstacle aux découvertes qu'il avait méditées; il demanda qu'on reculât la ligne, et qu'on la posât à cent quatre-vingt-cinq myriamètres des Açores et du cap Vert. Le roi d'Espagne y consentit pour éviter la guerre, et ce traité fut confirmé dans une conférence tenue à Tordésillas le 7 juin 1494.

Les anciennes querelles qui avaient si souvent divisé les deux nations voisines, furent encore plus vives sous l'empereur Charles-Quint. Sébastien Cano ayant été aux Moluques par le détroit qu'il découvrit avec Magellan, persuada à Charles-Quint que ces îles fameuses devaient lui appartenir, parce que les Portugais n'y avaient point encore été, et qu'elles se trouvaient dans le lot qui lui était échu suivant le partage d'Alexandre VI. Charles-Quint saisit cette idée, et se trouva d'autant plus intéressé à la faire valoir, qu'il pouvait aller aux Moluques sans sortir de ses Etats, qu'il comptait en tirer de grandes richesses, et que quelques rois de ces îles s'étaient rendus ses tributaires. Mais ces raisons, qui paraissaient puissantes à Charles-Quint, parce qu'elles étaient conformes à ses vues, parurent fort injustes à Jean III, roi de Portugal, dont les intérêts étaient directement opposés à ceux de Charles-Quint. Ces princes, qui ne croyaient pas trop que le pape eût le pouvoir de leur ôter ou de leur donner des royaumes, se servaient cependant de sa bulle pour appuyer leurs prétentions.

Le roi de Portugal, qui craignait l'événement d'une guerre, demanda à Charles-Quint que l'affaire se réglât dans une conférence. Celui-ci y consentit. Des gens habiles dans la connaissance des cartes marines, le pilotage et l'astronomie, furent envoyés de part et d'autre. Ils se trouvèrent au commencement de l'année 1524 à Badajos et à Elvas. N'ayant pu terminer leur différend par la force des raisons, ils cherchèrent dans la suite à le vider par la voie des armes. Ils se firent la guerre aux Moluques, et se donnèrent la chasse tour à tour; mais enfin les Portugais s'emparèrent de ces îles, ce qui mit fin à la guerre.

Sous le règne de Jean III, successeur d'Emmanuel, on ne fit usage de la marine que pour les expéditions des Indes, du Congo, du Brésil, et pour les guerres que ce prince eut à soutenir contre les Mores de l'Afrique, qui voulaient lui enlever les conquêtes faites par ses prédécesseurs; ses ports cependant ne furent point dégarnis de navires par ces voyages de long cours, et par le départ de tant de flottes.

Après la mort de ce prince, don Sébastien monta sur le trône de Portugal. Ce monarque était né avec un penchant déclaré pour la guerre ; mais la prudence ne seconda pas toujours cette ardeur belliqueuse. Parti pour l'Afrique avec quatre galères, quelques vaisseaux et quelques caravelles, il fit une descente à Tanger, et se répandit dans les terres avec assez de précaution : les Mores s'attroupèrent dans le but de le repousser; mais ils ne purent tenir contre sa valeur : ils furent battus; et, après leur défaite, don Sébastien retourna en Portugal. Cette expédition ajouta encore au désir que ce prince avait de signaler son courage en Afrique. Il y retourna, malgré les oppositions de son conseil, les remontrances de Philippe II, roi d'Espagne, et les avis de tous ceux qui prenaient un véritable intérêt à sa gloire : il partit de Lisbonne avec une flotte capable de répondre à ses projets, et alla jeter l'ancre entre Arzille et Tanger. Son dessein était d'assiéger la ville de Lixe, de la province d'Asgar, dans le royaume de Fez. Il eut le tort de conduire par terre dans un pays inconnu son armée, qui était en mauvais ordre et mal disciplinée. Il livra bataille aux Mores, qui lui étaient fort supérieurs en nombre, et qui avaient un chef aussi distingué par son habileté que par sa valeur. Sébastien, malgré son intrépidité, perdit la bataille et la vie.

Dans l'espace de soixante ans, trois rois d'Espagne du même nom ont porté la couronne de Portugal. Durant tout ce temps, la marine des Portugais n'a pas donné beaucoup de marques de vigueur en Europe; mais elle a été florissante dans les autres parties du monde. Les Portugais renouvelaient souvent leurs vice-rois dans les Indes, et y envoyaient régulièrement des vaisseaux pour la guerre et le commerce;

ces vice-rois, qui voulaient conserver leurs conquêtes ou en faire de nouvelles, étaient sans cesse aux mains avec les rois du pays.

En 1586, Goa est attaqué et pris par le roi de Décan, repris et perdu par les Portugais, qui le reprennent enfin, et donnent la paix au roi de Décan, au moyen du pays de Salsette, qu'il leur céda à la condition de ne vendre leur poivre qu'aux Portugais.

Les plus redoutables ennemis que les Portugais eurent aux Indes, furent les Hollandais ; ils y parurent la première fois en 1597. Deux de leurs vaisseaux y ayant pris terre, les Portugais leur donnèrent la chasse avec quatorze bâtiments de différentes grandeurs. Obligés de se retirer, les Hollandais firent voile pour les côtes de Malabar, où ils furent attaqués par six vaisseaux portugais, qui les foudroyèrent avec leur artillerie. Ces deux vaisseaux, qui avaient été fort maltraités, périrent l'un après l'autre. Les hostilités furent aussi très-vives entre les Portugais et les Hollandais dans les Moluques.

En 1625, les Portugais établissent l'inquisition à Goa. Six ans plus tard, ils sont chassés de Malaca par les Hollandais, après trente-cinq ans d'hostilités. En 1657, les Hollandais s'emparent de Ceylan et de Négapatnam, anciens établissements portugais. Cinq ans après, ils prennent Cranganor et Cochin. Ces deux nations se firent encore la guerre au Brésil ; mais on trouvera le récit de ces événements dans l'histoire de la marine des Hollandais.

Les Portugais en Europe ne supportaient qu'avec peine le joug des Espagnols. Ils se voyaient soumis à une nation orgueilleuse qui les traitait avec hauteur, et immolés à la politique d'un roi sévère, qui les affaiblissait pour les rendre moins hardis et moins entreprenants, et qui les accablait pour les empêcher de se révolter. Les Portugais résolurent de se soustraire à une domination tyrannique, et de recouvrer en 1650 une liberté qu'ils n'avaient perdue, en 1640, qu'avec beaucoup de regret. Ayant donc pris, avec la protection de la France, toutes les précautions qu'exigeait la prudence, ils firent monter sur le trône de Portugal le duc de Bragance, qui prit le nom de Jean IV, et qui avait des droits à la couronne. Ce prince fut affermi sur ce trône par une flotte française, commandée par le marquis de Brézé. Jointe à une flotte hollandaise, elle battit celle d'Espagne, qui venait à toutes voiles pour détrôner le nouveau roi.

Ce qui se passa à l'occasion d'une armée navale d'Anglais, qui vint l'insulter jusque dans ses ports, lui fit beaucoup d'honneur. Après la mort de Charles Ier, roi d'Angleterre, ses neveux, Robert et Maurice, pour se dérober à la cruauté de l'usurpateur, allèrent chercher un asile auprès du roi de Portugal. Black, qui les suivait avec ses vaisseaux, fit dire à don Juan qu'il mettrait le feu à tous les bâtiments qui étaient dans le port de Lisbonne, s'il n'obligeait ces princes à sortir. Le roi, choqué d'une si insolente menace, envoya tous ses vaisseaux armés contre les Anglais, qui appareillèrent aussitôt et prirent le large. Ce monarque mourut après un règne d'environ seize ans, règne trop court pour la gloire de son Etat et le bonheur de ses peuples.

Son fils Alphonse monta sur le trône, mais ce ne fut que pour en ternir l'éclat et en déshonorer la majesté : ce prince, né avec les plus mauvaises inclinations du monde, livré à tous les excès où le portait son tempérament, engagé dans les égarements d'une jeunesse révoltée contre les maximes de l'honneur, de la raison et de la religion, força les Portugais de lui ôter une couronne qu'il ne méritait pas de porter, pour la mettre sur la tête de don Pédro, son frère. Celui-ci ne prit d'abord que le titre de régent, et n'eut celui de roi qu'en 1683. Il mourut en 1706.

SECOND MAITRE.

Histoire générale de la Marine.

CHAPITRE IV.

Hollandais. — Aspect de la Hollande. — Importance de sa marine. — Siége de Ziriczée. — Richesses que les Hollandais retirent de leur navigation. — Jalousie de leurs voisins. — Prise d'une flotte hollandaise. — Rigueur de l'Inquisition dans les Pays-Bays. — Gouvernement du duc d'Albe. — Luttes incessantes des provinces des Pays-Bas contre le roi d'Espagne. — Les Hollandais victorieux forment une république. — Flotte espagnole défaite par les Anglais. — Blocus des ports de la Flandre espagnole par l'escadre des Etats-Généraux. — Siége de Cadix par les flottes combinées d'Angleterre et de Hollande. — Philippe II donne pour dot à l'infante Isabelle, sa fille, le royaume d'Angleterre, qu'il espère de conquérir. — Nouvelle flotte combinée pour s'emparer des vaisseaux espagnols. — Grands voyages des Hollandais. — Obstacles qu'ils rencontrent vers le Nord. — La Guinée, Saint-Thomas, Madagascar, Java, Sumatra, les Echelles du Levant, les îles de l'Archipel, les Indes, les Moluques, l'Amérique. — Intrigues des Espagnols et des Portugais pour ruiner le commerce des Hollandais. — Corsaires de Dunkerque. — Philippe III saisit les vaisseaux hollandais dans les ports. — La république met en mer une flotte qui jette la terreur en Espagne. — Débarquement de troupes à l'Ecluse. — Elles sont battues par le vice-amiral de Zélande. — Guerre de Flandre entre les Espagnols et les Hollandais. — Détroit de Magellan, île de Bornéo, cap de Bonne-Espérance, île de Java. — Rencontres en mer de vaisseaux portugais. — Prise du vaisseau *le Saint-Jacques*. — Etablissement du commerce des Hollandais dans les Indes. — Création de la compagnie. — Ses lois sages; ses flottes. — Alliances avec les rois indiens. — Victoire navale des Hollandais sur les Espagnols. — Edit de Philippe III qui défend aux Hollandais d'aller négocier dans les Indes. — Ils chassent les Portugais de Malaca. — Captures de navires espagnols et portugais. — Combat de Gibraltar. — Horrible carnage. — Mort de l'amiral Heemskerk. — Combat de Malaca. — Trêve de douze ans avec les Espagnols. — Traité de commerce. — La guerre continue toujours dans les Indes. — Les Espagnols et les Portugais veulent empêcher les Hollandais de passer la ligne. — Les Espagnols sont battus. — Siége de l'île de Ternate. — Bataille de Lima. — Les Espagnols sont défaits. — Origine de Batavia. — Bataille de Jacatra. — Paix avec l'Angleterre. — Compagnie de commerce pour l'Amérique. — Fin de la trêve. — Nouveau combat de Gibraltar funeste aux Hollandais. — Ils sont victorieux au Pérou. — Capture de bâtiments espagnols, à San-Salvador. — Placard contre les corsaires de Dunkerque. — Prise du port de Guayaquil. — Grande puissance maritime de la Hollande. — Le port de Dunkerque est bloqué. — Découverte de la Nouvelle-Hollande. — La flotte de la Compagnie des Indes s'empare, à la Floride, d'un riche convoi espagnol. — Prise de Fernambouc. — Défaite de la flotte espagnole, aux Antilles. — Les Hollandais conservent toujours l'avantage au Brésil. — L'amiral Tromp bat les Espagnols. — Ils sont encore battus au Brésil. — Paix de Munster. — Traité avec le Portugal, à qui reste le Brésil. — Combat du Sund. — L'amiral Ruyter. — Sa vie et ses travaux. — Situation de la Hollande au dix-septième siècle.

—

Les vents d'ouest, de nord-ouest et de sud-ouest, qui règnent ordinairement en Hollande, y sont fort violents. Les flots qui se trouvent resserrés dans le canal d'Angleterre en sortent avec furie, et vont se briser sur les côtes avec tant d'efforts et de fracas, que dans ce concours tumultueux de vents et de flots, la Hollande a vu de ses bourgs, des villes même, des îles et des forêts submergées et englouties, et des montagnes de sable subitement formées. Ce pays, si florissant aujourd'hui, ne subsisterait plus sans doute, si les Hollandais n'avaient mis un frein à la mer en lui opposant, par d'immenses travaux, des digues qu'il faut continuellement réparer.

Les rades y sont très-dangereuses, et le mouillage mauvais. Quoique presque tout le pays soit maritime, la marine y fut néanmoins d'abord peu de chose, et ne s'y est formée que peu à peu, et à mesure que les Hollandais sont venus à bout d'élever des barrières contre l'impétuosité de la mer. Guichardin dit que, de son temps, la seule province de Hollande avait en mer huit cents vaisseaux, de deux cents jusqu'à sept cents tonneaux, et six cents de cent tonneaux jusqu'à deux cents. Depuis ce temps-là on a vu les Provinces-Unies disputer l'empire de la mer aux plus formidables puissances de l'Europe.

Au commencement du treizième siècle, sous le règne de la comtesse Ada, Ziriczée, en Zélande, à trois myriamètres de Middelbourg, fut la première de ses villes où l'on fit bâtir de gros vaisseaux propres à faire le commerce; elle est aussi la première qui a donné occasion aux expéditions maritimes. Guy de Flandre en avait formé le siége, et la serrait de près; mais Jean, comte de Hainaut et de Hollande, à qui elle appartenait, ayant demandé du secours à Philippe le Bel dont il était allié, ce monarque lui envoya une flotte de vingt vaisseaux bien armés, et de seize galères génoises, sous la conduite de Raignier de Grimaldi. Ce général ravagea sur son passage les côtes de Flandre, enleva plusieurs navires marchands, et joignit la flotte hollandaise vers le milieu du mois d'août.

Guy de Flandre, voyant les vaisseaux alliés, laissa devant la place dix mille hommes pour en continuer le siége, et monta sur sa flotte, qui était à l'embouchure de l'Escaut : elle était composée de quatre-vingts vaisseaux, qui portaient des tours remplies de soldats. Il lança d'abord sur les ennemis, à la faveur du vent, une hourque pleine de feux d'artifice et de matières combustibles; mais le vent ayant changé tout à coup, le brûlot revint sur lui, ce qui donna occasion aux Français et aux Hollandais de commencer le combat. Il ne fut pas long, car le retour de la marée obligea Grimaldi de se retirer, de peur d'échouer sur les bancs dont la Zélande est bordée.

Guy de Flandre croyait ses ennemis perdus; mais il n'eut pas lieu de se flatter longtemps, car la marée ayant ramené sur lui les flottes alliées, le combat recommença avec plus de fureur qu'auparavant. Grimaldi, qui était un excellent homme de mer, se servit de tous les avantages qui étaient à sa disposition : il commanda l'abordage, manœuvre alors peu connue des Flamands, et à laquelle ils ne s'attendaient pas. Les Français et les Génois s'élancèrent l'épée à la main, et prirent dans la fuite le général, son vaisseau et plusieurs autres. Le reste de la flotte se dispersa : cette déroute fit lever le siége de Ziriczée.

La marine s'anima peu à peu en Hollande. Guillaume IV, son vingt-troisième comte, mit en mer plusieurs vaisseaux, dont il se servit pour conduire en Espagne les troupes qu'il menait au siége de Grenade.

Tandis que les Hollandais s'essayaient ainsi dans les combats de mer, et travaillaient pour la gloire, ils formaient aussi leur marine à leur rapporter du profit, et cherchèrent à tirer parti de leur situation pour le commerce. Un riche habitant de Veere, ville située sur le bord de la mer, à quatre kilomètres de Middelbourg, et une des principales de l'île de Walkeren, ayant armé à ses frais quelques navires, il en retira tant de bénéfices, qu'il excita l'émulation de ses concitoyens. Eux-mêmes réussirent si bien dans le commerce, que cette ville en devint fameuse.

Mais les richesses, fruit du commerce de quelques particuliers, n'excitèrent pas l'émulation de tous les Hollandais sans que bientôt leurs voisins conçussent de la jalousie contre cette nation. Lubeck, Hambourg et d'autres villes commerçantes des environs de la mer Baltique, entreprirent de troubler cette prospérité naissante. Elles ordonnèrent à leurs vaisseaux de piller ceux des Hollandais, et de les traiter en ennemis, comme si en devenant riches ils étaient devenus criminels. Ceux-ci, naturellement doux et patients, souffrirent pendant quelque temps ces insultes; mais enfin, lassés, ils se disposèrent à rendre hostilités pour hostilités. Ils firent construire des vaisseaux de guerre dans les villes de Harlem, d'Amsterdam, de Hoorn, de Flessingue, de Veere, de Middelbourg, de Ziriczée, etc., et en composèrent une flotte bien armée et bien équipée. Elle alla chercher celle des villes alliées, l'attaqua, la battit et lui prit vingt grandes hourques et quatre caraques richement chargées. Les Hollandais prouvèrent en cette occasion qu'ils n'étaient pas moins bons soldats que bons négociants, et cette victoire leur donna une si grande réputation, que leurs ennemis leur abandonnèrent l'empire de la mer. Ils consacrèrent ce glorieux triomphe par un monument assez singulier, et conforme à la simplicité qui régnait alors parmi eux : ils mirent au haut de leurs mâts de petits balais, pour marquer qu'ils avaient balayé la mer de tyrans qui voulaient ôter la liberté de son commerce. Cet usage s'est conservé longtemps parmi les Hollandais.

Les hostilités ne recommencèrent que longtemps après, à l'occasion d'une guerre entre le roi de Danemark et les villes hanséatiques, qui voulurent engager les Hollandais à y entrer, et à rompre tout commerce avec les Danois; mais ceux-ci, qui n'y voyaient aucun intérêt, ne cherchant au contraire qu'à continuer et à étendre leur commerce, ne se rendirent point à l'empressement de ces villes, et continuèrent à faire voile vers le Nord. Ils furent attaqués par les vaisseaux des villes alliées, et ils perdirent huit navires.

De jour en jour, avec le commerce s'augmentait la puissance maritime des Hollandais. Ils en faisaient de temps en temps d'heureux essais. Charles-Quint leur en fournit quelques occasions, et y trouva même de grandes ressources. Ils armèrent cent vaisseaux lorsque ce prince forma une ligue avec le pape et les Vénitiens, pour faire la guerre aux Turcs, guerre pourtant qui n'eut point lieu à cause de la diversion que causa celle contre les protestants. Cet empereur étant armé contre la France, neuf vaisseaux hollandais entrèrent dans la rivière de Bordeaux, y prirent la plus grande partie d'une flotte marchande, et ravagèrent quelques villages, dont ils emportèrent les cloches. La même année, dix navires de la même nation enlevèrent quatre navires français qui venaient de Terre-Neuve.

Quelques années après, des armateurs de Dieppe, avec dix-neuf vaisseaux, attaquèrent, au mois d'août, à la hauteur de Douvres, une flotte hollandaise composée de vingt-deux hourques chargées de vins, de fruits et autres marchandises; elle venait d'Espagne; les Français en vinrent bientôt à l'abordage, quinze de leurs vaisseaux accrochèrent quinze bâtiments hollandais. C'est alors que la lutte fut terrible. Les

Français, voyant qu'ils avaient le désavantage en combattant ainsi de côté, leurs vaisseaux étant moins hauts de bord, moins fournis d'artillerie, et pris en poupe par les vaisseaux hollandais qui n'étaient point accrochés, firent tous leurs efforts pour se déborder; mais n'en pouvant venir à bout, ils mirent le feu à leurs voiles, afin de forcer les Hollandais à se dégager. Ceux-ci le firent en effet, mais un peu tard; car le feu s'étant communiqué des voiles aux vaisseaux, les Hollandais en eurent six de brûlés et les Français autant. Les uns et les autres, pour ne pas périr par les flammes, se jetèrent à la mer et gagnèrent les premiers vaisseaux qu'ils purent, sans examiner s'ils étaient amis ou ennemis, car la confusion était alors si générale et le trouble si grand, que, sans examen aussi, on recevait dans les vaisseaux tous ceux qui se présentaient. Cette inattention fut très-funeste aux Hollandais : car il se trouva parmi les personnes sauvées sur leurs vaisseaux un si grand nombre de Français, que ceux-ci s'en rendirent maîtres. Ainsi, après un combat de six heures, les Français, dont la fortune était enfin venue seconder la valeur, se retirèrent triomphants, avec cinq vaisseaux richement chargés qu'ils avaient enlevés à leurs ennemis.

Ces différents combats accoutumaient insensiblement les Hollandais à attaquer et à se défendre. Ils n'en firent un usage important que pendant les troubles à la faveur desquels ils secouèrent le joug onéreux des Espagnols.

Philippe II, roi d'Espagne, à qui l'empereur Charles-Quint avait remis ses Etats, surtout ceux des Pays-Bas, en 1555, ne les conduisit pas avec la même douceur que son père. Les espérances qu'il avait données auparavant se dissipèrent bientôt. Il s'écarta trop de la sagesse avec laquelle Marie, reine de Hongrie, avait gouverné ces belles et utiles provinces, alors l'un des plus beaux apanages de la couronne d'Espagne. Emmanuel Philibert, duc de Savoie, en fut nommé gouverneur par Philippe II, après l'abdication de la reine Marie. Il s'y comporta en grand capitaine : il battit l'armée française le 10 août 1557. L'année suivante fut plus favorable aux Français, et la descente de l'armée navale combinée des Pays-Bas et de l'Angleterre au Conquet, en Bretagne, sous la conduite de Philippe de Montmorency, comte de Horn et amiral de ces provinces, n'eut pas beaucoup de suite.

Par la paix qui se fit en 1559, le duc de Savoie recouvra ses Etats, et Marguerite d'Autriche, fille naturelle de Charles-Quint, sœur de Philippe II et duchesse de Parme, obtint le gouvernement des Pays-Bas. Le roi Philippe, qui y avait passé lui-même, après avoir établi l'ordre nécessaire dans les conseils, s'embarqua le 26 août à Flessingue, sur une flotte de quatre-vingt-dix vaisseaux, dont cinquante étaient espagnols, les quarante autres provenaient des diverses provinces des Pays-Bas ; mais il fut battu par la tempête, et ce ne fut pas sans peine que ce prince arriva en Espagne.

L'année 1560, le roi Philippe, en sollicitant à Rome l'établissement de nouveaux évêchés pour ces provinces, fournit moins un motif qu'un prétexte à quelques mécontents d'y fomenter des mouvements auxquels s'associaient les grands contre la dureté du cardinal de Granvelle, qui détruisait tout ce que la gouvernante voulait faire de bien. Le départ de ce prélat, arrivé au mois d'avril 1564, calma d'abord les émotions ; mais la sévérité de l'Inquisition subsistant toujours, les troubles recommencèrent par les attentats des novateurs, qui demandant seulement la tolérance ecclésiastique, firent succéder à la sédition le pillage et la profanation des églises.

L'année 1565 se passa dans des alternatives de tranquillité et de mouvements : mais la suivante vit augmenter les troubles et commencer la révolution, qui s'est terminée, comme on va le voir, par la séparation d'une portion considérable des provinces des Pays-Bas.

Les catholiques ne furent pas moins alarmés que les protestants des rigueurs de l'Inquisition. C'est ce qui occasionna une ligue de quatre cents seigneurs ou gentilshommes, qui présentèrent une requête à la gouvernante. Les affaires alors devinrent plus difficiles, et le roi Philippe, croyant que la duchesse de Parme se conduisait avec trop de douceur, résolut d'envoyer dans ces provinces le duc d'Albe, en 1567. Ce duc, qui vint avec les plus amples pouvoirs, commença par en abuser en faisant arrêter, contre la foi publique et les priviléges de la nation, le comte de Horn, de la maison de Montmorency, et Lamoral, comte d'Egmont, deux seigneurs qui étaient aussi distingués par leurs services que par leur naissance. La duchesse de Parme ne tarda guère à se retirer, et le duc d'Albe, bientôt après, donna des marques de sa cruauté en faisant tomber sur un échafaud la tête des comtes de Horn et d'Egmont.

Le duc resta donc seul gouverneur des Pays-Bas ; il possédait les talents militaires à un degré éminent; mais ces belles qualités étaient effacées par une sévérité insupportable et une inflexibilité tyrannique que rien ne pouvait dompter.

Il arriva dans les Pays-Bas avec ces dispositions, qui effarouchèrent plutôt les peuples qu'elles ne les intimidèrent. L'Inquisition établie avec toutes ses rigueurs, des taxes imposées sans ménagement, les anciens priviléges anéantis, les grands condamnés à mort, les peuples accablés et maltraités, son orgueilleuse statue faite des canons pris sur le prince d'Orange, et qui fut érigée dans la citadelle d'Anvers, ornée d'attributs insultants et d'une superbe inscription : tous ces excès du duc d'Albe ne firent qu'enflammer davantage le feu de la révolte, dans des cœurs qui y étaient déjà portés.

Plusieurs habitants des Pays-Bas, que ces mauvais traitements avaient réduits au désespoir, allèrent chercher dans les pays étrangers une retraite : quelques-uns s'attroupèrent dans les forêts voisines et y formèrent des bandes de voleurs; d'autres prirent la mer pour y faire le métier de pirates, et se retiraient à La Rochelle et en Angleterre, où ils portaient le fruit des brigandages qu'ils avaient exercés, et en particulier sur les Espagnols. Ils avaient à leur tête, en 1569, Adrien de Berghes, Ladislas de Brederode, Albert d'Egmont et plusieurs autres seigneurs du pays. Tel fut le berceau de la république de Hollande , et l'époque d'une indépendance, qui dans la suite la rendit égale aux puissances souveraines.

Le duc d'Albe ne laissa point de mettre en mer l'année suivante une escadre de douze vaisseaux, qui remporta quelque avantage vers la rivière d'Ems. Glorieux et plein de confiance, le gouverneur crut que la guerre était finie, et qu'il allait rétablir la tranquillité. Mais il ne savait pas encore ce que peut l'amour de la liberté. Les confédérés armèrent une flotte plus nombreuse : ils se rendirent maîtres de vingt-quatre barques de pêcheurs et de deux vaisseaux espagnols richement chargés. Brederode, qui commandait sur mer, enleva encore à l'Espagne une vingtaine de vaisseaux, et rançonna ceux qu'il ne voulut pas emmener. Le duc d'Albe fit un nouveau, mais inutile effort pour remédier à ces pertes. Il eut même le chagrin de voir plusieurs des vaisseaux qu'il avait équipés se ranger du côté des confédérés.

Au mois de mars 1571, les confédérés, avec trois vaisseaux de guerre et vingt-trois autres bâtiments beaucoup moins considérables, défirent la flotte espagnole, composée de trente et une voiles. Par cette défaite, ils se rendirent redoutables sur la mer, ils répandirent même la terreur dans le pays par la dévastation qu'ils firent à Munickendam et aux environs. L'année 1572 devint encore moins favorable aux Espagnols. Le duc d'Albe, dont l'avarice n'était pas moindre que la cruauté, gouvernait despotiquement un peuple qu'on ne pouvait gagner que par la douceur.

Dès que les vaisseaux des confédérés avaient fait quelque prise, ils se retiraient dans les ports d'Angleterre ; le duc d'Albe se plaignit à la reine Elisabeth de la protection qu'elle donnait à ces corsaires : c'est ainsi qu'il traitait ces peuples, qui combattaient pour leur liberté et leur religion. On leur avait donné encore une dénomination plus humiliante, c'était celle de *Gueux,* qu'ils tenaient pourtant à honneur.

Sur les plaintes du gouverneur, Elisabeth leur ordonna de quitter ses Etats. Ils se retirèrent à Enkhuise, sur la côte occidentale du Zuyderzée, dont ils se rendirent maîtres avec une flotte de quarante voiles. L'ayant encore grossie de trois vaisseaux espagnols et d'une biscaïenne qu'ils avaient pris, ils allèrent s'emparer de la Brille, place importante à l'embouchure de la Meuse. Maîtres de cette ville, qu'ils prirent au nom du prince d'Orange, gouverneur de la province, ils secouèrent hautement le joug de la domination espagnole et de l'Eglise romaine.

Ce fut là le tombeau de la souveraineté dont jouissaient les Espagnols dans les Pays-Bas. Ce fut même le premier fondement de la confédération des Provinces-Unies ; car l'exemple de ceux qui avaient ainsi rompu leurs liens fut contagieux : plusieurs villes prirent le même parti. A la première nouvelle de cette éclatante conspiration contre l'autorité romaine, l'esprit altier du duc d'Albe lui fit mépriser en apparence tous les progrès des confédérés ; et, renfermant son chagrin au dedans de lui-même, il entreprit de soumettre par la force ceux qu'il avait révoltés par sa cruauté.

Il fit armer sur mer de toutes parts ; mais que pouvaient faire des vaisseaux montés par des Espagnols peu accoutumés à la mer, contre des gens naturellement marins, défendus par leurs propres côtes, et soutenus par une multitude de Français, d'Anglais et de Hollandais accourus des lieux où ils s'étaient retirés. Les vaisseaux envoyés par le duc d'Albe pour reprendre la Brille firent des efforts impuissants, et la plupart furent pris, brûlés ou coulés; presque tous les marins qui les montaient périrent misérablement. Comme la défection de tant de villes était causée par l'extrême dureté du duc d'Albe, le roi d'Espagne envoya dans les Pays-Bas Jean de la Cerda, duc de Medina-Cœli, pour le relever.

Ce nouveau gouverneur, que recommandait plutôt la naissance que les services, aurait été capable de calmer les esprits par sa douceur, et de rétablir les affaires, si elles n'avaient pas été désespérées. Il partit avec une flotte de cinquante-quatre bâtiments, dont vingt-six vaisseaux de ligne; ils furent joints par d'autres navires marchands, et vinrent mouiller à Blanckenberg, près d'Ostende. Cette nouvelle réveilla les confédérés, qui firent sortir douze vaisseaux de Flessingue pour l'observer. Le duc, ignorant encore la révolte de cette dernière ville, avait levé l'ancre et fait entrer vingt-six de ses bâtiments dans le port de l'Ecluse; mais quand il aperçut les vaisseaux flessinguois, il fut saisi de peur. Au lieu de les attaquer, il s'embarqua dans une chaloupe; et, comme s'il avait été poursuivi par quelque force supérieure, il se sauva dans le port, où il avait déjà fait entrer une partie de ses vaisseaux. Les Flessinguois, devenus plus hardis par la frayeur des Espagnols, brûlèrent trois de leurs vaisseaux échoués sur le sable, et en emmenèrent deux richement chargés.

Le lendemain, les habitants de Flessingue joignirent huit vaisseaux aux douze qui avaient fait la veille un si riche butin. Cette escadre fit voile pour l'Ecluse, où elle trouva douze gros vaisseaux de guerre espagnols qui n'avaient pu entrer dans le port. Ceux-ci se voyant menacés, se mirent en état de défense; mais un vent d'ouest qui repoussait les Flessinguois, les obligea de se retirer.

Résolus de faire une nouvelle tentative, ils virent la mer couverte de bâtiments : c'était la flotte de Lisbonne, composée de vingt et un navires marchands; les Flessinguois l'attaquèrent et la prirent toute, à la réserve de trois vaisseaux, qui se sauvèrent à Anvers. Occupés à butiner, ils laissèrent le temps aux navires espagnols de gagner les côtes de Flandre, où ils se mirent en sûreté. Peu de temps après, les Flessinguois enlevèrent encore cinq autres grands bâtiments de la flotte du duc de Medina-Cœli.

Enflés de cet heureux succès, les Fessinguois s'en promirent encore de plus grands ; et, pour donner de solides fondements à leurs espérances, ils s'unirent aux habitants de Ziricźée et de Veere. Toutes ces forces assemblées, on alla au-devant d'une flotte espagnole qui venait d'Anvers : elle était composée de quarante-deux vaisseaux de guerre et de plusieurs bâtiments chargés de vivres. On l'attaqua, et le combat, qui dura deux jours, fut des plus sanglants. Les Espagnols y perdirent beaucoup de monde et s'en retournèrent à Anvers, tous leurs vaisseaux fort maltraités.

Cette flotte, s'étant radoubée, repartit aussitôt pour porter des vivres à Middelbourg. En sortant de la rivière, pour prendre la mer, elle aperçut les confédérés qui l'attendaient et qui étaient sous le vent. La marée étant basse, elle jeta l'ancre ; les Espagnols, qui avaient sur leurs ennemis l'avantage du vent, se croyaient en sûreté ; mais les Hollandais, plus habiles marins, les allèrent attaquer, le 24 avril 1595, avec de petits navires qui avaient un faible tirant d'eau, et que soutenaient de plus considérables. On fit de part et d'autre un grand feu d'artillerie, et cette action fut encore très-désavantageuse aux Espagnols : il leur en coûta sept gros vaisseaux, beaucoup d'artillerie et plus de huit cents hommes.

Le 27 mai, les Zélandais et les Espagnols se battirent encore. Ceux-ci eurent dans le combat plusieurs vaisseaux maltraités, et perdirent beaucoup de monde. Ces différents échecs affaiblissaient extrêmement les Espagnols, et les mettaient hors d'état de dompter par mer les provinces rebelles, quoique la fortune parût quelquefois les favoriser. Une fois, entre autres, pendant le siége de Harlem, leur flotte, de soixante-treize navires, battit celle du prince d'Orange, qui perdit dans cette occasion vingt et un vaisseaux.

Cet avantage réjouit beaucoup les Espagnols ; mais leur joie ne fut pas de longue durée : la même flotte qui avait ravitaillé Middelbourg faisant voile du côté d'Anvers, les Zélandais, qui ne l'avaient point perdue de vue, l'enveloppèrent ; le 6 juin, on se battit avec une fureur égale, et l'artillerie fut bien servie. L'amiral zélandais se trouva au milieu des vaisseaux espagnols ; mais ceux-ci, qui ne cherchaient qu'à se sauver, ne firent aucun mouvement pour le combattre. Il s'accrocha à un gros navire ennemi dont il s'empara. Le combat de ces deux vaisseaux fut long, ce qui donna occasion aux Espagnols de s'échapper. Cependant il leur en coûta cinq autres vaisseaux, et de deux qui étaient restés, ils en perdirent encore un le jour suivant. Les bâtiments victorieux étant de retour à Flessingue, pour y partager le butin, les soldats et les matelots demandèrent à être payés. On leur assigna leur solde sur les prises qu'on leur permit de faire sur les Espagnols. Ils se mirent aussitôt en mer et rentrèrent avec neuf bâtiments chargés de sel.

La fierté du duc d'Albe était humiliée par toutes ces disgrâces. Pour satisfaire en même temps son honneur et sa vengeance, il fit équiper, à Anvers, une nouvelle flotte capable de soumettre la Zélande et de secourir Middelbourg. Elle était composée de soixante-quatre vaisseaux de différentes grandeurs, bien pourvue de munitions de bouche et de guerre, et commandée par le sieur de Beauvoir. Elle parut à quatre heures du matin, le 9 août, à la hauteur de Flessingue, feignant de faire voile du côté de Middelbourg, afin d'attirer les Zélandais au combat. Ceux-ci avaient quatre gros vaisseaux et cinquante petits : ils pénétrèrent d'abord le dessein du sieur de Beauvoir, et loin de donner dans le piége et de se livrer plutôt à leur bravoure qu'à la prudence, ils se mirent à l'abri de leurs forts pour combattre avec avantage, s'ils étaient attaqués, et résolurent de ne point s'engager hors de là. Ils envoyèrent seulement leurs petits bâtiments ranger la côte de Flandre, afin de prendre en queue la flotte espagnole; mais ces navires furent eux-mêmes attaqués par les petits bâtiments ennemis. L'escarmouche dura longtemps; les Espagnols plièrent à la fin, et leurs vaisseaux maltraités furent obligés de regagner la flotte.

Le lendemain, le sieur de Beauvoir essaya encore vainement d'attirer les Zélandais au combat. Il appareilla à leur vue, fit quelques mouvements en leur présence, et feignit de vouloir insulter Flessingue; mais toutes ses tentatives furent inutiles. Le 11 et le 12, il fit la même manœuvre sans autre succès. Le 13, désespérant de réussir, il fit voile par l'ouest et gagna la pointe septentrionale de l'île, où il débarqua ses munitions pour les faire conduire par terre à Middelbourg; mais un vent de sud-ouest qui s'éleva excita une tempête qui fit périr trois de ses plus gros vaisseaux et une galère. Un autre bâtiment jeté au milieu de la flotte zélandaise fut pris; le vice-amiral espagnol fut en même temps abordé et enlevé avec son canon, le blé dont il était chargé et quatre-vingt-quatre personnes qui composaient l'équipage.

Cette guerre était des plus cruelles. Les Zélandais jetaient à l'eau ou pendaient tous les Espagnols qui tombaient entre leurs mains. C'est ce qui arrive ordinairement dans les guerres civiles, surtout celles où la religion a quelque part : on y montre plus d'inhumanité, on se croit obligé de violer les plus saintes maximes, et l'on justifie alors sa barbarie par des prétextes sacrés.

Tant de pertes accumulées devaient mortifier le duc d'Albe, mais sa fierté ne fit que s'en irriter : il fit presser le siége de Harlem, auquel son fils Frédéric de Tolède était occupé. Il ordonna même de faire équiper quelques vaisseaux sur la mer de Harlem, et en donna le commandement au comte de Bossu, avec ordre de couper entièrement les vivres à cette ville : c'était le dernier moyen qui lui restait pour la soumettre ; mais il y trouva beaucoup de difficulté. Les assiégés n'avaient qu'un seul vaisseau avec quelques barques : ils ne laissèrent pas néanmoins d'attaquer les Espagnols et de les mettre en fuite ; ils brûlèrent même un de leurs vaisseaux.

Le comte de Bossu chercha le moyen de réparer cet insuccès; il n'en trouva pas d'autre que de percer une digue, qui est sur le chemin d'Amsterdam, pour faire entrer d'autres vaisseaux dans le lac de Harlem. La jeunesse de la ville, qui cherchait une occasion de se distinguer, attaqua cette nouvelle flotte avec plus d'ardeur que de prudence, ce qui pensa réduire la ville aux dernières extrémités. Un vaisseau des assiégés, long de plus de vingt-six mètres, s'étant trop écarté, fut entouré et assailli par quatre ou cinq bâtiments espagnols et se vit entraîné. Cependant le capitaine Gérard de Jong, quoique dangereusement blessé, trouva moyen de sauter dans son canot et de se sauver. Les autres barques des assiégés ne perdirent pas courage et tombèrent sur l'escadre espagnole, dont ils enlevèrent deux vaisseaux : ils firent même des actions de tant de valeur, que le comte de Bossu fut obligé de quitter cette mer qu'il ne pouvait plus tenir qu'avec désavantage.

Irrité de tous ces échecs, et voulant laver la honte qu'il venait de recevoir, ce seigneur obtint le commandement d'une flotte de soixante-dix barques ou vaisseaux, pourvue de tout ce qui était nécessaire pour attaquer vigoureusement les confédérés : ceux-ci, au contraire, n'eurent le moyen que d'équiper un petit nombre de barques de médiocre grandeur, sur lesquelles ils ne purent mettre que peu de troupes et moins encore de vivres. Ces fâcheuses extrémités n'abattirent pas leur courage : ils voulaient tout risquer pour sauver la ville de Harlem, qui était serrée de près et qui commençait à manquer de tout. Le comte de Bossu comptait avec raison sur le nombre et la force de ses vaisseaux, et sur la multitude de soldats bien résolus dont elle était montée.

Les commandans de la flotte confédérée ayant donné leurs ordres, le combat commença. Il dura longtemps ; la victoire y fut vivement disputée ; mais la supériorité des Espagnols l'emporta sur la valeur des confédérés, qui perdirent vingt-deux vaisseaux. Le reste se retira en désordre. La ville de Harlem fut obligée de se rendre, et le soldat espagnol y exerça toutes les cruautés imaginables. Ce fut un avertissement aux autres villes de souffrir les plus dures extrémités, plutôt que de se rendre à des ennemis aussi implacables.

Le duc d'Albe, qui s'apercevait qu'il était plus difficile de soumettre la West-Frise ou Nord-Hollande par des troupes de terre que par des forces maritimes, fit armer à Amsterdam une puissante flotte, qu'il mit sous les ordres du comte de Bossu, lequel partit pour les côtes de cette province ; il entra dans le Zuyderzée. *L'Inquisition*, son vaisseau amiral, était monté de cent cinquante hommes d'équipage et de deux bataillons de troupes réglées. Il y avait trente-deux pièces de canon de bronze et d'autres de fer. Les villes de la Nord-Hollande, que cet armement menaçait, avaient déjà pris leurs précautions : elles avaient comblé les embouchures de la rivière d'Ye par des barques chargées de grosses pierres qu'elles y avaient coulées. La flotte espagnole eut beaucoup de peine à franchir cet obstacle, et ce ne fut qu'à la faveur d'une forte marée qu'elle en put venir à bout. Corneille Thierry, amiral de la flotte confédérée, fit venir à son bord tous les capitaines qui étaient sous ses ordres, pour tenir conseil et décider si l'on attaquerait la flotte espagnole à l'embouchure de l'Ye, ou si l'on prendrait le large. Ce dernier parti fut trouvé le plus expédient : la flotte confédérée passa le Pampus pour entrer dans le Zuyderzée.

Le comte de Bossu regarda cette action comme une fuite, et se saisit de quelques postes avantageux, ce qui jeta la consternation dans le plat-pays. Cependant la valeur des confédérés n'était point oisive : les villes de Hoorn et d'Enkhuysen armèrent quelques vaisseaux pour renforcer la flotte confédérée : le tout ne montait néanmoins qu'à vingt-quatre voiles, sur lesquelles même il n'y avait que des gens d'équipage, sans soldats. Le comte de Bossu, se croyant sûr de vaincre les confédérés, se conduisait avec un peu trop de confiance : il allait visiter les fortifications des villes, comme s'il n'y avait plus rien à craindre sur la mer; mais une horrible tempête battit sa flotte, et les sodats, peu accoutumés à la navigation, eurent peine à soutenir ce choc.

Cependant, le 3 octobre 1573, la flotte leva l'ancre, et le 5 elle passa le Pampus. Les confédérés s'étaient retirés sous l'île de Marken, au levant de Munickendam. On commença dès lors à se canonner de part et d'autre. Les vaisseaux des confédérés, qui n'étaient pas aussi bien montés en artillerie que les Espagnols, tâchaient d'en venir à l'abordage. C'était justement ce que voulait éviter le comte de Bossu; il prétendait détruire ses ennemis par le canon, croyant qu'il y risquerait beaucoup moins. Le lendemain, les Espagnols perdirent deux vaisseaux dont les confédérés se rendirent maîtres : les capitaines et quelques soldats furent envoyés prisonniers à Hoorn, les autres furent tués ou périrent dans les eaux.

L'amiral Corneille Thierry ayant été blessé, le comte de Bossu crut alors la victoire assurée pour les Espagnols; et, dans la vue d'intimider les confédérés, il ordonna au général, qui faisait le siége d'Alcmar, de mettre le feu à tous les villages situés aux environs de cette place. Par là, il prétendait jeter le désespoir dans l'âme des matelots de la flotte confédérée, tous habitants des endroits incendiés; mais loin de se décourager par ce désastre, ils reprirent de nouvelles forces. Le commandant de cette escadre avait reçu des dépêches de ses supérieurs, qui lui disaient de temporiser; c'était aussi ce que souhaitaient les Espagnols; mais le commandant des confédérés, craignant de trouver dans ces lettres quelque chose de contraire au désir qu'il avait d'attaquer les Espagnol, prit le parti de les brûler sans les ouvrir, et attaqua le comte de Bossu le 11 octobre.

Le combat commença vers midi et dura jusqu'au lendemain à pareille heure. Les Espagnols eurent d'abord quelque avantage; mais il fut de peu de durée. Plusieurs vaisseaux espagnols furent attaqués par les confédérés, d'autres furent coulés; quelques-uns même, pour fuir plus facilement, jetèrent leurs canons à la mer. Enfin, le 12 du mois, le comte de Bossu, qui avait fait des prodiges de valeur pendant plus de vingt-quatre heures que dura le combat, fut lui-même obligé de se rendre prisonnier, et fut conduit à Hoorn, avec deux cents gentilshommes qui montaient son vaisseau.

Les Espagnols, voyant leur amiral entre les mains des ennemis, et craignant un sort pareil, furent sur le point de faire sauter leurs vaisseaux, aimant mieux se donner une mort précipitée, que d'en recevoir une plus cruelle; mais ayant appris que le comte avait capitulé pour eux, ils mirent bas les armes et se rendirent. Quelques-uns cependant s'échappèrent et allèrent à Amsterdam porter au duc d'Albe la nouvelle de leur défaite. Le comte de Bossu resta prisonnier pendant trois ans, et ne fut mis en liberté que par la pacification de Gand, en 1576.

La flotte d'Anvers, commandée par le sieur de Beauvoir, ne fut pas plus heureuse que celle d'Amsterdam; elle était sortie pour porter un nouveau secours à Middelbourg. Cette flotte, déjà battue plusieurs fois, ayant rencontré celle de Zélande, fut obligée de se retirer à Berg-op-Zoom, où elle se mit en sûreté : il lui en coûta cependant trois de ses vaisseaux, qui furent pris par les ennemis.

Le duc d'Albe, desservi par sa mauvaise fortune ou plutôt par sa mauvaise conduite, demanda son rappel, qui lui fut accordé. Requesens, qui devait lui succéder, était arrivé le 17 novembre 1573. Le duc d'Albe partit le 2 décembre suivant. Il emmena avec lui son fils, qui souvent avait été le ministre de ses cruautés. Les Hollandais furent charmés de son départ. Don Louis de Requesens, grand commandeur de Castille, avait beaucoup plus de douceur que le duc d'Albe; la réputation de clémence et de modestie qu'il s'était acquise le rendait plus propre à ramener des peuples, desquels on peut tout obtenir par de sages tempéraments. Il voulut, pour soutenir sa réputation, commencer son administration par un coup d'éclat. Il fit à Anvers un armement plus considérable encore que tous ceux qu'on y avait entrepris jusqu'alors : il n'était pas de moins de cent voiles. Avec cette flotte, don Louis espérait battre les Zélandais et ravitailler Middelbourg, assiégée depuis deux ans par les confédérés. Il se croyait si sûr de la victoire, qu'il se transporta à Berg-op-Zoom pour être témoin du combat et applaudir lui-même à ses triomphes.

Cette flotte, sur laquelle on avait embarqué quinze bataillons, partit d'Anvers le 24 janvier 1774. Requesens, pour diviser les forces de la Zélande, partagea son armée navale en deux escadres, dont la plus grande, qui était de soixante-dix voiles, entra dans l'Escaut occidental, et la seconde, composée de trente voiles, prit la route de l'Escaut oriental. D'abord, un des gros vaisseaux échoua et se perdit ; un autre de même grandeur eut le même sort, et trente hommes d'équipage furent tués par une pièce d'artillerie qui creva. Si la flotte avait fait sa route sans s'arrêter, elle serait entrée sans obstacle dans le canal de Middelbourg; mais, le 27, quelques navires, envoyés à la découverte, ayant paru à l'extrémité du Hondt, les Zélandais jugèrent que la flotte n'était pas loin : ils eurent le temps de se préparer à la recevoir. Quinze vaisseaux espagnols parurent à la vue de Flessingue ; les Zélandais les allèrent attaquer et les obligèrent à se retirer. D'autres bâtiments zélandais entrèrent dans l'Escaut oriental, et trouvèrent le reste de la flotte espagnole mouillée à Romerswael, vis-à-vis de Berg-op-Zoom.

Il ne laissa pas d'y avoir quelque contestation entre les chefs des confédérés. Louis Boisot, amiral de Zélande, voulait attaquer les Espagnols, et avait déjà envoyé huit barques légères pour les harceler et les attirer au combat : son avis l'emporta dans le conseil. Pour mieux réussir, il divisa en trois escadres sa flotte, qui était de cinquante voiles. Les chefs des Espagnols eurent de pareilles disputes. Glimes voulait qu'on se retirât, et Romero, dont l'avis prévalut, était résolu d'aller à l'ennemi : ainsi, le combat fut engagé de part et d'autre avec une pareille disposition, et dura deux heures. Romero se retira vers Berg-op-Zoom, témoignant à Requesens, du ton de voix d'un homme en colère, qu'étant accoutumé à combattre sur terre, il ne connaissait point assez la manière de se battre sur mer ; mais Glimes, plus courageux, se montra aussi brave soldat qu'habile officier : il fut tué à la fin de l'action.

L'amiral des Espagnols, qui était monté par Glimes, brûla ; on ne sait si le feu y fut mis par les confédérés ou par les Espagnols. Le vice-amiral d'Anvers et huit autres vaisseaux furent pris. Quelques transports chargés de vivres furent coulés. Les confédérés, outre ces vaisseaux, gagnèrent trente pièces de bronze et plusieurs autres de fer, et firent environ sept cents prisonniers qu'ils tuèrent ou jetèrent dans la mer.

La flotte espagnole qui était dans le Hondt, se présenta le même jour devant le prince d'Orange, entre Flessingue et Terneuse. Ce prince, attentif aux mouvements des Espagnols, avait rassemblé tout ce qu'il avait pu de vaisseaux hollandais et zélandais ; il était parti de Delfshaven pour se rendre à Flessingue, et l'on ne saurait exprimer combien ce nouveau secours avait réveillé l'ardeur de la jeunesse confédérée qui était sur la flotte. Comme le vent et la marée étaient contraires aux Espagnols, ils se retirèrent après une légère escarmouche. Dix vaisseaux de ceux qui venaient de vaincre accoururent au secours de leurs compatriotes, et obligèrent les bâtiments espagnols de précipiter leur départ et de se rendre au plus tôt à Anvers. Ces insuccès occasionnèrent la prise de Middelbourg, que les Zélandais assiégeaient depuis longtemps.

Un nouvel incident fut encore très-désavantageux aux Espagnols. Les troupes, n'étant pas payées, se mutinèrent et se choisirent des chefs. Tout était à craindre pour Anvers, où ils étaient : on appréhendait un pillage de cette riche ville ; mais enfin on vint à bout de les satisfaire. Boisot, amiral de Zélande, saisit cette occasion et remonta l'Escaut. Il se rendit maître, quoique avec peine, de deux vaisseaux de guerre qui s'étaient éloignés du corps de la flotte espagnole. Il apprit que le reste s'était arrêté entre les forts Callo et Lillo, qui sont à moins de quinze kilomètres d'Anvers. Boisot fit force de voiles pour les joindre et les attaquer avant qu'ils fussent avertis de sa venue. Les Espagnols, qui l'aperçurent, ne tardèrent point à lever l'ancre pour se retirer sous Anvers : ils furent suivis par l'escadre des confédérés, dont les vaisseaux étaient meilleurs voiliers.

Les Espagnols furent atteints, et Boisot leur prit encore trois bâtiments, dont deux vaisseaux de guerre, et il leur en brûla quatre autres. Anvers ne fut pas sans alarme ; mais heureusement la prudence des magistrats avait rétabli la tranquillité en payant les soldats, qui ne firent pas difficulté de se disposer à une généreuse défense ; et la flotte des confédérés se retira vers la Zélande avec les vaisseaux qu'elle avait enlevés. Requesens prétendit jeter quelque soupçon de trahison sur Amstède, qui commandait un vaisseau ; il fit même saisir les biens de cet officier, qui se trouva innocent, et qui ne sortit des prisons de Ziriczée, où les confédérés l'avaient mis, qu'après y avoir beaucoup souffert.

Requesens, pour effacer la confusion qu'il avait reçue de toutes ces pertes, fit presser le siége de Leyde, que le duc d'Albe avait commencé l'année précédente ; les lignes des assiégeants étaient soutenues de soixante-deux forts. La place, qui est environnée d'une campagne, coupée par plusieurs ruisseaux et par des canaux remplis des eaux de l'Issel, de la Meuse, du Rhin et de la mer, est forte par sa seule situation. Le prince d'Orange, qui vit que la ville était réduite aux dernières extrémités, mit toute son application à la secourir; il ne trouva pas d'autre moyen que de rompre toutes les digues élevées pour empêcher le débordement des eaux : à l'instant la campagne et le camp des Espagnols se trouvèrent inondés. Le prince d'Orange fit entrer dans cette nouvelle mer cent soixante barques plates, commandées par l'amiral Boisot, homme d'expérience et de courage, capable de conduire les plus difficiles entreprises. Elles étaient munies de vivres et portaient plus de douze cents soldats, sans compter huit cents matelots zélandais, tous résolus à périr, s'il le fallait, en secourant leurs compatriotes. Cette armée navale passa au travers des arbres, des bourgs et des villages, et porta jusque dans la ville assiégée un secours de cent bateaux chargés de blé, dont elle avait un pressant besoin.

Les Espagnols se mirent en état de lutter contre cet océan imprévu, ils remuaient la terre avec leurs poignards et leurs épées, et la portaient dans leurs casques et leurs cuirasses pour en faire des digues qui pussent empêcher l'impétuosité des flots ; mais ils ne purent résister aux grandes marées de la pleine lune ; car c'était vers la mi-septembre. Un vent impétueux qui survint poussait encore les eaux et favorisait les assiégés, ce qui obligea les Espagnols à lever le siége, après avoir jeté dans des fossés leur grosse artillerie. Cette fuite ne fut pas le plus grand malheur des assiégeants, car les Hollandais les suivaient avec leurs vaisseaux, et jetaient sur eux des crocs et des mains de fer attachés à des perches ou à des cordes qu'ils lançaient de loin : par cette manœuvre, ils les blessaient cruellement ou les attiraient à eux.

De dix mille hommes qu'il y avait à ce siége, il en fut tué plus de deux mille, sans compter plus de deux cent cinquante prisonniers qui furent conduits dans les prisons de Hoorn.

Les Espagnols rétablirent leur réputation par quelques expéditions plus heureuses : ils s'emparèrent de plusieurs bourgs, châteaux et petites places dont les habitants se réfugièrent dans les îles de Zélande, ce qui détermina Requesens à y porter la guerre. Comme elles sont entrecoupées de bras de mer d'une profondeur inégale, il fit entrer des bateaux plats, des barques, des pontons et des navires proportionnés à la hauteur de l'eau. Il y fit en même temps conduire une armée de terre, qui passa dans ces îles, tantôt sur des navires, tantôt à gué. Les Espagnols firent dans ces occasions des prodiges de valeur ; ils eurent à surmonter des obstacles formés par des bâtiments coulés pour leur fermer les passages, par des digues, par les habitants du pays qui combattaient pour défendre leurs foyers, et par l'eau même de la mer qu'ils trouvaient quelquefois si profonde qu'ils en avaient souvent jusqu'au cou. Néanmoins ils surmontèrent toutes ces difficultés avec un courage admirable, et s'emparèrent des îles de Duveland et de Schowen, où est la ville de Ziriczée.

La mort de don Louis Requesens, survenue pendant le siége de cette place, le 5 mars 1576, mit fin aux violents projets qu'il voulait faire éclater contre les Hollandais, mais ne termina pas les troubles des Pays-Bas. Don Juan d'Autriche, qui n'arriva dans ces provinces que plus de deux mois après la mort de Requesens, ne fit rien de remarquable sur mer, non plus que les gouverneurs qui lui succédèrent : il ne se passa aucun événement relatif à la marine ; car on ne peut regarder comme une expédition maritime la fameuse construction du pont d'Anvers, faite par le prince Alexandre de Parme, qui avait succédé à don Juan, mort le 2 octobre 1578. Ce grand ouvrage fut exécuté sur l'Escaut, lequel, comme on le sait, est un fleuve très-rapide. Sur le pont on bâtit des forts, sous les eaux on forma des mines, et l'on fit passer des eaux par-dessus leurs digues. On employa seulement quelques vaisseaux pour attaquer et défendre la ville.

Le roi d'Espagne, sollicité par toutes les puissances voisines de se relâcher en faveur des peuples des Pays-Bas, resta toujours inflexible. Mais sept de ces sages provinces, connues ensuite sous le nom de Provinces-Unies, se lièrent par l'union d'Utrecht, en 1579 ; et, ayant assemblé leurs Etats-Généraux, elles déclarèrent le roi d'Espagne déchu de la souveraineté des Pays-Bas, défendirent à tous leurs sujets d'obéir à d'autres qu'aux Etats des provinces liguées, et firent une espèce d'abjuration de toute l'autorité espagnole par un serment dont le modèle fut envoyé dans toutes les provinces. Telle est l'époque de l'établissement de la république de Hollande. Dès lors elle joignit à l'exercice des armes un commerce maritime qu'elle étendit dans toutes les parties du monde, et depuis elle s'est rendue redoutable sur l'un et l'autre élément.

Maintenant, il faut considérer ces peuples sous une autre face et d'un point de vue bien différent de celui où ils ont paru jusqu'ici.

Les Hollandais, victorieux sur mer, donnèrent tous leurs soins à se fortifier sur terre. Il n'y eut ensuite que peu d'expéditions maritimes jusqu'en 1588, que Philippe II arma cette énorme flotte surnommée *l'invincible*, avec laquelle il projetait de faire la conquête des Iles Britanniques. Elle était composée de cent quarante-cinq vaisseaux de ligne, dont les moindres, outre l'équipage nécessaire pour la manœuvre, portaient huit cents soldats, quelques-uns même en avaient jusque'à mille. On comparait cette flotte à celle que Xercès, roi de Perse, envoya pour soumettre la Grèce. Les troupes réglées n'allaient pas à moins de cent vingt mille hommes, le nombre des matelots était de douze mille, et il y avait un nombre considérable de volontaires; elle était fournie de plus de deux mille cinq cents pièces de gros canon. Le prince de Parme, gouverneur général des Pays-Bas, devait y joindre vingt-huit forts vaisseaux et plus de quatre cents transports, avec trente mille hommes.

Mais à peine cette redoutable armée navale était-elle sortie du Tage, qu'elle commença à être battue par la tempête ; elle avança néanmoins, mais avec beaucoup de difficulté, jusque dans la Manche. Elisabeth, reine d'Angleterre, équipa de son côté quelques vaisseaux, sous les ordres de lord Seymour, pour garder l'embouchure de la Tamise, et fit un armement considérable à Plymouth : il était de cent voiles, sous le commandement de l'amiral Howard, qui avait pour vice-amiral le célèbre François Drack, connu par ses longs voyages et par une grande pratique de la mer. Ce fut en vain que le duc de Medina-Sidonia pressa le prince de Parme de lui envoyer ses vaisseaux et les troupes destinées pour renforcer sa flotte, ce prince était dans l'impuissance de satisfaire aux demandes de l'amiral espagnol : il était lui-même bloqué dans le port de Dunkerque par la flotte des Etats-Généraux des Provinces-Unies.

La flotte espagnole avançait lentement vers les dunes de Flandre. Drack, qui était sorti de Plymouth avec une escadre légère, harcelait incessamment les vaisseaux espagnols qui, par leur pesanteur et leur charge, avaient peine à se mouvoir. Enfin, après plusieurs escarmouches, le vice-amiral anglais attaqua, le 1er août, la flotte espagnole, dont il avait déjà maltraité et brûlé quelques vaisseaux. Le combat dura plus de huit heures, toujours au désavantage des Espagnols. Tous les soins du duc de Medina-Sidonia étaient de se procurer du secours de la part du prince de Parme ; mais les Etats-Généraux occupèrent toute cette année la Manche par leur flotte. Justin de Nassau, qui la commandait, empêchait que le gouverneur général des Pays-Bas espagnols ne pût mettre en mer aucun vaisseau.

Les Anglais, toujours en éveil et en mouvement, lâchèrent contre les Espagnols huit brûlots, qui jetèrent l'épouvante dans leur flotte ; ils se virent contraints de couper les câbles de leurs ancres, et d'en venir à un nouveau combat qui dura plus de dix heures. Ils y perdirent encore plusieurs de leurs gros vaisseaux ; quelques-uns, obligés de relâcher vers la Zélande et la Hollande, y furent pris par les Flessinguois, et un autre, par Pierre Vander Does. Les Etats-Généraux firent couler tous les vaisseaux qui leur parurent hors d'état de servir, et emmenèrent les autres. Le carnage fut grand dans l'action ; mais les Hollandais renvoyèrent généreusement à Anvers un grand nombre de blessés et firent beaucoup de prisonniers importants, entre autres, Diego de Pimentel, Diego de Velaques et Alphonse de Vargas. Les Anglais suivirent et serrèrent de près les vaisseaux espagnols, et les auraient presque tous détruits, s'ils n'avaient pas manqué de poudre.

La terreur fut si grande dans la flotte du roi d'Espagne, que les chefs en vinrent jusqu'à se demander s'ils ne se rendraient pas tous aux Anglais pour avoir la vie sauve. Mais le relâche que ces derniers, faute de munitions, se virent forcés de donner aux Espagnols, fit naître au duc de Medina-Sidonia la pensée de solliciter le prince de Parme à lui envoyer du secours. Ses instances furent toujours inutiles par la prudence et la vigueur avec lesquelles l'escadre des Etats-Généraux bloquaient tous les ports de la Flandre espagnole.

Le prince de Parme, contre son naturel, entra dans une si grande colère, qu'il tua, dit-on, lui-même quelques officiers qui lui faisaient connaître l'impossibilité où ils étaient de forcer les passages pour se mettre en pleine mer. On engagea néanmoins, à force de présents et de promesses, mille soldats bien résolus à faire un coup d'éclat et de courage, pour ouvrir le port : ils se présentèrent effectivement, et firent contre les vaisseaux hollandais des actions d'une extrême valeur ; mais ils furent contraints de céder au plus grand nombre, et périrent presque tous les armes à la main.

Enfin, l'amiral espagnol, désespérant d'avoir aucun secours, prit le parti de retourner en Espagne, en cinglant par le nord des Orcades et de l'Irlande ; cependant contre l'ordinaire de cette mer, presque toujours agitée vers ce parage, le calme survint et l'arrêta, de manière qu'il ne fut pas possible à ses vaisseaux de faire route en avant ; et le 3 septembre, il s'éleva une si furieuse tempête, que tout le reste de cette flotte, déja si maltraitée, se trouva dans le plus extrême danger, et perdit encore trente de ses vaisseaux et environ dix mille hommes. Quelques-uns furent portés sur les côtes de Norwége ; d'autres, enfin, disparurent absolument. Le duc de Medina-Sidonia ne put ramener en Espagne qu'un seul vaisseau de guerre et trente bâtiments de charge. La joie fut d'autant plus grande en Angleterre et en Hollande, que ces deux Etats ne perdirent pas un seul navire et tout au plus cent hommes.

Quoique la perte fut immense, elle ne découragea pourtant point Philippe II. Il persista toujours dans le dessein de soumettre les Provinces-Unies et d'attaquer la reine d'Angleterre, leur protectrice. Il mit près de huit ans à s'y préparer. Mais la reine Elisabeth et les Etats-Généraux jugèrent à propos de le prévenir. L'entreprise en fut suggérée à cette princesse par le comte d'Essex, seigneur de courage et qui voulait, par quelque grande action, s'affermir dans la faveur de la reine, dont il avait su mériter l'estime. Il rencontra de l'opposition de la part de l'amiral Howart ; cependant, à force de sollicitations, le comte surmonta toutes les difficultés qu'on lui suscitait ; il arma même plusieurs vaisseaux à ses dépens.

La flotte était de cent cinquante voiles ; les Etats-Généraux en avaient fourni vingt-quatre, savoir : dix-huit vaisseaux de guerre et six de transport. L'escadre des Etats était commandée par Jean Duvenvorde, seigneur de Warmond. Bien que cette grande expédition portât le nom de la reine d'Angleterre, les Etats y acquirent cependant beaucoup de gloire. Les flottes combinées partirent des ports d'Angleterre et de Hollande, et arrivèrent à la vue de Cadix le dernier jour de juin 1596.

Le roi d'Espagne avait dans ce port vingt et un vaisseaux de guerre, avec autant de bâtiments de transport et quatre galions d'un fort gabarit, percés chacun de cinquante-quatre sabords, et montés par sept cents hommes, sans compter les escadres que l'on armait à Lisbonne et en d'autres ports; ce qui ne faisait pas le tiers des forces maritimes de l'Espagne. La flotte du roi, destinée pour les Indes occidentales, n'attendait qu'un vent favorable pour mettre à la voile, et devait escorter cinquante navires chargés pour le compte des négociants. Il restait dans le port vingt-deux grands vaisseaux pour la défense de la ville. Ces derniers allèrent attaquer la flotte combinée.

L'action ne dura pas, la peur s'empara des commandants espagnols, qui rentrèrent dans le port. Le comte d'Essex et le commandant de l'escadre des Etats-Généraux étaient d'avis de profiter, avant la chute du jour, de la consternation qui régnait dans la ville et de ne pas laisser aux Espagnols le temps de prendre un conseil salutaire ; mais l'amiral Howart, soit par jalousie, soit par des ordres secrets de la reine, prétexta des raisons pour s'opposer à cette résolution décisive.

Le lendemain, 1er juillet 1596, la flotte espagnole se présenta à l'entrée du port, avec le dessein de se battre et d'en bien disputer l'entrée, ce qui engagea un combat des plus chauds, où le comte d'Essex fit des prodiges de valeur. Dans le fort de l'action, le feu prit à un vaisseau hollandais, qui sauta avec tout son équipage. Un des galions d'Espagne eut le même sort, mais avec beaucoup plus de fracas. Les Anglais ne perdirent qu'un vaisseau. Les Hollandais ne se distinguèrent pas moins par leur bravoure que par leur prudence : le prince Louis de Nassau se signala plus que les autres, et trouva moyen, en repoussant les Espagnols, de forcer l'entrée de la ville. Elle fut pillée, non sans difficulté, aussi bien que le château de l'arsenal de la marine. Si l'on avait suivi le sentiment du comte d'Essex, on aurait pris la flotte des Indes, estimée plus de cent millions. Néanmoins ce grand seigneur, pour ne pas tomber dans de nouvelles contestations avec ses propres nationaux, fut obligé d'accepter les offres de deux millions de ducats, qu'avaient faites les commerçants de cette ville.

Durant le cours de la capitulation, le duc de Medina-Sidonia fit mettre le feu à trente-cinq vaisseaux qui étaient dans le port, pour éviter qu'ils ne tombassent entre les mains des Anglais. Ainsi fut détruit le tiers des forces maritimes de la couronne d'Espagne. Le comte d'Essex et Duvenvorde étaient d'avis que l'on gardât cette ville et que l'on s'y fortifiât : ils la regardaient comme un centre d'où l'on pouvait ruiner les Etats de Philippe II ; mais l'amiral Howart ne voulut jamais y consentir. Jaloux de la gloire du comte d'Essex, qu'il abandonna, il se remit en pleine mer et regagna Plymouth. Duvenvorde le suivit malgré lui, et reçut de la reine des lettres pleines d'expressions de reconnaissance pour une victoire à laquelle l'escadre des Etats-Généraux n'avait pas moins contribué que la valeur des Anglais. Le commandant hollandais se vit même obligé de courir la mer pour rejoindre et ramener le comte d'Essex en Angleterre.

L'année suivante, le roi Philippe voulut se venger sur l'Angleterre et les Provinces-Unies de l'affront qu'il avait reçu de ces deux nations dans l'expédition de Cadix. Il fit donc équiper une flotte de cent vingt-huit vaisseaux, y embarqua quatorze mille hommes de troupes réglées, et donna le commandement de toutes ces forces à don Martin Padilla. Cette flotte sortit des ports d'Espagne au mois de novembre, saison dangereuse pour tenir la mer ; mais le désir de la vengeance ne permit pas au roi d'attendre jusqu'au printemps. On prétend qu'il comptait sur une révolution de la part des catholiques d'Angleterre et d'Irlande. Ce qui est vrai, c'est qu'il se croyait si sûr de la victoire, qu'il avait donné pour dot à l'infante Isabelle, sa fille, le royaume d'Angleterre. Une tempête battit encore tellement sa flotte, qu'une seule nuit lui fit perdre quarante vaisseaux et cinq mille hommes. Elle aurait même péri tout entière sur les côtes des îles de Hollande et de Zélande, sans l'attention d'un habile pilote hollandais qui était au service de Philippe II. Comme en 1588, elle attendit vainement du secours de Dunkerque.

Les Anglais et les Hollandais prétendirent, l'année suivante, rendre la pareille au roi d'Espagne ; mais il s'en fallut de beaucoup que leur entreprise fût aussi heureuse que celle de 1596. La flotte combinée était de trente-six vaisseaux de ligne, dont vingt appartenaient aux Etats-Généraux ; il y avait en outre soixante transports et six mille hommes de troupes. Le comte d'Essex avait le commandement en chef, et Duvenvorde, qui commandait l'escadre hollandaise, servait sous lui en qualité de vice-amiral. Cette flotte alla se poster aux îles Açores, où elle comptait arrêter la flotte espagnole, qui devait revenir de l'Amérique ; mais cette armée navale eut le même sort que celle de Philippe II : une furieuse tempête la battit et l'obligea de regagner fort en désordre les ports d'Angleterre et de Hollande. Ils prirent cependant trois vaisseaux richement chargés qui s'étaient écartés du corps de la flotte espagnole.

Jusqu'en 1595, les Hollandais n'avaient navigué que sur les mers voisines de l'Europe, depuis le Sund jusqu'au détroit de Gibraltar ; mais leur liberté naissante, leur puissance maritime et l'appât des richesses, leur firent hasarder de plus longs voyages. Ils furent encore excités à ces entreprises par les grands avantages que les Portugais tiraient des nouvelles découvertes qu'ils avaient faites depuis plus d'un siècle en Afrique et aux Indes, aussi bien que par les voyages des Castillans, des Français, et des Anglais en Amérique. Ces nouveaux établissements fondés par des peuples voisins leur donnèrent de l'émulation ; ils entreprirent de les imiter ; mais ils sont venus à bout de les surpasser, et ont fait sur mer un commerce si étendu, que leurs différentes compagnies entretenaient ordinairement soixante mille hommes, et construisaient tous les ans plus de deux mille vaisseaux. Ils commencèrent en 1595 leurs voyages de long-cours : d'abord ils furent inquiétés par les Portugais, qui étaient sujets du roi d'Espagne ; mais ils les inquiétèrent à leur tour, et affaiblirent beaucoup leur commence.

Pour être moins exposés aux courses des Espagnols, quelques-uns de leurs vaisseaux avaient cherché, dès l'an 1594, du côté du nord, une route par laquelle ils pussent se rendre aux Indes orientales. Cette première tentative, non plus que celles qu'ils firent les deux années suivantes, ne réussit pas, à cause des obstacles invincibles qu'ils rencontrèrent vers le Zemble et le détroit de Vaygats. Arrêtés dans les glaces, ils furent obligés d'y passer un hiver très-rude, tel qu'on l'éprouve au soixante-dix-septième degré d'élévation vers le nord. Ils eurent à combattre, non des hommes, mais des ours cruels et d'une grosseur énorme.

Ils poussèrent néanmoins, en 1596, jusqu'en Guinée, à l'île de Saint-Thomas et au delà de la ligne, et l'année suivante quatre de leurs vaisseaux arrivèrent des Indes après un voyage de trois ans. Ces vaisseaux furent les premiers qui entreprirent cette expédition; ils parcoururent les îles de Madagascar, de Java, de Sumatra, et frayèrent le chemin au commerce que les Hollandais firent dans la suite aux Indes orientales. Ce fut après ces succès qu'ils tentèrent aussi le commerce des Echelles du Levant, et qu'ils se répandirent dans les îles de l'Archipel, à Constantinople, dans la Syrie et dans l'Egypte. Pendant le printemps et l'été de l'année 1598, ils firent sortir de leurs ports quatre-vingts vaisseaux en plusieurs escadres, destinées les unes pour la Guinée, une autre pour les Indes et les Moluques, et une autre pour l'Amérique.

A cette époque, c'est-à-dire en 1598, Van Noort passa au Congo, de là au Brésil, au port Désiré, aux îles des Larrons, par le détroit de Magellan, à Bornéo, à Java, et opéra son retour par le cap de Bonne-Espérance. C'est le premier voyage autour du monde entrepris par les Hollandais.

Ces voyageurs eurent des peines inconcevables à se précautionner contre les intrigues des Espagnols et des Portugais, acharnés à ruiner leur commerce dans les Indes. Le vice-roi, après beaucoup de tentatives inutiles, feignit de faire quelque alliance avec les Hollandais, et dès qu'il eut le capitaine et quelques officiers en son pouvoir, il usa à leur égard de toutes les violences imaginables, jusqu'à faire brûler quelques vaisseaux hollandais et à menacer de faire mourir les officiers de la Compagnie de Hollande, s'ils n'abandonnaient incessamment le commerce des îles. Des vaisseaux hollandais revinrent néanmoins sains et saufs en Hollande et en Zélande en 1597. Cet accident ne les empêcha pas de faire de nouvelles tentatives pour le commerce des Indes.

Ils entreprirent un second voyage près de Madagascar, les îles Maldives, Cochin, Sumatra, Achem, Ceylan, etc., et dressèrent des cartes du pays. Mal reçus dans l'île de Java, ils passèrent le détroit d'Amboine pour commercer dans cette île : c'est de là et des îles voisines qu'ils tiraient leurs clous de girofle et autres épiceries.

Pendant que les vaisseaux des Provinces-Unies faisaient des voyages de long-cours, les armateurs de Dunkerque les incommodaient dans les mers voisines et troublaient fort leur commerce et leur pêche. Les Etats, pour les contenir, donnèrent une flotte à Pierre Vander Does, gentilhomme distingué par son mérite et ses services, qui s'était élevé aux premiers emplois par les degrés ordinaires. Ce général, croisant dans la Manche, voulut se jeter sur trente-huit bâtiments espagnols, qui transportaient des troupes dans les Pays-Bas; mais une tempête qui s'éleva ne lui permit que d'enlever un vaisseau espagnol et fit même périr quelques-uns des siens.

Philippe II n'ayant tenté que de vains efforts pour faire rentrer les Hollandais sous sa domination, leur permit de trafiquer en Espagne sous un pavillon étranger, se flattant que ce ménagement les ramènerait à l'obéissance; mais Philippe III, son fils et son successeur, tint avec eux une tout autre conduite : n'ayant plus d'espérance de les avoir pour sujets, il se livra au plaisir d'en user avec eux comme avec des ennemis. Il rompit d'abord tout commerce, et fit saisir leurs vaisseaux qui étaient dans ses ports. Les Hollandais, assez puissants pour se venger, ne différèrent pas de le faire. Ils défendirent par un *placard*, c'est-à-dire par un édit, de négocier avec les Espagnols, qu'ils déclarèrent ennemis de la république, et en même temps mirent en mer une flotte de soixante-treize vaisseaux, chargée de huit mille hommes, sous la conduite de Vander Does, qui cingla vers les côtes d'Espagne pour les ravager. Cet armement jeta la terreur dans le cœur des Espagnols; plusieurs même abandonnèrent les côtes maritimes de l'Espagne pour se retirer plus avant dans les terres.

Le roi Philippe III fit des efforts inutiles pour empêcher les progrès de cette flotte. Vander Does, pour exécuter les ordres qu'il avait reçus des Etats, assiégea l'escadre espagnole dans le port de la Corogne où elle s'était retirée; mais il ne put l'y attaquer, parce qu'elle était défendue par une forteresse. Il manqua de quelques jours la flotte espagnole qui allait aux Indes. Il prit la route des Canaries, où il arriva sur la fin du mois de juin; il parut devant la grande Canarie et attaqua les vaisseaux qui y étaient. Il en brûla deux, en prit deux autres, et fit de grands ravages dans cette île et surtout dans la ville d'Alagona. Il n'en causa pas moins à l'île de Gomera; après avoir ravagé, pillé et rançonné ces îles, il se retira chargé d'un riche butin, qu'il envoya en Hollande sur trente-cinq vaisseaux, qui furent dispersés par une tempête. Cet accident, quoique fâcheux, leur devint favorable, parce qu'il leur fit éviter la flotte espagnole, qui était sortie de la Corogne. Ils arrivèrent au milieu de l'automne, les uns après les autres dans divers ports des Provinces-Unies.

Vander Does, dans le dessein d'aller piller le Brésil, partit avec le reste de ses vaisseaux et rangea la côte de Guinée en Afrique, où il se saisit de quatre vaisseaux espagnols richement chargés. Il fit en passant dans l'île de Saint-Thomas, située sous la ligne, près de la Guinée, une descente sans aucune opposition. Il y prit, pilla et brûla même la ville de Panousa, et s'empara de la forteresse, malgré la résistance du gouverneur espagnol; mais le séjour que firent les Hollandais dans cette île leur devint funeste : l'intempérance à laquelle ils se livrèrent, le mauvais air, les chaleurs excessives mirent parmi eux la peste et d'autres maladies. Vander Does tout le premier en mourut. La flotte, découragée par la perte de son général, mit à la voile; mais elle emporta avec elle la peste, qui y fit d'effroyables ravages, et arriva enfin en Hollande si maltraitée, qu'on fut contraint de couler quelques-uns de ses vaisseaux; d'autres furent pris par les Espagnols; et, de tous les capitaines, il n'en revint que deux.

Le roi d'Espagne, de son côté, envoya une flotte aux Canaries pour défendre ces îles contre les entreprises de Vander Does; mais comme ce général s'était retiré, elle n'eut à combattre que contre une furieuse tempête, qui l'endommagea considérablement. Les armateurs de Dunkerque continuèrent toujours à faire la guerre aux Hollandais; ils leur prirent cette année cinq vaisseaux. Frideric Spinola parut aussi sur les côtes de Flandres avec six galères ou bateaux plats, qui alarmèrent d'abord le pays, où l'on ne connaissait point cette sorte de navires; elles approchaient de terre de si près, qu'on ne put les attaquer.

Elles débarquèrent six mille hommes à l'Ecluse, et avec environ trois mille qui leur restaient, elles firent des courses vers la Zélande. Elles parurent d'abord redoutables, parce qu'elles attaquaient toutes ensemble les plus grands vaisseaux, qui avaient de la peine à se défendre. On s'accoutuma cependant à les voir et à les combattre; on leur tua bien du monde et on leur donna la chasse. Le capitaine Legier, vice-amiral de Zélande, fut celui qui les combattit avec le plus de courage; car n'ayant que soixante-dix hommes, il ne laissa pas d'attaquer les Espagnols et de leur tuer plus de deux cent cinquante hommes, quoique lui-même n'en eût perdu que vingt-cinq après un combat de six heures. Le reste de cette année se passa en actions moins considérables, mais fort honorables pour les Hollandais.

L'année suivante, la guerre fut extrêmement vive entre les Espagnols et les Provinces-Unies; la Flandre en fut le théâtre, la valeur y éclata de part et d'autre. La marine y eut quelque part, soit par le transport des troupes, soit par les combats particuliers de quelqus navires, soit par l'assistance que donna l'artillerie des vaisseaux dans les combats qui furent livrés sur le rivage. Les Hollandais eurent sur mer dans toutes ces occasions une grande supériorité sur les Espagnols ; en voici les raisons : les grands galions d'Espagne et les caraques portugaises étaient des navires pesants, difficiles à manier; ils avaient besoin de beaucoup de monde pour la manœuvre, et ils devaient toujours se tenir écartés des côtes. Les vaisseaux hollandais, au contraire, étaient légers, aussi excellents pour l'attaque que pour la retraite, conduits par peu de monde, ne redoutant pas les côtes et pouvant aisément gagner le vent ; avantages semblables à ceux qu'eut Auguste avec ses liburnes à la bataille d'Actium sur les grands navires d'Antoine. Les Hollandais avaient encore sur les Espagnols l'avantage du canon. Ceux-ci n'en avaient que de fort longs, difficiles à charger, qui tiraient de loin; au lieu que ceux des Hollandais étaient courts, portant de plus près et tirant trois coups tandis que les canons des Espagnols n'en tiraient qu'un.

Cette guerre mit les Hollandais dans la nécessité de se rendre habiles sur mer et de développer les talents qu'ils avaient pour la navigation. Aussi devenait-elle florissante chez eux, non-seulement pour ce qui regarde la guèrre, mais encore par rapport au commerce, L'ardeur passa jusqu'aux particuliers : Olivier de Noort, entre autres, citoyen de Rotterdam, passa le détroit de Magellan, découvrit des pays inconnus, parcourut la mer du sud, se rendit dans l'île de Bornéo, doubla le cap de Bonne-Espérance, et revint en Hollande, où il fit part de ses découvertes, qui servirent beaucoup à étendre les connaissances en géographie. Quelques autres Hollandais qui voulurent l'imiter furent moins heureux; car n'étant pas assez fournis d'hommes et de vivres, ils tombèrent entre les mains des Espagnols, qui les firent mourir cruellement.

Cependant les escadres hollandaises, conduites par Heemskerk, Grenir et Harmini, eurent un assez heureux succès dans le voyage qu'elles firent aux Indes orientales, où les Portugais, soumis alors aux

Espagnols, s'étaient rendus maîtres du commerce. Ces derniers assiégeaient avec huit cents Portugais et quinze cents Indiens la ville de Bantam, alors capitale de l'île de Java. Ils avaient huit grands vaisseaux et vingt galères. Cette expédition n'avait été entreprise que pour chasser de cette ville quelques Hollandais que l'amour du commerce y avait portés. Mais Harmini qui n'avait que cinq vaisseaux et environ trois cents hommes, eut le courage d'attaquer les Portugais, sur lesquels il prit deux galères et trois vaisseaux, en coula plusieurs et contraignit ses ennemis à mettre eux-mêmes le feu à quelques autres. Néanmoins plusieurs se retirèrent à Amboine, dont ils maltraitèrent les peuples, parce qu'ils avaient des relations de commerce avec les Hollandais. Le roi et les peuples de Bantam ne sûrent assez louer les Hollandais, qu'ils regardèrent comme des libérateurs, qui les avaient affranchis du joug insupportable des Portugais.

Georges Spilberg se rendit alors dans les Indes avec quelques vaisseaux hollandais, et y fit fleurir le commerce de sa nation par les alliances qu'il eut le bonheur de faire avec plusieurs souverains des îles de l'Asie. Il fut obligé dans sa route de se battre contre quelques vaisseaux portugais qu'il rencontra à la hauteur du cap Vert. Il continua sa navigation vers les Indes et secourut l'un des rois de l'île de Ceylan, qui ne cherchait qu'à chasser les Portugais de cette île. Il ne s'en tint point à cette action, il courut sur les vaisseaux espagnols et portugais, dont il affaiblit beaucoup le commerce.

La guerre se faisait toujours en Flandre avec vigueur, les Espagnols assiégeaient Ostende; Spinola tenait la mer avec six galères que le roi Philippe III lui avait confiées, et Martin Padilla commandait une flotte. La reine Elisabeth qui avait pris les Provinces-Unies sous sa protection, envoya des vaisseaux contre Padilla et Spinola. Ils rencontrèrent deux galères qu'ils brûlèrent; ils auraient fort maltraité les autres navires, s'ils ne s'étaient pas amusés à piller une caraque portugaise. Spinola, qui s'était retiré après la perte de ses deux galères, se remit en mer avec six autres. Les vaisseaux des Etats qui les attendaient au pas de Calais, fondirent sur elles, en percèrent deux à coups de canon, et en brisèrent deux autres. Il n'y en eut que deux qui échappèrent et se sauvèrent à Newport. Spinola les joignit à celles qu'il avait à l'Ecluse, et pour se dédommager de ces pertes, il voulut aller, pendant l'hiver, piller l'île de Walcheren, en Zélande ; mais les grands vents l'en empêchèrent.

Au milieu de ces cruelles guerres, les Hollandais, attentifs à leur commerce, continuaient leurs voyages aux Indes orientales. Laurent Bircker, qui s'y était rendu, commandait deux vaisseaux de sa nation. Ayant su que *le Saint-Jacques,* vaisseau espagnol richement chargé, faisait route vers l'Europe, il le suivit, l'atteignit, et l'attaqua près de l'île Sainte-Hélène, au sud-ouest du royaume d'Angola. Le capitaine hollandais, chargé des précieuses dépouilles du vaisseau espagnol, se rendit heureusement en Zélande.

Ce fut dans ce temps que les Hollandais pensèrent à établir un commerce national dans les Indes. La vengeance et le désespoir les conduisirent d'abord dans ces climats éloignés. Le zèle pour la conservation de leur nouvelle religion et de leurs anciens priviléges, que les Espagnols voulaient anéantir, leur y firent aller chercher des ressources. C'est là effectivement qu'ils trouvèrent des fonds pour entretenir les grandes armées qu'ils furent obligés de lever. Plusieurs particuliers s'y étaient déjà enrichis, lorsque les Portugais, chagrins de voir leur prospérité partagée avec d'autres, et ne se sentant point assez forts pour les chasser, demandèrent du secours au roi d'Espagne, leur souverain, qui leur envoya des galions, des vaisseaux, et des troupes sous la conduite de Hurtado de Mendoze. Ainsi, la guerre passa des Pays-Bas dans les Indes, où les Hollandais remportèrent plusieurs petits avantages, qui procurèrent beaucoup d'honneur et d'avantages aux Provinces-Unies. Ces heureux succès n'étaient cependant que l'ouvrage des particuliers : ils firent naître aux Etats la pensée d'établir une Compagnie, qui ferait seule le commerce au profit de l'Etat. Cette Compagnie fut effectivement formée, et on lui accorda des lettres d'octroi, datées du 20 mars 1573, avec défense à tous autres de commercer au delà du cap de Bonne-Espérance et du détroit de Magellan. La Compagnie fit un fonds de six millions six cent mille francs, auquel la chambre d'Amsterdam participa pour une moitié ; celle de Zélande, pour un quart ; celle de Delft et de Rotterdam, pour un huitième ; celles d'Enkhuise et de Hoorn, pour un autre huitième. La Compagnie établit de sages lois, et elle équipa une flotte de quatorze vaisseaux, qui mit à la voile au mois de juin. Ce furent là les commencements de cette

Compagnie, qui devint puissante en peu de temps, et qui a fait longtemps le plus solide fondement des richesses et des forces de la république.

Les affaires des Indes ne faisaient pas négliger celles de l'Europe. On y faisait toujours la guerre dans les Pays-Bas, et Spinola entreprit avec douze galères de ravager la Zélande. Il sortit de l'Ecluse, et ayant rencontré trois vaisseaux zélandais et deux flûtes, il les attaqua. Le combat se soutint avec beaucoup d'opiniâtreté de part et d'autre; mais Spinola, après avoir fait tout ce qu'on peut attendre d'un grand capitaine, fut percé de plusieurs coups, eut un bras emporté, et mourut avec trois cents des siens. Ses galères furent obligées de se sauver, à demi brisées, dans le port de l'Ecluse; au lieu qu'il en coûta fort peu de monde aux Hollandais.

Les armateurs de Dunkerque continuaient à désoler les négociants de Hollande et à surprendre leurs vaisseaux. Outre les ordres le Philippe III, qui les obligeaient à courir sus aux sujets des Provinces-Unies, ils voulaient encore se venger des prises que l'on faisait continuellement sur les Portugais dans les Indes; et l'on avait reçu même, vers la fin de cette année, la nouvelle que Heemskerk leur avait enlevé entre la presqu'île de Malaca et l'île de Sumatra, un vaisseau richement chargé, qui était parti de Macao, l'un des ports les plus fréquentés de la Chine. Cependant la Compagnie de Hollande, pour réparer les disgrâces que lui causaient les armateurs de Dunkerque, et pour prévenir de nouveaux inconvénients, envoya sur la fin de l'année 1603, treize bâtiments aux Indes, sous la conduite d'Etienne Ver Hagen. Ce capitaine se rendit d'abord à la côte de Zanguebar, où il prit et brûla, près la petite île de Mozambique, un bâtiment portugais chargé d'ivoire. Il ne traita guère mieux cinq autres vaisseaux de la même nation. Il passa à la vue de Goa, où il répandit l'épouvante. Il parcourut toute la côte d'Asie et y fit alliance avec quelques rois; il se rendit ensuite à Bantam, et, dans sa route, il s'empara d'un navire portugais, chargé de poudre et autres munitions de guerre, que l'on transportait à Amboine. Ver Hagen ne s'en tint pas à cette légère expédition, il obligea l'île d'Amboine et la ville du même nom de se soumettre aux Hollandais, auxquels, après quelques révolutions, elle est enfin restée. Tidor, autre île, subit le même sort; mais ce ne fut qu'après une défense des plus vives et des plus opiniâtres.

Les Hollandais se trouvaient partagés entre le commerce et la guerre : ils négociaient par intérêt et combattaient par nécessité. L'archiduc Albert, gouverneur des Pays-Bas, les attaquait de toutes parts, pendant que le prince Maurice de Nassau, qui commandait leur armée de terre, les défendait avec beaucoup de valeur ; ils combattaient sur mer les Espagnols avec un grand avantage ; mais ayant appris que ceux-ci destinaient contre eux une armée navale, ils envoyèrent au-devant une flotte de trente-deux vaisseaux bien équipés, qui rencontrèrent, le 14 juin, deux navires de l'armée espagnole. Ils les attaquèrent et en coulèrent un ; le second se sauva sur les côtes d'Angleterre. Les autres vaisseaux espagnols ayant paru, chargèrent vivement les Hollandais. Le combat fut terminé par la nuit ; mais il recommença avec le jour.

La victoire fut pendant quelque temps disputée. A la fin, les Hollandais défirent entièrement les Espagnols ; ils coulèrent quatre de leurs bâtiments et donnèrent la chasse aux autres. Pierre Cubiarra, amiral de la flotte espagnole, ne put faire autre chose pour sauver le reste de ses vaisseaux, que de se retirer dans le port de Douvres, où il mourut peu de temps après. Cette victoire fut un effet du courage et de la prudence de Hautain, amiral de Zélande. Les armateurs de Dunkerque ne furent pas moins mal menés sur la fin de l'année.

Les Espagnols, ne pouvant réussir à se soumettre les Provinces-Unies par la force, essayèrent d'en venir à bout par l'adresse : ils leur firent proposer quelques voies d'accommodement ; mais les Etats, qui regardaient la sincérité apparente de leurs ennemis comme un piége, et qui ne voulaient pas d'autre traité que celui d'une rupture éternelle, n'en écoutèrent aucune proposition, et défendirent sous des peines très-rigoureuses de rien porter en Espagne, ce qui força Sa Majesté Catholique de chasser les Hollandais de ses Etats. Ces hostilités éclatantes ranimèrent encore la haine des deux partis ; ils se faisaient la guerre sans aucun ménagement ; et, comme le prince Maurice avait eu l'adresse de la porter en Flandre, pour l'éloigner de la Hollande, Ambroise Spinola, qui commandait l'armée de l'archiduc, la rappela en Hollande pour l'éloigner de la Flandre.

Quoique la guerre qui se faisait sur terre du côté des Pays-Bas fût très-vive, et demandât toute l'attention des Provinces-Unies, cependant elles ne laissèrent pas d'être attentives aux expéditions maritimes.

Le roi Philippe III avait publié, l'année 1605, un édit très-rigoureux, qui défendait sous peine de mort et de confiscation de biens aux habitants des provinces de Hollande et de Zélande d'aller négocier dans les deux Indes orientale et occidentale. Cela n'empêcha point les marchands d'envoyer de nouvelles flottes dans ces deux contrées. On en confia une de douze vaisseaux à Corneille Mattelif, et une autre, l'année suivante, à Paul Caerden, mais qui n'était que de huit vaisseaux.

Le premier de ces chefs arriva à portée de la presqu'île de Malaca sur la fin d'avril de l'an 1606, où il eut à soutenir divers assauts contre les Portugais. Les actions furent assez vives de part et d'autre. Les Hollandais, quoique maltraités, pensèrent surprendre la ville de Malaca. Ils se retirèrent néanmoins sur leur flotte, et allèrent au-devant de celle des Espagnols, composée de trente-deux voiles, dont quatorze étaient des vaisseaux de guerre de premier et de second rang; quatorze autres étaient moins considérables, et accompagnés de quatre galères. Tous ces bâtiments, dont la manœuvre était difficile, avaient peine à se mouvoir. La flotte était commandée par le vice-roi de Goa, qui, ayant une confiance entière en ses forces, ne doutait point de la victoire. L'action commencée dès le 17 du mois d'août ne se donna que le 18. Elle fut très-vive; la perte fut à peu près égale. Les Portugais se retirèrent à Malaca, où ils laissèrent quelques-uns de leurs vaisseaux pour les radouber, et se remirent en mer avec les autres. La flotte hollandaise crut devoir aller au-devant pour tenter une seconde action. Elle fut moins favorable aux Portugais, qui furent obligés, avant de se retirer à Malaca, de mettre le feu à la plupart de leurs navires, pour ne les point abandonner à leurs ennemis.

La même année, Guillaume Hautain partit des ports de Hollande avec vingt-quatre vaisseaux et quelques navires que des particuliers avaient armés. Il avait ordre de se jeter sur la flotte espagnole, qui revenait de l'Amérique, et de fermer le passage aux bâtiments portugais, qu'on préparait pour les Indes. Il réussit assez bien dans ces deux expéditions; il obligea les vaisseaux portugais de rester dans le port et de se décharger. Il attaqua la flotte de l'Amérique et y fit un butin considérable. Un de ses bâtiments en accrocha un autre chargé d'argent pour le roi d'Espagne, et ils furent tous deux brûlés; la flotte fut ensuite battue par la tempête et perdit trois vaisseaux.

Hautain, qui manquait de vivres, fut obligé de retourner en Hollande; il se remit presque aussitôt en mer avec vingt-quatre vaisseaux, pour aller au-devant des navires espagnols, qui revenaient des Indes orientales et occidentales : six de ses bâtiments furent d'abord écartés par la tempête ; les autres étant encore en désordre, furent attaqués par huit galions, l'un desquels accrocha un navire de Zélande, qui se défendit pendant deux jours avec beaucoup de courage ; mais celui qui le commandait, se voyant sans secours, son bâtiment tout percé et son mât brisé, mit le feu à ses poudres, aimant mieux périr que de se rendre. Dans cet intervalle, les flottes passèrent et se sauvèrent. Celle des Indes, après avoir beaucoup souffert de la tempête et perdu deux vaisseaux, aborda enfin à Lisbonne, et celle qui revenait de l'Amérique, composée de cinquante vaisseaux, chargée du revenu de deux ans pour le roi d'Espagne et pour les marchands, se rendit heureusement à San-Lucar.

L'heureux succès d'une entreprise en fait ordinairement concevoir une autre : les Hollandais réussissant aux Indes, portèrent aussi leurs vues sur l'Amérique. Les grandes richesses qu'en tiraient les Espagnols et les Portugais leurs inspirèrent le désir d'y aller, comme ceux-ci, établir des colonies. Plusieurs particuliers se réunirent et conçurent le projet d'une Compagnie sur le plan de celle des Indes. Elle s'engageait à fournir seize vaisseaux de guerre et quatre vaisseaux légers ; la république en devait fournir autant. Le projet était beau et les avantages en devaient être certains; mais cette importante entreprise avorta, et son exécution n'eut lieu qu'en 1623.

L'année suivante, c'est-à-dire en 1607, ils mirent en mer une flotte de trente et un vaisseaux, dont vingt-six de guerre, sous la conduite de Jacob Heemskerk, connu déjà, soit par ses voyages vers le pôle arctique, soit par d'autres expéditions. Ce navigateur, plus occupé de la gloire que du profit, sortit de la Meuse le 29 mars, et arriva le 10 avril dans la rivière de Lisbonne. Il avait dessein de brûler tous les vaisseaux qui étaient dans cette rade; mais ayant appris qu'une flotte espagnole de dix galions bien armés, et de plusieurs autres vaisseaux de guerre, avait pris la route de Gibraltar pour attaquer au détroit les navires hollandais qui venaient du Levant, il appareilla, et fit voile de ce côté-là. Il passa le 24 à la hauteur de Cadix ; la nuit il fit porter le cap sur la côte de Barbarie, et le matin, à la pointe du jour, il revira sur Gibraltar. La flotte espagnole y était à l'ancre dans la baie. Elle se composait de vingt et un vaisseaux sous le commandement de don Alvarès d'Avila, qui s'était préparé toute la nuit à recevoir les ennemis, ayant été averti de leur route par le gouverneur de Cadix.

Heemskerk, résolu de combattre, fit son ordre de bataille. Il devait attaquer avec un autre de ses vaisseaux l'amiral espagnol; son vice-amiral, avec un second vaisseau, devait attaquer le vice-amiral ennemi, et deux de ses autres vaisseaux devaient entreprendre, le 25 avril, un vaisseau espagnol. Après midi, l'amiral hollandais fit voile pour arriver sur l'Espagnol; mais celui-ci coupa ses câbles, se cantonnant dans le fond de la baie, et mit son vice-amiral et trois galions devant lui. Malgré ce déplacement, Heemskerk ne changea rien à son projet; il alla sur l'amiral espagnol, laissant à sa gauche les vaisseaux qui le couvraient, et l'accrocha. L'Espagnol fit jouer tout le canon qu'il pouvait tirer, et si à propos qu'un boulet emporta la jambe gauche de l'amiral hollandais, qui, sans s'étonner, nomma un commandant, et ordonna qu'on celât sa mort jusqu'à la fin du combat. Le bruit, le feu, la fumée, les cris des combattants contribuèrent beaucoup à la cacher. Les deux amiraux continuèrent à se battre : l'amiral espagnol avait été renforcé de trois cents hommes, et celui des Hollandais n'était soutenu que d'un vaisseau, suivant le plan de Heemskerk.

Le carnage devint horrible : le vice-amiral espagnol fut en même temps attaqué et accroché par trois vaisseaux ennemis, qui, après plusieurs canonnades, y mirent le feu. Il brûla jusqu'à fleur d'eau, et presque tout l'équipage fut perdu; les trois galions qui devaient défendre leur amiral furent aussi vivement attaqués ; l'un fut coulé, et les deux autres brûlés.

Les Hollandais ne pouvant aborder les autres vaisseaux défendus par le canon de la ville et du château de Gibraltar, les canonnèrent avec furie. Le feu prit à un de ces vaisseaux, il se communiqua à un second; les autres, effrayés de cet incendie, voulurent se retirer dans le fond de la baie; mais l'épouvante s'y étant mise, ils furent presque tous victimes des flammes ou du canon ennemi. L'amiral espagnol se défendait toujours avec vigueur contre trois vaisseaux qui le pressaient vivement; toutefois, se voyant serré de près, il demanda quartier. Les Hollandais, acharnés au combat, ne voulurent accorder aucune composition. Cette cruauté obligea la plupart des Espagnols à se jeter dans la mer pour se sauver à la nage ; ils y périrent presque tous. Les Hollandais montèrent sur le vaisseau pour s'en rendre maîtres ; mais, n'étant point en assez grand nombre, des soldats espagnols cachés dans l'entre-pont reparurent, firent sauter les Hollandais dans la mer, coupèrent les câbles de leur amiral et se sauvèrent.

Ce combat était d'autant plus affreux qu'il fut court : il ne dura qu'une heure. Le lendemain, les habitants de Gibraltar, craignant que les victorieux ne les assiégeassent, et ne se rendissent maîtres de leur amiral désemparé, le brûlèrent. Les Espagnols perdirent dans cette fatale journée deux mille hommes, au nombre desquels était Alvarès, leur amiral. Tous leurs vaisseaux furent ruinés ou mis hors de combat. Les Hollandais eurent plusieurs bâtiments maltraités. Deux jours après, ils cinglèrent vers Tétuan, sur la côte de Barbarie, où ils allèrent se radouber ; ensuite leur flotte se sépara. Le corps de Heemskerk fut porté en Hollande, où on le plaça honorablement dans un sépulcre fait d'une pierre bleue ; on mit à côté, sur un marbre noir, en lettres d'or, une épitaphe qui indiquait toutes ses belles actions, ses grandes entreprises et ses voyages hardis : il fut le premier citoyen enterré aux dépens de la république.

Ces hostilités des Hollandais déterminèrent les Espagnols à la paix. Ennuyés d'une guerre ruineuse, qui leur avait déjà coûté cent vingt millions, et un nombre infini d'hommes ; désolés de voir leur navigation troublée, leurs flottes battues, leur commerce interrompu, ils entrèrent en négociation avec les Etats-Généraux. Pendant les conférences, qui durèrent près de deux ans, les hostilités maritimes furent suspendues en Europe ; mais elles ne cessèrent point dans les Indes. Les Hollandais s'étant liés avec un roi de ce pays-là, ennemi des Portugais, allèrent de concert assiéger Malaca ; ils s'emparèrent des faubourgs, et comme ils étaient sur le point de prendre la ville, le vice-roi de Goa parut pour la secourir. Il avait quatorze grands vaisseaux, autant de moindres et quatre galères. Les Hollandais, de peur de se trouver investis des deux côtés, levèrent le siége et allèrent au-devant du secours.

Le 17 août 1608, les deux flottes se trouvèrent en présence. Le lendemain, deux vaisseaux portugais ayant le vent sur un vaisseau hollandais, l'attaquèrent et le coulèrent; trois autres vaisseaux portugais attaquèrent l'amiral de Hollande, qui se défendit vigoureusement et mit le feu à un des vaisseaux qui l'attaquaient, et le brûla, ce qui obligea les combattants de s'écarter. Deux autres portugais attaquèrent un hollandais, et, s'étant accrochés, ils périrent tous trois. Ce combat, qui ne se fit que par pelotons, dura jusqu'à midi. Les Portugais rentrèrent dans le port de Malaca, pour se refaire, et les Hollandais se retirèrent dans un port du roi indien, leur allié. Un autre combat, qui se donna la même année près les îles Manilles, ne fut pas plus avantageux aux Hollandais.

On travaillait cependant toujours en Europe à un accommodement qui fût au gré des deux nations, et qui pût terminer une guerre si funeste et si ruineuse; mais il n'était pas aisé d'en venir à bout, car les Hollandais voulaient que les Provinces-Unies fussent reconnues pour république libre et souveraine, et les Espagnols, qui perdaient par là un des plus beaux fleurons de leur couronne, avaient de la peine à y consentir. Ils faisaient des propositions équivoques et séduisantes, à la faveur desquelles ils se ménageaient des moyens de revenir sur les Hollandais à la première occasion favorable. Ceux-ci ne furent point les dupes de tous ces artifices : ils tinrent ferme, et ne voulurent rien céder. Résolus de s'affranchir entièrement du joug espagnol, ils ne se relâchèrent pas sur la moindre chose. Enfin l'accommodement fut conclu à Anvers, le 9 avril, par les soins et l'habileté du président Jannin, ambassadeur de Henri IV, roi de France. On convint d'une trêve de douze ans, et d'une suspension d'armes tant sur terre que sur mer. Pendant tout ce temps, l'archiduc, en son nom et au nom du roi d'Espagne, consentit à traiter avec les Etats-Généraux, comme seigneurs de provinces et Etats libres sur lesquels il ne prétendait rien.

La trêve fut pour les Hollandais une suspension d'agitation et de trouble, et non un titre d'oisiveté; car ils se livrèrent pendant tout le temps qu'elle dura à des travaux utiles et glorieux : ils signèrent un traité de commerce avec le roi de Maroc; ils en firent autant avec le Grand Seigneur, l'empereur du Japon et le roi de Siam ; ils engagèrent le roi de Danemark à abolir un impôt qui troublait la navigation; ils rendirent la mer libre en donnant la chasse aux pirates qui la désolaient ; ils découvrirent de nouveaux détroits pour abréger le chemin des Indes; ils abordèrent à des îles qui n'avaient point encore été connues, et rendirent leur commerce des Indes très-florissant. Les profits qu'ils en tiraient dans ces contrées orientales étaient si considérables, que les Portugais et les Espagnols, qui les regardaient avec jalousie, ne purent les souffrir, ce qui les empêcha de garder en Asie la trêve exactement observée en Europe.

Ainsi la guerre continua toujours dans les Indes avec une alternative de bonne et de mauvaise fortune. On se prenait des vaisseaux mutuellement, et chacun des deux partis cherchait à s'étayer par des alliances avec les souverains du pays. Tous ces petits combats en attirèrent insensiblement un plus considérable. Comme les Espagnols et les Portugais ne voulaient absolument pas souffrir que les Hollandais passassent la ligne équinoxiale, ils envoyèrent une flotte aux Indes pour leur en fermer le passage. Les Hollandais en envoyèrent une autre pour le forcer. Les deux flottes s'étant rencontrées, se battirent avec beaucoup d'opiniâtreté; mais la fortune se déclara contre les Espagnols, qui eurent leur amiral et leur vice-amiral brûlés, la plupart de leurs autres vaisseaux ruinés, et le reste fort endommagé.

Les Hollandais, avançant toujours leurs conquêtes, assiégèrent la principale ville de l'île de Ternate, l'une des Moluques; le vice-roi des Philippines attendait quatre galions bien armés pour leur faire lever le siége. Ver Hagen, général des Indes pour les Provinces-Unies, alla au-devant de ces galions avec une bonne flotte; il les rencontra vers la presqu'île de Malaca, les chargea, en coula un et en prit un autre. Les deux qui restèrent allèrent échouer sur la côte, où ils furent brûlés. Ver Hagen ramena sa flotte victorieuse aux Moluques, d'où il chassa les Espagnols et les Portugais. Le même général battit encore l'année suivante le même vice-roi, lorsqu'il vint attaquer les Moluques avec une nouvelle flotte.

Pendant ce temps-là, Jacques Lemaire et C. Schouten partent du Texel, découvrent Mauriceland, pointe de la Terre-de-Feu, les îles de Berneveldt, et trouvent le détroit de Lemaire. De là, ils vont au Chili et au Pérou, à l'île de C. Schouten, à l'opposé de la côte des Papons; de là ils se rendent à Juratra et retournent en Hollande par le cap de Bonne-Espérance, deux ans après leur départ.

D'un autre côté, Georges Spilberg, avec sept vaisseaux, passait, en 1615, par le détroit de Magellan; et, après être entré dans la mer du Sud, il se rendait maître, le 16 juillet, d'un bâtiment marchand, monté par Jean-Baptiste Conzalès, Espagnol. Il apprenait de ce capitaine qu'il y avait dans cette mer huit vaisseaux de sa nation; il sut même ensuite que cette escadre avait été dépêchée par le roi Philippe III, pour exterminer tout ce qui se rencontrerait de vaisseaux hollandais.

Les Espagnols étaient commandés par Rodrigue Mendoza, parent du vice-roi du Pérou. Ce jeune seigneur, qui avait plus de courage que d'expérience et de prudence, hasarda d'attaquer de nuit les Hollandais. Ce fut le 17 juillet que les escadres entamèrent cette action qui fut très-vive, et qui, outre un grand nombre de soldats qu'il en coûta à l'Espagne, fit périr encore Mendoza et Alvarès Pigarre, son vice-amiral. Cette bataille, qui se donna sur les côtes du Pérou, intimida la ville de Lima, qui se crut en danger; mais Spilberg, qui n'était point assez fort pour insulter une place aussi importante, prit le parti de s'éloigner du rivage.

Quoique les Hollandais fissent un commerce considérable aux Indes orientales, ils n'avaient point d'entrepôt; mais la Compagnie y en établit un par l'adresse d'un de ses membres. Le sieur Connès, président de cette Compagnie aux Indes, résident dans l'île de Java, obtint du roi de Mataram la permission de se bâtir un logis dans la ville de Jacatra. Ce rusé Hollandais, abusant de la simplicité du prince, employa à construire un fort les ouvriers qu'il lui avait donnés pour bâtir une maison. L'ouvrage étant fini, il le garnit d'une nombreuse artillerie qu'il avait cachée dans des ballots : par ce coup d'adresse, il se rendit maître de la ville, qu'il détruisit deux ans après, et sur ses ruines il éleva Batavia. Cette ville est située sur la mer, au nord de l'île; c'est par cet établissement qu'a commencé le grand commerce que les Hollandais font dans tout l'Orient. Là est le siége de leur domination dans les Indes, le lieu de la résidence du gouverneur général, l'entrepôt et le centre de tout leur trafic; ils ont des comptoirs à Tayovam sur la côte de la Chine, à Nangisac au Japon, à Malaca, à Surate, à Amboine, à Banda, à Siam, aux Moluques, à Jauhy, à Atchin, à Aviacan, à Wingurla, à Ispahan en Perse, à Ceylan, à Palinbuan, et en plusieurs autres endroits. Tous ces bureaux se rapportent à Batavia ; ils y envoient chaque année leurs comptes : c'est le rendez-vous général. Cette ville est la plus agréable des Indes ; elle tiendrait même un rang distingué parmi les plus belles de l'Europe.

Les Hollandais éprouvèrent aux Indes qu'un des effets de la prospérité est de procurer des ennemis : les Anglais conçurent de la jalousie contre eux. Bientôt ces deux nations furent brouillées, et bientôt aussi elles en vinrent aux mains. Leurs flottes se rencontrèrent près de Jacatra, et se battirent pendant sept heures. Les Hollandais furent maltraités dans ce combat, et obligés de se retirer dans l'île d'Amboine pour se radouber. Les deux flottes s'étant refaites, se cherchèrent de nouveau et se battirent ; mais la tempête les sépara. On fit beaucoup d'actes d'hostilité de part et d'autre ; et, comme on s'aperçut qu'on ne se battait qu'en pure perte, c'est-à-dire qu'on se faisait mutuellement beaucoup de mal sans en tirer le moindre avantage, les deux nations se réconcilièrent et conclurent la paix le 2 juin 1619. Les Hollandais restèrent à Batavia, où la Compagnie des Indes, nous l'avons déjà dit, tenait son siége sous la dépendance des Etats-Généraux : elle y entretenait un gouverneur, auquel était confiée la disposition absolue de toutes les affaires du pays en ce qui regarde la paix, la guerre et le commerce ; il avait son train, ses gardes, sa table et une cour magnifique, ce qui tenait les Indiens dans la crainte et le respect, et les Hollandais dans le devoir.

Ce fut en 1621 que s'exécuta le plan dont nous avons parlé d'une Compagnie de commerce pour l'Amérique. Il s'en forma une à qui l'on accorda des lettres patentes datées du 10 juin, lesquelles réglèrent ses franchises et ses priviléges ; et, ce qui pouvait servir le plus à son établissement, on lui accorda le droit de faire des traités d'alliance avec tous les princes et les peuples de l'Amérique, des terres australes, et des pays nouvellement découverts au nord et au sud. On défendit à tout autre qu'à cette Compagnie de faire le commerce des pays de l'Afrique situés depuis le tropique du cancer jusqu'au cap de Bonne-Espérance, et depuis la pointe méridionale de Terre-Neuve par le détroit de Magellan, celui de le Maire, ou autres, jusqu'à celui d'Aman. Les Etats lui firent présent de trois vaisseaux de guerre montés de six cents soldats, qu'ils entretinrent pendant un an. On fit les fonds de sept millions deux cent mille florins, et l'on équipa deux belles flottes, l'une pour conquérir le Brésil sur les Portugais, l'autre pour chasser les Espagnols du Pérou.

Le temps de l'octroi de cette Compagnie étant expiré, elle obtint de nouvelles lettres patentes datées du 4 juin 1647, pour vingt-cinq années. Elle fit d'abord de grands progrès ; mais elle fut traversée par les guerres qu'elle eut à soutenir contre les Espagnols, les Anglais et les Portugais ; elle perdit beaucoup de ses conquêtes ; elle subsista cependant jusqu'à la fin de son octroi, où elle fut changée en une nouvelle, qui obtint des lettres patentes des Etats-Généraux, le 20 septembre 1674, et qui s'est longtemps maintenue.

La durée de la trêve étant expirée en Europe, l'archiduc fit sommer les Hollandais de se soumettre à leurs princes naturels. Les Hollandais répondirent fièrement à cette injonction ; et, de part et d'autre, on se prépara à la guerre. Les Hollandais mirent un grand nombre de vaisseaux en mer, qui allèrent ravager les côtes d'Espagne. Don Frédéric de Tolède, qui commandait une flotte espagnole, ayant eu avis que vingt-six bâtiments hollandais étaient partis de Venise, alla les attendre au détroit de Gibraltar. Le 10 août 1621, les navires hollandais parurent au nombre de trente et un en deux divisions, vingt-cinq d'un côté et six de l'autre. Le général espagnol tomba avec furie sur les vingt-cinq vaisseaux, et fit aborder un des plus grands, sur lequel sautèrent des officiers qui s'y battirent avec beaucoup de valeur ; mais le feu ayant pris au vaisseau, les Espagnols rentrèrent à leur bord, excepté cinq qui se battaient avec le plus grand courage. Le capitaine d'un galion ne voulant pas laisser périr de si braves gens, alla donner un nouvel abordage à ce vaisseau tout en feu, en retira les Espagnols et les Hollandais qui voulurent le suivre, après quoi le navire incendié acheva de se réduire en cendres.

Les autres bâtiments espagnols combattaient avec un pareil avantage : le vaisseau *la Sainte-Thérèse* prit un gros navire hollandais, en brûla un second et en coula plusieurs. Un des plus considérables de la flotte hollandaise, attaqué par la patache et abordé par un autre bâtiment espagnol, fut obligé de se rendre. Le vaisseau amiral poursuivit deux bâtiments ennemis : le plus faible se sauva sur la côte de Barbarie, et l'autre, qui était l'amiral hollandais, fut attaqué. Le combat entre ces deux vaisseaux fut des plus furieux, et beaucoup d'officiers espagnols y furent dangereusement blessés. Les Espagnols s'apercevant que les Hollandais voulaient mettre le feu au bâtiment qu'ils avaient abordé, se retirèrent; mais plusieurs de leurs officiers étant restés entre les mains de l'ennemi à cause de leurs blessures, ils retournèrent encore au vaisseau et l'accrochèrent. Les Hollandais y mirent le feu, qui se communiqua à l'amiral espagnol. Celui-ci aurait brûlé comme l'autre, s'il n'eût été promptement secouru. Le peu qui resta de bâtiments hollandais prit la fuite et se dispersa.

Le lendemain, les Espagnols envoyèrent brûler le vaisseau qui s'était sauvé sur la côte de Barbarie. Les plus grands navires de la flotte hollandaise furent pris, brûlés ou coulés, les marchandises perdues, et les deux tiers des soldats tués, noyés ou faits prisonniers; il ne se sauva que dix vaisseaux.

La fortune servit mieux les Hollandais au Pérou. L'amiral l'Hermite y arriva avec douze vaisseaux, après avoir couru plusieurs mers. Le vice-roi de Lima, pour défendre les approches de son port, en fit fermer l'entrée par une flotte de trente vaisseaux, dont l'amiral était monté de huit cents hommes, le vice-amiral de cinq cents, et les autres de trois cents.

Le général hollandais, malgré l'inégalité des forces et l'avantage des Espagnols, se flattant que sa valeur suppléerait au nombre, résolut de les attaquer. Ayant sagement pris ses mesures pour le combat, comme il était au vent de l'ennemi, il arriva sur lui à pleines voiles; les Espagnols, étonnés d'une hardiesse à laquelle ils ne s'attendaient pas, car ils ne pouvaient se persuader qu'un si petit nombre de vaisseaux osassent les attaquer, n'eurent presque pas le temps de se reconnaître. Leur amiral fut accroché par celui des Hollandais et par un autre vaisseau; leur vice-amiral, par celui de l'Hermite soutenu d'un second navire. L'action fut sanglante des deux côtés; mais après une demi-heure de combat, l'amiral espagnol fut coulé et son vice-amiral brûlé. L'amiral hollandais et son vice-amiral attaquèrent chacun un autre vaisseau qu'ils enfoncèrent encore.

On se battit avec tant de fureur et d'acharnement, qu'en deux heures les Espagnols eurent six navires brûlés et trois coulés. Ces pertes les rendirent furieux, et leur dépit ranimant leur valeur, ils se battirent en désespérés; mais les Hollandais, chez qui la victoire avait encore augmenté l'ardeur, ne se battirent pas moins bien. Les Espagnols fatigués, voyant la plupart de leurs bâtiments fracassés et la mer couverte de leurs gens, voulurent se retirer à Lima; mais ils furent coupés par des vaisseaux ennemis. Se voyant donc dans la nécessité de combattre, et n'espérant pas le faire avec succès, ils arborèrent le pavillon blanc pour demander la paix; mais n'ayant pas voulu se rendre à discrétion, le combat recommença avec plus de fureur. L'amiral hollandais attaqué par deux bâtiments espagnols en coula un; et, en moins d'une heure que dura ce dernier combat, les Espagnols eurent quatre vaisseaux coulés et sept brûlés. Leur perte, dans cette journée, fut de vingt-deux navires, tandis qu'il n'en coûta que deux aux Hollandais. Ceux-ci eurent encore au Brésil un avantage non moins considérable sur les Espagnols.

Une flotte partie de Hollande au mois de décembre 1623, arriva le 8 mai de l'année suivante à la Baie de tous les Saints. Le commandant de cette flotte, composée de neuf bâtiments chargés de deux mille hommes de troupes et de quinze cents marins, rassembla tous ses soldats sur quatre de ses plus grands vaisseaux, qu'il mit à la tête des autres. Dans cet ordre, il s'approcha de la ville de San-Salvador, située au milieu du golfe, et qui avait dans son port seize navires portugais. Les Espagnols, craignant qu'ils ne tombassent entre les mains des ennemis, y mirent le feu; quatre furent réduits en cendres. Le général hollandais fit d'abord débarquer ses deux mille hommes à la porte de la ville, où il y eut un rude combat, pendant que les quinze cents marins furent employés à attaquer un fort défendu par dix pièces de canon.

Ne sachant pas que les vaisseaux ennemis fussent vides, les Espagnols craignirent qu'il n'en descendît encore des troupes, et que la ville ne fût prise d'assaut : ils l'abandonnèrent donc avec précipitation aux Hollandais, ainsi que toutes les richesses qu'ils y avaient. Ceux-ci, maîtres de la place, pensèrent bien que quelques vaisseaux espagnols, ignorant le changement qui venait d'y arriver, y entreraient avec confiance : c'est pourquoi ils arborèrent sur tous leurs vaisseaux le pavillon d'Espagne. Effectivement, il y eut huit bâtiments espagnols qui vinrent comme auparavant mouiller dans la Baie, où ils furent amarinés. Le général hollandais envoya trois vaisseaux en Hollande, pour y porter ces nouvelles et le fruit de ses conquêtes. Ces vaisseaux, sur leur route, en prirent cinq ou six aux Espagnols.

La guerre entre les deux nations continuait avec vivacité en Europe. Les Espagnols avaient à Dunkerque neuf gros vaisseaux qui croisaient incessamment sur les Hollandais et qui leur enlevaient beaucoup de navires marchands et pêcheurs. Les Etats-Généraux crurent n'avoir rien de mieux à leur opposer que des placards par lesquels ils publiaient que ceux de leurs sujets qui pourraient prendre un des navires de Dunkerque, non-seulement auraient la prise pour eux, mais qu'ils recevraient encore une récompense de dix mille florins. Ces promesses eurent leur effet : quantité d'armateurs se mirent à rôder continuellement sur les côtes de Flandre ; ils apprirent que six des bâtiments qu'ils guettaient avaient pris la route d'Espagne, ils les poursuivirent, les joignirent à la hauteur de Calais, et les attaquèrent. Le combat fut des plus vifs ; le commandant hollandais fut tué et ses vaisseaux maltraités. Un navire espagnol coula, un autre échoua sur le sable, et les quatre autres se sauvèrent sur les côtes d'Angleterre.

Le général l'Hermite, comme on l'a vu, était sorti victorieux d'une sanglante bataille, qu'il avait livrée dans le port de Lima. Il feignit, au lieu de poursuivre sa victoire, de remonter plus haut, comme s'il eût abandonné le Pérou ; dans l'espérance que la flotte chargée d'or et d'argent, le voyant éloigné, sortirait pour faire voile vers l'Europe, il comptait se replier alors sur elle et s'en rendre maître. La flotte sortit effectivement, mais il la manqua, parce qu'il fut trompé par un pilote. Il rabattit sur Lima ; et, ayant jeté plusieurs chaloupes en mer malgré le feu de plus de cent pièces de canon, il brûla dix-neuf caraques, un grand nombre de frégates qui les couvraient et un gros galion. Il attaqua vivement la place et s'en serait rendu maître sans un puissant secours qui arriva au vice-roi.

Après cette expédition, l'Hermite s'approcha de la ligne et s'empara du port de Guayaquil, mit le feu aux vaisseaux qui s'y trouvèrent, brûla la ville, prit tout l'or et l'argent du bureau de la recette du roi d'Espagne, retourna à Lima où il s'empara de dix-sept bâtiments chargés de vin, de farine et autres munitions ; et, ne pouvant prendre un navire qui était richement chargé, il y fit attacher un brûlot qui le réduisit en cendres. La mort l'empêcha de faire plus de mal aux Espagnols.

Le roi d'Espagne, sentant toute l'importance de San-Salvador, fit des efforts pour recouvrer cette place : il y envoya une flotte de trente et un vaisseaux, une caravelle, trois tartanes et quatre pinasses chargées de près de huit mille hommes. Elle partit de Cadix le 14 janvier 1625, et mouilla le 6 février aux îles du cap Vert. Elle s'y joignit à une flotte portugaise composée de trente-six bâtiments de toutes les grandeurs et de quatre mille hommes d'équipage. L'armée navale mit à la voile le 11 et jeta l'ancre le 29 mars à la Baie de tous les Saints. Le 31, on débarqua les troupes pour faire le siége de San-Salvador. Les Hollandais avaient réparé et augmenté les fortifications de cette place; ils avaient dans la ville deux mille hommes, sans compter les nègres et quelques Portugais, et dans le port dix-sept vaisseaux de guerre et trois brûlots.

La ville fut vivement attaquée et très-bien défendue. Le 5 avril, les Hollandais, voulant profiter des avantages d'une nuit obscure, lancèrent à la faveur du vent et de la marée deux brûlots sur la flotte espagnole; mais ils se consumèrent sans produire aucun effet. Don Frédéric de Tolède, qui conduisait le siége, dressa des batteries contre les bâtiments qui étaient dans le port; elles mirent à fond l'amiral et cinq autres vaisseaux; le reste des navires hollandais s'échappa et se sauva en prenant le large, ou resta inactif. Les Espagnols alors, n'ayant rien qui les occupât du côté de la mer, tournèrent tous leurs efforts vers la terre. Ils forcèrent la ville de se rendre, et y entrèrent le 1er mai. La Compagnie équipa une nouvelle flotte pour recouvrer le Brésil; mais ce fut une tentative inutile; cette flotte revint sans avoir pu faire aucune entreprise.

Toutes ces alternatives affaiblissaient les forces navales des Espagnols, et augmentaient au contraire celles des Hollandais qui, obligés d'attaquer et de défendre, mirent en œuvre tous les avantages que la situation de leur pays leur donnait pour la marine. On peut juger de leur puissance sur mer, par ce qu'en écrivit dans ce temps-là un auteur, qui présenta un mémoire contre eux au roi d'Espagne. Selon ce mémoire, outre le commerce des Hollandais en France, en Angleterre, sur la côte de Barbarie, au Levant et à Venise, ils envoyaient tous les ans seize bâtiments au Groënland, à la pêche de la baleine, qui rapportaient huit cent mille livres de profit; en Moscovie huit vaisseaux, qui en rapportaient des fourrures et de la cire, et un profit de six cent mille livres; en Guinée vingt navires, où se trouvait plus d'un million de profit; aux Indes orientales plus de soixante navires, dont le bénéfice montait quelquefois jusqu'à six millions. Tous ces armements, joints aux vaisseaux qu'ils tenaient en mer pour la guerre, font voir jusqu'à quel point s'était accrue leur puissance maritime.

Pendant qu'aux Indes l'énorme pouvoir de la Hollande donnait de la jalousie et de la crainte aux Espagnols, les armateurs de Dunkerque désolaient les Hollandais, et faisaient continuellement sur eux des prises considérables; ce qui détermina ceux-ci à mettre en mer cinquante vaisseaux, qui se joignirent à ceux d'Angleterre, et composèrent ensemble une flotte de cent voiles. Les grands vents la rendirent absolument inutile : les Dunkerquois ne discontinuèrent point de faire des prises. Les Hollandais furent si chagrins de ces pertes, que les officiers de marine firent serment de mettre plutôt le feu aux poudres que de se laisser prendre par ces corsaires. Les Etats protégèrent leur zèle : ils travaillèrent à la sûreté des ports et des côtes, et équipèrent de nouveau trente navires, qui se rendirent au Pas de Calais. Dix-huit bloquèrent le port de Dunkerque, et huit autres ayant rencontré six dunkerquois, en prirent un après un sanglant combat, et démâtèrent les cinq autres, qui eurent bien de la peine à se sauver. Ce combat facilita le passage à cinq vaisseaux richement chargés, qui venaient des Indes. Les Hollandais ne se contentèrent pas de bloquer le port de Dunkerque, ils voulurent le fermer entièrement. Pour cela, ils coulèrent à son embouchure des vaisseaux maçonnés; mais ce dessein n'ayant pas réussi, la Compagnie des Indes renforça de douze bâtiments l'escadre qui croisait sur les armateurs de Dunkerque.

La flotte qu'expédia cette Compagnie aux Indes, pour assurer son commerce, découvrit cette partie des terres australes qu'on nomme *la Nouvelle-Hollande*. Onze vaisseaux furent envoyés plus tard pour suivre ces découvertes.

La Compagnie des Indes occidentales eut aussi d'heureux succès : elle fit des prises considérables sur les Espagnols et les Portugais, et détruisit leurs flottes jusque dans les ports de la Corogne, de Lisbonne et de Cadix. Pierre Adrian, parti du Texel pour les Antilles et le Mexique, rencontra les Espagnols qui sortaient du golfe de Honduras. Il les attaqua vis-à-vis de Cuba, et les défit. Ceux-ci, ne pouvant gagner le Mexique après leur défaite, voulurent se sauver à la Havane; mais ils furent tellement pressés qu'ils échouèrent. L'amiral hollandais, après avoir transporté sur ses vaisseaux toutes leurs richesses, les réduisit en cendres.

La fortune favorisait les Hollandais partout, et semblait être à leurs gages. La flotte de la Compagnie des Indes occidentales, qui avait battu et brûlé, l'année précédente, une flotte espagnole sur les côtes du Brésil et dans la Baie de tous les Saints, fit voile cette année pour aller au-devant des galions qui venaient du Pérou par le Mexique : elle était de trente et un vaisseaux. Pierre Hein, qui la commandait, étant parti au mois de mai, ravagea en passant les côtes d'Espagne et de Portugal, et cingla vers le Mexique. Il arriva au mois de septembre à la Havane, où il fut surpris par une tempête qui le jeta vers la Floride. Ce fut là même qu'il rencontra, par le plus grand bonheur, la flotte espagnole, qui avait pris cette route. Il l'attaqua et s'en rendit maître sans peine. Il y trouva sept ou huit millions en argent, pour près de quatre millions de marchandises, et pour quatre millions de canons, de cordages, de munitions et autres effets. Il la conduisit jusqu'en Hollande, où il arriva au commencement de l'année suivante, et y reçut les honneurs et les applaudissements que méritaient sa valeur et ses services. Les Espagnols furent dans un grand embarras pour le payement de leurs troupes, qu'ils avaient assigné sur cette flotte. La Compagnie des Indes, encouragée par ces succès et par les grandes richesses qu'elle avait acquises, prépara une nouvelle armée de soixante vaisseaux pour la conquête du Pérou et du Brésil.

Les Etats mirent encore en mer une puissante flotte contre les armateurs de Dunkerque, dont les courses causaient toujours beaucoup de dommage. Elle était sous le commandement de Pierre Hein. Il rencontra trois vaisseaux sortis d'Ostende, il les attaqua, et fut d'abord emporté d'un coup de canon; le commandant sous lui, cacha cette mort, continua le combat et se rendit maître des trois vaisseaux. Pierre Hein, grand homme de mer, qui d'esclave et de forçat était devenu lieutenant-amiral général des Provinces-Unies, fut enterré à Delft dans un tombeau magnifique.

Chaque année était une année de triomphe pour les Hollandais en Amérique. La Compagnie y envoya, en 1630, une flotte de trente vaisseaux bien équipés qui en joignirent d'autres en chemin. Elle arriva au

Brésil sur la fin de décembre, et se trouva composée de cinquante-six voiles. Elle parut au mois de février devant Fernambouc, dont elle s'empara; elle remit à la voile, repassa la ligne et fit sur sa route de nouvelles conquêtes. Frédéric de Tolède, amiral d'Espagne, chercha cette flotte victorieuse; il la trouva vers les Antilles et lui livra combat; mais il fut battu et obligé de s'en retourner.

L'Espagne, pour réparer les pertes qu'elle avait faites et pour reprendre Fernambouc, mit en mer une flotte de trente vaisseaux assez mal équipés, sous les ordres du général Ocquendo. Il partit au mois de mai, et fut renforcé aux Canaries par quatre autres navires. L'amiral Pater, qui commandait une flotte hollandaise composée de seize vaisseaux, alla au-devant du général espagnol et le joignit. Quand ils furent en présence, dix bâtiments hollandais, effrayés de la multitude des ennemis, prirent la fuite. Leur lâcheté ne diminua rien de la valeur de Pater : malgré l'inégalité de ses forces, il fondit sur les Espagnols, coula d'abord plusieurs de leurs vaisseaux et en brûla quelques-uns. Après un long et sanglant combat, *le Prince-Guillaume,* bâtiment hollandais, périt avec tout son équipage, et un boulet de canon ayant donné dans les poudres du vaisseau de l'amiral Pater, le feu qui s'y communiqua le fit sauter.

Les quatre bâtiments qui restaient se retirèrent à Fernambouc, où ils emmenèrent un vaisseau espagnol qu'ils avaient pris. Ocquendo perdit treize navires dans ce combat. Il s'en retourna à Lisbonne au mois d'octobre; sa flotte fut défaite par quatre vaisseaux hollandais. Il perdit dans cette rencontre sept cents hommes, son vice-amiral, trois autres bâtiments et deux pataches. Toutes ces disgrâces ne firent que fortifier le désir que le roi d'Espagne avait de reprendre Fernambouc. Pour recouvrer cette importante place, il fit un grand armement, dont le commandement fut donné à Frédéric de Tolède; mais on ajourna l'expédition à l'année suivante.

Le Brésil était toujours le théâtre de la guerre : les Espagnols et les Hollandais y envoyèrent continuellement des flottes. Ceux-ci y conservèrent toujours l'avantage.

Il y eut en Europe, entre ces nations, un événement mémorable. Une flotte espagnole de dix gros vaisseaux de guerre, acccompagnés de quatre frégates et six autres petits bâtiments, sortit du canal de

Mardik et se mit en mer. Martin Tromp, lieutenant-amiral général de Hollande, alla au-devant de cette flotte avec douze médiocres vaisseaux. Il lui présenta le combat, qui fut accepté et dura six heures. L'amiral espagnol s'étant brisé contre un banc, la victoire se déclara pour les Hollandais. Tromp fit sept cents prisonniers, prit deux grands vaisseaux, et les quatre frégates, qu'il emmena en Hollande. Le vice-amiral de Dunkerque fut brûlé, et les six grands vaisseaux qui restaient s'échouèrent pour éviter leur perte totale.

Philippe IV, roi d'Espagne, pour réparer la disgrâce de ce combat, mit en mer une flotte formidable et comparable à celle que Philippe II avait armée pour la conquête de l'Angleterre : elle était forte de soixante gros vaisseaux de guerre et de quatorze armateurs de Dunkerque, et commandée par Antonio Ocquendo; elle sortit du port de la Corogne au mois de juillet 1639. Tromp, qui l'attendait sur son passage avec sa petite escadre, ayant rencontré son avant-garde qui allait débarquer quatre mille hommes à Dunkerque, l'attaqua. Un des vaisseaux de Tromp sauta d'abord, le feu ayant pris à ses poudres; mais cet accident ne le rebuta point. Il tint tous ses bâtiments serrés, fit un épouvantable feu de toute son artillerie, perça la flotte espagnole, et amarina un galion et un autre vaisseau, qui furent cependant repris, parce que les matelots s'amusaient au pillage. La nuit fit cesser le combat.

Le lendemain, à la pointe du jour, Ocquendo reconnut les Hollandais, qui n'avaient que douze vaisseaux : honteux de s'être battu avec si peu de succès contre un si petit nombre, il recommença le combat; il accrocha son amiral à celui de Hollande; mais il en fut si maltraité, qu'il fut obligé de se retirer de la mêlée. Tromp, entraîné par sa valeur, le suivit, le cribla de coups de canon, et le coula avec mille hommes qui le montaient. L'amiral hollandais allait profiter de son avantage, lorsqu'un brouillard épais l'en empêcha; mais ayant été joint par onze bâtiments, il recommença le combat la nuit suivante. La flotte espagnole ne pouvant soutenir son artillerie, alla se mettre à couvert sous les dunes d'Angleterre, où étaient quarante vaisseaux anglais, envoyés pour la défendre; car le roi de la Grande-Bretagne, jaloux de la gloire de la France, favorisait les Espagnols ses ennemis. Pendant que la flotte espagnole se radoubait, Tromp n'était pas oisif : il mit en sûreté deux galions qu'il avait capturés, et grossit sa flotte de plusieurs vaisseaux qui sortirent des ports pour le venir joindre.

Les Dunkerquois, à la faveur du brouillard et des Anglais, conduisirent à Dunkerque les navires chargés d'argent et de soldats. Tromp porta ses plaintes au roi d'Angleterre de ce qu'il donnait du secours aux ennemis des Provinces-Unies; mais n'ayant pas reçu de réponse favorable, il demanda du renfort aux Etats. On lui envoya quatre-vingts vaisseaux, deux mille soldats et toutes sortes de provisions et de rafraîchissements. Avec ces forces, il résolut d'aller attaquer les Espagnols dans la baie où ils s'étaient réfugiés, et les Anglais eux-mêmes, s'ils les voulaient défendre; mais le roi d'Angleterre, qui ne se souciait pas d'entrer en guerre avec les Hollandais, retira ses vaisseaux et abandonna les Espagnols.

Ocquendo, voulant s'échapper à la faveur d'une brume, leva l'ancre et mit à la voile. Tromp, qui le tenait en échec depuis environ un mois et dont il n'était pas aisé de surprendre la vigilance, le suivit et le força de se présenter au combat. Le général hollandais partagea sa flotte en cinq divisions. On se canonna d'abord de part et d'autre pendant une heure, et l'on cessa parce que la brise étant tombée, on ne put faire les mouvements nécessaires. Il s'éleva ensuite un vent du nord, que les deux partis se disputèrent; ce qui fut le commencement d'un combat qui dura plus de huit heures. Les Espagnols se battirent jusqu'à la fin, avec un courage toujours égal : néanmoins Tromp remporta la victoire.

La fortune dans cette journée se joignit à sa valeur; car il ne perdit qu'un bâtiment et peu de monde; les Espagnols perdirent quarante vaisseaux, au nombre desquels étaient le vice-amiral d'Espagne, l'amiral de Galice, et le grand galion de Portugal, de quatre-vingts canons, monté de quatorze cents hommes; vingt et un allèrent échouer aux dunes. Tromp y envoya des brûlots pour y mettre le feu; mais les Anglais en sauvèrent dix-huit. De toute cette flotte, il n'entra que huit vaisseaux fort délabrés dans le port de Dunkerque. Outre la perte de ces bâtiments, les Espagnols eurent sept ou huit mille hommes de tués, quatre mille blessés et deux mille prisonniers. La victoire de Tromp parut si glorieuse au roi de France, qu'il lui envoya des lettres de noblesse, ainsi qu'un présent considérable. Tromp amena seize navires comme en triomphe à Rotterdam, avec un riche butin.

Le malheur qu'eurent les Espagnols en Europe fut suivi d'autres insuccès en Amérique. Ils envoyèrent au Brésil, sous la conduite du comte de la Torre, une flotte de trente-six gros vaisseaux, parmi lesquels on comptait vingt-six galions parfaitement bien équipés. Cette flotte, qui devait faire la conquête du Brésil, devint la victime d'une maladie contagieuse. Le comte de la Torre, ayant réparé les ravages de la peste, se remit en mer avec quatre-vingt-douze vaisseaux, montés de dix mille hommes, et fit voile pour le Brésil. La flotte hollandaise, de quarante-deux bâtiments, commandée par l'amiral Loof, alla au-devant, et les deux escadres se trouvèrent en présence, le 12 janvier 1640, près de l'île de Tamaraca, assez près de Fernambouc. Elles s'engagèrent à midi dans un combat qui ne fut terminé que par la nuit : l'amiral hollandais y fut tué ; mais sa mort anima tellement la flotte, qu'elle sortit victorieuse du combat.

Huygens, commandant à la place de Loof, poussa si vivement les Espagnols, qu'il remporta trois autres victoires sur eux. Leur escadre infortunée, battue et maltraitée, fut enfin jetée sur des bancs, où elle périt de misère. Les vaisseaux qui purent s'échapper cinglèrent vers l'Europe, mais essuyèrent encore des traverses sur leur route; car il n'arriva en Espagne que quatre galions et deux navires marchands. La Compagnie des Indes orientales ne réussit pas moins de son côté : elle s'empara, après trente-cinq ans d'hostilités, de Malaca, ville située dans la presqu'île des Indes au delà du Gange, et de plusieurs autres contrées favorables à son commerce.

La révolte des Portugais contre les Espagnols, dont ils secouèrent le joug, diminua le nombre des ennemis que les Hollandais avaient sur les bras; car le nouveau roi de Portugal, qui ne cherchait qu'à s'affermir sur son trône, fit avec les Etats-Généraux une trêve qui suspendit les hostilités. La Compagnie, tranquille sur la foi de cette suspension d'armes, n'envoya plus de nouveaux secours au Brésil; mais les Portugais, qui ne perdaient point de vue le dessein d'en chasser les Hollandais, rallumèrent la guerre. L'événement en fut malheureux pour la Compagnie, qui perdit enfin le Brésil et toutes les grandes dépenses qu'elle avait faites pour le conquérir et le conserver.

La fameuse et sanglante guerre que l'amour de la liberté, chez les Hollandais, avait fait naître entre eux et les Espagnols, après avoir duré quatre-vingts ans fut terminée enfin par la paix de Munster. Le roi d'Espagne reconnut les Etats-Généraux, Etats souverains, provinces et peuples libres, sur lesquels il ne prétendait rien pour lui ni pour ses successeurs, renonçant pleinement et de bonne foi à tous les droits qu'il pouvait avoir eus sur les Pays-Bas-Unis. Après la signature de ce traité de paix, où la protection de la France influa beaucoup, on travailla pendant cinq jours à faire un règlement de commerce entre les deux nations pour assurer la navigation; mais comme il se trouva bien des difficultés dans l'exécution de ce règlement, on en fit un nouveau en 1650. Il est vrai que les provinces confédérées avaient joui de leur liberté et de leur indépendance du consentement de l'Espagne depuis la trêve de 1609; mais ce n'était que par manière de provision. Cette grande affaire était toujours indécise, et resta dans cet état jusqu'à la fin de la guerre : la paix conclue à Munster leur assura cette liberté à laquelle ils auraient tout sacrifié.

Ce traité conclu entre les Etats-Généraux et l'Espagne fut exactement observé; mais bientôt après les Hollandais se virent plongés dans une nouvelle guerre : ce fut avec les Anglais. Après la mort de Charles Ier, l'Angleterre se trouva divisée en deux partis. Les Hollandais voulurent paraître neutres; mais Cromwell et le Parlement voyant qu'ils ne se déclaraient pas ouvertement pour eux, crurent qu'ils épousaient les intérêts du parti opposé, ce qui les engagea à leur déclarer la guerre. Cromwell commença par les incommoder dans leur commerce, et les fit souvent insulter, ce qui détermina une rupture ouverte. Elle commença à éclater par l'aventure qui arriva à Douvres, en 1652, à l'amiral Tromp. On trouvera le détail de cette guerre dans l'histoire de la marine des Anglais.

Les Etats-Généraux, toujours occupés du soin de soutenir et d'étendre leur commerce, et sur le point de le voir troublé dans la mer Baltique, par la guerre survenue entre les rois de Suède et de Pologne, firent partir une flotte pour tenir le passage du Sund libre : elle était commandée par le général Opdam. Ruyter prit les devants avec tous les vaisseaux qu'il avait trouvés dans les ports, en état de partir; Opdam le suivit. La présence de ces deux grands hommes tint en respect ceux qui auraient pu troubler le commerce des Provinces-Unies; ils firent des traités capables d'en assurer la tranquillité.

La Compagnie des Indes occidentales avait considérablement perdu en perdant le Brésil ; la mort du nouveau roi de Portugal lui donna lieu d'espérer la restitution de ce que les Portugais lui avaient enlevé. Dans cette idée, on fit partir pour le Portugal une flotte sous les ordres de l'amiral Opdam. Les députés des Etats n'ayant pas reçu de la reine et de son conseil une réponse favorable, la flotte hollandaise croisa devant le port de Lisbonne, où elle commit de fréquentes hostilités. Elle aurait même enlevé les navires qui venaient du Brésil, sans un brouillard qui les sauva. On en prit cependant quinze, mais qui n'avaient pas assez de valeur pour dédommager des dépenses de l'armement.

On en fit un autre de vingt-deux vaisseaux, qu'on mit sous la conduite de Ruyter. Cette flotte fut d'abord dispersée par la tempête; mais elle se rassembla et alla porter l'épouvante jusque dans Lisbonne. On y ouvrit enfin des propositions de paix : elle fut conclue dans un traité, par lequel on convint que le Brésil resterait aux Portugais, et qu'ils donneraient cinq millions aux Hollandais pour les dédommager. En même temps, c'est-à-dire dans l'année 1657, les Hollandais s'emparaient de Ceylan et de Nagapatman, anciens établissements portugais.

Les Etats-Généraux, dans l'intérêt de leur commerce, se virent obligés de porter leurs armes du côté de la mer Baltique. Les rois de Suède et de Danemark étaient en guerre; ce dernier, assiégé dans sa capitale, demanda du secours aux Hollandais, qui lui envoyèrent, sous la conduite d'Opdam, trente-sept gros vaisseaux, avec plusieurs bâtiments chargés de quatre mille soldats, cinq mille matelots et quatre cents pièces de canon. Cette flotte fut d'abord battue par la tempête, qui fit périr quelques navires; mais elle se remit en peu de temps, et arriva à l'entrée du Sund. Le roi de Suède opposa une flotte à celle de Hollande, dans laquelle on comptait trente-deux grands vaisseaux, dont dix-huit avaient quatre-vingts ou cent pièces de canon. Elle était sous le commandement du général Wrangel. Les deux flottes se trouvèrent en présence, et se mirent en ordre de bataille : Opdam plaça son avant-garde sous la conduite de Witte-Witsen; il donna l'arrière-garde à Florisz, et se réserva le corps de bataille. Les deux rois étaient spectateurs du combat.

Wrangel commença en attaquant avec furie Witte-Witsen, qui le reçut si fermement, que Wrangel fut obligé de le quitter ; il se jeta sur Opdam, qui ne lui fit pas un meilleur parti. Witte-Witsen n'eut pas plutôt échappé à un danger qu'il tomba dans un autre : deux vaisseaux suédois s'attachèrent au sien et le pressèrent vivement. Après un combat de deux heures, il les coula ; mais il fut blessé à mort de deux coups de mousquet.

L'amiral Opdam, investi par sept vaisseaux ennemis, s'en débarrassa par adresse : comme il était à l'entrée du Sund, il laissa emporter son vaisseau au courant de la mer, et jeta l'ancre dans l'endroit le plus rapide. Les bâtiments qui s'étaient attachés au sien, entraînés par le vent et les courants, le dépassèrent et perdirent ainsi l'avantage du vent qu'ils avaient sur lui. Florisz alla joindre l'escadre de Witte-Witsen, qui avait été mise hors de combat, et pressa si vivement les Suédois, que leur flotte affaiblie fut entièrement défaite. Dix-huit de leurs navires furent brûlés ou coulés ; les Hollandais ne perdirent qu'un vaisseau et les deux généraux de l'avant-garde et de l'arrière-garde. Cette victoire obligea le roi de Suède à tourner le siége de Copenhague en blocus, qui fut entièrement levé l'année suivante.

Les troubles du Nord continuant, les Etats-Généraux y envoyèrent Ruyter avec quarante vaisseaux ; il y arriva au printemps. Il y eut de part et d'autre des hostilités, qui furent terminées par un traité de paix. Ruyter retourna en Hollande, comblé d'honneurs et de présents, et gratifié, par le roi de Danemark, de lettres de noblesse.

Ce grand homme, qui se préparait par des coups de maître aux plus brillants exploits, s'étant déja fait redouter sur l'Océan, alla porter la terreur et la gloire des armes de la Hollande sur la Méditerranée, où il se mit à croiser avec dix-sept vaisseaux pour arrêter le cours des ravages que faisaient les corsaires de Barbarie. Il attaqua d'abord les Algériens, à qui il enleva un grand nombre de bâtiments, il en coula plusieurs, fit des prisonniers et délivra quatre cents esclaves chrétiens : par cette glorieuse expédition, il tint en respect les régences de Tunis et de Tripoli et les força d'accepter les traités qu'il leur proposa.

Ces grands événements avaient mis les Hollandais au comble de la gloire, dans les Indes, où ils venaient de s'emparer de Cranganor et de Cochin ; dans la mer Baltique, sur l'Océan et la Méditerranée ; mais la fortune inconstante obscurcit bientôt cette gloire et troubla leur sécurité, en leur suscitant la guerre sanglante qu'ils eurent à soutenir contre les Anglais, et dont on verra le détail dans l'histoire de la marine d'Angleterre. Cette guerre fut terminée par le traité de paix conclu à Breda le 31 juillet, et ratifié sur la fin d'août de l'année 1667. Les Hollandais ne furent pas plutôt quittes de celle-là, qu'ils s'en virent une autre sur les bras. Ils eurent avec la France de grands démêlés, dont on pourra voir aussi quelques détails dans l'histoire de la marine de France.

C'est dans ces dernières guerres, mieux encore qu'en aucune autre, qu'on a pu juger des forces maritimes des Hollandais. Ils y soutinrent les efforts de deux formidables puissances, et y parurent des ennemis dignes des armes de la France et de l'Angleterre. On ne répétera point ici ce qui est dit ailleurs de ces guerres; mais comme Ruyter y a joué un rôle brillant par sa valeur et par son génie, il n'est pas hors de propos d'esquisser ici le portrait de ce grand homme.

Ruyter était d'une taille médiocre, mais épaisse, d'un tempérament fort et robuste, et avait la vue extrêmement perçante. Quoiqu'il eût toujours vécu dans la marine, qui ne passe pas ordinairement pour une école de politesse, il en avait beaucoup. Ennemi de la débauche et de l'intempérance, rempli de religion, son courage, qui allait jusqu'à l'intrépidité, était toujours réglé par la prudence. Il savait admirablement prendre son parti dans les occasions délicates et hasardeuses. Aussi prompt à résoudre que courageux à entreprendre, les accidents imprévus ne le troublaient point, et il y agissait comme s'il s'y fût attendu. Il conservait un grand flegme au milieu des dangers; il savait mieux que qui que ce fût entretenir une exacte discipline, ranger une flotte, mener ses gens au combat, être présent partout pendant la bataille, profiter de la victoire s'il était vainqueur, ou se tirer d'affaire s'il était vaincu. Ruyter était fils d'un bourgeois de Flessingue : dès son bas âge il avait servi en qualité de matelot, il avait passé par tous les degrés, et était arrivé à la dignité suprême de lieutenant-amiral, qui était le plus haut grade dans les Provinces-Unies. La Hollande n'a pas eu un plus grand homme de mer : on pourra s'en convaincre en voyant ses belles actions dans les guerres qu'eut la Hollande avec la France et l'Angleterre.

Après avoir peint Ruyter, dont le mérite a fait tant d'honneur à sa patrie, il faut, en finissant ce chapitre, donner une idée des Hollandais et de la Hollande et marquer l'état où ils se trouvaient à la même époque. « Les Hollandais, dit un historien, sont adroits, patients, infatigables, sobres, braves quand il faut se battre, pliants quand ils sont les plus faibles, impétueux quand ils sont les plus forts, habiles à traiter avec des souverains utiles, inimitables dans leur dextérité pour le commerce; ils le faisaient alors dans les quatre parties du monde avec un succès étonnant et un raffinement auquel les autres nations ne peuvent atteindre, toujours disposés à pénétrer par tout pour y établir leur trafic, et habiles à s'y maintenir. Ayant secoué le joug des Espagnols dans le temps que les Portugais y furent soumis, et voyant ceux-ci affaiblis, ils profitèrent de la circonstance, leur enlevèrent presque tout le Brésil, partagèrent avec eux le commerce qu'ils faisaient sur les côtes d'Afrique, dans l'Arabie, aux Indes, et les en dépouillèrent ensuite presque entièrement. La science de la navigation paraît avoir été poussée à son plus haut point de perfection par les Hollandais. On en peut juger par les grands homme qu'il ont eus : rien n'a paru au-dessus du courage et de la capacité de leurs amiraux, ni de l'adresse de leurs pilotes et de leurs matelots. C'est par cette intelligence de la marine qu'ils sont arrivés au point d'élévation, de richesse et de grandeur où ils étaient du temps de Ruyter ».

Les Hollandais s'affranchirent du joug des Espagnols par le secours de la France, de l'Angleterre et des princes protestants d'Allemagne, qui contribuèrent à former et à soutenir leur république naissante ; mais sans la navigation, ces alliés ne les eussent pu sauver des fers qu'ils n'avaient qu'à demi rompus. En effet, par sa navigation cette république est devenue très-puissante; elle commerça dans tous les endroits de l'univers, et sa marine était si solidement établie, que le chevalier Temple, dans ses *Remarques sur l'état des Provinces-Unies*, dit qu'il s'y trouve plus de vaisseaux que dans tout le reste de l'Europe ensemble. Du seul port d'Amsterdam, il partait tous les ans plus de quinze cents navires frétés pour le Nord et la mer Baltique. On a vu en trois jours sortir des ports de Hollande plus de quinze cents bûches, espèce de flibots pour la pêche du hareng. Cette pêche en occupait alors plus de trois mille tous les ans. Chaque année on expédiait des ports des Provinces-Unies environ quarante vaisseaux pour Archangel ; le commerce de Norwége en occupait plus de trois cents, la mer Baltique mille ou douze cents, les Etats du Grand Seigneur trente ou trente-cinq qui partaient avec des convois, à cause des corsaires; ils en avaient à Batavia plus de cent cinquante. Le grand crédit de la banque d'Amsterdam, dont le capital montait à plus de trois mille tonnes d'or, contribuait beaucoup au soutien d'une si brillante marine. Cette ville fameuse, bâtie comme Venise au milieu des eaux, renfermant dans ses magasins tout ce que la Chine, les Indes et les parties du monde connu avaient de plus exquis, est une des plus belles et des plus riches de l'univers, dont elle semble être l'entrepôt. Elle est coupée par de magnifiques canaux ornés d'arbres des deux côtés, et son port est rempli d'une multitude étonnante de vaisseaux; ce qui fait, selon l'expression d'un auteur, que les cheminées des maisons, les pointes des arbres, les flammes des vaisseaux, laissent douter si c'est une ville, une forêt ou une flotte.

La Hollande, comme on l'a remarqué, n'est rien par elle-même : c'est un pays stérile, où tout manque; mais par le moyen de la navigation, elle se ménage l'abondance et fournit aux autres pays tous leurs besoins. Elle est sans forêts et presque sans bois, et il n'y a point d'endroits dans le monde où l'on travaille plus à l'architecture navale. Elle n'a point de vignes, et elle a été l'étape des vins et des eaux-de-vie de toutes les parties du monde. Elle est sans mines et sans métaux, on y trouvait cependant presque autant d'or et d'argent que dans la nouvelle Espagne et dans le Pérou, autant de fer qu'en France, d'étain qu'en Angleterre, de cuivre qu'en Suède. Elle produit peu de blé, mais elle en fournissait aux autres provinces. Il semblait que les épiceries croissaient chez elle, que les huiles s'y recueillaient, que le sel s'y formait, que les soies, les drogues pour la médecine et la teinture fussent des productions de son cru; en un mot, elle renfermait dans son sein toutes les richesses des deux mondes.

CHAPITRE V.

Anglais. — Découverte de la Moscovie. — Voyages de Jean et Sébastien Cabot à Terre-Neuve; de divers navigateurs au cap Breton, à Azambée, à Zazim, Santa-Cruz, Benin, etc.; d'Antoine Jenkinson à Moscow; de Jean Hawkin aux Indes occidentales; de François Drak dans les mêmes contrées; de Jean Oxenham dans la mer du Sud; d'André Barker à la baie de Honduras; de Martin Forbisher en Chine, et la découverte d'un passage au Cathay; de Thowson en Guinée; de François Drak autour du globe; de Charles Jackman et Arthur Pett à la recherche d'un passage en Chine; d'Edouard Fenton au Cathay; de Humphry Gilbert au Newfourland; des capitaines Amidas et Barlow à la découverte de la Virginie; du chevalier Richard Greenwil à la Virginie; de Jean Davis au nord-ouest pour y chercher un passage aux Indes; de Thomas Cavendish autour du monde.

Les voyages de découvertes ont contribué puissamment aux progrès de la marine anglaise. Dès l'année 1360, des navigateurs de cette nation découvrent la Moscovie; en 1497, Jean et Sébastien Cabto, envoyés par le roi Henri VII, trouvent Terre-Neuve; en 1527, des Anglais font un voyage au cap Breton et à Azambée, et jusqu'à l'année 1560, où nous reprenons leur histoire, ils entreprennent plusieurs expéditions maritimes pour Zazim, Santa-Cruz, Benin, etc., dans le dessein d'agrandir leur commerce. A partir de cette époque les voyages des grands navigateurs présentent de l'intérêt. C'est pourquoi nous en donnons ici la relation sommaire.

Antoine Jenkinson, qui avait déjà été à Moskow, partit de Gravesende, le 14 mai 1561, avec *l'Hirondelle,* et deux autres navires équipés par la Compagnie des marchands aventuriers. Il arriva le 14 juillet à la baie de Saint-Nicolas, en Russie. Après y avoir laissé ses bâtiments, il se mit en chemin par terre le 26, et le 8 août, il était à Vologda, où il attendit pendant quelques jours l'arrivée d'une de ses chaloupes qui venait par eau, et qui apportait une caisse de bijoux et les présents que la Compagnie envoyait au czar. Aussitôt sa chaloupe arrivée, il partit et se rendit le 20 à Moscow. Les difficultés qu'il eut à obtenir audience le retinrent dans cette ville jusqu'au 27 avril de l'année suivante.

Il continua le voyage qu'il avait projeté, et descendit le Volga pour se rendre à Astracan, où il arriva le 10 juin. Il s'y embarqua le 15 juillet, et croisant la mer Caspienne, il fit voile pour Derbent, ville appartenant au sophi de Perse. De là il gouverna au sud-est et au sud-ouest l'espace de quatre-vingts milles, et arriva le 6 août, suivant ses intentions, au port de Shabran, dans le royaume d'Hircanie. Il y débarqua, et mit ses marchandises en sûreté sous une tente, jusqu'à ce que le gouverneur, qui le reçut avec beaucoup d'amitié, eût envoyé un messager au roi, qui était à Shirwan. Le 12, le roi lui envoya quarante-cinq chameaux pour transporter ses marchandises, et des chevaux pour lui et les gens de son équipage. Ce prince le reçut avec bonté, et lui accorda toutes les faveurs et les priviléges qu'il désirait. Ayant obtenu de ce prince son audience de congé, il revint à Shirwan, pour se pourvoir de chameaux, de chevaux et des objets dont il avait besoin pour le voyage qu'il avait résolu de faire à Tauris et à Casbin, en Perse.

Il passa par la première de ces deux places, et arriva le second jour de novembre à la dernière, où le sophi de Perse tenait alors sa cour. Il fut admis à l'audience, et présenta au sophi les lettres de la reine d'Angleterre et les présents qu'il avait apportés. Il fut assez mal accueilli; et s'il ne fut point fait esclave avec les personnes de sa suite, il en eut obligation au roi d'Hircanie et à son fils, qui se trouvèrent fort à propos à la cour de Casbin. Les difficultés que Jenkinson rencontra dans ce pays l'obligèrent d'y passer l'hiver. Il en partit le 20 mars 1563.

Il arriva à Ardouil le 30, et le 15 avril à Zavat, où le roi d'Hircanie tenait encore sa cour. Ce prince affable lui fit non-seulement une réception gracieuse, mais lui accorda un privilége à l'avantage de la Compagnie.

Le 30 mars, il arriva à Astracan, et y séjourna jusqu'au 10 juin; il remonta le Volga et vint à Casan le 15 juillet, et le 20 août à Moskow.

Indépendamment de ses négociations pour l'Angleterre, et en particulier pour la Compagnie des marchands aventuriers, au service de laquelle il était principalement attaché, Jenkinson était encore chargé, dans le voyage qu'il fit en Perse, de trafiquer pour le compte du czar de Moscovie, et sut si bien s'insinuer dans ses bonnes grâces, qu'il en obtint de nouveaux priviléges. Il partit de cette capitale le 28 juin de l'année 1564, s'embarqua le 9 juillet à bord de *l'Hirondelle* à Colmogro, et arriva le 28 septembre à Londres.

Jean Hawkin avait fait plusieurs voyages aux îles Canaries. Là, il s'était procuré toutes les instructions nécessaires sur l'état des Indes orientales. Il savait, entre autres choses, que les nègres étaient d'un très-bon rapport à Hispaniola, et qu'il était facile de s'en pourvoir sur les côtes de la Guinée. Il fit part de son dessein à ses amis, et trouva bientôt des gens résolus à entrer dans son entreprise.

On équipa trois vaisseaux pour ce voyage : *le Salomon,* du port de cent vingt tonneaux, commandé en chef par Hawkin ; *l'Hirondelle,* de cent tonneaux ; et *le Jonas,* de quarante tonneaux. Hawkin ne prit sur cette petite flotte que cent hommes.

Il quitta les côtes d'Angleterre au mois d'octobre 1562, et fit voile pour Ténériffe, où il prit des rafraîchissements. De là, il alla à Sierra-Leone, sur la côte de Guinée, où il s'arrêta pendant quelque temps. Il y enleva, tant par force que par adresse, plus de trois cents nègres, outre une grande quantité de denrées et de marchandises que fournit cette contrée.

Il partit avec ce butin pour Isabella, port d'Hispaniola, aux Indes occidentales, où il se défit très-avantageusement des marchandises qu'il avait apportées d'Angleterre, et de quelques-uns de ses nègres ; mais il fut obligé de se tenir perpétuellement en garde contre les embûches des Espagnols.

D'Isabella il passa à Puerto de Plata, où il commerça avec le même avantage et le même danger. Il fit voile de Puerto pour Monte-Christi, autre port d'Hispaniola vers le nord de cette île, où on lui permit de vendre paisiblement ses marchandises, et où il se défit du reste de ses nègres.

Il reprit alors la route d'Angleterre ; ses trois vaisseaux étaient chargés de peaux, de gingembre, de sucre et d'une assez grande quantité de perles; mais il emmenait encore à sa suite deux ourques pleines de peaux et autres marchandises qu'il envoya en Espagne. Ce fut au mois de septembre de l'année 1563 qu'il rentra dans les ports d'Angleterre. Son voyage fut très-heureux et très-lucratif, tant pour lui que pour ses associés.

Le succès d'un premier voyage détermina Jean Hawkin à en entreprendre un second, aux côtes de la Guinée et de là aux Indes occidentales, avec des nègres.

Il équipa pour cette expédition deux vaisseaux et deux barques, *le Jésus,* de Lubeck, de sept cents tonneaux; *le Salomon,* de cent quarante tonneaux; *le Tigre,* de cinquante, et *l'Hirondelle* de trente. Il partit de Plymouth le 18 octobre 1564 : il rencontra le même jour, à cinq myriamètres en mer un des vaisseaux de la reine, appelé *le Mignon,* et *le Jean-Baptiste,* de Londres, qui allaient aussi en Guinée. *Le Mignon* laissa au *Jean-Baptiste* le soin d'aller à la découverte du *Merlin,* de Londres, qui s'était séparé d'eux, et se joignit à la petite flotte d'Hawkin.

Ils essuyèrent le 21 une tempête violente qui dura vingt-trois heures, qui les sépara du *Jean-Baptiste* et de *l'Hirondelle,* et endommagea considérablement les trois autres vaisseaux.

Ils firent voile tous ensemble : ils arrivèrent le 4 novembre à la vue de Madère, et le 6 à la hauteur de Ténériffe. Ils s'arrêtèrent là jusqu'au 20, et arrivèrent le 25 au cap Blanc, sur la côte d'Afrique; ils y prirent différents rafraîchissements, mais surtout du poisson; ils mirent à la voile le 26, et ils étaient le 29 au cap Vert. Ils se proposèrent d'en enlever quelques nègres; mais *le Mignon* prévint et fit avorter leur dessein. Ils s'éloignèrent donc du cap Vert le 7 décembre, et arrivèrent le même jour dans l'île d'Alcatrarsa; ils y laissèrent les deux vaisseaux à l'ancre, tandis que les deux barques s'approchèrent de l'île de Sapres, appelée la Formio. Ils descendirent à terre, en armes, au nombre de quatre-vingts; mais ils se trouvèrent trop peu pour exécuter leur dessein, qui était de saisir quelques nègres, que leur agilité sauva de leurs mains.

Ils étaient le 14 à Sambula, où ils s'arrêtèrent plusieurs jours; ils firent quelques prisonniers, pillèrent et brûlèrent la ville. Ils menèrent à bord leurs nègres, et se trouvèrent le jour suivant à l'embouchure de la rivière de Callowsa, où les deux vaisseaux mirent à l'ancre ; tandis que les barques, avec la pinasse du *Jean-Baptiste* et la chaloupe du *Salomon,* remontèrent la rivière, elles revinrent avec deux caravelles chargées de nègres.

Les Portugais leur ayant donné connaissance d'une ville de nègres appelée Bymba, où on leur assura qu'ils trouveraient beaucoup d'or, s'ils avaient le courage d'en faire l'attaque, Hawkin s'y détermina ; mais le défaut d'intelligence et l'avarice de ses gens, qui se séparèrent pour faire du butin, le privèrent des avantages qu'il pouvait se promettre du succès de cette entreprise. Il perdit sept de ses plus braves compagnons, du nombre desquels fut le capitaine du *Salomon;* vingt-sept furent blessés et il ne prit que dix nègres. Les Anglais rejoignirent leurs vaisseaux, quatre de leurs hommes avaient été tués, et un autre avait été blessé pendant leur absence par des Goulus : ils partirent le 30 pour Taggarin.

Le 1er janvier 1565, les barques et les chaloupes parvinrent à une rivière appelée *Casseroës;* elles rejoignirent le 6 les vaisseaux qui étaient à l'ancre à Taggarin. Ils suivirent les côtes jusqu'au 29. Le nombre des nègres dont ils avaient besoin se trouvant complet, ils firent voile pour les Indes occidentales. Un calme les arrêta dix-huit jours en mer, et ils n'arrivèrent à l'île Dominica que le 9 mars ; là l'eau leur manqua. Cet accident les mit au désespoir ; cependant ils descendirent à terre au hasard d'être mis en pièces par les cannibales, et ramassèrent un peu d'eau de pluie qui était descendue des montagnes.

Ils partirent le 10 et arrivèrent le 15 à la vue de Testigoës, et le 16 dans l'île de Margarita, où l'alcade les accueillit avec humanité, et leur fournit du bœuf et du mouton tandis que le gouverneur leur refusa non-seulement la permission de trafiquer, mais leur retint même un pilote qu'ils avaient gagé. Ils dépêchèrent une caravelle au gouverneur de Saint-Domingue, pour l'informer de leur arrivée. Aussitôt il y eut défense sur toutes les côtes, aux Espagnols, de trafiquer avec les Anglais.

Hawkin, s'apercevant qu'il n'y avait rien à faire à Saint-Domingue, partit le 20, et parvint le 22 à Santa-Fé, où ses gens trouvèrent des eaux excellentes, et prirent quelques rafraîchissements. Il s'en éloigna le 28, et suivit la côte jusqu'au 3 avril, qu'il arriva à Burboroata. Hawkin y mit à l'ancre, et il n'obtint la liberté de trafiquer qu'après l'avoir sollicitée pendant quatorze jours; encore ne lui fut-elle accordée qu'à des conditions si onéreuses, qu'elles lui enlevaient la moitié de son gain au profit de l'Espagnol. Irrité de ce procédé, et convaincu qu'il n'y avait rien à gagner par les voies ordinaires, il descendit à terre le 16 avec cent hommes bien armés, et marcha droit à la ville. La crainte mit l'Espagnol à la raison, et Hawkin obtint la permission de trafiquer, en payant un impôt raisonnable.

Après s'être défait à Burboroata d'une partie de leurs marchandises, ils s'en éloignèrent le 4 mai, et arrivèrent le 6 à l'île de Curaçao, où ils trafiquèrent avec beaucoup d'avantages, prirent des peaux, et obtinrent toutes les provisions qu'ils demandèrent : des bœufs, des moutons et des agneaux.

Ils partirent le 15 de Curaçao, passèrent à côté d'une île appelée *Aruba,* et mirent à l'ancre le 17 à l'extrémité occidentale de Cabo de la Vela. Ils arrivèrent le 18 à la Rancheria, où les Espagnols faisaient la pêche des perles, et de la Rancheria, le 19, à Rio de la Hacha. Le résident aux Indes, en qualité de trésorier du roi d'Espagne, leur accorda la permission de trafiquer, mais aux mêmes conditions qu'à Burboroata; ils usèrent des mêmes moyens pour lever cette difficulté.

Ils partirent de Rio de la Hacha le 21 mai, et ils avaient dessein d'aller à Hispaniola; mais des courants les portèrent si loin de leur route, et leur firent manquer le vent, au point qu'ils se trouvèrent au milieu de la Jamaïque le 4 juin. Ce ne fut pas tout : Hawkin, à qui la force des courants était inconnue, prit la Jamaïque pour Hispaniola, continua sa route, et passa Santa-Cruz, dans l'île de Cuba, à son grand désavantage. Il mit à l'ancre, le 16, à l'île de Pynas, d'où il partit le 17, et se trouva le 20 à l'extrémité occidentale de Cuba, qu'on appelle *le cap Saint-Antoine.* Mais les vents l'écartèrent du rivage, le 24, et le portèrent au nord-ouest. Il arriva le 5 juillet à l'île de la Tortue; il partit de là pour la Havane, qu'il manqua, par trop de confiance en un Français qui se piquait de connaître ces parages, et où il ne put revenir.

Il suivit les côtes de la Floride jusqu'au 28, et ayant pris les provisions nécessaires pour son retour, il cingla pour l'Angleterre. Il toucha, le 23 août, aux côtes de Newfoundland, où il pêcha beaucoup de merlus. Le vent lui étant devenu favorable, il arriva le 20 septembre à Padstow en Cornouaille, chargé d'or, d'argent, de perles, de pierreries et autres richesses.

Antoine Jenkinson partit, le 4 mai 1566, de Gravesende, sur *le Henri*, de Londres, et fit voile pour la Moscovie : c'était son troisième voyage dans ce pays. Il arriva sur la baie de Saint-Nicolas le 10 juillet, et à Moscow le 23 août : ce fut alors que la reine le nomma son ambassadeur dans cette cour.

En 1568, le capitaine Jean Hawkin entreprit un troisième voyage en Guinée et aux Indes occidentales.

Il monta lui-même, en qualité de capitaine général, *le Jésus*, de Lubeck, un des vaisseaux de la reine, de sept cents tonneaux, et qui avait été son amiral dans les voyages précédents. Il commandait encore cinq autres navires, *le Mignon, le Guillaume-et-Jean, la Judith*, avec *l'Ange* et *l'Hirondelle*. Il partit de Plymouth le 2 octobre; le vent lui fut assez favorable pendant les cinq premiers jours; mais à vingt myriamètres, au nord du cap Finistère, il s'éleva une tempête si violente que les vaisseaux furent séparés, leurs chaloupes perdues, et *le Jésus* mis presque hors d'état de continuer la route.

Il arriva sans autre accident sur la côte de Guinée. Il y prit environ cinq cents nègres; mais ce ne fut pas sans peine et sans perte : plusieurs de ses gens furent tués. Il fit voile avec cette prise pour les Indes espagnoles occidentales. Ce fut le 3 février 1568, qu'il quitta la côte de Guinée pour trafiquer, ainsi qu'il en avait le droit, en vertu d'un traité qui subsistait encore entre Henri VIII et Charles V.

Il arriva le 27 mars à la vue de la Dominique; il suivit la côte, et passa de Margarita à Carthagène, de Carthagène au cap de la Vela, et de ce cap en d'autres endroits situés sur la même route. Il y commerça avec assez d'avantage; mais il eut auparavant quelques difficultés à surmonter. Le trafic lui fut absolument interdit à Rio de la Hacha; mais il descendit à terre avec deux cents homme, prit la ville d'assaut, et obtint la permission de trafiquer secrètement pendant la nuit; il ne perdit dans cette action que deux hommes.

L'amiral se rencontra avec la flotte espagnole le 16 février, à l'entrée du port de Saint-Jean-d'Ulloa, dans la baie de Mexico. Telle est la situation de ce port, que l'amiral pouvait aisément le fermer à l'Espagnol, et faire périr par la tempête tous ses vaisseaux, dont la cargaison était évaluée à 800,000 livres. Rien ne l'empêchait d'ailleurs de s'emparer de douze autres bâtiments qu'il trouva dans le port, et qui portaient en or et en argent, à ce qu'on lui dit, la valeur de 200,000 livres; mais loin d'écouter en cette occasion ce que l'intérêt pouvait lui dicter, Hawkin suivit la ferme résolution qu'il avait prise de ne rien tenter qu'on pût regarder comme une rupture de la paix. Il n'exigea des Espagnols que ce qui convenait à sa sûreté : des vivres pour de l'argent, la liberté du commerce, la possession de l'île pendant le séjour qu'il y ferait, et onze pièces de canon de bronze pour sa défense. L'Espagnol trouva d'abord ces propositions dures; cependant elles furent acceptées et signées, et l'Anglais reçut dix personnes en otage.

Cet accommodement à l'amiable n'empêcha point les Espagnols, qui s'étaient renforcés secrètement de dix mille hommes qu'ils avaient rassemblés dans le continent, de tomber sur les Anglais, et de leur tuer un grand nombre de soldats. Ce fut le 23 septembre qu'ils prirent, pillèrent et brûlèrent trois vaisseaux, firent un grand nombre de prisonniers, et forcèrent le reste de l'équipage de se jeter dans les chaloupes et de fuir. La suite de cet événement est assez intéressante pour en rapporter les circonstances; les voici telles qu'on les trouve dans un mémoire écrit de la propre main de Hawkin :

« Tandis que nous nous disposions à placer, sous *le Jésus, le Mignon* à l'abri de l'artillerie ennemie, les Espagnols mirent le feu à deux grands vaisseaux et les lâchèrent vers nous. La frayeur saisit derechef ceux qui étaient à bord de ce vaisseau, et ils s'éloignèrent sans ordre de capitaine ni de pilote, en si grande hâte et avec une telle confusion, que ce ne fut pas sans peine que j'y entrai.

« Les hommes qui étaient restés à bord du *Jésus,* descendirent dans une petite chaloupe, et tâchèrent de nous suivre. Ceux qui ne purent profiter de la chaloupe demeurèrent abandonnés à la merci de l'Espagnol. Enfin, il n'y eut que *le Mignon,* avec une seule petite barque de cinquante tonneaux, et *la Judith* qui échappèrent; encore *la Judith* nous abandonna-t-elle pendant la nuit. Nous voilà donc seuls avec deux ancres et deux câbles dans un vaisseau si maltraité, qu'à peine se soutenait-il sur les eaux, avec peu de provisions et beaucoup de bouches, et qui pis est, divisés entre nous d'opinions. Les uns voulaient qu'on se rendît aux Espagnols ; d'autres préféraient de se jeter entre les mains des sauvages ; la plus grande partie l'emporta, et nous nous déterminâmes à mettre à la voile avec une si petite quantité de provisions, qu'elle suffisait à peine pour nous faire vivre.

« Nous nous abandonnâmes dans cet état déplorable à une mer inconnue, que nous tînmes pendant quatorze jours, au bout desquels la famine nous contraignit de chercher la terre ferme. Nous mangeâmes jusqu'aux rats, aux chats, aux souris et aux chiens ; un perroquet, un singe, était un régal pour nous. Enfin, nous atteignîmes la terre le 8 octobre, au fond de la baie de Mexico. Nous nous flattâmes de trouver des habitations d'Espagnols, des provisions, et les moyens de radouber notre vaisseau. Vaine espérance ! il n'y avait ni port, ni habitations, ni vivres; cependant une partie de mes gens, pressés par la faim, demandèrent qu'on les descendît à terre, et j'y consentis.

« De deux cents que nous étions, la moitié m'abandonna et aima mieux errer sur le continent que de s'exposer avec moi sur les flots. Je fis de l'eau, et je remis à la voile le 16 octobre. »

Quelques-uns des compagnons d'Hawkin furent tués, d'autres pris et mis à la question : tous eurent à souffrir. On coula leurs vaisseaux ou on les brûla ; *la Judith* et *le Mignon* seuls échappèrent, pour être exposés sur les eaux à la famine, qui contraignit le général de mettre à terre cent quatorze hommes de son équipage, et de les abandonner à la cruauté des Espagnols et des sauvages. La barque qui les portait s'étant perdue avant d'atteindre le rivage, il y eut deux matelots de noyés, le reste eut un mille à nager, avant d'arriver au continent, où quelques-uns expirèrent au bout de deux heures. Pour surcroît de peines, il survint un orage, accompagné d'une pluie affreuse.

Les Chichemiciens, sauvages indiens, vinrent ensuite les attaquer et en tuèrent huit. Le courage et les armes leur manquant, ils s'abandonnèrent à ces nouveaux ennemis, qui les avaient pris pour des Espagnols, et qui, détrompés, les dirigèrent vers le port de Panuco. Ils se partagèrent en deux bandes; l'une prit sa route vers l'occident, sous la conduite d'un nommé Miles Philips ; l'autre vers le nord, à la suite d'un certain David Ingram. Ces deux hommes revinrent en Angleterre, et c'est d'eux que l'on apprit la plus grande partie des circonstances que nous venons de rapporter.

Ceux qui marchèrent vers l'occident arrivèrent à Panuco, après avoir cruellement souffert de la faim, de la soif, des moucherons et des sauvages indiens. Le gouverneur de Panuco les dépouilla du peu qui leur restait et les jeta dans les fers, les appelant dogues anglais, luthériens, hérétiques. Comme il y en avait parmi eux quelques-uns qui avaient été blessés par des sauvages, ils demandèrent des chirurgiens, et on leur répondit que le bourreau était le seul qu'on eût à leur donner. Après quatre mois de prison, on les en tira; ils furent garrottés, et envoyés sous une garde nombreuse à Mexico, qui est éloignée de Panuco d'environ quarante-cinq myriamètres. Quelques-uns de ces satellites leur donnaient en route des marques d'humanité; mais les autres les frappaient rudement, et leur criaient : « Marche, dogue anglais, luthérien maudit, ennemi de Dieu. » Il en mourut un grand nombre en arrivant à Mexico. Ceux qui restèrent furent assez bien traités dans les hôpitaux; on les transféra de Mexico en esclavage à Texuco; ils eurent le bonheur de rencontrer dans cette ville un nommé Robert Sweeting, dont le père était Anglais et la mère Espagnole. Cet homme se souvint de son origine, et obtint pour ces malheureux de la compassion et des secours, sans lesquels ils auraient tous péri.

Ils tombèrent ensuite entre les mains des Espagnols, qui les employèrent à divers travaux, et leur accordèrent quelques profits; mais ils en furent presque aussitôt dépouillés par les inquisiteurs, qui se saisirent en même temps de leurs personnes, et les précipitèrent dans les cachots pour un an et demi. Ils subirent dans cet intervalle de captivité plusieurs interrogatoires : on leur fit des questions sur la religion; mais comme ce n'était pas ce que ces marins entendaient le mieux, et qu'ils prévirent le piége qu'on leur tendait, ils s'accordèrent tous à répondre que la tempête les avait jetés dans ces contrées, et qu'ils imploraient la compassion de l'Inquisition; on les mit à la question, et quelques-uns périrent entre les mains des bourreaux. Les autres, en habit de fou, la corde au cou et la torche à la main, furent conduits sur l'échafaud : tous les habitants furent invités à ce spectacle par un cri public. Trois de ces malheureux furent brûlés. Le reste fut condamné à recevoir sur le chevalet deux à trois cents coups de longs fouets, ou à servir dans les monastères, à San-Benito, pendant plusieurs années : Philips eut ce triste sort. Cette dernière exécution se fit un jeudi; les patients étaient précédés de crieurs, qui disaient à haute voix : *Ce sont des luthériens anglais, des chiens, des ennemis de Dieu!* Les inquisiteurs même et leurs adhérents disaient aux exécuteurs : *Frappez, n'épargnez pas ces hérétiques anglais, ces luthériens, ces ennemis de Dieu.* Ils furent mis en pièces, et on les ramena dans les prisons tout couverts de sang. On les transféra dans la suite en Espagne, pour y achever leur martyre. Philips et ses compagnons firent leur temps, au bout duquel ils quittèrent leur habit de fou, qu'on suspendit à la voûte de l'église principale. Philips prit la fuite, erra longtemps en Espagne, courut tous les dangers d'être repris, et revint en Angleterre en 1582.

Quant à Hawkin et sa troupe, ils furent d'abord accueillis d'une tempête violente, dont ils échappèrent pour être exposés à la famine. Leur nombre diminuait de jour en jour; enfin, il en périt une si grande quantité, que le reste ne suffisant pas pour la manœuvre du vaisseau. Les vents devenant contraires, ils furent obligés de relâcher à Ponte-Vedra, proche Vigo, en Espagne, et d'y chercher des provisions. Plusieurs tombèrent malades et moururent. Ils coururent aussi les risques d'être livrés aux Espagnols; et ce ne fut qu'avec beaucoup de peine qu'ils leur échappèrent. Ils arrivèrent enfin en Angleterre le 20 janvier de l'année 1596.

Ces cruautés ne furent pas plutôt parvenues à la connaissance de la nation, que tous les gens de mer se récrièrent, les marchands se plaignirent hautement, et toute l'Angleterre respira la vengeance et la guerre. Cependant la reine ne jugea pas à propos de céder aux vœux de ses sujets; elle craignit que son ressentiment ne l'embarquât plus avant qu'il ne convenait à ses affaires et aux conjonctures actuelles; mais il n'en fut pas moins vif dans son cœur.

En 1568, Arthur Edwards, agent, Lawrance Chapman, et d'autres intéressés dans la Compagnie de Russie, firent un quatrième voyage en Perse, où ils obtinrent de nouveaux priviléges, qu'on leur déliva en lettres d'or et d'azur; ce qui obvia à plusieurs inconvénients auxquels leur commerce était exposé.

La même année Thomas Banister et Geoffroy Ducket, employés

dans la même Compagnie, entreprirent un cinquième voyage. Ils firent voile, le 3 juillet, pour Jeraslave, dans une barque de soixante-dix tonneaux, appelée *le Thomas-Bonaventure*. L'équipage était de treize Anglais et de quarante Russes. Ils étaient à quarante milles de distance, du côté d'Astracan, lorsqu'ils furent attaqués par dix-huit chaloupes de Tartares Negayens, au nombre de trois cents, armés de piques et d'épées, et quelques-uns d'arcs et de flèches. L'action dura deux heures. Les Tartares furent tellement maltraités par le feu des Européens, qu'ils furent obligés de se retirer après avoir perdu deux cents hommes. Les Anglais firent heureusement le reste de leur route, et trafiquèrent en Perse avec beaucoup d'avantage. Ils y demeurèrent jusqu'en 1573; mais ils perdirent en revenant tout le fruit de leurs travaux. Ils mirent à la voile à Bibil, sur la mer Caspienne, le 8 mai 1573; des vents contraires les portèrent çà et là jusqu'au 28. Etant à l'ancre, ils se virent attaqués par cent cinquante Cosaques, qui fondirent sur eux, après s'être approchés dans plusieurs bateaux et s'être introduits dans leur vaisseau, sous prétexte de curiosité, et avec toutes les démonstrations extérieures d'amitié. Mais à peine furent-ils à bord, qu'ils tuèrent plusieurs Russes. Ducket et quelques Anglais qui étaient sur le tillac se comportèrent si bravement, qu'ils sauvèrent l'équipage : ils tuèrent quatorze Cosaques et en blessèrent plus de trente; mais, accablés par le nombre et couverts de blessures, ils furent obligés de se rendre, et de livrer leur cargaison pour sauver leurs vies.

Il survint, sur la fin de 1568, un événement qui brouilla la reine avec le roi d'Espagne et le duc d'Albe. Quelques vaisseaux biscaïens, qui portaient d'Espagne dans les Pays-Bas une somme considérable, avec un passeport du roi, pour y établir, disait-on, une banque, furent attaqués par des corsaires français et contraints de se jeter dans les ports de Plymouth, de Falmouth et de Southampton. La reine les protégea d'abord, et permit qu'on descendît l'argent à terre; mais informée que le duc d'Albe avait dessein de prendre cet argent pour soutenir la guerre, elle le prévint et garda le trésor en dépôt, donnant caution pour le remboursement, qu'elle ferait lorsqu'on lui prouverait qu'il appartenait au roi d'Espagne. Les Espagnols et le duc usèrent de représailles; les Anglais firent à leur tour des prises sur les Espagnols, et se jetèrent en plusieurs occasions sur les vaisseaux flamands. Le duc d'Albe défendit tout commerce avec les Anglais; et Philippe, roi d'Espagne, fit proposer au duc de Norfolk de soulever l'Angleterre, tandis que le comte d'Ormond souleverait l'Irlande. Mais ces deux seigneurs découvrirent à la reine ce complot, et tous les Anglais s'armèrent avec une ardeur incroyable, mirent à la voile, et tombèrent sur tous les vaisseaux marchands espagnols; ils croisèrent continuellement les mers. Les pertes des Espagnols étaient si considérables, que la reine, craignant de s'attirer une guerre réelle, crut devoir arrêter la fureur de ses sujets, en défendant, par un édit, l'achat des marchandises et autres effets qui auraient été pris.

Le commerce de la Grande-Bretagne venait d'être suspendu, comme on vient de le dire, entre l'Espagne et les Pays-Bas, lorsque l'avarice des marchands anglais leur attira la disgrâce du czar, et fit cesser entièrement le commerce de Moscovie.

Il commençait alors, et il continua depuis à être fort considérable. Le czar avait accordé à la Compagnie de Moscovie une exemption de tous droits, et la permission de vendre leurs marchandises dans ses Etats, et de les transporter en Perse et en Médie par la voie de la mer Caspienne; au lieu qu'il était défendu aux autres nations de trafiquer au delà de Moscow. Encouragés par ce privilége, ils osèrent exposer leurs effets dans des espèces de canots fait d'un seul arbre, et remonter la Dwina jusqu'à Vologda. Ils arrivaient de là en sept jours par terre à Jeraslave, et de Jeraslave en descendant la rivière et suivant le Volga, en trente jours à Astracan, où ils avaient coutume de se construire des vaisseaux. Ils firent voile d'Astracan, croisèrent la mer Caspienne, traversèrent les vastes déserts de l'Hircanie et de la Bactriane, et arrivèrent à Tererin et à Casbin, villes de Perse, d'où ils comptaient passer au Cathay; mais la guerre qui était allumée entre les Turcs et les Persans, et le danger que l'on courait d'être pillé par les barbares, empêchèrent les marchands de Londres de suivre leur glorieuse entreprise. La reine envoya Thomas Randolph à Moscow, pour terminer les différends de la cour de Russie et de la Compagnie anglaise. Cette attention calma le czar, et il accorda de nouveaux droits aux commerçants anglais; il ne dédaigna pas de faire avec eux une alliance personnelle: elle fut conclue par un ambassadeur envoyé exprès à la reine.

Les échanges que les Anglais faisaient avec de grands avantages, depuis 1552, de nègres qu'ils allaient chercher sur la côte de Guinée, contre de l'or qu'ils recevaient des Espagnols, avaient excité la jalousie des Portugais, qui prétendaient avoir découvert les premiers cette contrée. Sous ce prétexte, ils troublaient souvent les marchands anglais dans ce commerce. Mais enfin on conclut cette année un traité qui termina tout différend entre les deux nations. Il y eut l'année suivante une ligue ou un traité signé à Blois, le 11 avril, entre l'Angleterre et la France. Mais ce traité ne dissipa point les méfiances de la reine. Elle soupçonna toujours les Français de quelque complot ; et ses inquiétudes redoublèrent à la nouvelle qu'ils avaient une nombreuse flotte à l'ancre, depuis quelque temps, entre La Rochelle et Bordeaux.

C'est dans ce temps que le capitaine François Drak commença à se faire connaître et à acquérir de la réputation par ses exploits sur mer. Il naquit à Devonshire, de parents assez obscurs. Il était fort jeune lorsque son père se fit protestant, sous le règne de Henri VIII ; il abandonna son pays et la maison qu'il avait aux environs de Souhtavistock, se retira en Kent, et habita le fond d'un vaisseau. Ce fut le lieu de la naissance de la plus grande partie de ses douze fils. Il gagna sa vie, sous le règne d'Edouard VI, à faire la prière aux matelots ; il fut ensuite ordonné diacre et vicaire de l'église d'Upnore, sur la rivière de Medway. Son extrême pauvreté le contraignit de mettre son fils François sous le maître d'une barque, qui était son voisin. L'intelligence de François lui concilia la bienveillance de son maître, au point qu'il lui laissa sa barque en mourant. Voilà donc Drak devenu commerçant, et en état de faire valoir ses talents : il eut bientôt amassé quelque argent. Ce fut alors qu'il entendit parler de l'expédition que le capitaine Hawkin préparait pour l'Amérique. Il avait été maltraité quelque temps auparavant, en 1565 et 1566, à Rio de la Hacha, par les Espagnols ; il avait suivi dans ces contrées le capitaine Jean Lovel. Pressé par la vengeance et par l'espoir du gain, il vendit sa barque, abandonna le Kent avec quelques autres marins de la dernière intrépidité, et se vint enrôler sous Hawkin.

Il perdit dans cette expédition tout ce qu'il s'était procuré à force de peine et d'industrie. Il travailla d'abord à en recouvrer une partie, en sollicitant à la cour d'Espagne ; mais ce fut en vain, on ne l'écouta pas, et on n'eut aucun égard aux lettres de recommandation de la reine.

Il se détermina donc à se faire justice lui-même, et à obtenir par force ce qu'il ne pouvait obtenir par les voies ordinaires.

Pour mettre plus facilement à exécution ses desseins, il fit deux voyages aux Indes occidentales : l'un en 1570, avec deux vaisseaux, *le Dragon* et *le Cygne*, et l'autre en 1571, avec *le Cygne* seul ; et cela seulement pour s'instruire ; du moins on ne fait mention d'aucun exploit considérable qui ait illustré ces expéditions.

Environ cinq ans après son voyage malheureux avec Hawkin, il résolut de tenter la fortune encore une fois avec quelque argent qu'il avait amassé au service des marchands, et en croisant les détroits contre les Espagnols. Pour cet effet, il se pourvut d'un bon vaisseau, bien armé, appelé *le Dragon*, de soixante-dix tonneaux, qu'il commanda lui-même, et du *Cygne*, du même port, de vingt-cinq tonneaux, dont il fit capitaine son frère, Jean Drak. L'équipage de ces deux bâtiments se montait à soixante-trois hommes, tant mousses que matelots. Il prit des provisions et toutes les choses nécessaires pour un an, de l'artillerie et des munitions, et trois pinasses, faites de manière qu'on pouvait les monter et les mettre en mer à l'occasion. Ce fut avec cette petite flotte qu'il se flatta d'avoir bientôt raison des Espagnols, et de réparer les pertes qu'il avait faites aux Indes occidentales. Il n'avait point de lettres de commission pour justifier sa conduite ; mais il y avait alors peu d'union entre l'Angleterre et l'Espagne, et il se crut assez excusé par les troubles et la licence générale des temps.

Il partit de Plymouth le 24 mai 1572, n'ayant communiqué son projet qu'à ses compagnons.

Leur navigation fut si heureuse, qu'ils arrivèrent le 28 juin en vue de la Guadeloupe ; et, laissant cette île d'un côté et le continent de l'autre, il s'avança vers une baie qu'il avait appelée dans son premier voyage *le port Phaisant :* il y entra et y amarra ses vaisseaux le 12 juillet. La première chose qu'il fit, fut d'employer ses charpentiers à monter ses pinasses. Le jour suivant, une barque anglaise, de l'île de Wight, commandée par le capitaine Jacques Rawse, suivie d'une caravelle et d'une chaloupe avec des rames, qu'il avait prise sur les Espagnols aux environs de ce lieu, entra dans la même baie. Rawse, qui avait à son bord plusieurs hommes qui avaient servi sous Drak, informé de ses vues, s'offrit à travailler avec lui à leur exécution. Drak lui proposa certaines conditions que Rawse accepta.

Les pinasses furent prêtes le 20 juillet, et ils firent voile pour l'isthme de Darieu, où ils s'emparèrent de la ville de *Nombre-de-Dios,* qu'on leur reprit ensuite. Voici, d'après un Portugais qui fut fait prisonnier en 1586, par un vaisseau du duc de Cumberland, les circonstances de cette action :

Drak mit à terre cent cinquante hommes, il en laissa soixante-dix avec un trompette dans un fort; il s'avança pendant la nuit avec le reste sur la place publique, fit une décharge de mousqueterie et sonna de la trompette. On lui répondit du fort : ce bruit extraordinaire réveilla les habitants et mit toute la ville en alarme. L'effroi fut si grand, que la plupart se sauvèrent dans les montagnes : quatorze ou quinze de ces fuyards, revenus de leur épouvante, prirent leurs arquebuses, se joignirent et s'approchèrent; ils aperçurent les Anglais dans un coin de la place publique, et comme il leur parut qu'ils étaient en petit nombre, ils ne balancèrent point à faire feu sur eux, et tuèrent leur trompette. Le bruit des arquebuses fut entendu du fort, et la trompette ne répondant plus, on supposa que tous ceux qui étaient entrés dans la ville avaient été tués, et on l'abandonna pour regagner les vaisseaux. Quelle fut donc la surprise de Drak, lorsqu'il y retourna et qu'il n'y trouva plus personne ! La crainte qui le saisit ne l'empêcha pas de prendre le seul parti qui convenait alors. Il laissa son butin, se jeta à la nage, gagna ses pinasses et s'éloigna du port, sans avoir fait autre chose dans la ville que de tuer une femme qui mit la tête à la fenêtre, pour voir quelle était la cause du tumulte qui l'avait éveillée.

Drak partit le 20 juillet du port Phaisant, et il arriva en trois jours à l'île de Pinas. Il y trouva deux frégates chargées de planches et de bois pour Nombre-de-Dios : le capitaine sut par les nègres, qui se trouvaient dans ces frégates, en quel état était cette ville; en revanche il les traita le plus humainement qu'il lui fut possible : il les mit à terre, leur laissant le choix ou de s'affranchir ou de retourner par terre à Nombre-de-Dios, où ils ne pouvaient arriver assez tôt pour avertir les habitants du danger qui les menaçait.

Il disposa tout pour l'exécution de son entreprise, avec promptitude et secret; il laissa le commandement des trois vaisseaux et de la caravelle à Rawse, et partit lui-même avec les trois pinasses et la chaloupe, accompagné seulement de vingt hommes de l'équipage de Rawse et de cinquante-trois des siens. Il atteignit le 28 l'île de Cattiras, où il fit sa descente : il rangea cette troupe, et distribua aux marins qui la composaient des armes qu'ils touchaient pour la première fois depuis leur départ ; il y en avait six armés de boucliers, six de bâtons à feux douze de piques, vingt-quatre de mousquets et de carabines, seize d'arcs et six de pertuisanes, avec deux tambours et deux trompettes.

Il fit voile dans le même jour, après midi, pour Nombre-de-Dios, et il arriva avant le coucher du soleil à Rio-Francisco. Ce ne fut pas sans peine qu'il échappa à la vue des sentinelles en s'approchant du rivage. Il se tint à un myriamètre en mer de la pointe de la baie, rôdant à l'ancre jusqu'à ce qu'il fût nuit close. Il prit alors son parti, mit à la voile, s'approcha du rivage, le suivit en silence, et atteignit la pointe du port, qui est au-dessous de la montagne. Il s'arrêta là, et fit prendre quelque repos à ses gens, en attendant le point du jour pour escalader la ville. Mais il s'aperçut bientôt lui-même et fut informé par les plus intrépides de ses compagnons, que la grandeur et l'étendue de la ville effrayaient les autres. Dans la crainte que le courage qu'ils avaient montré ne se refroidît, il leur persuada au lever de la lune que c'était le point du jour, et les fit avancer vers Nombre-de-Dios, où ils arrivèrent à trois heures du matin. Sur ces entrefaites, un navire espagnol de soixante tonneaux, chargé de vin des Canaries et autres marchandises, qui ne faisait que d'entrer dans la baie, et qui n'avait pas encore déployé sa civadière, remarqua les quatre pinasses et leur quantité de rames qui était inaccoutumée. Il envoya sa gondole pour en donner avis à la ville ; mais Drak lui coupa chemin, et la força de gagner l'autre côté de la baie. Il descendit alors à terre, sans aucune opposition, quoiqu'il y eût un canonnier sur la plate-forme, à l'endroit même où ils abordèrent. La baie était sablonneuse, sans clef, et à moins de trente verges des maisons.

Ils trouvèrent là six gros canons de bronze sur leurs affûts, quelques coulevrines et quelques demi-coulevrines. Ils brisèrent sur-le-champ les affûts des canons ; le canonnier effrayé se sauva, et porta l'alarme dans la ville, à ce qu'ils conjecturèrent au tumulte qui se fit et aux cris qu'ils entendirent.

Drak laissa douze hommes à la garde des pinasses, ainsi qu'il l'avait projeté la nuit précédente, pour assurer leur retraite en cas d'accident, et marcha à la tête des autres. Il n'avait rien à craindre du côté de la plate-forme, et avant d'entrer dans la ville il avait parcouru la montagne, où il avait appris l'année précédente qu'on avait résolu de mettre du canon qui donnât sur les environs,— ce qu'on n'avait point exécuté. — Il commanda ensuite à son frère, à Jean Oxenham, dont on parlera plus bas, et à seize de ses gens de prendre par derrière les magasins du roi, et de se rendre sur la place publique par le côté oriental. Cependant il marcha au bruit du tambour et de la trompette, et suivit la grande rue qui conduit au même endroit.

Il divisa en deux compagnies les bâtons de feu qui servaient autant à effrayer les habitants qu'à éclairer son monde. Cette lumière et le bruit des tambours et des trompettes qu'ils entendaient en plus d'un endroit, leur fit imaginer que le nombre des ennemis était fort grand. Cependant, des soldats qui étaient dans la place et quelques habitants avaient pris les armes à la partie sud-est de la place publique, aux environs de la maison du gouverneur, et non loin des portes de la ville.

Ils firent leur décharge sur Drak, qui s'approchait d'eux avec sa troupe : les Anglais leur répondirent avec leurs armes à feu et leurs flèches, et on en vint aux mains sur-le-champ. Le frère de Drak survint alors avec sa troupe ; et les Espagnols jetèrent leurs armes et se sauvèrent hors de la ville.

Les Anglais les poursuivirent jusqu'aux portes, revinrent et se campèrent au milieu de la place publique. Ils se firent indiquer la maison du gouverneur par deux ou trois hommes qu'ils avaient pris. C'était là qu'ils avaient appris qu'on avait déposé les richesses arrivées de Panama : ils trouvèrent la grande porte ouverte, de la lumière sur l'escalier, et un cheval tout sellé à la porte.

Ils aperçurent à la lueur du flambeau un amas prodigieux d'argent dans une chambre basse ; c'étaient des barres arrangées en une pile, et la pile était, autant qu'ils purent le conjecturer, de soixante-dix pieds de long sur dix de large et douze de haut : une de ses faces était appuyée contre un mur, et chaque barre pesait environ trente à quarante livres. Drak défendit sévèrement qu'on touchât à cet argent et que l'on quittât les armes, parce qu'il restait toujours beaucoup de monde dans la ville, et qu'il y avait dans les magasins du roi, du côté de la mer, plus d'or et de pierreries que toutes leurs pinasses n'en pouvaient porter.

Ils étaient sous les armes dans cet endroit, lorsque quelques-uns de leurs gens leur donnèrent avis que les pinasses étaient en danger d'être prises, et que s'ils n'accouraient au point du jour pour les défendre, ils seraient contraints de les abandonner à la multitude de soldats et d'habitants qui fondraient sur eux. Drak dépêcha sur-le-champ son frère avec Jean Oxenham, pour examiner la cause de cette alarme. Ils trouvèrent ceux qu'on avait laissés pour la garde des pinasses tout découragés ; ils avaient conçu cette frayeur à la vue d'un grand nombre d'habitants attroupés en différents endroits, qui s'enfuyaient çà et là, les uns avec des mèches allumées, les autres avec des armes.

Il survint à l'instant une pluie terrible, accompagnée d'éclairs et d'un tonnerre violent. Les cordes de la plupart de leurs arcs furent mouillées, et leurs mèches avec leur poudre endommagées, avant qu'ils pussent se mettre à l'abri sous un auvent qu'ils aperçurent à l'ouest des magasins du roi : l'orage dura environ une demi-heure. Les gens de Drak, frappés du danger auquel il les avait exposés, commencèrent à murmurer ; il s'aperçut bientôt de leur mécontentement, et leur dit « qu'il les avait conduits à la source des trésors du monde, et qu'ils « n'auraient à s'en prendre qu'à eux-mêmes, s'il arrivait que leur lâcheté « les en privât. »

Lorsque la grande violence de l'orage fut passée, Drak, ne voulant pas laisser le temps à ses gens de faire de nouvelles difficultés et à l'ennemi de s'attrouper, commanda à son frère et à Jean Oxenham d'enfoncer les portes du trésor royal, tandis qu'en armes, au milieu de la place publique, il tiendrait la ville en respect. Mais comme il donnait ces ordres, les forces, la vue et la parole lui manquèrent, il tomba en défaillance : il avait perdu et perdait encore une grande quantité de sang par une blessure qu'il avait reçue à la jambe au commencement de l'action, et qu'il avait cachée jusqu'alors, de peur de décourager son monde.

On le rappela de son évanouissement, et tous ses gens se réunirent pour lui persuader de retourner sur son bord, et de faire panser sa blessure, lui promettant de revenir à la charge et de poursuivre leur entreprise. Mais Drak, convaincu qu'il fallait achever ce qu'ils avaient si heureusement commencé, ou y renoncer absolument, banda sa blessure avec sa cravate, et refusa de s'éloigner. Mais ses gens l'entraînèrent, moitié vaincu par leurs promesses, moitié résistant à leurs sollicitations, et le conduisirent à son bord, avec ce qu'ils avaient déjà fait de butin. Ils laissèrent à Nombre-de-Dios la plus riche proie qui pût jamais tomber entre les mains de pareils aventuriers. Ils apprirent, dans la suite, qu'il y avait dans le trésor royal trois cent soixante tonnes d'argent, et une somme beaucoup plus considérable en or enfermée dans un coffre-fort.

Ce fut le 29 juillet 1572, à la pointe du jour, que les Anglais s'éloignèrent du rivage. Leur capitaine et sept de ses gens avaient été blessés, et ils n'avaient perdu qu'un homme. Pour se consoler du peu de succès de leur entreprise, ils se jetèrent, avant de quitter la baie, sur le vaisseau chargé de vin des Canaries, dont ils s'emparèrent, après quelque résistance de sa part, et qu'ils conduisirent à l'île de Bastimientes, à cinq kilomètres environ de Nombre-de-Dios, où ils se reposèrent pendant deux jours. Ils prirent ensuite la route de Pinas, où ils avaient laissé leurs vaisseaux. Drak se consulta là avec Rawse sur ce qu'il y avait de mieux à faire dans l'état présent de leurs affaires. Celui-ci, faisant des difficultés sans fin, et inclinant à abandonner la côte qu'il ne croyait pas sûre pour eux depuis qu'ils étaient découverts, Drak prit le parti de se séparer, et de tenter seul quelque entreprise plus lucrative. Il était sensiblement affligé d'avoir manqué la première, et les richesses de Nombre-de-Dios lui tenaient à cœur.

Rawse se sépara de Drak le 7 août, et le même jour le frère de Drak et Ellis Hixon, qu'il avait envoyés à l'occident, vers le Chagro, rivière sur laquelle il s'était trouvé l'année précédente, et qu'il ne connaissait pas assez, revinrent avec les informations dont il avait besoin.

Il fit voile pour Carthagène avec les deux vaisseaux et trois pinasses; il arriva devant cette place le 13, et s'empara le même jour de deux bâtiments espagnols, dont l'un était de cent quarante tonneaux. Il se jeta le lendemain matin sur deux frégates; il y prit toutes les provisions qui pouvaient lui manquer. Le 15, il jugea à propos de brûler *le Cygne*, afin de fortifier son équipage et d'équiper ses pinasses. Le matin du jour suivant, il se mit à chercher dans l'isthme de Darien quelque endroit où il pût laisser son vaisseau à l'ancre sans être aperçu de l'ennemi, afin de lui persuader qu'il avait abandonné la côte.

Il trouva, le 21 août, un havre où il demeura caché pendant quinze jours. Drak ayant appris là, par des nègres fuyards appelés *Symerous*, qu'il venait à Panama, sur des mulets, une somme considérable d'or et d'argent, il les prit pour guides, et rencontra les trois *recoès* ou troupes de mulets : elles portaient trente tonnes d'argent, sans compter l'or. Drak était à la tête de cent hommes, il attaqua et prit deux de ces recoès. Elles n'étaient escortées que de quarante-quatre hommes avec leurs conducteurs, et ils faisaient leur route comme s'il n'y eût eu aucun danger pour eux, tant les Espagnols étaient alors éloignés de croire qu'on osât les insulter sur ces mers et sur leurs côtes. Il prit autant d'or qu'il en put charrier sur ses vaisseaux. Quant à l'argent, comme le transport sur les montagnes en était plus difficile, il en laissa une partie sur les routes, et en enfouit environ quinze tonnes avec le reste de l'or, dans la terre et dans le limon d'une rivière bourbeuse.

Ce fut quelque temps après l'expédition de Nombre-de-Dios, qu'ils rencontrèrent sur le Chagro un riche magasin espagnol appelé *Venta-Cruz*, ou la Maison des Croix : il n'y avait là ni or ni argent, mais une si grande quantité de marchandises, que dans l'impossibilité de les emporter, ils prirent le parti de les brûler. Ils mirent le feu au magasin, après avoir tué six ou sept marchands qui le défendaient, et se retirèrent dans leurs vaisseaux. La perte que souffrirent les Espagnols à cette occasion fut estimée deux cent mille ducats. Il n'y avait pas une heure que Drak s'était embarqué, lorsque les Espagnols, furieux, accoururent en armes vers le rivage, au nombre de trois cents. Les vaisseaux de Drak étaient encore en vue, mais hors de leur portée ; et ils s'éloignèrent chargés du trésor de l'ennemi, sans éprouver de sa part le moindre dommage.

Il serait superflu de rapporter toutes les circonstances de cette expédition extraordinaire, une des plus hardies qui aient jamais été tentées sur ces mers : Drak marcha deux fois, avec une poignée d'hommes, par des chemins inconnus, pendant plusieurs jours, au milieu d'un pays ennemi, où le ressentiment des prises qu'il avait faites était vif et récent, et où on le cherchait par mer et par terre, avant d'arriver au trésor des Espagnols. Il s'abandonna à la bonne foi des nègres Symerous, qui détestaient à la vérité les Espagnols, mais qui en voulaient généralement à tous les Européens. — Encore une action de Drak qui montre une intrépidité au-dessus de tout exemple :

Il avait ordonné à ses pinasses de l'attendre à Rio-Francisco, tandis qu'il cheminerait par terre pour s'emparer du trésor espagnol. Mais quelle fut sa surprise, lorsqu'à son retour il ne vit point de pinasses où il pût déposer les dépouilles dont il était chargé? A la place de ces navires était un grand nombre de vaisseaux espagnols. Il supposa que ses gens avaient été surpris, accablés, mis à la torture et privés de leurs embarcations; que les Espagnols avaient découvert la baie où ils avaient caché leurs frégates et leurs vaisseaux: malheur qui le privait de toute espérance de revoir sa patrie et de profiter de son riche butin; mais qu'il ne pouvait prévenir qu'en gagnant les vaisseaux avant l'Espagnol. Cela était impraticable par terre, car il y avait seize jours de marche; par mer, ils n'avaient ni vaisseaux ni chaloupes.

L'intrépide Drak fait amarrer ensemble des arbres, et construire une espèce de radeau : un sac à biscuit lui sert de voiles, et un jeune arbre, charpenté en forme de rame, de gouvernail. Il propose à ses gens de s'embarquer sur cette machine informe, d'aller à l'équipage et aux vaisseaux, de revenir où ils étaient, et de tomber ensuite sur l'Espagnol et sur ses richesses. Tout étant prêt, il s'écrie : « Qui me suivra et partagera le péril avec moi? » Un certain Jean Smith, deux Français et un nègre l'accompagnent. Les voilà en pleine mer; ils ont fait environ un myriamètre tantôt sur les flots, tantôt dessous, et continuellement dans l'eau jusqu'aux aisselles. Après six heures de cette navigation, ils aperçoivent à une grande distance deux pinasses qui viennent à eux à toutes voiles, avec un vent favorable. Drak, rempli d'espérance et de joie, ne doute point que ce ne soient les siennes, et communique son idée à ses compagnons. Mais le rayon de salut qui leur avait lui dura peu : comme ils étaient presque entièrement ensevelis sous les eaux, les pinasses les perdirent de vue, le vent augmenta, la nuit vint, et ils furent contraints de gagner un promontoire et de s'y arrêter.

Drak, sentant toute la difficulté qu'il y avait à diriger sa course où il désirait, avec un pareil navire, échoua son radeau, alla par terre à ses pinasses, et les trouva où il avait compté qu'elles pourraient être. Quoique le temps fût très-mauvais, il fit avancer son équipage, pendant la même nuit, à Rio-Francisco, où il permit de se reposer. Le matin, au point du jour, il fit voile avec tout son butin, et gagna ses vaisseaux. C'est là qu'il partagea le trésor qu'il avait apporté, en deux parties égales : il en garda une et donna l'autre à l'équipage du vaisseau français qui l'avait aidé dans cette expédition.

Drak revint au bout de quinze jours à Rio-Francisco, avec une pinasse, et mit à terre deux officiers avec dix hommes et seize nègres, pour reprendre l'or et l'argent qu'ils avaient enfouis ; mais ils s'aperçurent bientôt qu'ils avaient été prévenus par les Espagnols : ils ne trouvèrent que trente barres d'argent et quelques plaques d'or, avec lesquelles ils revinrent à bord, sans avoir couru aucun danger.

C'est en côtoyant cette contrée avec ses nègres Symerous, que Drak découvrit, du sommet d'une haute montagne où il était le 13 février, la mer du Sud. Cette montagne avait l'une des mers à l'orient et l'autre à l'occident. L'espoir de s'immortaliser et de s'enrichir, et le désir de naviguer le premier sur ces mers, le transportèrent au point qu'il se jeta à genoux, implora la divine assistance, demanda au ciel la grâce de faire voile dans un temps ou dans un autre pour ces mers, et d'en achever la découverte.

Drake revint de cette expédition, qu'on pourrait dire heureuse, s'il n'y eût perdu deux de ses frères. Il partit de Rio-Francisco, et se rendit sain et sauf à Plymouth le 9 août 1573.

Avant que le capitaine Drak eût achevé les préparatifs de l'expédition qu'il avait méditée pour la mer du Sud, un certain Jean Oxenham, qui avait servi sous lui, avec plusieurs autres, en qualité de soldat, de matelot et de cuisinier, ayant remarqué combien les Espagnols étaient faibles dans ces contrées, et quelle facilité il aurait à s'emparer lui-même de leurs richesses, prit le parti de prévenir Drak, et d'avoir en entier ce dont il ne pouvait espérer qu'une très-petite portion, en servant sous un autre. La grande quantité de butin que Drak avait fait dans la dernière expédition à laquelle il avait assisté, et le succès de son retour l'encouragèrent encore. Il équipa donc un vaisseau de cent quarante tonneaux, avec le peu d'argent qu'il avait amassé, et partit en 1575 pour les mêmes contrées : il avait avec lui soixante-dix hommes, tant soldats que matelots.

Il apprit en arrivant que des soldats accompagnaient maintenant les muletiers qui transportaient l'or et l'argent de Panama à Porto-Bello ;

ce qui le détermina à tenter quelque autre entreprise. Pour cet effet, il tira son vaisseau dans un lieu couvert de bois, et se servit de branches d'arbres pour le dérober à la vue et ne laisser aucun indice de son arrivée. Il enfouit en même temps sa grosse artillerie ainsi que ses provisions, et s'avança avec sa troupe ; ils n'avaient que deux petits canons et leurs armes légères ; six nègres les conduisaient. Ils firent six myriamètres sur les montagnes, et arrivèrent par terre à une rivière qui se jette dans la mer du Sud. Ils coupèrent là des bois et construisirent une pinasse de quarante-cinq pieds de longueur ; ils s'en servirent pour descendre dans la baie de Panama et passer à l'île des Perles, qui est à douze myriamètres de Panama, et d'où l'on pouvait aisément intercepter les galions qui venaient du Pérou dans cette ville.

Ils demeurèrent là dix jours sans rien apercevoir : il vint enfin une petite barque qui allait de Quito dans le Pérou, à Panama. Ils s'en emparèrent et y trouvèrent soixante mille pièces d'or, avec une grande quantité de provisions ; mais ce butin ne leur suffisait pas. Ils demeurèrent au même poste sans éloigner leur prise, et sans laisser échapper aucun homme de l'équipage. Une autre barque parut au bout de six jours et fut prise aussitôt : elle venait de Lima et portait cent livres pesant d'argent en barres. Ils se déterminèrent alors à s'en retourner, et s'embarquèrent sur la rivière. Comme ils étaient dans l'île des Perles, ils ne manquèrent pas d'en chercher avant de s'en éloigner ; ils en trouvèrent quelques-unes, regagnèrent leur pinasse, et s'avancèrent vers la rivière sur laquelle ils étaient venus. Lorsqu'ils furent parvenus à son embouchure, Oxenham fit partir ses prises et la remonta seul.

Si Oxemham n'eût pas perdu quinze jours entiers à chercher des perles et à disputer avec son équipage, il eût eu suffisamment de temps pour s'éloigner muni de son butin. Les Espagnols n'en auraient rien appris, et il eût pu s'assurer du secret, en détenant ou en tuant les prisonniers qu'il avait faits ; mais le défaut de prévoyance et son insatiable avarice causèrent sa ruine, comme on le verra plus bas.

Les nègres qui habitaient l'île des Perles s'embarquèrent dans leurs canots la même nuit qu'Oxenham s'éloigna de leurs bords, et portèrent à Panama la nouvelle de ce qui leur était arrivé. Le gouverneur de cette place dépêcha contre les Anglais quatre barques montées chacune de vingt-cinq hommes, sans compter les nègres occupés à ramer, sous les ordres du capitaine Jean de Ortega. Ces barques arrivèrent au bout de deux jours à l'île des Perles, où elles s'informèrent de la route qu'Oxenham avait prise ; elles suivirent sa trace en toute diligence, et tombèrent sur les deux prises que l'Anglais avait faites, et qu'il avait imprudemment séparées de lui. Ortega apprit de ceux qui les conduisaient qu'Oxenham avait remonté la rivière avec son monde. Il dirigea sa course de ce côté, et parvint à l'endroit où elle reçoit deux autres petites rivières. Il fut alors incertain sur la route qu'il tiendrait ; mais il lui parut plus vraisemblable que les Anglais avaient suivi le plus large des trois courants, et il se déterminait à le remonter lorsqu'il aperçut, sur la surface de la plus petite rivière, une grande quantité de plumes d'oiseaux que les Anglais avaient tués.

Ces plumes servirent de guide à l'Espagnol. Il ne balança point à suivre le courant qui les portait, et après quatre jours de route, il aperçut la pinasse d'Oxenham gardée par six hommes seulement. Il en tua un, les cinq autres s'échappèrent et abandonnèrent la pinasse à l'Espagnol, qui n'y trouva que des provisions. Ortega ne fut pas satisfait de ce léger avantage, et résolut de descendre à terre et de poursuivre l'Anglais : il laissa donc à vingt homme de son équipage la garde de la pinasse d'Oxenham et de ses barques, et s'avança dans le pays avec les quatre-vingts qui lui restaient. A peine eut-il fait deux kilomètres qu'il aperçut une baraque formée de branches d'arbres ; il s'en approcha, et y trouva le butin de l'Anglais avec une grande quantité d'or et d'argent : les Espagnols transportèrent tout sur leurs barques, et contents d'avoir recouvré leurs richesses, ils se déterminèrent à partir sans s'acharner davantage à la poursuite de l'ennemi. En effet ils s'éloignaient, lorsque Oxenham fondit sur eux avec son monde, et environ deux cents nègres, qu'il avait ramassés dans le pays. Les Espagnols se couvrirent de quelques arbres, à l'abri desquels ils soutinrent facilement le premier feu de l'attaque, tuèrent onze Anglais et cinq nègres, firent sept prisonniers, et ne perdirent que deux hommes, de sept qui furent blessés.

La nouvelle de cette action passa promptement à Nombre-de-Dios : aussitôt les habitants de cette place armèrent quatre barques, tombèrent sur le vaisseau d'Oxenham, le prirent et l'emmenèrent dans leur port. Le vice-roi du Pérou dépêcha en même temps un détachement de cinq cents hommes contre le reste des Anglais, qui s'étaient réfugiés au nombre de quarante dans les montagnes, où on les trouva occupés à construire des embarcations, dans l'espoir de côtoyer la mer du Nord et d'y surprendre quelques vaisseaux. On prit ceux qui étaient malades, les autres s'enfuirent; mais ils furent, peu de temps après, livrés par des nègres à leurs ennemis, qui les transportèrent à Panama.

Ce fut là qu'Oxenham fut interrogé, et qu'on lui demanda par qui il était autorisé dans son entreprise; mais au défaut de pouvoir ou de commission qu'il pût produire, il fut condamné à mort avec ses compagnons, comme pirate et ennemi commun du genre humain. En conséquence de cette sentence ils furent tous exécutés, à l'exception d'Oxenham, du maître, du pilote et de cinq enfants, qu'on transporta à Lima, où les trois hommes furent mis à mort; on fit grâce aux enfants.

Le roi d'Espagne envoya quelques soldats contre les nègres qui avaient prêté du secours aux Anglais, et fit armer deux galères pour la garde des côtes.

André Barker équipa, avec le secours de ses amis, deux barques pour les Indes occidentales: l'une appelée *le Raggedstaff*, qu'il monta lui-même; l'autre nommée *l'Ours*, à qui il donna pour capitaine et pour maître Guillaume Cox, de Lime-House.

Il partit de Plymouth au commencement de juin 1576, arriva à l'île Del-Salé, une de celles du cap Vert, et fit voile pour l'île Mayo. Il se pourvut là d'eau fraîche, et trafiqua paisiblement avec les Portugais. Ces traîtres, ayant assassiné son trompette, il vengea sa mort en brûlant deux petits villages.

Il partit de Mayo pour les Indes occidentales, s'embarqua sur l'Océan, et arriva à l'île de la Trinité, où il tira d'une de ses barques une pinasse qui y était en morceaux et qu'il fit assembler. Il la chargea de marchandises que les Indiens prirent en échange de provisions.

Il s'arrêta à l'île de la Trinité, et partit pour l'île Margarita, où il prit un navire espagnol chargé de poix et de vins des Canaries; il se contenta d'en enlever quatre ou cinq tonneaux de vin, et le relâcha. Quatorze de ses gens furent attaqués à Curaçao, et blessés par les Indiens et les Espagnols.

Il fit voile pour la baie de Tutu, à neuf myriamètres environ de

Carthagène, en tirant vers le sud. Il y prit une frégate, dans laquelle il trouva cinq cents livres pesant d'or et d'argent en barres, outre une somme considérable d'argent monnayé et quelques émeraudes. Barker abandonna la frégate, après en avoir tiré le trésor et le reste de la cargaison.

Il partit ensuite pour Nombre-de-Dios, et s'avança vers l'embouchure du Chagro, à neuf myriamètres environ vers le nord. Là plusieurs gens de son équipage moururent d'une fièvre chaude.

Il rencontra, entre le Chagro et Veragua, une frégate espagnole, qu'il prit, et dans laquelle il trouva une quantité d'or peu considérable ; elle était montée par vingt-trois Espagnols et deux Flamands, qu'il exposa sur le rivage. Il en tira quatre canons d'airain, trois arquebuses et seize carabines espagnoles. Cette frégate arriva dans la suite, en Angleterre, avec une partie de l'équipage. Dans ces entrefaites, *le Raggedstaff*, qui prenait eau, coula, et l'équipage passa sur la barque espagnole.

Barker fit voile, sur les avis de quelques Indiens, pour la baie de Honduras, où il prit une barque, dans laquelle il trouva la valeur, en réales, de cent livres pesant d'argent, avec du blé de l'Inde et autres provisions. Il y avait parmi les Espagnols qui montaient cette barque le secrétaire de Carthagène, dont on exigea une rançon proportionnée à sa qualité : elle fut payée en or. Quant au reste de l'équipage, on lui rendit *gratis* la liberté. Barker, après avoir parcouru un grand nombre d'autres îles, parvint à l'embouchure de la baie de Honduras. Il y avait deux jours qu'il y était entré, lorsque Guillaume Cox, capitaine de *l'Ours*, qui avait conspiré contre lui avec le plus grand nombre de ses gens, vint à bord de son vaisseau, le déposa, le dépouilla du trésor, le fit saisir et jeter de force sur le rivage, et on lui déclara qu'on ne le reprendrait que lorsqu'on serait sur le point de partir.

On avait descendu dans l'île dix ou douze hommes de l'équipage pour faire sentinelle et prévenir toute surprise ; mais ces mesures furent inutiles : soixante Espagnols débarquèrent lorsqu'on s'y attendait le moins. Les Anglais étaient au nombre de trente sur le rivage ; il y eut alors entre eux une escarmouche, dans laquelle le capitaine Barker et huit autres perdirent la vie.

Après la mort de Barker, Cox passa, en qualité de commandant en chef, sur la pinasse qu'on avait prise à l'île de Saint-François, et fit voile avec le reste des bâtiments pour Truxillo, dans la baie de Honduras. Il surprit cette ville, la pilla, et y trouva plus de vin, d'huile et d'autres provisions qu'il n'en pouvait emporter; mais il n'en tira ni or, ni argent, ni autres choses précieuses. Il revenait de cette expédition, et il était près de rejoindre ceux qu'il avait laissés dans les barques, lorsqu'il fut attaqué par quelques troupes espagnoles qui mirent ses gens en déroute.

Il résolut alors de faire voile pour l'Angleterre : il était en pleine mer, à environ trente myriamètres de l'île de Saint-François, lorsque la frégate qui portait le trésor, que ces aventuriers évaluent à deux mille livres pesant d'or, fut chavirée d'un coup de vent : elle périt avec quatorze hommes de son équipage, et toutes les richesses dont elle était chargée. On ne sauva que neuf personnes, entre lesquelles se trouvèrent Guillaume Cox et Guillaume Gillam.

Les restes de cette malheureuse Compagnie arrivèrent aux îles de Seily, proche Cornouaille, où ils se défirent de leur frégate, qu'ils avaient radoubée à neuf dans la baie de Honduras.

Quelques-uns de ceux qui avaient fait ce voyage furent emprisonnés à leur retour à Plymouth, à la poursuite de Jean Barker, de Bristol, frère du capitaine, qui les accusa de l'avoir livré à l'ennemi, et d'avoir trempé dans sa mort. Cette affaire fut examinée strictement par des commissaires que le conseil privé nomma, et qui commuèrent en une longue prison la peine de mort que l'on jugea d'une voix unanime que ces coupables avaient bien méritée.

En 1576, quelques marchands de Londres et d'autres aventuriers, dans l'espoir de découvrir au nord-ouest un passage à la Tartarie, à la Chine ou au Cathay, plus court que le cap de Bonne-Espérance, et d'abréger la route que suivaient les Portugais, équipèrent deux bâtiments : *le Gabriel*, que Forbisher commanda lui-même; *le Michael*, monté par Matthieu Kinderseley, plus une pinasse de dix tonneaux. La conduite de l'entreprise et le soin de ces bâtiments furent entièrement confiés à Forbisher.

Il partit de Gravesende vers le milieu de juin, fit voile au nord de l'Ecosse le 28 juillet, et découvrit à la latitude de soixante-deux degrés une terre défendue par une grande quantité de glace, qu'il prit pour le continent de l'Amérique appelé *Terre de Labrador*. Il sonda la profondeur de l'eau environ à la distance d'une encablure du rivage, et il la trouva de cent brasses. Les glaces ne lui permirent jamais d'approcher de plus de deux myriamètres du rivage.

Il descendit le 10 août dans une île déserte située à un kilomètre environ du continent ; il ne s'y arrêta point. Il arriva le 11 à la latitude de soixante-trois degrés huit minutes, et entra dans un détroit qu'il appela *détroit de Forbisher*, et qui a conservé son nom. Il atteignit le 12 l'île de Saint-Gabriel, et mit à l'ancre dans une baie qu'il appela la *baie de Prior*. Il toucha le 17 à l'île de Thomas-Guillaume. Il fit voile le 18 au nord-nord-ouest, et rencontra l'île Butcher à cinq myriamètres de la précédente ; il descendit à terre le jour suivant. Selon d'autres, il aperçut la terre, mais les glaces l'empêchèrent d'en approcher ; il découvrit le 20 un pays montagneux, qu'il appela *la Forlande d'Elisabeth*, et il entra dans un grand passage qu'il nomma *le détroit de Forbisher;* le 9 août, il était à la latitude de soixante-trois degrés, et s'imagina que ce détroit séparait l'Asie de l'Amérique.

Après une route de trente myriamètres dans ces détroits, il atteignit la terre, qu'il trouva peuplée d'une espèce fort singulière. Les hommes avaient les cheveux noirs, le visage large, le nez plat, le corps basané, et étaient couverts de peaux de veaux marins. Les femmes avaient les yeux et les joues peints en bleu, à la manière des anciens Bretons. Leurs barques étaient revêtues de peaux de veaux marins, et garnies d'une quille de bois. Il prit un de ces sauvages à son bord, dans l'espoir d'en tirer quelques connaissances du pays, et le transporta en Angleterre, où il mourut peu de temps après y être arrivé. Un de ces sauvages se rendit de lui-même dans la pinasse de Forbisher ; mais ses compatriotes s'emparèrent de la chaloupe qu'on envoya pour le prendre, et des marins qui la conduisaient. Les Anglais séjournèrent deux ou trois jours aux environs de ce rivage, en attendant ceux qui étaient tombés entre les mains des sauvages ; mais ce fut en vain. Les glaces qui commençaient à se former, quoique l'année ne fût guère avancée, hâtèrent leur retour, qui eut lieu le 26 août. Ils arrivèrent le 1er septembre en vue de Friseland, et ils mirent à l'ancre le 2 octobre à Harwich.

Forbisher avait pris possession du pays au nom de la reine d'Angleterre, et ordonné à tous ceux de son équipage d'emporter sur soi quelque chose qui servît de preuve à sa découverte. Un d'entre eux s'était chargé d'un morceau de pierre noire semblable à du charbon de terre, et qui devint brillant comme de l'or au sortir du feu, où une des femmes de nos aventuriers l'avait jeté au hasard. Il se trouva, à l'essai qu'on en fit à Londres, que cette pierre renfermait une grande quantité de ce métal.

Le 26 mai de l'année suivante, Martin Forbisher fit voile de Black-wal, et le 30 de Harwich, avec un vaisseau d'environ deux cents tonneaux, appelé *l'Aide*, appartenant à la reine, et deux barques, *le Gabriel*, monté par le capitaine Fenton ; *le Michel*, commandé par le capitaine York, avec cent cinquante hommes d'équipage. Son dessein, dans ce voyage, était le même que dans le premier, et il se proposait encore la découverte d'un passage au Cathay par les mers du nord-ouest. Il y avait à bord de *l'Aide*, outre le commandant en chef que Sa Majesté avait décoré du titre de général de la Compagnie, sept officiers, un lieutenant, un enseigne, un caporal d'artillerie, un maître, un compagnon, un pilote, un canonnier, neuf gentilshommes, vingt soldats et environ cinquante matelots. *Le Gabriel* avait son capitaine, son maître, un gentilhomme, six soldats et dix matelots; et *le Michel* avait pareillement son maître, son capitaine, un gentilhomme, cinq soldats et neuf matelots.

Il arriva le 7 juin aux îles d'Orkney, et le 4 juillet à Friseland. Il entra le 16 dans le détroit qu'il avait découvert l'année précédente : comme il était rempli de glace, Forbisher n'osa point avancer avec son vaisseau ; il se mit sur une pinasse et s'approcha du rivage, où il prit un sauvage. Le 19 juillet, il fut emporté par les glaces; il s'enfonça dans le détroit, et mit à l'ancre dans la baie qu'il appela *la baie de Jakman*. Il descendit à terre avec la plus grande partie de son équipage, et visita le pays; mais n'y trouvant rien qui piquât sa curiosité, il se rembarqua et se mit à le côtoyer, tant à l'orient qu'à l'occident. Il eut occasion de s'apercevoir qu'il était habité; mais il ne put attraper qu'une femme avec son enfant. Les sauvages ayant aperçu dans le vaisseau le portrait de celui de leurs compatriotes qu'on avait transporté en Angleterre, s'y trompèrent, prirent la peinture pour l'homme, lui parlèrent comme si c'eût été le sauvage même, et s'étonnèrent fort de ce qu'ils n'en pouvaient tirer aucune réponse. La femme était vieille et d'une figure si hideuse, qu'on la déshabilla pour voir si elle n'aurait point les pieds fourchus, ou quelque autre marque qui indiquât qu'elle était d'une espèce différente de la nôtre.

Quant à la manière dont les sauvages trafiquaient avec les Anglais, elle est singulière. Ils posaient à terre ce qu'ils avaient à troquer, et s'éloignaient. On mettait à côté de leurs marchandises ce qu'on avait à leur donner en échange ; ils se rapprochaient ensuite, et s'ils agréaient le troc, ils prenaient ce qu'on leur proposait, sinon ils remportaient ce qu'ils avaient offert. On conçut à leurs signes que leur *catehoé* ou souverain était beaucoup plus grand qu'aucun homme de l'équipage, et qu'il se faisait porter sur les épaules de ceux qui le servaient. On ne put rien apprendre des prisonniers qu'ils avaient faits l'année précédente. On conjectura seulement, par quelques lambeaux de leurs hardes qu'on trouva épars, qu'ils avaient été mangés par des sauvages.

Forbisher arriva le 4 août dans un lieu qu'il appela, en l'honneur de la comtesse de Warwick, *l'île* ou *la baie de Warwick.* Il n'épargna aucun moyen pour entrer en commerce avec les habitants, et pour en tirer quelques instructions ; mais ils étaient si féroces, qu'ils ne s'étudièrent qu'à surprendre et à tuer ceux qui les approchèrent.

Comme l'hiver s'avançait, il jugea à propos de s'éloigner ; il fit voile le 24 août pour l'Angleterre, où il arriva avec ses vaisseaux chargés d'une espèce de sable luisant et de pierre noire, qui n'étaient rien moins que du minerai d'or. Il débarqua à Milford le 20 septembre. Ses deux barques s'étaient séparées de lui, chemin faisant ; mais elles revinrent dans la suite, l'une à Bristol, l'autre à Yarmouth. Il ne perdit dans tout son voyage que deux hommes.

Il fit part à la reine Elisabeth des particularités de son voyage. Elle lui confia, au printemps suivant, trois autres vaisseaux, et lui ordonna de poursuivre son dessein. Il arriva sain et sauf au Groënland ; mais, à son approche, les habitants abandonnèrent leurs cabanes, et se retirèrent dans des roches, d'où plusieurs se précipitèrent dans la mer.

Après avoir tenté vainement de les apprivoiser, on entra dans leurs cabanes : c'étaient des tentes faites de peaux de baleine et de veau marin, attachées à des pieux, et cousues ensemble avec des boyaux d'animaux. Elles avaient deux issues, l'une au midi et l'autre à l'occident ; elles étaient si bien fermées à l'orient et au nord, qu'on ne s'y ressentait point des vents froids qui soufflent de ces deux côtés. Ils n'y trouvèrent pour toute créature vivante, qu'une vieille femme avec un enfant dans ses bras, qu'on lui enleva malgré ses cris et les efforts qu'elle fit pour le retenir.

Ils firent voile et suivaient la côte, lorsqu'ils aperçurent un monstre marin, la tête hors de l'eau, et le front armé d'une corne de trois ou quatre pieds de longueur. Ils descendirent encore à terre; la surface du pays leur parut inégale, mais d'un bon rapport. Ils trouvèrent de grands amas de sable brillant comme de l'or, et ils en emportèrent trois cents tonneaux.

Ils tentèrent toutes sortes de moyens pour s'aboucher avec ceux d'entre les naturels qui leur témoignèrent le moins d'aversion; enfin, ils crurent entendre, à certains signes qu'ils en reçurent, qu'ils trouveraient à qui parler, s'ils voulaient remonter la rivière. Aussitôt Martin Forbisher se mit dans une chaloupe avec quelques soldats, et descendit dans l'endroit indiqué, suivi de ses vaisseaux; mais ayant aperçu un grand nombre de sauvages postés entre les rochers, il ne jugea pas à propos de s'exposer en approchant davantage. Alors trois d'entre ceux qui paraissaient un peu moins féroces que les autres, lui firent signe de descendre à terre; ce qu'il crut pouvoir oser sans danger, toute la multitude des naturels lui paraissant être à une distance considérable; mais sa chaloupe eut à peine touché les bords de la rivière, qu'il se vit environné d'une foule de sauvages de plus en plus nombreuse, ce qui le détermina à prendre le large.

On recommença à lui faire de nouveaux signes, et on lui jeta quelques morceaux de chair crue; mais ces stratagèmes ne produisant point l'effet que les naturels en attendaient, ils essayèrent de vaincre la méfiance des Anglais par un autre moyen. Ils se retirèrent tous dans les rochers, et laissèrent sur le rivage un de leurs gens qui contrefaisait le boiteux, persuadés qu'on ne manquerait pas de s'en approcher. Mais les Anglais pénétrèrent leur dessein, et lâchèrent au boiteux un coup de fusil qui lui fit retrouver ses jambes. Les sauvages accoururent aussitôt à son aide, et firent pleuvoir sur la chaloupe une grêle de pierres et de flèches; mais quelques coups de fusil suffirent pour les disperser.

Ces sauvages étaient traîtres, méchants, inhumains, incapables d'être apprivoisés, soit par des présents, soit par des démonstrations d'amitié.

Ils paraissaient forts et bien faits : leur couleur était olivâtre, et leurs habits de peaux de veau marin, cousues avec des boyaux d'animaux. Les femmes étaient à peu près vêtues comme les hommes; elles portaient des culottes avec un grand nombre de poches, où elles tenaient renfermés des couteaux, des aiguilles, de la laine et des miroirs, qu'elles avaient achetés de l'étranger, ou que la mer avait jetés sur le rivage. Elles avaient le visage peint en bleu, les cheveux longs et épars sur les épaules. Leurs chemises étaient faites de boyaux de poissons cousus avec des boyaux d'autres animaux. Leurs vêtements étaient larges; elles portaient une ceinture; elles étaient du reste fort malpropres et très-immodestes.

Toute la richesse de ces peuples consistait dans des frondes, des arcs, des flèches et des canots. Leurs arcs étaient faibles, et leurs flèches déliées : elles étaient armées à l'extrémité d'un os ou d'une corne pointue; ils s'en servaient avec assez d'adresse pour tuer les poissons à la nage. Leurs bateaux étaient couverts de peaux de veau marin, et ne pouvaient contenir qu'un seul homme. Quant à leurs plus grands navires, ils étaient de bois, couverts de peaux de baleine, et capables de contenir une vingtaine de personnes. Leurs voiles étaient de même matière que leurs chemises, et quoiqu'ils n'employassent point de fer à la construction de ces bâtiments, ils étaient si forts, qu'ils pouvaient sans danger s'avancer fort loin en mer.

Nos voyageurs n'aperçurent dans cette contrée d'autres animaux venimeux que des araignées et des moucherons, dont on y est fort incommodé en été. Il n'y a point de fontaines, mais la fonte des neiges y supplée. Les insulaires ont des chiens d'une grosseur prodigieuse, qu'ils attellent à leurs traîneaux en guise de chevaux.

Le 13 janvier de cette même année 1577, Guillaume Towrson partit de Plymouth avec trois vaisseaux, *le Mignon*, amiral; *le Christophe*, vice-amiral; *le Tigre* et une pinasse appelée *l'Unicorne*. Il allait à la côte de Guinée. Il rencontra, le deuxième jour de sa route, deux ourques de Dantzick, qu'il prit et relâcha, après en avoir enlevé tous les effets français qu'elles portaient, car les Anglais avaient alors la guerre avec la France.

Forbisher atteignit le 20 la côte de Barbarie, qu'il suivit en trafiquant pendant le reste du mois et tout le mois suivant.

Il se présenta le 24, avec sa barque et sa pinasse, devant Shamma qu'il brûla et pilla. Le 25, il fit voile pour l'Angleterre, et il arriva le 20 octobre à l'île de Wight, après avoir passé par Saint-Thomas, le cap Vert et plusieurs autres places.

En 1578, le capitaine Martin Forbisher alla pour la troisième fois au nord-ouest à la découverte d'un passage. L'espoir du succès et un bruit qui s'était répandu de la richesse des contrées qu'il avait parcourues, encouragea la nation à favoriser son voyage. On lui confia seize vaisseaux bien équipés et fournis de toutes les choses nécessaires, entre lesquels il y avait un fort de bois en pièces prêt à être monté et placé dans la contrée où l'on découvrirait des mines d'or, et capable de contenir cent hommes qu'on y devait laisser.

Ils arrivèrent le 21 juin à Friseland, qu'ils nommèrent Angleterre occidentale. Ils y trouvèrent plusieurs tentes, et un peuple semblable à celui du *Meta incognita* : ce peuple abandonna ses tentes, et s'enfuit à leur approche, ne laissant après soi qu'une boîte de petits clous, quelques harengs frais, des tables à manger et quelques autres ustensiles travaillés avec assez d'art ; ce qui fit conjecturer que ces habitants étaient des ouvriers ou commerçaient avec des ouvriers.

Les Anglais s'éloignaient de cet endroit lorsque *le Salomon*, emporté par un vent violent, vint frapper à pleines voiles contre une baleine. L'animal soutint la force du choc, et arrêta le vaisseau tout court : on le vit peu après, élevant sa queue, et une partie de son corps au-dessus de l'eau, et l'on l'entendit pousser un cri effroyable. Il y a toute apparence que cette baleine avait été dangereusement blessée, et que ce fut la même que nos aventuriers rencontrèrent morte quelques jours après.

Ils arrivèrent le 2 juillet au détroit de Forbisher, qu'ils trouvèrent fermé par les glaces. Cet obstacle ne les effraya point, et ils osèrent s'y enfoncer; mais il s'éleva subitement une tempête, qui amena autour d'eux tant de glaces, que ce fut un miracle qu'ils ne périrent pas tous. Un seul vaisseau de cent tonneaux fut brisé, mais on sauva l'équipage; deux autres disparurent pendant vingt jours, quatre furent portés au loin sur les eaux ; mais tous échappèrent aux glaces, et se rassemblèrent dans la suite. Ce danger était passé, lorsqu'un vent du nord-ouest et la force du courant les entraînèrent vers le sud du détroit, et leur firent faire environ trente myriamètres sans savoir où ils étaient, l'obscurité du temps ne leur permettant point de faire des observations. La flotte dispersée se rassembla au sortir de cet endroit de la baie, et fit voile pour les lieux que Forbisher connaissait, et où elle se flattait de trouver des montagnes d'or; mais de nouvelles montagnes de glace suspendirent encore sa course.

Ce ne fut qu'après avoir surmonté ces difficultés, et beaucoup d'autres, que ce capitaine avança dans le détroit, et atteignit, avec la plupart de ses vaisseaux, le 31 juillet, le port si désiré de Warwick, nommé par la reine Elisabeth, *Meta incognita*.

Ce fut là qu'ils descendirent et qu'ils élevèrent le fort qu'ils avaient apporté d'Angleterre, en pièces; il s'en était toutefois perdu une partie dans la barque que les glaces avaient brisée. A cet inconvénient il s'en joignit un autre : ce fut l'absence de quatre vaisseaux qui portaient une grande partie des provisions; ces deux circonstances réunies les déterminèrent à renoncer au projet de passer l'hiver dans ces contrées. Les bâtiments qui s'étaient écartés rejoignirent la flotte, et entrèrent dans le port de Warwick, après avoir lutté longtemps contre les tempêtes et les glaces.

Lorsque toute la flotte fut rassemblée, on mit à l'œuvre les mineurs : ils travaillèrent pendant quelque temps, et rencontrèrent enfin, à ce qu'ils prétendaient, cette mine qui avait flatté leur cupidité, et qui les avait attirés à l'extrémité du monde, au péril de leur vie. Ils en chargèrent leurs vaisseaux; et comme il s'était écoulé beaucoup de temps dans les écarts qu'ils avaient faits, que la flotte avait beaucoup tardé à se rassembler, et que les glaces et les tempêtes avaient fort allongé leur course, ils furent obligés d'abandonner tout plan de découverte, et de penser à leur retour; car la saison était avancée, et ils touchaient à la fin d'août.

Pendant leur séjour dans l'île de Warwick, leurs maçons s'occupèrent à bâtir une maison de pierre et de chaux : ils se proposèrent, dans cette entreprise, d'éprouver les effets de la neige et du froid, et le caractère des habitants, qu'ils ne pouvaient supposer assez sauvages pour la détruire sans raison. En tous cas, ils songèrent à les détourner de cette pensée, si elle leur venait, et à leur inspirer des sentiments d'humanité, en y laissant quelques-unes de ces bagatelles dont les sauvages font grand cas, telles que des clochettes, des couteaux, des miroirs, des sifflets, des flûtes, des peintures d'homme et de femme, et de petites figures de plomb. Comme ils y avaient construit un four, et qu'ils y avaient cuit du pain, ils ne manquèrent pas d'y en laisser. Ils enfouirent ensuite les morceaux qui leur restaient de leur fort, et semèrent des pois, du blé et d'autres grains, pour voir ce que le sol aurait produit l'année suivante.

Le 1er septembre toute la flotte partit de l'île de Warwick : elle fut fort maltraitée dans le passage ; les tempêtes séparèrent ses vaisseaux ; cependant ils arrivèrent tous sains et saufs, les uns dans un port, les autres dans un autre. *L'Emmanuel*, de Bridgwater, qui était demeuré en arrière et tellement engagé dans les glaces, qu'il n'y avait pas d'apparence qu'il s'en tirerait, fut obligé de diriger sa course au nord, dans un canal inconnu et parsemé de rochers, derrière le détroit de Forbisher, où il découvrit un grand pays et un passage plus large qui lui parut conduire à la mer du Sud. Il aperçut encore dans son retour une grande île, située au sud-est de Friseland, à la latitude de cinquante-sept degrés trente minutes, qu'il côtoya pendant trois jours, et dont le terrain lui parut fertile, couvert de bois, et champêtre. Il est étonnant qu'une flotte de quinze vaisseaux n'ait perdu, dans un voyage de si long cours et au milieu de tant de dangers, que quarante personnes.

Le capitaine François Drak partit de Plymouth le 15 novembre 1577. Des vents contraires le forcèrent, le jour suivant, de relâcher à Falmouth, où il fut assailli par une tempête si violente, que pour conserver l'amiral de sa petite flotte, il en fallut couper le mât, et qu'un autre de ses vaisseaux abandonna ses ancres et fut porté contre le rivage, non sans en être endommagé. Il revint à Plymouth pour se refaire, et mit à la voile pour la seconde fois, le 13 décembre. Il allait alors à la découverte de la mer du Sud. La petite flotte destinée à cette entreprise périlleuse, n'était composée que de cinq vaisseaux et de quelques barques : *le Pélican*, amiral, du port de cent tonneaux, monté par Drak même ; *l'Elisabeth*, de quatre-vingts tonneaux ; *le Marygold*, barque de trente tonneaux ; *le Cygne*, vaisseau léger de cinquante tonneaux ; *le Christophe*, pinasse de quinze tonneaux. Ces bâtiments étaient abondamment pourvus de toutes les provisions nécessaires pour un voyage si long et si dangereux. Les choses qui ne sont que d'agrément et qui ne servent qu'aux plaisirs, ne lui manquaient pas : il avait avec lui des musiciens et des instruments; sa cuisine et sa table étaient somptueuses; son service et son buffet étaient d'argent ciselé, et la magnificence de son pays brillait en tout son équipage.

Il avait avec lui cent soixante-trois matelots intelligents, courageux, mais qui presque tous ignoraient ses desseins : il prétexta en partant un voyage pour Alexandrie; il arriva, après vingt-cinq jour de navigation, au cap Cantin, en Barbarie, à trente et un degrés de latitude septentrionale. Il descendit, le 27, dans l'île de Mogador, où l'amiral acheva de construire une pinasse, dont il avait apporté la carcasse d'Angleterre.

Tandis que ses gens étaient occupés à cet ouvrage, quelques habitants du pays s'approchèrent du rivage, portant un étendard en signe de paix. Ils donnèrent des otages, en reçurent, vinrent à bord, et promirent à Drak de lui fournir des provisions nouvelles, des brebis, des oiseaux et autres victuailles. Le capitaine leur fit présent, en revanche, de quelques pièces de drap, de souliers et d'un javelot, ce qu'ils parurent agréer. Ils arrivèrent le lendemain matin, selon la parole qu'ils en avaient donnée, avec des chameaux, qu'on crut chargés de marchandises, et Drak détacha sa barque, avec quelques-uns de ses gens, pour trafiquer avec eux. Jean Fry, un d'entre eux, plus impatient que les autres, s'élança sur le rivage, et courut à eux les bras ouverts pour les embrasser; mais ils le saisirent, lui mirent le poignard sur la gorge, le menacèrent d'une mort prompte s'il résistait, le montèrent sur un cheval et l'emmenèrent.

Il parut dans la suite qu'ils n'avaient aucun dessein de lui faire violence; mais qu'ils s'étaient simplement proposé de connaître si la flotte n'appartenait point au roi de Portugal, avec qui le roi de Fez était alors en guerre. Fry fut conduit devant le roi, à qui il dit que les vaisseaux que Drak conduisait étaient à la reine d'Angleterre, et qu'ils venaient trafiquer sans aucune mauvaise intention. On le renvoya sur-le-champ avec des présents pour le capitaine; mais la flotte s'était éloignée pendant son absence, et on le remit dans la suite sur un autre vaisseau qui le transporta en Angleterre.

Lorsque la pinasse que Drak faisait construire fut achevée, il mit à la voile et suivit la côte. Il rencontra, le dernier jour de décembre, des pêcheurs espagnols ; il leur donna la chasse, et en prit quelques-uns. Il tomba peu de temps après sur trois caravelles dont il s'empara, et arriva le 17 janvier au cap Blanc. Il y trouva un vaisseau avec deux matelots seulement, qui le conduisirent dans le port, où il demeura quatre jours, qu'il employa à haranguer et à exercer son monde. Il reçut là quelques provisions dont il avait besoin et relâcha les pêcheurs, avec *le Christophe*, qu'il échangea contre une de leurs barques du port d'environ quarante tonneaux. Il quitta le cap Blanc le 22 janvier, et s'avança vers les îles du cap Vert ; il descendit dans l'île Mayo, où il prit toutes sortes de rafraîchissements.

Il partit, le 31 janvier, de l'île Mayo pour Santiago, la plus grande des îles du cap Vert ; il s'en tint à quelque distance, parce qu'il se méfiait fort des habitants. Ce fut là qu'il donna la chasse à deux vaisseaux portugais : il en prit un chargé de vin. Il confia le commandement de ce vaisseau à un nommé Dougthy, dont on aura occasion de parler dans la suite. Il en congédia l'équipage, excepté Nuno de Silva, le maître, parce qu'il résolut d'en faire son pilote sur la côte du Brésil, que ce Nuno lui parut fort bien connaître. Il fit donner à ses compagnons leur pinasse, avec une tonne de vin et quelques provisions. Il continua sa route, et rangea les îles Fuogo, ainsi appelées des flammes sulfureuses qui s'en élèvent continuellement. Il tira vers Brama, la plus méridionale de ces îles, et, traversant la ligne équinoxiale le 13 mars, il arriva à la vue du Brésil, après avoir été vingt-cinq jours en pleine mer. Il perdit sur les côtes du Brésil *le Christophe*, qu'il avait pris aux pêcheurs. Cette barque s'écarta dans une tempête qui s'éleva le 7, et ne reparut que le 11 : ils se rassemblèrent tous ce jour-là dans un endroit que l'amiral nomma *le cap Joie*. Ces climats lui parurent fertiles ; il en trouva l'air doux, les campagnes agréables et les bois peuplés d'une espèce de daims d'une grosseur prodigieuse ; mais il n'aperçut point d'habitants, malgré les traces qu'ils avaient laissées de leurs pieds. Le 26, il se trouva à l'embouchure du Rio de la Plata, où il vit une quantité prodigieuse de veaux marins.

Il envoya *le Marygold* et *le Christophe* à la découverte d'un port : ils en trouvèrent un convenable, où tous les vaisseaux se rendirent. Les habitants s'approchèrent hardiment d'eux, tandis qu'ils travaillaient sur le rivage. Ils avaient le visage peint, et ils n'étaient couverts que de peaux d'animaux attachées autour de leur ceinture. Il fit voile vers le sud, et arriva le 20 juin au port de Saint-Julien.

Ce fut dans cet endroit que Jean Dougthy, bon marin, mais homme turbulent, le premier après Drak, fut accusé de conspirer contre la vie du général, et condamné à mort par une assemblée de quarante commissaires, choisis dans tout l'équipage. On lui proposa d'être abandonné sur le rivage, ou transporté en Angleterre pour y être jugé, ou de subir son arrêt : il préféra le dernier parti.

Dougthy se soumit courageusement à son sort, et vit la mort sans s'effrayer. Il communia le matin de son exécution avec Drak et plusieurs autres officiers, dîna à la même table qu'eux, sans changer de visage, et leur dit adieu en buvant à leur santé, comme s'il eût parti pour un voyage. Le repas fini, il se leva avec fermeté et marcha sans chanceler au lieu du supplice. On convint qu'il était coupable ; mais on ajouta que Drak n'était pas fâché de trouver occasion de se défaire d'un émule aussi dangereux.

Drak partit de cet endroit le 17 août, et arriva le 20 ou le 21 au détroit de Magellan, avec trois vaisseaux ; car il en avait abandonné deux aux flots, après en avoir tiré l'équipage et les munitions. Le 24, il descendit dans une île où il trouva une espèce d'oiseaux appelés *pingouins*, gros comme l'oie, qui ne peuvent voler, et dont on tua trois mille, qui furent dans la suite une bonne provision.

Drak passa le détroit et se trouva, après une navigation pénible de seize jours, dans la grande mer du Sud, autrement appelée mer Pacifique, mais qui ne le fut pour eux que de nom ; car ils y essuyèrent une tempête qui les jeta à plus de cinquante myriamètres au midi, et dans laquelle ils perdirent *le Marygold*.

Drak observa le contraire de ce que quelques-uns ont écrit, à savoir, que la partie du ciel voisine du pôle méridional n'était parsemée que d'un petit nombre d'étoiles de la dernière grandeur, et qu'il n'y en avait que trois qui fussent un peu considérables. Il aperçut deux petits nuages de la même couleur que la voie lactée, peu éloignés du pôle, et que ses gens appelèrent *les nues de Magellan*.

Il trouva, au cinquante-septième degré de latitude méridionale, une baie habitée par un peuple nu, qui passait d'une île à une autre dans des canots, cherchant des provisions. Il partit de cette baie le 3 octobre, fit voile au nord, et rencontra trois îles, dans l'une desquelles il y avait une multitude incroyable d'oiseaux. Il perdit, le 8, un autre de ses vaisseaux, *l'Elisabeth*, qui prit sa route par le détroit, et arriva en Angleterre le 2 juin de l'année suivante : c'est le premier navire qui soit revenu par cette route. Drak fut jeté, avec un seul vaisseau, à cinquante-cinq degrés de latitude méridionale, et ce ne fut pas sans peine qu'il regagna la hauteur du détroit. De retour à cette hauteur, il s'avança au nord-ouest, dans la supposition que la côte de Chili était située sur le globe comme sur les cartes ; mais il s'aperçut bientôt que le Chili s'étendait au nord-ouest et à l'est, et que par conséquent cette partie du monde n'avait jamais été bien connue.

Drak continua sa course, et rencontra le 29 novembre l'île Mocha à trente-huit degrés trente minutes, et y mit à l'ancre. Il y trouva un peuple que la cruauté des Espagnols avait contraint d'abandonner sa patrie, et de se fortifier dans cet endroit. Drak était descendu à terre avec dix hommes seulement, et les sauvages se présentèrent à lui avec toutes les apparences d'humanité ; ils lui apportèrent des patates, des racines et deux brebis fort grasses ; ils reçurent d'autres choses en échange. Malgré ces démonstrations de bienveillance, ils se jetèrent le jour suivant sur deux hommes qui s'étaient avancés dans le pays avec des barils pour puiser de l'eau ; il n'y a point de doute que, les prenant pour des Espagnols, ils n'eussent l'intention de les tuer, et tous ceux qui avaient accompagné Drak dans la chaloupe ; car ils firent pleuvoir sur eux un très-grand nombre de flèches. Le capitaine fut dangereusement blessé au-dessous de l'œil droit, et pour surcroît de malheur, l'équipage était alors sans chirurgien.

Cette perfidie ne permit pas à Drak de demeurer plus longtemps. Il leva l'ancre et fit voile pour la côte du Chili, où il apprit d'un pêcheur indien, qui les prit pour des Espagnols, qu'il y avait à Valparaiso un grand vaisseau espagnol qui venait du Pérou. Il prit ce pêcheur pour pilote, et se mit en quête du vaisseau. L'Espagnol n'avait que huit hommes d'équipage et trois nègres : il s'imagina à la vue de l'Anglais que c'étaient des compatriotes, battit du tambour, but à sa santé des rasades de vin du Chili, et le reçut avec toutes les marques possibles de joie. L'Anglais sauta sur son bord, saisit et jeta dans les fers tout l'équipage, dont il ne s'échappa qu'un seul homme qui se précipita dans l'eau, gagna le rivage, et porta la nouvelle de la perte du vaisseau à Santiago.

Drak s'empara d'une petite ville voisine composée de neuf habitations seulement, et la pilla. On y trouva du vin de Chili, du bois de cèdre, et dans la chapelle un calice d'argent, deux burettes et un devant d'autel. Ce fut le 6 décembre qu'il fit cette riche prise qui le dédommagea de toutes ses pertes. Il fit mettre les Espagnols à terre, ne conservant qu'un Grec, qui était maître à bord du vaisseau, d'où il tira quatre cents livres pesant de l'or le plus pur, c'est-à-dire d'or baldirien, avec une croix de même métal enrichie d'émeraudes.

Il descendit le 19 décembre à Coquimbo, sur la route de Lima. Les Espagnols, au nombre de trois cents cavaliers et de deux cents fantassins, attaquèrent courageusement quatorze hommes de son équipage, dont un demeura sur le champ de bataille, et les treize autres regagnèrent le vaisseau.

Drak trouva le jour suivant un port meilleur : il y demeura pendant un mois, et ce temps fut employé à refaire ses vaisseaux et celui qu'il avait pris à l'Espagnol, et à construire une pinasse. Il descendit, sur la fin de janvier, à Tarapaxa, où l'on trouva un Espagnol endormi sur le rivage, à côté de trente barres d'argent de la valeur de 400,000 ducats ; on enleva l'argent, et on laissa l'Espagnol continuer paisiblement son sommeil.

Non loin de là, des gens que Drak avait envoyés chercher de l'eau, rencontrèrent un Espagnol et un Indien qui conduisaient huit moutons du Pérou, hauts comme des ânes, et chargés d'argent. Chaque mouton portait deux sacs de cuir, et chaque sac contenait cinquante livres pesant d'argent : on soulagea ces animaux de ce fardeau, qui se montait à deux cents livres pesant ; on le porta dans le vaisseau, et l'on permit aux conducteurs de continuer leur route. Drak entra de là dans le port d'Aricor ; il y trouva trois navires chargés de marchandises et de cinquante-sept lingots d'argent, pesant chacun vingt livres, sans un seul homme qui les gardât. La ville n'était composée que de vingt maisons, cependant il n'osa l'attaquer. Il se remit en mer, et rencontra une petite barque chargée de draps, il la prit et la relâcha après avoir enlevé une partie de sa cargaison.

Le 13 février, il arriva à Callao, port de Lima, capitale du Pérou ;

il y trouva douze vaisseaux à l'ancre : ils étaient chargés de soie et de linge. Il y avait, de plus, un coffre rempli d'argent monnayé et quinze cents barres d'argent, et pas un homme à bord pour défendre ce butin. L'éloignement de ces côtes était si grand, qu'on n'y craignait ni pirate ni ennemi ; et, en effet, depuis Magellan, qui conduisit en ce port les Espagnols, Drak fut le seul Européen qui y parut, et qui en troubla la tranquillité.

Drak fit couper les câbles de tous ces vaisseaux, et les abandonna aux vents et aux flots, puis il se mit à poursuivre à toutes voiles *le Caco-Fogo*, riche vaisseau qu'il apprit être parti le 2 février pour Panama. Il rencontra en chemin un brigantin, à qui il enleva quatre-vingts livres pesant d'or, un crucifix du même métal, quelques émeraudes et des cordages. Il atteignit en peu de jours *le Caco-Fogo* aux environs du cap Saint-François, à soixante-dix myriamètres de Panama.

Drak avait promis sa chaîne d'or à celui qui apercevrait le premier *le Caco-Fogo;* ce fut Jean Drak, son frère, qui la mérita. Drak atteignit ce navire sur les six heures, s'en approcha, vint à l'abordage sur-le-champ, et s'en empara : il y trouva, outre une grande quantité de perles et de pierres précieuses, quatre-vingts livres pesant d'or, treize caisses d'argent monnayé et un si grand poids d'autre argent, qu'il aurait suffit seul pour le lester. La somme totale de ce que les Anglais transportèrent dans leurs vaisseaux fut évaluée à trois cent soixante mille pièces de huit, ou à peu près 90,000 livres sterling. Après avoir dépouillé ce vaisseau, Drak le relâcha.

Ils avaient à peine fait cette prise, qu'ils rencontrèrent sur leur route, à l'occident, vers le milieu du mois de mars, un navire chargé de toile, de soie et de porcelaine de la Chine. Drak en tira le propriétaire avec un gentilhomme espagnol, qu'il prit sur son bord ; plus un faucon d'or massif qui portait une large émeraude sur la poitrine; autant de marchandises qu'il jugea à propos ; le pilote, qui se mit à son service, et il relâcha le bâtiment avec le reste de l'équipage.

Il dirigea ensuite sa course au nord, rangea la côte du Mexique, descendit le 15 avril à Agnatuleo, et saccagea cette ville. Ils trouvèrent en y entrant les juges assemblés dans une halle, et sur le point de prononcer contre quelques nègres accusés d'avoir comploté l'incendie de la ville. Drak trouva à propos de prendre connaissance de cette cause, et pour le faire plus à son aise, il ordonna de transporter la cour et les criminels à son bord. Leur butin consista en un boisseau de réales.

Thomas Moon, un de ses capitaines, se saisit d'un riche Espagnol qui s'échappait de la ville, et qui paya la peine qu'il avait eue à le poursuivre, d'une chaîne d'or et de quelques pierres précieuses. L'amiral, avant son départ, mit à terre quelques prisonniers et le pilote portugais qu'il avait pris aux îles du cap Vert, puis il fit voile pour l'île de Canno.

Drak, arrivé à Canno, hala à terre son vaisseau; le déchargea, le répara et en suiffa la carène. Dans ces entrefaites, un bâtiment qui partait pour les îles Philippines et qui portait un gouverneur de ces contrées, s'étant présenté sur la route de Drak, celui-ci le débarrassa de sa cargaison et lui laissa continuer son voyage.

L'amiral, après s'être suffisamment vengé des Espagnols et dédommagé tant de ses premières pertes que des injures que ses compatriotes en avaient reçues, crut devoir hâter son retour en Angleterre.

Les bancs de sable dispersés dans le détroit de Magellan et les tempêtes qu'on y essuie, lui firent regarder cette route comme fort dangereuse. Il craignait d'ailleurs que les Espagnols ne l'attendissent à son retour, et son appréhension n'était pas sans fondement; car don François de Tolède, vice-roi du Pérou, venait de dépêcher contre lui deux vaisseaux, sous les ordres de Pierre Jarmiento. Drak se détermina donc courageusement à chercher un passage au nord de l'Amérique. Il fit voile de ce côté à la latitude de quarante-deux ou quarante-trois degrés, et tenta la découverte de quelque détroit par lequel il pût abréger sa route pour l'Angleterre; mais ne trouvant rien qu'un froid cruel, des nuées épaisses et de vastes rivages couverts de neiges, quoiqu'on ne fût alors qu'au commencement de juin, il redescendit à la latitude de trent-huit degrés.

C'est alors qu'il jugea à propos de se retirer dans un havre qui lui parut commode, et qu'il trouva au nord de la Californie. Les Indiens, habitants de ces contrées, l'accueillirent fort humainement : ils étaient nus, d'un abord affable, d'un tempérament gai, dansant en rond, offrant des sacrifices, et témoignant à Drak par des signes très-intelligibles le dessein qu'ils avaient d'en faire leur roi.

Celui qui régnait dans cette contrée s'offrit à lui résigner sa dignité et à devenir son vassal; en signe de l'hommage qu'il prétendait lui rendre, il ôta sa couronne, qui était de plumes, la plaça sur la tête de Drak, et lui passa sa chaîne autour du cou. L'amiral accepta la dignité nouvelle qu'on lui offrait, au nom et à l'avantage de la reine Elisabeth, dont il tenait la commission et qu'il représentait; ne doutant point que cette résignation, soit réelle, soit similée, de la part des Indiens, ne fût un jour de quelque utilité aux Anglais que l'intérêt de la nation appellerait dans ces contrées, d'autant plus que les Espagnols n'y avaient pas encore mis le pied, et qu'il s'en manquait de plusieurs degrés qu'ils n'eussent découvert les terres méridionales de ces côtes.

La fertilité de cette contrée, l'abondance de bêtes fauves et de lapins qu'il y remarqua, des bancs et des éminences blanches dispersées sur la mer, le déterminèrent à lui donner le nom de *Nouvelle-Albion*, ou celui que l'Angleterre portait anciennement, et qu'on lui avait imposé par les mêmes raisons. Il éleva une colonne sur laquelle il mit une inscription qui marquait la date de l'année, le nom de la princesse régnante, l'époque de son arrivée; il fit enfouir dessous quelques pièces de monnaie anglaise, et graver plus profondément encore son nom. Il eut pendant son séjour en ces lieux des entrevues fréquentes avec les habitants qui le visitaient tous les trois jours, lui faisaient les plus riches présents qu'ils pouvaient, le regardaient comme un dieu, et lui auraient offert des sacrifices, s'il ne les eût tirés de leur erreur. Les Anglais creusèrent la terre en plusieurs endroits, et crurent y apercevoir des traces bien certaines d'or et d'argent.

Drak fit voile de là et perdit la terre de vue jusqu'au 13 octobre. Le matin il aperçut certaines îles situées au huitième degré de latitude septentrionale. Il y trouva un grand nombre de canots qui allaient et venaient chargés de cocos et autres fruits. Ces canots étaient creusés avec beaucoup d'art, et polis en dehors comme de la corne brunie. Ceux qui les conduisaient avaient la partie inférieure de l'oreille ronde, et fort allongée par le poids de certains ornements qu'ils y portaient. Il paraissait, au soin qu'ils avaient de laisser croître leurs ongles à plus d'un pouce de longueur, que c'était pour eux une arme offensive. Leurs dents étaient noires comme de la poix, et ils les entretenaient de cette couleur en mâchant du bétel.

Il rencontra le 18 octobre plusieurs autres îles qui lui parurent peuplées. Il passa à Taquloda, à Zelon et à Zerma. Il trouva à Taquloda de la cannelle en assez grande abondance. Les habitants de toutes ces îles étaient amis des Portugais.

Il quitta cette côte au mois de novembre, fit voile à l'occident, et arriva le 14 aux îles Moluques, dont le souverain lui fit un accueil très-favorable. Il séjourna à Ternate, la plus riche de ces îles.

Ce monarque puissant s'offrit à rendre hommage à la reine Elisabeth et à la reconnaître pour souveraine. Drak quitta les îles Moluques en 1580 et continua son voyage sur ces mers, où la multitude des rochers et des îles rend la navigation fort dangereuse. Le 9 janvier, son vaisseau fut porté contre un de ces écueils et y demeura fixé pendant vingt-sept heures. Cet accident mit son équipage au désespoir. Ils n'avaient point d'ancre à portée de les secourir ; la seule ressource qui leur restât était de l'alléger; ils jetèrent donc à la mer huit canons et quelques provisions et doublèrent les voiles. Les efforts de l'eau secondés d'une brise qui s'éleva fort à propos, le mit hors de danger. Il rencontra le 8 février l'île fertile de Boratere. Les habitants y sont bien faits et d'une très-belle figure ; mais ils ont encore le caractère plus aimable : ils sont humains avec l'étranger et se piquent d'une équité singulière dans tous leurs procédés. Leur île est abondante en or et en argent et ne manque point des choses nécessaires à la vie : il n'y a que Ternate qui puisse le lui disputer en richesses et en tout autre avantage.

Drak partit de Boratere le 10, et fit voile pour Java-Major, où il fut accueilli avec bienveillance par un des cinq rois de l'île. Il en invita à son retour deux ou trois à venir à son bord, où il les traita magnifiquement. Sur ces entrefaites, il apprit que quelques grands vaisseaux s'approchaient de lui à toutes voiles. Dans la perplexité où cette nouvelle le jeta, il résolut de continuer sa route vers le cap de Bonne-Espérance, où il arriva au mois de juin. Les matelots anglais qui n'avaient jamais vu ce cap, le regardèrent comme le plus beau promontoire qu'ils eussent jamais rencontré. Il descendit à l'occident pour faire eau ; mais il ne trouva point de fontaines. Il quitta le cap de Bonne-Espérance le 18 juin.

Les agréments de sa navigation lui ouvrirent les yeux sur l'imposture des Portugais, qui représentaient ces mers comme pleines d'écueils et sujettes aux tempêtes. Il passa de là à Rio-Grande en Negreland, où il arriva en juillet, fit de l'eau et hâta son retour en Angleterre. Enfin il arriva heureusement le 3 novembre à Plymouth, d'où il était parti il y avait moins de trois ans, pendant lesquels il avait fait le tour du globe, au grand étonnement de ses compatriotes.

La reine fit à Drak l'accueil qu'il en attendait ; son vaisseau fut conduit à Deptfort et placé dans un bassin, où on le laissa comme un monument élevé à la gloire de la nation et de ce capitaine. Elisabeth ne dédaigna pas de monter sur son bord et d'y manger. Ce fut là qu'elle conféra à Drak la dignité de chevalier.

L'exemple de la souveraine ne fut pas suivi par ses courtisans : Drak eut la mortification d'être traité par la plupart d'entre eux comme un pirate et de voir ses présents et son or rejetés, comme un bien mal acquis et volé.

Les deux fameux pilotes Charles Jackman et Arthur Pett furent envoyés, avec deux barques équipées dans le port de Londres, par la Compagnie de Moscovie, à la découverte d'un passage à la Chine et aux Indes, par le nord-est au-dessus de Weygatz, dans l'océan Glacial.

Les deux barques que la Compagnie équipa pour faire cette découverte étaient *le George*, de quarante tonneaux, commandé par le capitaine Arthur Pett, avec neuf hommes et un mousse ; et *le Guillamme*, de vingt tonneaux, monté par le capitaine Charles Jackman, avec cinq hommes et un mousse.

Ils partirent de Harwick le 30 mai 1530 ; le 22 juin, ils doublèrent le cap Nord, en Norwége, et arrivèrent le lendemain à Wardhouse, où ils restèrent jusqu'au 1er juillet. De là, ils cinglèrent vers la baie de Pechora ; mais le navire de Jackman n'étant pas en état de tenir la mer, il quitta Pett pour chercher quelque port où il pût se refaire. Cependant, Pett continua sa route vers la côte de la Nouvelle-Zemble, où il trouva, quoiqu'on fût au mois de juillet, tant de glaces flottantes, qu'il eut bien de la peine à passer. Enfin, il arriva au détroit de Weygatz ; il en approcha autant que les bas-fonds le lui permirent : il n'avait plus que deux brasses et demie d'eau, et il ne pouvait aller plus loin avec son navire, lorsqu'il envoya sa chaloupe pour sonder ; mais il n'y avait pas assez d'eau dans le détroit même pour sa chaloupe : il fut donc obligé de retourner sur ses pas.

Le 22 juillet, manquant de bois et d'eau, il descendit dans l'île, où il trouva de l'un et de l'autre en quantité; il y vit une croix au pied de laquelle on avait enterré quelqu'un. Pett grava son nom sur la croix et sur la pierre qui était au-dessous, afin que si par hasard *le Guillaume* y abordait, Jackman pût savoir qu'il l'avait précédé.

Le 24, il découvrit *le Guillaume;* mais ils ne purent se joindre, parce qu'il y avait entre eux comme une île de glace. Le lendemain matin, ils se joignirent avec beaucoup de peine. *Le Guillaume* avait couru grand risque, et il était alors en fort mauvais état.

Après avoir réparé le mieux qu'ils purent ce navire, ils remirent à la voile le 26, et gouvernèrent au nord par un vent d'ouest-nord-ouest, cherchant toujours quelque passage libre à l'est; mais plus ils avancèrent, plus ils trouvèrent de banquises.

Le 16 août, ils se trouvèrent au sud-est de Weygatz, précisément entre la glace et le rivage : ils firent encore une nouvelle tentative pour trouver un passage, mais avec aussi peu de succès que la première fois.

Le 17, comme ils croisaient le long de la côte, *le George* toucha le fond; mais l'empressement de ses gens, et le secours du *Guillaume* qui jeta l'ancre et l'attendit, le tirèrent de danger.

L'approche de l'hiver les contraignit d'abandonner leur dessein et de hâter leur retour; ils hissèrent et rembarquèrent leurs chaloupes. Le 22, *le Guillaume* fut encore séparé du *George;* et celui-ci, continuant sa route, doubla le cap Nord le 31, et le 23 septembre il entra dans le détroit de Romesal, en Norwége.

Le 7 octobre, tandis qu'il était au mouillage dans le détroit Moor, il s'éleva une tempête furieuse qui lui fit perdre son ancre et le jeta sur une pointe de rocher, où il fut fort endommagé; cependant, on eut encore le bonheur de le retirer de là en l'allégeant, et de réparer cet accident. Le jour de Noël, il entra en sûreté dans la Tamise.

Le Guillaume, après avoir été séparé du *George*, se réfugia dans un port de Norwége, entre Tronden et Rostock, au mois d'octobre, et y passa l'hiver. Il en partit au mois de février suivant pour l'Irlande, avec un vaisseau appartenant au roi de Danemark : mais on n'en a pas eu de nouvelles depuis. Ce voyage infructueux découragea pour bien du temps les Anglais de faire d'autres tentatives de ce côté.

En 1582, les lords du conseil donnèrent à M. Edouard Fenton la commission de capitaine général, pour commander dans un voyage à la Chine et au Cathay.

On destina pour cette expédition quatre vaisseaux : *le Galion*, de Leicester, de quatre cents tonneaux, amiral, commandé par le capitaine Edouard Fenton, en qualité de général, et sous lui par Guillaume Hawkin, le jeune, lieutenant général ; *l'Edouard-Bonaventure*, de trois cents tonneaux, vice-amiral, dont le capitaine Luc Ward fut nommé commandant ; *le François*, de quarante tonneaux, commandé par le capitaine Jean Drak ; et *l'Elisabeth*, de cinquante tonneaux, commandé par le capitaine Thomas Skevington.

Le but de ce voyage était d'attaquer le roi d'Espagne sur la mer du Sud, d'où tous ses trésors et ses richesses venaient, pour être ensuite distribuées par tout le monde.

Muni des instructions des lords du conseil, et accompagné des vaisseaux et commandants ci-dessus nommés, le général partit au mois de mai des côtes d'Angleterre. Il ne leur arriva rien de remarquable jusqu'au 10 août. Ce jour-là, ils débarquèrent à Sierra-Leone, en Afrique.

Ils étaient à l'ancre dans la baie, le 22 août, lorsque les Portugais et quelques nègres vinrent à eux, dans une grande chaloupe chargée de de quatre-vingts *mews* de riz, ou deux cent huit hectolitres, et d'environ trois cents kilogrammes pesant de dents d'éléphant. Ils avaient un extrême besoin de provisions. Comme la farine qu'ils avaient apportée d'Angleterre s'était trouvée mauvaise et s'était gâtée, ils vendirent *l'Élisabeth* avec tous ses agrès ; et reçurent en échange ce chargement de riz et de dents d'éléphant, plus une certaine quantité de riz et autres provisions qu'on leur fournit ensuite. Les Portugais firent présent au général d'un mousse nègre. Les Anglais échangèrent vingt-quatre barils de sel contre quarante barils de riz, et continuèrent à trafiquer sur les côtes, pour des nègres et autres marchandises, jusqu'au 2 octobre.

Ils mirent à la voile le 3, et arrivèrent le 1er décembre sur les côtes du Brésil, à environ vingt-huit degrés de la latitude, et jetèrent l'ancre dans une bonne baie.

Le 2, ils vinrent à terre et creusèrent trois puits pour avoir de l'eau fraîche. Ayant trouvé un endroit fort bon pour la pêche, ils envoyèrent à bord chercher un filet. Il y avait une si grande quantité de poisson, qu'en peu de temps ils prirent six cents gros mulets et six loups marins.

Le 6, dès le matin, ils aperçurent un bâtiment du côté du sud; ils lui donnèrent la chasse avec *le François* et la chaloupe de l'amiral, et le joignirent. Ils s'en rendirent bientôt maîtres : c'était un navire espagnol de quarante-six tonneaux, chargé pour la rivière de la Plata, où il conduisait plusieurs passagers, et entre autres don Francisco de Torre-Vedra, neveu du gouverneur de cette rivière. Les Anglais tirèrent de cette prise tous les renseignements qu'ils purent, et la relâchèrent deux jours après, sans en avoir retenu autre chose que deux passagers, et une certaine quantité de sucre et de gingembre.

Il y avait parmi les prisonniers qu'ils firent un Anglais, nommé Richard Carter, de Lime-House, qui était hors de l'Angleterre depuis vingt-quatre ans; il en avait passé douze dans une ville appelée l'Ascension, située sur la rivière de la Plata, pour laquelle était destiné le vaisseau. Outre les deux passagers dont il a été fait mention et qui furent retenus, il y avait deux femmes, deux jeunes enfants et sept moines; avec les mousses et les matelots, en tout vingt et une personnes.

Le matin du 22, ils perdirent *le François*, commandé par le capitaine Jean Drak, qu'ils jugèrent avoir mis à la voile à l'entrée de la nuit. On a su, dans la suite, qu'il avait naufrage sur la rivière de la Plata; que les gens de l'équipage s'étaient sauvés, et qu'ils avaient passé quinze mois parmi les sauvages.

Le 17 janvier 1583, ils arrivèrent à une île, qu'ils nommèrent *île des Faucons,* parce qu'ils en virent un. Ils y prirent terre; mais ils n'y virent que des taillis et des bois. Le 19, ils abordèrent à une île appelée l'île des Citrons, où ils trouvèrent une grande quantité d'oiseaux et un endroit propre à faire de l'eau.

Le 20 au matin, ils arrivèrent à Saint-Vincent, et comme il faisait calme, la pinasse du général approcha de la côte; mais à la vue de trois canots remplis au moins de vingt hommes chacun, tant Indiens que Portugais, elle retourna à bord : les canots arborèrent le drapeau blanc, et le général leur envoya une lettre pour le gouverneur de la place, à qui il demandait un pilote pour ses vaisseaux et la permission de trafiquer. Vers les quatre heures de l'après-midi, ils arrivèrent à la barre du port, dans un endroit où il y avait un château et quelques maisons, à une portée de mousquet de l'endroit où ils étaient à l'ancre.

Le 24, ils découvrirent trois vaisseaux espagnols, auxquels ils livrèrent un rude combat pendant la nuit, au clair de la lune. L'action dura jusqu'à ce que l'obscurité séparât les combattants.

Le lendemain 25, dès le point du jour, ils virent sombrer non loin d'eux le vice-amiral espagnol, et ils aperçurent sur les eaux quelques-uns de ses gens qui s'étaient cramponnés à ses haubans, et dont la plupart furent noyés. Le combat continua contre les deux autres vaisseaux espagnols toute la matinée. Sur les deux heures, on se sépara ; les Anglais gagnèrent la mer, et les Espagnols entrèrent dans la rivière sans songer à poursuivre l'ennemi, quoiqu'ils eussent au commencement du combat plus de six cents hommes sur leurs trois vaisseaux.

Le 29, l'amiral et le vice-amiral se séparèrent et ne se rejoignirent plus. On ne sait ce que devint l'amiral ; mais le vice-amiral, commandé par le capitaine Luke Ward, arriva en Angleterre sur la fin de mai, après un voyage pénible et malheureux. Ainsi finit cette expédition qui promettait beaucoup, qui coûta la vie et la fortune à tant de personnes, et qui ne procura aucun avantage ni à l'Etat ni aux particuliers.

En 1583, le chevalier Gilbert Humphry, gentilhomme fort versé dans les affaires maritimes, et d'un génie entreprenant, résolut d'établir une colonie dans le Newfoundland, découvert par Cabot en 1497. Il obtint de la reine des lettres patentes pour former cet établissement, et transplanter du monde en Amérique.

Les vaisseaux étaient prêts, et les matelots s'étaient rendus sur la côte pour l'embarquement, lorsqu'il s'éleva entre les propriétaires des querelles et des divisions qui mirent tout en désordre, et terminèrent l'expédition avant qu'elle fût commencée.

Plus tard, il entreprit un second voyage, afin de conserver dans toute sa force son privilége, qui devait expirer au bout de six ans.

Pour mettre ce projet à exécution, George Peckam, entre autres, fit paraître un zèle tout particulier, tant en aidant Humphry de ses avis qu'en lui fournissant amplement de quoi contribuer aux frais de l'entreprise. Plusieurs gentilshommes et autres riches particuliers se joignirent à lui, et résolurent non-seulement de lui confier leurs fortunes, mais de l'accompagner en personne.

De son côté, Humphry, trouvant tant de secours, pensa que le projet ne pouvait plus manquer : il vendit son bien, et se flatta de réparer promptement toutes ses pertes.

On équipa une petite flotte composée de cinq navires : *le Plaisir,* de cent vingt tonneaux, amiral, monté par Humphry lui-même, en qualité de général ; la barque *Raleigh,* équipée par M. Walter Raleigh, de deux cents tonneaux, vice-amiral ; *la Biche d'or,* de quarante tonneaux, contre-amiral, commandée par le capitaine Edouard Hayes, propriétaire ; *l'Hirondelle,* de quarante tonneaux, commandée par le capitaine Brown ; *l'Ecureuil,* de dix tonneaux, dont Guillaume Andrews fut capitaine.

On embarqua sur tous ces navires environ deux cent soixante personnes, parmi lesquelles il y avait des constructeurs, des maçons, des charpentiers, des forgerons, des mineurs et des affineurs.

Le 11 juin, ils mirent à la voile dans la baie de Causet, près Plymouth ; mais le 13, le plus gros de leurs vaisseaux, *le Raleigh,* se sépara de la flotte, sous prétexte que le capitaine et un grand nombre de ses gens avaient été attaqués tout à coup d'une maladie contagieuse, et revint à Plymouth en très-mauvais état.

Le 30 juillet, ils aperçurent pour la première fois la terre vers le quarante et unième degré, suivant leur estime ; mais il faisait un si grand brouillard, qu'ils ne purent la bien discerner ni prendre hauteur. Ils suivirent la côte au sud par un temps clair, et arrivèrent à l'île appelée Baccalaos : ils y trouvèrent *l'Hirondelle,* qui avait été séparée de la flotte pendant le brouillard ; mais ils furent bien surpris de voir les gens de son équipage habillés différemment de ce qu'ils étaient lorsqu'ils les avaient quittés. On les interrogea, et l'on apprit d'eux qu'ils avaient trouvé une barque de pêcheurs du pays qui s'en retournaient, et qu'ils avaient pris ses cordages, voiles, câbles et provisions, et dépouillé ses matelots.

Ils continuèrent leur route au sud, et arrivèrent le même jour, 3 août, au port Saint-Jean, où ils rejoignirent *l'Ecureuil* qui avait aussi été séparé, et qui alors était à l'ancre à l'embouchure du port, parce que des navires de toutes nations, au nombre de trente-six, qui y faisaient la pêche, lui en avaient refusé l'entrée. Humphry se disposait à s'ouvrir un passage les armes à la main ; mais il fit instruire auparavant les maîtres de ces bâtiments des ordres qu'il avait de la reine, de prendre possession du pays pour la couronne d'Angleterre. Ils furent satisfaits, et consentirent à lever sur chaque vaisseau une certaine quantité de provisions pour suppléer aux besoins de la petite escadre d'Humphry.

Le 4, Humphry, qu'on appelait *le général,* et sa compagnie furent conduits sur le rivage par les maîtres des barques de pêcheurs anglais, et par leurs propriétaires ou marchands qui les accompagnaient. Il fit dresser une tente à la vue de tous les vaisseaux qui étaient dans le port; somma, en présence de ses capitaines, maîtres, gentilshommes et soldats, tous les marchands et maîtres, tant Anglais qu'étrangers, d'être témoins de la possession formelle et solennelle qu'il prenait de ces territoires ; fit lire, et interpréter à ceux qui ne savaient pas l'anglais, sa commission scellée du grand sceau d'Angleterre, et déclara qu'en vertu de cette commission il prenait possession du port Saint-Jean et de deux cents lieues de pays à la ronde, et qu'il investissait Sa Majesté du titre et de la dignité de souveraine de ce canton ; et, après qu'on lui eut apporté, suivant l'usage, une baguette et un morceau de terre, il en prit possession pour lui-même, ses héritiers et associés à toujours. Il déclara à ceux qui étaient présents, et par eux à tout le monde, que désormais ils eussent à regarder ces terres comme appartenant à la reine d'Angleterre, et lui-même comme autorisé sous Sa Majesté à les posséder et en jouir, avec pouvoir de les gouverner par des lois conformes, autant que faire se pourrait, à celles d'Angleterre, et auxquelles tous ceux qui y viendraient à l'avenir, soit pour habiter ou commercer, seraient obligés de se soumettre.

Ceux de l'assemblée, tant Anglais qu'étrangers, ayant promis d'une voix et d'un consentement unanimes qu'ils obéiraient, on les congédia, et le général fit planter dans cet endroit un poteau auquel on attacha les armes d'Angleterre.

Tandis que quelques-uns de ses gens travaillaient à réparer et nettoyer les vaisseaux, le général envoya les autres à la découverte du pays, et à la recherche des denrées que la terre et la mer fournissent.

Ils ne trouvèrent point d'habitants au sud; ceux-ci l'avaient sans doute abandonné. Il y avait au nord des sauvages d'un naturel assez doux. Le général avait recommandé d'examiner surtout si la terre était métallique. Ils avaient avec eux un mineur saxon, qui présenta au général un minerai avec des témoignages d'une grande satisfaction, et l'assura que c'était de l'argent.

Tandis que la meilleure partie de l'équipage était occupée à arranger toutes choses à l'avantage de l'expédition, d'autres cherchaient des moyens et formaient des complots pour la faire échouer. Quelques-uns avaient résolu de profiter du temps que le général et les capitaines seraient à terre pour emmener les vaisseaux pendant la nuit; mais cette conspiration fut découverte, et on en prévint l'exécution. D'autres s'étaient associés comme des pirates, avaient tiré d'un des ports voisins un bâtiment chargé de poisson, et avaient mis l'équipage à terre. Les uns se réfugièrent dans les bois, en attendant le temps et l'occasion de s'en retourner sur les bâtiments qui partent tous les jours de cette côte. D'autres furent attaqués de la dyssenterie, et plusieurs en moururent. Le général avait permis à quelques-uns de partir, de sorte que quand on fit la revue de l'équipage, il ne se trouva pas assez de monde pour faire la manœuvre des vaisseaux; ce qui détermina Humphry à laisser *l'Hirondelle* avec les provisions dont il pouvait se passer, et à ramener en Angleterre les malades.

Le capitaine du *Plaisir,* ou l'amiral, voulut opérer son retour, et fut remplacé par le capitaine Maurice Brown, commandant *l'Hirondelle*. Le général jugea à propos de s'embarquer dans la petite frégate de dix tonneaux, appelée *l'Ecureuil,* dont le capitaine était aussi du nombre de ceux qui retournaient en Angleterre. Il surchargea ce bâtiment de poisson et de petite artillerie, plutôt par ostentation que par besoin, ce qui occasionna sa perte.

Lorsque tout fut préparé, et qu'on eut fourni abondamment les vaisseaux de toutes sortes de provisions, *le Plaisir, la Biche d'or* et *l'Ecureuil* partirent du port Saint-Jean le 20 août. La nuit suivante, ils gagnèrent le cap Race, qui en est éloigné de douze myriamètres, d'où ils firent voile huit degrés plus avant, du côté du cap Breton. Ils eurent pendant toute cette route le vent passablement bon; mais ils ne purent voir la terre, tant les courants les en éloignaient. Enfin, ils allèrent malheureusement donner dans des bas-fonds où la plupart périrent.

Le 29, il s'éleva un vent violent de sud-est, et il fit une pluie et un brouillard si épais, qu'ils ne pouvaient distinguer devant eux à la longueur d'une encablure. Ils se trouvèrent le matin dans des bancs de sable, où ils avaient tantôt de la profondeur, tantôt un bas-fond, de trois en trois longueurs d'un vaisseau. Aussitôt, on fit signal au *Plaisir* de regagner la pleine mer, mais il était trop tard ; il se brisa. *La Biche d'or* et la frégate prirent le large, et se dégagèrent avec beaucoup de peine des bancs de sable.

Le capitaine Maurice Brown et près de cent personnes périrent avec *le Plaisir*. Le capitaine aurait pu se sauver, en sortant du vaisseau aussitôt qu'il eut touché ; mais il ne voulut pas être le premier à donner un mauvais exemple. Quatorze personnes de l'équipage se jetèrent dans une petite pinasse d'un tonneau et demi, et cherchèrent quelque temps le capitaine ; mais ne le voyant pas, ils prirent avec eux M. Clarke, maître du *Plaisir,* et un autre. Les voilà donc au nombre de seize ; ils coupent le câble, et s'abandonnent à la merci des flots, sans provisions, sans une goutte d'eau fraîche, avec une seule rame. Comme leur pinasse était trop chargée, et qu'il était plus à propos d'en sacrifier quelques-uns que de périr tous, un nommé Edouard Headly proposa de tirer au sort, et d'alléger le bateau en jetant à la mer les quatre sur qui le sort tomberait. Mais M. Clarke s'y opposa, et quoiqu'on lui proposât d'être excepté du nombre, il engagea ses compagnons à se soumettre à la Providence.

Le bateau vogua au gré du vent six jours et six nuits, et les pauvres misérables n'eurent pendant tout ce temps d'autre nourriture que leur urine et quelques herbes qui nageaient à la surface de l'eau ; et, malgré le froid, l'humidité, la faim et la soif qu'ils souffrirent, il n'en mourut que deux le cinquième jour, Headly et un autre. Les quatorze restants vécurent et furent poussés à terre sur la côte de Newfoundland, d'où ils passèrent en France sur un vaisseau français, et arrivèrent en Angleterre avant la fin de l'année.

Les équipages de *la Biche d'or* et de *l'Ecureuil* perdirent courage ; comme l'hiver approchait, et qu'ils manquaient des provisions nécessaires, et surtout d'habits, qui avaient péri sur *le Plaisir,* leur vaisseau, Humphry pensa à s'en retourner : il en fit la proposition à ses associés. Le 31 août, ils prirent le chemin d'Angleterre. Le 2 septembre, ils passèrent à la vue du cap Race, et essuyèrent de si mauvais temps et des vagues si hautes, que ceux qui étaient dans *la Biche* s'attendaient à tout moment au naufrage de *l'Ecureuil*. Cependant on ne put jamais persuader à Humphry d'en sortir. Le 9, la tempête et le gonflement des eaux augmentèrent. On le pressa derechef de quitter la frégate, mais il répondit : « Nous sommes aussi près du ciel par terre que par mer. » *L'Ecureuil* précédait *la Biche d'or* : vers minuit ses feux s'éteignirent ; les marins de *la Biche* s'en aperçurent, et s'écrièrent : « Notre amiral est perdu ! » On suppose qu'il coula en ce moment, car on n'en entendit point parler depuis.

La Biche d'or arriva à Falmouth le 22 septembre. Ce vaisseau fut plus heureux que ses compagnons, non-seulement parce qu'il revint, mais il ne perdit qu'un seul homme pendant tout le cours de cette malheureuse entreprise : on ne sait ce que devint *l'Hirondelle*.

Le savant Walter Raleigh, connu par l'excellent traité qu'il a donné sous le titre d'*Histoire du monde*, ayant examiné avec la plus grande attention beaucoup de relations qu'on publiait alors, en Europe, de l'Amérique, de la beauté naturelle et des richesses de cette partie du monde, et considéré le profit immense que les Espagnols tiraient des établissements qu'ils y avaient, résolut d'y aller et de tenter des découvertes plus importantes.

En conséquence, il engagea plusieurs personnes riches et de mérite à s'unir à lui dans cette entreprise ; et, pour les encourager, il obtint des lettres patentes de la reine.

A la même époque, les entrepreneurs équipèrent pour cette expédition deux barques, dont ils donnèrent le commandement au capitaine Philippe Amidas et au capitaine Arthus de Barlow. Le 27 avril, ils firent voile à l'ouest de l'Angleterre, dans le dessein de découvrir quelque partie de l'Amérique jusqu'alors inconnue. Le 10 mai, ils passèrent aux îles Canaries, et, après un heureux voyage, ils arrivèrent à des îles de l'Amérique, qui se trouvaient beaucoup plus au sud qu'ils n'avaient pensé.

Ils arrivèrent le 2 juillet sur la côte de la Floride, à un endroit où l'eau était basse, et où ils respirèrent un air embaumé, comme s'ils eussent été au milieu d'un jardin rempli de fleurs odoriférantes, ce qui leur fit croire, quoiqu'ils ne vissent point de terre, qu'ils n'en étaient pas éloignés. Ils découvrirent le continent le 4 juillet, et le côtoyèrent l'espace de vingt myriamètres, jusqu'à ce qu'ils fussent entrés dans une rivière où ils jetèrent l'ancre le 13; et descendant à terre, ils en prirent possession au nom de la reine et pour le compte des propriétaires. Ils trouvèrent ensuite que cette île était celle de Wokoken, sur la côte du pays qui depuis fut appelé *Virginie,* située sous le trente-quatrième degré de latitude. Ils y aperçurent des bêtes fauves, des lapins, des lièvres, des oiseaux, des vignes, des cèdres, des pins, des sassafras, des cyprès et des lentisques. Ils montèrent sur les montagnes les plus proches de la côte, d'où ils découvrirent la mer de tous les côtés, et conclurent que c'était une île qui pouvait avoir vingt milles de longueur et six de largeur. Il y avait trois jours qu'ils étaient arrivés, et ils n'avaient point encore aperçu d'habitants, lorsqu'ils virent une petite chaloupe qui en amenait trois : un d'entre eux descendit à terre. On alla à lui; il attendit sans donner aucune marque de crainte, et vint même à bord, où on lui donna une chemise et un chapeau, du vin et de quoi manger. Il fit comprendre qu'il trouvait les mets bons. Après avoir visité les barques et examiné ce qu'elles contenaient, il rentra dans son canot, s'éloigna à environ un quart de mille, où il pêchait, et revint en une demi-heure chargé d'autant de poisson que son canot en pouvait tenir sans enfoncer, et parut à la pointe de terre. Il marqua sa reconnaissance en séparant ce poisson en deux parties, et faisant signe qu'il le destinait pour les deux vaisseaux, par portions égales, et s'en alla.

Depuis cette aventure, les naturels du continent s'approchèrent souvent des navires anglais, et échangèrent des peaux de plusieurs sortes, du corail blanc et quelques perles pour des ouvrages d'étain et autres babioles de peu de valeur. Le lendemain, ils aperçurent plusieurs chaloupes, dans une desquelles était le frère du roi du pays, accompagné de quarante à cinquante hommes d'assez bonne mine. Ils lui firent présent, ainsi qu'à quatre des personnages qui l'accompagnaient, de plusieurs bijoux qu'il accepta de fort bonne grâce; mais il prit tout pour lui, et fit entendre qu'il n'y avait là que lui qui eût droit à ces diverses choses. Deux jours après, les Anglais lui étalèrent leurs marchandises; mais rien ne lui plut tant qu'un plat d'étain; il leur donna en échange vingt peaux de cerf, et faisant un trou au bord du plat, il le pendit à son cou en guise de cuirasse, pour se garantir des flèches de ses ennemis. Il prit ensuite un chaudron de cuivre, dont il donna cinquante peaux. Tant qu'il trafiqua, il n'y eut que ceux qui portaient des plaques d'or ou de cuivre sur la tête qui osèrent vendre ou acheter ; mais dès que ceux-ci eurent fini, les autres eurent permission de trafiquer. Ils prirent des haches, des cognées et des couteaux, et auraient donné toute chose au monde pour des épées ; mais les Anglais ne voulurent pas leur en céder.

Le frère du roi vint souvent à bord, et voulut boire, manger et se réjouir avec eux : il y amena une fois sa femme et ses enfants, et depuis ils y vinrent fréquemment avec leurs domestiques seulement.

Les Anglais confièrent souvent au frère du roi des marchandises, sur la parole qu'il leur donnait d'en fournir la valeur dans un certain temps, ce qu'il ne manqua jamais de faire. Il fut fort tenté d'un assortiment d'armures qu'il vit dans un des vaisseaux, et leur offrit en échange une grande boîte pleine de perles ; mais ils la refusèrent, pour ne pas lui laisser le soupçon qu'ils en connaissaient la valeur, jusqu'à ce qu'il leur eût découvert l'endroit d'où il les tirait. Ils apprirent des naturels que le pays était très-fertile ; qu'il produisait toutes sortes de denrées en si peu de temps, qu'on avait peine à le croire ; qu'il s'appelait Wingandacoa, et leur roi Wingina.

On reçut les Anglais sur la côte avec des amitiés extraordinaires ; et une fois, entre autres, ils furent régalés par la femme du frère du roi, dans le petit village de Roannock. On leur parla d'une grande ville où le roi résidait à six journées de chemin dans le continent ; mais ils ne la virent pas. Ils ne séjournèrent pas longtemps, et ne poussèrent leurs découvertes qu'à quelques cantons voisins seulement, où ils allèrent dans leurs chaloupes. Satisfaits de ce qu'ils avaient vu, ils revinrent en Angleterre vers le milieu de septembre.

Ils firent, à leur retour, une relation si frappante de leur voyage, et représentèrent ce pays comme étant si délicieux, si beau, si charmant, si abondant en tout ce qui est nécessaire à la vie, et en toutes les autres choses, qu'il ressemblait au paradis terrestre dans tout son éclat primitif.

Pour rendre le tableau encore plus séduisant, ils racontèrent que les Indiens, qui étaient les seuls habitants de ce pays, étaient si affables et d'un si bon naturel, si peu instruits des sciences et du commerce, si ignorants de toute sorte de politique, de finesse et d'adresse, et aimaient tellement les Anglais, que loin de s'opposer à ce qu'ils s'établissent auprès d'eux, ils étaient, comme une cire molle, disposés à prendre toutes sortes d'impressions. Ils ajoutèrent que c'était un beau champ ouvert à la bonne reine Elisabeth pour y planter l'Evangile, et pour étendre sa domination; et que la Providence, qui avait fait échouer toutes les tentatives précédentes, semblait avoir réservé le succès de cette nouvelle entreprise à Sa Majesté. Pour s'attirer d'ailleurs plus de créance, ils amenèrent deux Indiens, dont l'un s'appelait Wanchese et l'autre Manteo.

La reine fut si charmée de ce récit, qu'elle approuva le projet, et concourut à son exécution, autant que la guerre où elle était engagée avec l'Espagne le lui pouvait permettre. Dans cette vue, elle honora ce nouveau pays du nom de Virginie, soit parce qu'on l'avait découvert sous son règne et qu'elle était vierge, soit parce que le pays même et ses habitants semblaient conserver encore la pureté, l'abondance et la simplicité de la création. Du moins, les Indiens ne paraissaient point adonnés à la débauche et au luxe, qui avaient corrompu le reste des hommes : leurs mains n'étaient point endurcies au travail, et leur esprit n'était pas rongé du désir d'accumuler des richesses. Ils n'avaient point de bornes à leurs terres ni de bétail en propre, et ils semblaient n'avoir aucune part à la première malédiction qui condamna les hommes *à gagner leur pain à la sueur de leur front :* la pêche et la chasse fournissaient à leurs besoins, et ce n'était qu'un plaisir pour eux. Ils ne se couvraient que de peaux de bêtes, dont ils pouvaient même se passer la plus grande partie de l'année. Ils mangeaient des fruits de la terre, sans y employer d'autres travaux que de les ramasser quand ils étaient mûrs. A l'abri de la nécessité présente, ils vivaient au jour le jour, sans inquiétude pour les besoins à venir.

Cette relation fut appuyée par le témoignage de divers marchands qui écrivaient du Mexique et du Pérou à leurs correspondants en Espagne, et qui ne leur parlaient que des trésors immenses de ces pays. Ces lettres avaient été trouvées, par des vaisseaux de la reine d'Angleterre, à bord de quelques galions espagnols dont ils s'étaient emparés, et qui étaient richement chargés.

Cela ne contribua pas peu à exciter les Anglais à faire des découvertes.

Le chevalier Richard Greenvil, qui avait été le chef des associés de M. Walter Raleigh dans l'expédition précédente, résolut de voir par lui-même ces contrées nouvelles, et quels avantages on en pourrait tirer dans un second voyage.

C'est pourquoi, ayant obtenu sept vaisseaux bien pourvus de vivres, d'armes et de munitions, et un certain nombre d'hommes qui devaient servir à fonder un établissement, il partit avec eux de Plymouth, le 9 avril 1585.

Le chevalier Richard arriva le 14 à la hauteur des Canaries; il vint le 17 mai à la Dominique, aux Indes occidentales, et prit terre à Porto-Ricco, où il resta quelque temps, construisit un fort et une pinasse, et remporta plusieurs avantages sur les Espagnols. Il fit, non loin de là, deux riches prises espagnoles, dans une desquelles il y avait plusieurs passagers, dont il exigea une forte rançon. Il arriva, non sans peine, à Isabella, au nord d'Hispaniola, où il trafiqua avec les Espagnols, qui le reçurent fort bien; on ne laissait pas que d'apercevoir qu'ils avaient plus de peur que de bonne volonté. Le 20 juin, il toucha au continent de la Floride, et courut un grand danger au cap Fear. Il ancra le 26 juillet à l'île de Wokoken, dans la Virginie, où le vaisseau de l'amiral périt par l'ignorance du pilote.

On envoya à terre M. Ralph Lane, avec cent huit hommes, et tout ce qui était nécessaire pour y établir une colonie. Outre M. Lane, qui fut revêtu de la dignité de gouverneur de la colonie, on y laissa aussi M. Philippe Amidas, en qualité d'amiral, avec dix-neuf autres officiers et gentilshommes. Le chevalier Richard y resta deux mois, pendant lesquels il vit avec admiration croître des pois et des fèves qu'il avait fait semer en arrivant. Après avoir fait quelques petites découvertes au sud du détroit, et chargé de peaux, de fourrures, de perles et autres raretés du pays, qu'il eut en troc pour des choses de peu de valeur, il repartit pour l'Angleterre, et arriva à Plymouth le 17 septembre.

Sitôt que le chevalier Richard fut parti, les nouveaux colons, impatients de lui désobéir, se mirent en campagne pour découvrir le pays. Ils fixèrent leur habitation à Roanock : ils côtoyèrent les rivières et les terres qui sont au delà; mais avec tant d'indiscrétion, qu'ils rendirent leur conduite suspecte aux Indiens, lesquels, après avoir tué plusieurs des Anglais qui s'étaient éloignés, n'auraient pas manqué de les détruire tous, si l'on n'avait heureusement prévenu l'effet de leurs complots. Cette aventure obligea les Anglais, qui jusque-là s'étaient trop reposés sur l'innocence et la simplicité des naturels du pays, à se tenir mieux sur leurs gardes, et à ne pas s'écarter beaucoup sans être bien armés.

Ils maintinrent leur établissement dans cet état pendant tout l'hiver; mais alors ils se virent réduits à une grande extrémité, faute de provisions, parce qu'ils n'étaient point accoutumés à la manière de vivre des Indiens, et qu'ils manquaient des instruments nécessaires pour la chasse et pour la pêche.

En 1585, un nommé Jean Davis projeta de découvrir un passage aux Indes orientales par le nord-ouest de l'Amérique.

On équipa deux barques dans ce dessein; *le Sun-Shine*, de cinquante tonneaux et de vingt-trois hommes d'équipage : ce bâtiment était monté par Davis même; *le Moon-Shine*, de trente-cinq tonneaux et de quatre-vingt-dix hommes d'équipage.

Davis partit de Darmouth avec ces deux barques, le 7 juin, et ne perdit de vue Falmouth que le 28.

Il dirigea sa course au nord, et s'éloigna du cap méridional d'Irlande, appelé Missenhead, toujours dans la même direction, d'environ deux cents myriamètres. Il rencontra, le 19 juillet, des banquises, et aperçut, le 20, la côte du Groënland, ses hautes montagnes couvertes de neige, et ses rivages rendus inaccessibles par un rempart de glaces qui s'avançait à plus d'un myriamètre. Le bruit effroyable et continuel que faisaient les glaces en se fendant, lui firent donner à cette contrée le nom de *Terre de désolation*. Il s'éloigna de là en tirant vers l'occident, remonta au nord, évita les glaces, et découvrit, le 29, à soixante-quatre degrés quinze minutes de latitude, une terre au nord-est, et plusieurs îles couvertes de verdure. Il s'approcha du rivage, où il trouva un peuple très-humain, de moyenne stature, ayant de petits yeux, sans barbe. Davis en reçut des peaux de veau marin et des fourrures de plusieurs espèces.

Les habitants de cette contrée vinrent à lui en grand nombre, sur trente-sept canots à la fois, et ne tentèrent jamais de lui faire tort. Les Anglais prirent par curiosité cinq de ces canots et quelques vêtements des naturels. Ces vêtements étaient faits les uns de fourrures, les autres de peaux d'oiseaux ornés de leurs plumes et travaillés avec beaucoup d'art. Davis partit pendant la nuit; il continua sa route, le 1er août, au nord-ouest, sur une mer sans glaces, et arriva le 6, à la hauteur de soixante-six degrés quarante minutes, sous une montagne qui brillait comme de l'or, et qu'il appela *Mont-Raleigh*. Il n'y trouva point d'habitants, mais il y rencontra un grand nombre d'ours blancs, et en tua quelques-uns.

Le 8, il côtoya cette terre, qui s'étendait peu à peu à l'occident, et se trouva, le 11, dans un détroit sans banquises, et large de dix myriamètres dans toute sa longueur. Il s'avança dans ce détroit, qui porte encore son nom, l'espace de trente myriamètres, et se mit à chercher des îles: il en trouva plusieurs, des ports, et toutes les marques d'un passage. Il parcourut, les 14, 15 et 16, les rivages, et remarqua partout des vestiges d'habitants et d'ouvriers; mais il ne vit personne. Toutes ces particularités le confirmèrent dans la flatteuse espérance de quelques découvertes considérables. Des vents contraires le forcèrent, sur la fin d'août, à faire voile pour l'Angleterre : il arriva à Darmouth le 13 septembre, bien résolu de revenir et de mener à bonne fin son ouvrage.

Davis fit voile pour la seconde fois, en 1586, et tenta la même découverte avec un vaisseau, deux barques et une petite pinasse ; *le Mermaid*, de cent vingt tonneaux ; *le Sun-Shine*, de cinquante tonneaux; *le Moon-Shine*, de trente-cinq, et *le North-Star*, pinasse de dix tonneaux.

Il découvrit la terre le 15 juin, à la latitude de soixante degrés et à la longitude occidentale du méridien de Londres, de quarante-sept; mais les glaces ne lui permirent pas d'en approcher. Il jugea à propos de diviser sa petite flotte dans cet endroit, et d'envoyer *le Sun Shine* avec la pinasse au nord, à la découverte d'un passage entre l'Iceland et le Groënland, sous la latitude de huit degrés, si la côte ne les arrêtait point.

Il atteignit la terre le 29. Il descendit dans une île dont les habitants le traitèrent avec bienveillance, et lui apportèrent des peaux de veau marin, de cerf, de lièvre blanc, du poisson sec et quelques oiseaux.

Il construisit une pinasse dans une de ces îles. Tandis que ses gens s'occupaient à cet ouvrage, les naturels les visitèrent en foule, et se présentèrent tantôt sur quarante à cinquante canots, tantôt sur cent. Il les reconnut pour les mêmes qu'il avait vus l'année précédente, et ils furent fort satisfaits les uns et les autres de se revoir. Davis dispersa ses chaloupes dans les baies et dans les passages, avec ordre de descendre à terre, de se transporter sur les montagnes les plus hautes, et d'examiner si l'on n'apercevrait rien qui servît à leur découverte.

Il trafiqua pendant quelques jours avec les naturels, en qui il reconnut un grand penchant au vol. Il en prit un sur son bord à son départ, mais cet homme mourut.

Davis s'avança à la latitude de soixante-six degrés vingt minutes; il fit cette année quarante myriamètres dans le détroit qu'il avait découvert à son premier voyage; il prit quelque connaissance de ces mers : il les trouva parsemées d'un grand nombre d'îles et fort poissonneuses. En suivant la côte à la hauteur de cinquante-six degrés, il trouva un bon port où il demeura jusqu'en septembre; il en sortit le 4 de ce mois, et entra, à la hauteur de cinquante-quatre degrés, dans une mer découverte qui s'étendait à l'occident, et qu'il prit pour le passage qu'il cherchait depuis si longtemps. Le continent, situé au midi, ne lui parut qu'un amas d'îles. Il était résolu à s'embarquer sur cette mer, lorsque des vents contraires l'obligèrent de mettre à l'ancre à quatre brasses, dans un endroit fort poissonneux.

Il se préparait à partir le 6, par un vent de nord-nord-ouest, et il avait envoyé dans une chaloupe cinq hommes pour prendre quelques poissons qu'il avait laissés sur le rivage, lorsqu'une troupe d'habitants accoururent et accablèrent de flèches ceux qu'il avait dépêchés. Il y en eut deux de tués, deux autres dangereusement blessés, et le cinquième se sauva à la nage avec une flèche passée au travers du bras : ensuite survint une tempête violente qui arrêta l'expédition jusqu'au 11. Davis partit ce jour par un vent d'ouest-nord-ouest, et fit voile pour l'Angleterre; il en vit les côtes occidentales au commencement d'octobre.

Davis partit pour la troisième fois le 19 mai 1587, avec trois petits vaisseaux : *l'Elisabeth*, de Darmouth, *le Sun-Shine* et *l'Hélène*, de Londres. Deux de ces navires étaient destinés pour la pêche, et l'autre pour la découverte du passage au nord-ouest. C'était apparemment sur la pêche que Davis fondait le profit qu'il assurait aux aventuriers.

Il mit à l'ancre le 18 juin sur la côte septentrionale de l'Amérique, et se trouva le 20 dans une mer découverte, à soixante-sept degrés quarante minutes de latitude. Il dirigea sa course à l'occident ; mais il eut à peine fait dix myriamètres, qu'il rencontra des banquises : il s'éleva en même temps un vent de nord auquel il fallut céder, et qui le contraignit de revenir sur la mer qu'il avait quittée.

Le 20 juillet, il aperçut le détroit qu'il avait découvert deux ans auparavant, et s'y avança l'espace de trente myriamètres ; il y débarqua sans observer autre chose que ce qu'il avait vu le voyage précédent. Les glaces l'empêchant de passer outre, il gagna la pleine mer, côtoya au sud jusqu'à cinquante-deux degrés de latitude, fit voile pour l'Angleterre, et arriva à Darmouth le 15 septembre, sans avoir rien fait d'important ; mais satisfait de ses découvertes, quoiqu'il n'eût point eu le bonheur de trouver ce qu'il était allé chercher.

Les associés d'Angleterre travaillaient à envoyer de nouveaux secours à la colonie de la Virginie ; mais outre les divers obstacles qu'il leur fallut surmonter, ils eurent plusieurs démêlés entre eux qui retardèrent leurs préparatifs. Quoi qu'il en soit, ils équipèrent enfin quatre bons vaisseaux fournis de tout ce qui était nécessaire à la colonie, et le chevalier Walter Raleigh résolut d'y aller en personne. L'été suivant, on y envoya une troisième colonie.

Thomas Cavendish, de Trimly, est le second navigateur qui ait entrepris le tour du monde. Ayant dissipé presque tout son bien à la cour et en galanteries, il imagina de rétablir sa fortune délabrée par un voyage à la mer du Sud ; et, comme on était déjà en guerre avec l'Espagne, il obtint permission de croiser contre les Espagnols. Ainsi, ayant fait tous ses préparatifs et armé deux vaisseaux tout neufs, il mit à la voile à Plymouth le 21 juillet 1586, avec trois vaisseaux : *le Désir*, de cent vingt ; *le Content*, de soixante ; et *le Hughgallant*, qui était une barque de quarante tonneaux, tous équipés à ses dépens et montés de cent vingt-trois personnes. Il commanda lui-même en qualité d'amiral cette petite flotte, qui était fournie de vivres pour deux ans. Ils arrivèrent le 25 août à Sierra-Leone. Ils y pillèrent une ville de nègres : un de leurs gens y avait été tué d'une flèche empoisonnée. Cavendish en partit le 6 septembre, et le 7 il s'éloigna d'une des îles du cap Vert.

Le dernier jour d'octobre, en naviguant à l'ouest-sud-ouest, à environ douze myriamètres du cap Frio, au Brésil, ils rencontrèrent une grande montagne dont le sommet, haut et rond, s'élevait comme une petite tour. Le 1er novembre, ils se trouvèrent entre l'île Saint-Sébastien et le continent, à vingt-quatre degrés de latitude méridionale, où, descendant à terre, ils construisirent une pinasse et rétablirent tout ce qui était en mauvais ordre dans leur flotte, ce qui les y retint jusqu'au 23. Le 26, ils arrivèrent à la côte d'Amérique, à quarante-sept degrés de latitude méridionale, et longèrent le rivage jusqu'à quarante-huit degrés. Le 27, ils entrèrent dans un port que l'amiral nomma *le port Désir*. Les habitants étaient des sauvages d'une taille gigantesque, et dont les pieds avaient dix-huit pouces de longueur.

Ils quittèrent le port Désir le 28 décembre, et arrivèrent le 30 à un rocher situé à deux myriamètres environ de la terre. Le 2 janvier 1587, ils rencontrèrent un grand cap blanc, et le 3 un autre cap, où une longue pointe de terre s'étend à cinq kilomètres vers le sud, et règne jusqu'à l'entrée du détroit de Magellan. Comme le temps était orageux et qu'il continua de l'être pendant trois jours, ils restèrent dans cet endroit, où ils perdirent une ancre.

Le 6, ils entrèrent dans le détroit, et le 7 ils prirent vingt-trois Espagnols, parmi lesquels il y avait deux femmes. C'était le reste des quatre cents personnes qu'on y avait laissées trois ans auparavant pour garder le détroit. Le même jour, les Espagnols montrèrent aux Anglais, dans le lieu le moins large du détroit, la carcasse d'une petite barque qu'on prit pour celle que Drak y avait abandonnée. Le 8, ils jetèrent l'ancre à l'île des Pingouins, où ils tuèrent et salèrent une quantité de pingouins. Ils quittèrent ensuite cette île, et tournèrent au sud-sud-ouest vers la ville du Roi-Philippe, bâtie par les Espagnols; ils y trouvèrent quatre canons que les Espagnols avaient enfouis. Cette ville comptait quatre forts et plusieurs églises, mais elle était déserte, et la vie qu'y avaient menée les restes abandonnés des Espagnols pendant deux ans avait été si misérable, que Cavendish, par cette raison, après avoir fait dans cet endroit du bois et de l'eau, le nomma *le port Famine*.

Le 14, ils quittèrent ce lieu, et entrèrent dans une baie qu'ils nommèrent *Muscle-Cove*, à cause de la grande quantité de moules qu'ils y trouvèrent. Ils en partirent le 21, et arrivèrent à une baie d'un beau sable, que l'amiral appela *la baie d'Elisabeth*.

A un myriamètre de cette baie, ils trouvèrent une bonne rivière; mais ceux qui en habitaient les bords étaient des cannibales qui avaient dévoré beaucoup d'Espagnols. Les Anglais quittèrent cette rivière, voguèrent vers le canal Saint-Jérôme, qui n'est qu'à un myriamètre, et passèrent de là dans un port où le gros temps et les pluies abondantes les retinrent jusqu'au 23 février; le 24, ils entrèrent dans la mer du Sud.

Le 1er mars, ils perdirent, pendant une tempête qui survint la nuit, la compagnie du *Hughgallant*. Ce navire prenant eau, étant battu par la tempête, et privé de tout secours, semblait à chaque instant près de disparaître. Cependant, par des efforts inouïs, son équipage le soutint à flot jusqu'au 15. Alors, se trouvant entre l'île Sainte-Marie et le continent du Chili, il fut rejoint par l'amiral et *le Content*. Ces deux vaisseaux avaient été pendant ce temps à l'île de la Mocha, où quelques personnes de l'équipage étant descendues à terre, furent reçues fort chaudement par les Indiens d'Aranco, pays abondant en or, que les Espagnols n'avaient jamais pu conquérir.

Le 6, l'amiral descendit à terre, avec soixante-dix ou quatre-vingts de ses gens, à l'île Sainte-Marie. Ils y rencontrèrent deux chefs indiens, qui, les prenant pour des Espagnols, auxquels ils étaient asservis comme des esclaves, les conduisirent à la ville, où ils virent une chapelle et plusieurs magasins remplis de blé et d'orge. Ils les débarrassèrent du blé, et prirent une grande quantité de cochons, de poules, de patates, de blé de Guinée, et cinq cents chiens de mer séchés. L'amiral invita les deux Indiens à venir à son bord, où, après avoir bu et reconnu qu'ils n'avaient point affaire à des Espagnols, ils devinrent plus libres, parlèrent de mines d'or, et dirent qu'en avançant dans le pays, jusqu'à Aranco, on trouverait autant d'or qu'on voudrait. L'amiral ne jugea pas à propos de suivre ces informations.

Ils en partirent le 18, et jetèrent l'ancre le 19, près de l'île de la Conception. Le 30, ils entrèrent dans la baie de Quintero. Le lendemain, cinquante ou soixante d'entre eux, bien armés, s'avancèrent à sept ou huit milles dans les terres, où ils virent de grands troupeaux de bêtes fauves, et quelques bonnes rivières bien fournies d'oiseaux sauvages. Les Espagnols avaient envoyé un parti de deux cents chevaux pour les surprendre; mais cette troupe se tint prudemment à quelque distance, et les laissa retourner tranquillement à bord. Le lendemain, 1er avril, les Espagnols furent un peu plus hardis; car, voyant quelques

Anglais sur le rivage, occupés à faire de l'eau, ils sortirent des montagnes avec deux cents chevaux, fondirent sur eux, en tuèrent quelques-uns, et firent plusieurs prisonniers. Mais les Anglais, avec un renfort de quinze hommes frais, délivrèrent leurs prisonniers, mirent les Espagnols en déroute, en tuèrent vingt-quatre, et perdirent douze hommes. Depuis cette escarmouche on les laissa tranquilles. Le 5 ils mirent à la voile.

Ils arrivèrent le 15 à Moro-Moreno, à vingt-trois degrés, et le 3 mai à une baie où ils trouvèrent trois petites places appelées Paracca, Chincha et Pisca, dont la dernière est située à treize degrés trente minutes de latitude méridionale. Ils y abordèrent, et firent toutes sortes de provisions. Ils se rendirent aussi maîtres de deux riches vaisseaux, dont un seul fut estimé vingt mille livres. Ils en prirent les marchandises les plus précieuses; et, après avoir descendu l'équipage à terre, ils mirent le feu aux navires. Le 26, ils vinrent à la rade de Paita, pillèrent et brûlèrent la ville de ce nom, ainsi qu'une barque qu'ils y trouvèrent; chassèrent les habitants dans les montagnes, s'emparèrent de leurs bagages et de tout ce qu'ils rencontrèrent de quelque valeur, entre autres, vingt-cinq livres pesant en réales, et toutes sortes de marchandises, de meubles et de hardes.

Le 25 mai, ils arrivèrent à l'île de Puna, ville fameuse pour la fabrique des cordages. Ils trouvèrent dans le port un gros navire de deux cent cinquante tonneaux, qu'ils coulèrent avant de descendre à terre. Le cacique, ou seigneur de cette île, était un Indien qui avait épousé une femme espagnole et embrassé le christianisme. Il jouissait d'une grande importance dans cet endroit. Il avait séquestré tout ce qu'il possédait de richesse dans une petite île, près de Puna. L'amiral y alla le 29, et ayant découvert le trésor du gouverneur, qui valait 100,000 écus, il prit tout ce qu'il jugea à propos. On brûla l'église, qui était près de son palais, et on en emporta cinq belles cloches.

Le 2 juin, les Espagnols attaquèrent les Anglais, en tuèrent, blessèrent ou firent prisonniers douze, et perdirent de leur côté quarante-six hommes. Le même jour, les Anglais descendirent encore à terre au nombre de soixante-dix. Ils rencontrèrent un parti de cent Espagnols, armés de mousquets, et de deux cents Indiens avec des arcs et des arbalètes, qu'ils défirent entièrement; brûlèrent quatre grands vaisseaux sur les chantiers, et ne firent qu'un amas de ruines de la ville, qui était de trois cents maisons. La perte d'hommes que Cavendish avait faite jusqu'alors l'obligea de couler sa barque de quarante tonneaux.

Le 5, il quitta Puna, et ayant fait de l'eau à Rio-Dulce, il passa la ligne le 12, et continua à gouverner au nord tout le reste du mois.

Le 1er juillet, ils arrivèrent à la hauteur de la Nouvelle-Espagne. Le 9, ils amarinèrent un nouveau bâtiment de cent vingt tonneaux, dans lequel était un nommé Michel Santius, habile côtier de la mer du Sud. Ils le prirent avec tout l'équipage, les voiles, cordages, etc., et mirent le feu au navire. Le 26, ils jetèrent l'ancre dans la rivière de Copalita, et la même nuit, ils envoyèrent trente hommes, dans la pinasse, à Aguatulco, où ils firent une descente, et brûlèrent la ville ainsi que la douane, qui était un beau bâtiment dans lequel, entre autres marchandises, ils trouvèrent six cents balles d'anil et quatre cents balles de cacao.

Le 28, ils quittèrent la rivière de Copalita, et arrivèrent la nuit suivante à Aguatulco : le lendemain, l'amiral descendit à terre avec trente hommes, et trouva dans le bois un Espagnol employé à la douane de cette place, avec une partie considérable d'étoffes ; il emmena à bord le maître et les marchandises.

Le matin du même jour, un des vaisseaux de la compagnie de l'amiral découvrit du haut de son grand mât un navire, ce qui fut pour eux d'un bon augure. L'amiral ordonna aussitôt de lui donner la chasse, et fit tous les préparatifs nécessaires pour le combat. Au bout de trois heures, ils le joignirent : c'était *la Sainte-Anne,* amiral espagnol de toute la mer du Sud, de sept cents tonneaux, qui revenait des Philippines à Acapulco, dans la Nouvelle-Espagne. Ils le saluèrent aussitôt d'une bordée et d'une volée de leur petite artillerie. Ce vaisseau fit pendant quelque temps une vigoureuse resistance; mais, après un combat de six heures, il fut enfin obligé d'arborer le drapeau blanc, et de rendre le vaisseau et la cargaison pour sauver l'équipage. On y trouva 122,000 pesoès d'or, avec de riches étoffes de soie, satins, damas, du musc et plusieurs autres marchandises de prix, et toutes sortes de provisions.

L'amiral continua sa route par les îles des Larrons; il en aperçut une appelée Guana le 3 janvier 1588. Ils y rencontrèrent soixante-dix à quatre-vingts canots de sauvages qui leur apportèrent des noix de coco, des bananes, des patates et du poisson frais, à échanger avec quelques-unes de leurs marchandises. Le 14, ils gagnèrent la pointe d'une des îles Philippines nommée Cabo-del-Spirito-Santo. Le 15, ils arrivèrent à l'île de Capul, où ils mirent à l'ancre dans un bon port, et trafiquèrent avec les sept caciques ou principaux de l'île. Ils y restèrent neuf jours, et s'y fournirent de vivres, d'eau et de bois ; ils y firent le procès au pilote espagnol de *la Sainte-Anne*, qui avait comploté de les livrer aux Espagnols, et qui fut pendu.

Le 24, ils mirent à la voile et passèrent le détroit situé entre Panama et l'île Négro. Le 8 février, ils découvrirent l'île de Batochina ; le 14, ils rencontrèrent onze ou douze petites îles basses près des Moluques. Le 1er mars, après avoir passé les détroits de Java-Major et Minor, ils jetèrent l'ancre au sud-ouest de la première ; et le 12, quelques-uns des canots du roi, chargés de provisions, vinrent trafiquer avec eux. Le 16, ils prirent la route du cap de Bonne-Espérance, le doublèrent le 17 mai, et arrivèrent le 9 juin à Sainte-Hélène. Ils y jetèrent l'ancre, et s'y étant approvisionnés de tout ce dont ils avaient besoin, ils mirent à la voile le 20 pour l'Angleterre. Le 19 août, ils étaient à la hauteur de l'île de Flores ; et le 9 septembre, ils arrivèrent à Plymouth.

CHAPITRE VI.

Anglais. — Alliance de la reine Elisabeth avec les Hollandais. — Le roi d'Espagne entreprend la conquête de l'Angleterre. — Son escadre *l'Invincible* est défaite par les Anglais. — Expédition de Drak contre Porto-Ricco. — Siége et prise de Cadix. — Colonisation de la Virginie. — Voyages de Kecling; de Middleton, de Sharpey; d'Hudson; de Smith; de Fotherby; du chevalier Monson. — Sirènes, pirates. — Expéditions du comte de Cumberland. — Commerce des côtes de Guinée. — Bataille de Plymouth. — Colonie dans la nouvelle Angleterre; à Mevis; Maryland. — Un hiver au Groënland. — L'amiral Tromp bat encore les Anglais. — Voyages à la baie de Mexico et au détroit de Magellan. — Alliance de l'Angleterre avec la Suède, et de la Hollande avec le Danemark. — Les Hollandais maîtres de la Méditerranée. — Bataille des Dunes. — Mort de Tromp. — Paix du 10 avril 1653. — La flotte anglaise s'empare de Tunis et d'Alger. — Succès aux Bermudes. — Défaite à Saint-Domingue. — Cromwell fait la guerre aux Espagnols. — Les Anglais ruinent le fort d'Alger. — Guerre avec la Hollande. — Les Anglais sont vainqueurs — La flotte hollandaise dans le port de Berghen. — Quatre jours de combat. — Deux escadres anglaises tombent sur Ruyter avec impétuosité. — Paix de Breda. — L'Angleterre et la France contre la Hollande. — Voyages du capitaine Wood, du capitane Dampier. — Evasion et courage de captifs chrétiens. — Tentative du prince d'Orange. — Défection du roi Jacques.

—

Les Anglais eurent avec les Français de fréquents démêlés, pendant lesquels la marine d'Angleterre acquit une grande réputation. Comme nous en détaillerons les événements importants au chapitre de la marine française, nous ne nous arrêterons actuellement qu'aux différends de l'Angleterre avec l'Espagne, le Portugal et la Hollande, et aux expéditions maritimes auxquelles ces différends ont donné lieu.

Les Etats de Hollande ayant secoué le joug de la domination espagnole, se virent obligés, pour conserver leur indépendance, de chercher de l'appui. N'en pouvant trouver en France, à cause des troubles excités par la Ligue, ils en demandèrent en Angleterre. La reine Elisabeth, les reçut favorablement, trouvant occasion par leurs forces maritimes, qu'elle avait d'ailleurs intérêt à ménager, d'affaiblir les Espagnols dont elle redoutait la puissance. Elle leur envoya un gouverneur, qui fut accueilli avec les marques de joie les plus éclatantes. Philippe II, roi d'Espagne, piqué d'une alliance qui laissait la révolte de ses sujets sans espérance de retour, et aussi pour se venger, fit confisquer tous les vaisseaux anglais qui étaient dans ses ports.

Les Anglais, par représailles, se saisirent de ce qu'ils purent des bâtiments espagnols qui couraient les mers, et François Drak, vice-amiral d'Angleterre, exerça de grands ravages en Amérique, sur les terres de Sa Majesté Catholique. Il s'empara de la ville de Saint-Domingue, où il trouva un palais magnifique, séjour ordinaire des gouverneurs de la colonie. Au-dessus d'un portail étaient deux chevaux en relief, dressés sur les jambes de derrière, et appuyant celles de devant sur un globe, comme s'ils avaient voulu sauter par-dessus; de leur bouche sortait cette inscription : *Orbis non sufficit*, et auprès étaient les armoiries du roi d'Espagne, avec la devise *Nec spe, nec metu*. Drak pilla le palais, et chargea ses vaisseaux de toute l'artillerie et des plus riches effets qu'il trouva dans la place. Informé de ces progrès, le roi d'Espagne envoya contre lui le marquis de Sainte-Croix, avec une flotte de plus de soixante-dix navires; mais celui-ci arriva trop tard. Le général anglais, qui prévoyait bien que les Espagnols ne recevraient pas tranquillement les nouvelles de son expédition, s'était retiré, et arrivait heureusement en Angleterre.

Le roi d'Espagne, outré de dépit et plein du désir de se venger, entreprit la conquête de l'Angleterre. Il mit en mer une des plus formidables flottes qui aient paru sur l'Océan, et à laquelle, à cause de son appareil prodigieux, on donna le nom d'*Invincible*. Elle était composée de cent quarante galions et galéaces d'une grandeur extraordinaire, et armés de machines. Ces vaisseaux de guerre étaient accompagnés d'un grand nombre de transports, qui portaient des munitions et des vivres pour six mois. Cette flotte était commandée par le duc de Medina-Sidonia. Il y avait cent vingt seigneurs de grande considé ation, quatre cents gentilshommes, huit mille matelots et vingt mille combattants, sans compter les volontaires. Il y avait en outre quatre-vingt-cinq médecins ou chirurgiens pour les infirmeries des vaisseaux; cent quatre-vingts ecclésiastiques : franciscains, dominicains, flagellants, jésuites et autres; soixante-dix surintendants généraux de l'armée, etc. L'artillerie consistait en seize cents pièces de fonte, mille cinquante de fer, deux cent mille boulets et six cent milliers de poudre. Tous ces foudres de guerre joints à ceux du Vatican et aux vaisseaux du duc de Parme, étaient bien capables sans doute de faire trembler l'Angleterre.

La reine Elisabeth, déjà rebelle à l'Eglise romaine, s'embarrassa peu des anathèmes que lançait contre elle le pape Sixte-Quint; mais elle se mit en garde contre l'entreprise du roi d'Espagne, bien que d'abord, croyant que le redoutable appareil des Espagnols regardait les Indes, elle ne fît que d'assez faibles préparatifs.

Mais, avertie par Henri III, roi de France, que l'Angleterre même était menacée, elle ajouta aux vaisseaux de guerre qu'elle avait déjà fait armer, environ cent quarante navires que lui fournirent ses sujets, et mit cette armée navale sous le commandement de Charles Howard et de François Drak.

La flotte s'assembla dans le port de Plymouth, à l'exception de quelques vaisseaux qui croisaient entre Douvres et Calais, sous la conduite de Henri Seymour. On bâtit deux forts aux deux côtés de la Tamise pour en défendre les avenues, et on jeta des troupes sur les rivages pour les garder.

La flotte espagnole partit de Lisbonne le 29 mai 1588, et fit voile pour l'Angleterre; elle mouilla à la Corogne, d'où elle ne partit que le 21 juin. Quand elle fut à la vue de l'île dont elle croyait faire la conquête, le général qui la commandait fit avertir le duc de Parme de presser son départ. Toute la flotte, poussée par un vent de sud-ouest, cingla vers Plymouth, où elle arriva le 30 juillet. Le général espagnol voyant les vaisseaux anglais sortis du port, et en bonne contenance, passa outre, ce que les historiens regardent comme une grande faute. S'il avait attaqué les Anglais, qui n'étaient pas encore bien préparés, il est probable qu'il aurait pris, dispersé ou brûlé leurs vaisseaux, et qu'il se serait emparé de Plymouth, port d'une grande importance pour le succès de son entreprise.

Le roi d'Espagne avait fait la première faute, en mettant à la tête d'une pareille expédition un général qui avait très-peu d'expérience dans la marine. C'était, nous l'avons dit, Alphonse de Gusman, duc de Medina-Sidonia, qui n'avait pour lui que sa naissance et de grandes richesses. Cet amiral avait fait un si mauvais choix de matelots et de pilotes, que sa flotte fut sur le point de périr avant d'avoir doublé le cap Finistère. Quand il voulut passer au delà de Plymouth, Recalde, son lieutenant, le pressa par les raisons les plus persuasives de tomber sur les Anglais ; mais autant un habile homme va au-devant et profite d'un bon conseil, autant celui qui ne l'est pas s'en éloigne. Le duc de Medina-Sidonia n'écouta point Recalde. Aussi n'a-t-il trouvé de justification que chez les historiens qui assurent que ses instructions lui défendaient d'agir sans le duc de Parme.

Les Anglais, qui s'étaient attendus à être attaqués, voyant la fausse manœuvre de la flotte espagnole, devinrent audacieux et suivirent les ennemis. Les deux flottes se trouvèrent bientôt en présence et à portée de mousquet. Les Espagnols, pour ne point diviser leurs forces, se rangèrent en bataille en forme de demi-lune. Il y eut d'abord quelques escarmouches, dans lesquelles une galéace espagnole fut fort endommagée. Le 1er août, les Espagnols, ne voulant point engager le combat avant la jonction du duc de Parme, se retirèrent en bon ordre ; mais le grand galion de Sicile, monté par plusieurs seigneurs, ayant été désemparé et ne pouvant pas suivre, fut pris par le vice-amiral Drak, qui y trouva une partie de la caisse militaire. Le même jour, le vaisseau du vice-amiral espagnol, chargé de poudre et autres munitions, brûla sans pouvoir être secouru. Le 2, les deux armées se rencontrèrent à la hauteur de Portland, et le combat fut beaucoup plus sanglant que celui du jour précédent. Les Anglais, par la belle manœuvre de leurs médiocres vaisseaux et le jeu de leur artillerie, firent périr un vaisseau vénitien et plusieurs autres bâtiments ; leur armée se grossit bientôt par l'arrivée de plusieurs vaisseaux chargés de seigneurs et de gens de guerre ; mais comme leurs navires, à la réserve de vingt-trois, étaient trop petits et trop faibles pour aborder ceux des Espagnols, après avoir escarmouché quelque temps sans beaucoup de succès, ils tinrent un conseil de guerre dans lequel il fut résolu de diviser l'armée en quatre escadres. Ces dispositions étant faites, le 4, ils assaillirent les Espagnols devant l'île de Wight ; ils pénétrèrent jusqu'au centre de leur flotte, et la combattirent avec tant de valeur, que l'amiral fit plusieurs chevaliers pour consacrer la mémoire des belles actions qui furent alors accomplies.

Le 6, les Espagnols jetèrent l'ancre devant Calais, résolus d'y attendre le duc de Parme : les Anglais, qui les suivaient, mouillèrent en leur présence. Henri Seymour, qui avait eu à défendre l'entrée de la Tamise avec vingt vaisseaux, alla joindre la flotte. Alors les généraux conclurent qu'il fallait brûler les bâtiments ennemis à leurs mouillages. En effet, le lendemain 7 août, ils préparèrent huit brûlots, et les conduisirent le soir au milieu de la flotte espagnole, qui ne s'y attendait pas ; en même temps ils firent jouer leurs canons chargés de matières combustibles. Les Espagnols, effrayés de ces vaisseaux brûlants, et les prenant pour des machines infernales semblables à celles qui, trois ans auparavant, avaient réduit en cendres le pont que le duc de Parme avait jeté sur l'Escaut, coupèrent au plus tôt leurs câbles et gagnèrent le large. Une de leurs galéaces, qui avait perdu son gouvernail dans cette retraite précipitée, fut abordée et pillée par les Anglais, qui y trouvèrent cinquante-cinq mille ducats d'or : ils l'auraient brûlée, si le gouverneur de Calais, qui fit tirer sur eux, ne les eût obligés de s'écarter.

Le 8, les Anglais, profitant de leur fortune, suivirent encore la flotte espagnole jusque devant Gravelines, et lui causèrent tant de dommage qu'ils la forcèrent de prendre la fuite. Elle se retira du côté de l'Irlande; mais la fureur de la tempête succédant à celle des Anglais, acheva de disperser cette flotte infortunée. Au retour du calme et du jour, les Anglais virent des vaisseaux de l'escadre ennemie démâtés, d'autres échoués et le reste tellement maltraité, qu'il leur fut aisé d'en prendre, d'en couler et d'en brûler un grand nombre, sans éprouver de résistance. Il n'y eut que Recalde, Pimentel, Tolède et Moncade, qui ayant rejoint leur général, firent une petite escadre et soutinrent courageusement l'effort des ennemis; mais le gros temps ayant recommencé, ils furent bientôt séparés.

Moncade fut jeté avec sa galéace sur les côtes de Calais, où il fut poursuivi par un grand nombre de frégates anglaises, contre lesquelles il se défendit avec la plus grande valeur; enfin, accablé par le nombre, il reçut un coup de mousquet au front, et tomba mort sur un grand nombre de braves gens qui avaient été tués autour de lui. Tolède, plus heureux, se voyant forcé dans son galion ouvert de toutes parts, sauta dans sa chaloupe avec ses plus intrépides marins, se fit jour au travers des embarcations ennemies qui le poursuivaient, et se sauva, tandis que son vaisseau coulait sous les Hollandais qui y étaient entrés. Pimentel combattit seul pendant six heures contre une escadre; mais obligé de céder au nombre, il se rendit ainsi que plusieurs seigneurs. Le duc de Medina-Sidonia reconnut, mais trop tard, combien il est nécessaire à une armée navale d'avoir un lieu de retraite et combien la mer est funeste à ceux qui ne savent pas s'y gouverner. Il réchappa de cette grande armée environ vingt vaisseaux qui allèrent donner à Philippe II les tristes nouvelles de ces événements.

La reine Elisabeth, transportée de joie de se voir délivrée du péril qui l'avait si fort menacée, voulut, le 4 octobre, jouir du triomphe à la la manière des Romains : elle passa dans la ville de Londres sur un char superbe chargé des attributs de la victoire. Au contraire, l'Espagne désolée porta des marques si publiques de sa tristesse et de son deuil, que le roi fut obligé d'user de son autorité pour y mettre un terme.

Parmi les gentilshommes qui servirent en qualité de volontaires dans l'expédition précédente, le comte de Cumberland fut un de ceux qui se transportèrent des premiers sur les vaisseaux de la reine à l'approche de l'armement espagnol, et qui montrèrent le plus d'intrépidité dans les combats qui se livrèrent entre les deux flottes. La reine fut si contente de ses services, qu'elle lui permit de se mettre en mer, et de faire le voyage qu'il avait médité aux contrées méridionales. Pour faciliter ses succès et l'honorer des marques de sa bienveillance, elle lui donna pour amiral *le Lion d'or*, un des vaisseaux de sa flotte.

Le comte équipa ce vaisseau à ses dépens, et partit accompagné d'un grand nombre de gentilshommes anglais ; mais l'événement ne répondit point à son attente, et il ne put alors exécuter ses projets. Il n'en faut accuser que le mauvais temps et les vents qui l'arrêtèrent pendant fort longtemps, et le déterminèrent enfin à renoncer à son voyage. Il ne retira d'autre fruit de ses peines et d'autre dédommagement de ses avances, que ce qu'il trouva sur un seul navire marchand appelé *le Lièvre-de-Dunkerque*, qui faisait voile pour l'Espagne. Il fut ensuite assailli par une tempête qui l'obligea de couper son grand mât : cet accident hâta son retour en Angleterre.

La même année la reine envoya Gilles Fletcher en Moscovie, avec le titre d'ambassadeur. Il obtint non-seulement la confirmation des premiers priviléges que le czar avait accordés aux marchands anglais, mais il y fit même ajouter plusieurs articles avantageux.

Ce fut à peu près dans le même temps que les marchands anglais commencèrent à faire un commerce considérable aux côtes de Guinée. On trouve dans Hackluyt une copie de lettres patentes accordées à des habitants d'Exester et des provinces occidentales d'Angleterre, ainsi qu'à des marchands de Londres, pour commercer sur les rivières de Sénégal et de Gambra en Guinée, avec la relation de quelques voyages heureux dans ces contrées.

Le reine Elisabeth envoya depuis François Drak à la tête une bonne flotte pour tenter contre Porto-Ricco une expédition; mais elle ne réussit pas au gré de cette princesse, parce que les Espagnols, avertis, retirèrent en terre ferme les richesses immenses qui avaient excité son avidité. Drak ne put que se jeter sur Nombre-de-Dios, petite ville située dans ce détroit qui sépare les deux mers de l'Amérique; mais il y mourut, du chagrin que lui causa le malheureux succès de cette entreprise, ou du mauvais air qui règne dans ces parages.

Guillaume Michelson entreprit, à cette époque, un voyage à la baie de Mexico, avec un vaisseau appelé *le Chien*, du port de soixante-dix tonneaux, et monté d'environ quarante hommes. Ils partirent de la côte d'Angleterre au mois de mai 1539, pour aller en droiture aux Indes occidentales. Ils abordèrent à la baie de Mexico, y rencontrèrent plusieurs vaisseaux espagnols et en prirent trois.

Le dernier bâtiment qu'ils virent dans la baie était espagnol. Les Anglais lui donnèrent la chasse, et le combattirent pendant trois jours de suite. A la fin les Espagnols, se trouvant pressés, arborèrent le pavillon blanc et demandèrent à parlementer, ce qui leur fut accordé. Plusieurs d'entre eux étant venus à bord du vaisseau anglais pour avoir une conférence, furent reçus avec beaucoup de civilité. Les Espagnols prièrent les Anglais de venir à leur bord, sous prétexte de leur rendre les mêmes honneurs : ceux-ci, se fiant à leur bonne foi, s'y rendirent aussi; mais au lieu de la réception sur laquelle ils comptaient, on se jeta sur eux, et Roger Kingsnod, leur pilote et plusieurs autres furent tués. Le patron du vaisseau et un petit nombre de marins anglais se sauvèrent en se précipitant à la mer et regagnant leur vaisseau à la nage. Ayant mis à la voile sur-le-champ, ils arrivèrent à Plymouth le 10 septembre de la même année.

Le 5 août suivant, Jean Chidley, écuyer, M. Paul Wheel et le capitaine André Merick partirent de Plymouth avec trois gros vaisseaux : *le Sauvage,* de trois cents tonneaux, commandé par M. Chidley, avec cent quatre-vingts hommes d'équipage ; *le Lion-Blanc,* capitaine Wheel, avec cent quarante matelots ; *le Plaisir,* de Bristol, commandé par André Merick, capitaine, avec quatre-vingt-onze matelots et mousses ; deux pinasses de quatorze ou quinze tonneaux chacune.

Le but de ce voyage était d'aller par le détroit de Magellan à la mer du Sud, et principalement à la fameuse province d'Aranco sur la côte de Chili. Ils naviguèrent de conserve jusqu'aux Canaries, et de là au cap Blanc, sur la côte de Barbarie. Douze jours après leur départ de cet endroit, *le Plaisir* fut séparé des deux autres vaisseaux et des deux pinasses. Il continua sa route, suivant les instructions qu'on lui avait données, le long de la côte du Brésil, et par la rivière de la Plata, sans relâcher en aucun endroit, jusqu'à ce qu'il arrivât au port Désir. Il lui manquait alors seize de ses gens que les maladies lui avaient enlevés. Il séjourna dix-sept jours dans ce port, dans l'espérance d'y être rejoint par sa compagnie ; mais ce fut inutilement.

De là il fit voile vers le détroit de Magellan, dans lequel il entra le 1er janvier 1590, et jeta l'ancre à la hauteur de l'île des Pingouins. Il envoya sa chaloupe à terre avec quinze hommes, dont on n'entendit plus parler ; mais on supposa qu'ils avaient péri dans une tempête pendant laquelle le vaisseau perdit aussi deux ancres. De là ils s'avancèrent dans le détroit, et étant arrivés près du port Famine, ils parlèrent à un Espagnol, qui leur dit qu'il avait passé six années en ce lieu, et qu'il était un des quatre cents hommes que le roi d'Espagne y avait envoyés en 1582 pour y demeurer et s'y fortifier, afin d'empêcher tous les étrangers de prendre cette route pour arriver à la mer du Sud. Ils y construisirent une chaloupe le mieux qu'ils purent avec les planches de leurs coffres. Quand elle fut finie, ils envoyèrent sept hommes armés à terre sur la côte du nord, où ils ne furent pas plutôt débarqués qu'ils furent surpris et tués par plus de cent sauvages, à la vue des deux hommes qui les avaient conduits jusqu'à terre ; mais qui s'en revinrent seuls avec la chaloupe.

Nos voyageurs retournèrent de là au nord-est du port Famine, où ils se rafraîchirent avec des moules, et firent de l'eau et du bois. Ils y prirent aussi l'Espagnol dont on a parlé ci-dessus, et s'avancèrent ensuite dans le détroit. Ils passèrent sept ou huit fois jusqu'à cinq myriamètres au delà du cap Froward; mais les vents du nord-ouest et les courants les repoussèrent avec tant de force, qu'ils reculèrent souvent en deux heures plus qu'ils ne pouvaient avancer en huit.

Ainsi, après avoir passé six semaines dans le détroit, à lutter contre la fureur des éléments; perdu trente-huit de leurs meilleurs hommes et trois ancres ; n'en ayant plus qu'une, et, ce qu'il y avait de pis, plusieurs de leurs gens se mutinant, ils résolurent, le 14 février, de s'en retourner, tandis qu'il leur restait encore quelque espérance de sortir du détroit et de regagner leur patrie.

Ils s'en allèrent par la rivière de la Plata, et longeant la côte du Brésil, ils rencontrèrent un vaisseau portugais de quatre-vingts tonneaux, qui était à l'ancre ; le Portugais ne les eut pas plutôt découverts, qu'il s'échoua entre l'île de Saint-Sébastien et le continent. De là ils continuèrent leur route en très-mauvais état vers les îles du cap Vert, et passèrent près des Açores, les Canaries étant un peu écartées de leur route. La première terre qu'ils découvrirent dans ces mers étroites, fut l'île d'Alderney. Ils naviguèrent environ huit milles à l'ouest de Cherbourg, où leur seule et dernière ancre s'étant perdue, et n'ayant plus que six hommes de tout l'équipage, le vaisseau fut jeté contre les rochers et s'y brisa ; mais les misérables restes de cette expédition, réduite à quatre Anglais, se sauvèrent et retournèrent en Angleterre.

Cependant le roi d'Espagne avait repris des forces; il envoya d'abord des vaisseaux en course, sur les côtes d'Angleterre ; mais trouvant que c'était trop peu faire pour obtenir sa revanche, il assembla de nouveau une flotte dans le golfe de Cadix ; elle était composée de plus de soixante-cinq gros bâtiments de guerre, de deux galéaces et d'un grand nombre de galions et de frégates. La reine Elisabeth, attentive aux desseins du roi d'Espagne, mit en mer cinquante-six vaisseaux de guerre et cinquante bâtiments de charge remplis de troupes et de munitions, sous la conduite du comte d'Essex et de l'amiral Howard.

Cette flotte fut augmentée de trente vaisseaux hollandais. Pleins de la confiance que leur inspirait leur dernier triomphe, les Anglais partirent de Plymouth le 13 juin, et le 30 du même mois, ils parurent en présence des ennemis résolus de leur livrer bataille. Comme ils se disposaient sérieusement au combat, les Espagnols, à demi vaincus par le souvenir de leur dernière défaite, prirent la fuite, et allèrent échouer sur des sables; une partie des hommes se sauvèrent sur les terres, et les autres se noyèrent en voulant gagner les côtes à la nage. Les Anglais, profitant du trouble des Espagnols, les serrèrent de près; ils prirent deux grands galions avant qu'ils fussent échoués ; ils en brûlèrent deux autres, plus deux gros vaisseaux de guerre; mirent en déroute le reste de la flotte, et firent une descente à Cadix, qu'ils assiégèrent et prirent.

Deux si grands échecs mirent les Espagnols hors d'état de tenir la mer : ils ne possédaient plus que quelques vaisseaux occupés par le commerce ; encore la reine Elisabeth donna-t-elle des commissions à qui en voulut, pour attaquer ces navires en quelque endroit qu'on les rencontrât.

Sous le règne de cette princesse, la marine d'Angleterre s'acquit de la réputation, non-seulement par l'effort des armes; mais encore elle fut cultivée avec beaucoup de succès pour l'avantage du commerce. Comme on l'a vu au chapitre précédent, un nouveau pays, *la Virginie*, fut découvert dans l'Amérique, et on y établit une colonie. Jacques Ier, successeur de l'illustre Elisabeth, entra mieux dans ses vues par rapport au commerce, que relativement à la guerre. Il envoya dans ces régions nouvellement découvertes une autre colonie qui s'y établit dans la partie méridionale, et il conclut avec les Hollandais un traité, en vue de faire paisiblement avec eux le commerce des Indes orientales.

La Compagnie des Indes orientales entreprit, en 1607, son troisième voyage sous les ordres du capitaine Guillaume Keeling, en qualité de commandant en chef : il eut sous lui environ trois cent dix personnes sur trois vaisseaux : *le Dragon*, *l'Hector* et *le Consentement*. *Le Consentement* fut d'abord séparé de la flotte, et les deux autres vaisseaux se séparèrent aussi à la rade de Delisa, située sur la mer Arabique, au nord de Socotora. Le capitaine Keeling, sur *le Dragon*, pour aller à Bantam, et le capitaine Hawkins, sur *l'Hector*, pour Surate. Le premier trouva à son arrivée que les Hollandais avaient pris les devants; qu'ils avaient déjà deux vaisseaux chargés de clous de girofle, et qu'ils se préparaient à en charger deux autres de poivre. Ils obtinrent pourtant le chargement de leur vaisseau; et, après avoir pendant leur séjour fait une triste expérience de l'ingratitude et de la supercherie des Hollandais, ils revinrent en Angleterre.

Le capitaine Hawkins débarqua à Surate, et, après avoir envoyé son vaisseau aux îles de Banda, il se rendit par terre à la cour du Grand Mogol, à Agra, afin d'y négocier, pour le bien de la Compagnie, l'établissement du commerce dans différents cantons des Indes.

L'Hector étant arrivé aux îles de Banda, on jugea qu'il fallait, avant tout, régler les droits et les payements. Ensuite ils commencèrent à trafiquer.

Dans le même temps, les Anglais apprirent que les Hollandais avaient dessein de construire un fort à Banda, et en prévoyant les conséquences, ils proposèrent aux principaux du pays de le leur remettre entre les mains au nom et en faveur du roi d'Angleterre, avant qu'on eût commencé à y travailler. Cette proposition fut agréée en apparence, mais ce n'était qu'une trahison et une feinte. Les Hollandais, ayant achevé leur fort, traitèrent les naturels, ainsi que les Anglais, avec toute la dureté et l'insolence imaginables.

Voyant qu'on les avait trompés, les Bandanois résolurent de se venger. Ils attirèrent adroitement l'amiral hollandais avec les principaux de sa suite et de son conseil dans un lieu convenable à leur dessein, et les passèrent tous au fil de l'épée. Ils formèrent ensuite le complot de faire main-basse sur tous les autres, et l'auraient exécuté sans l'intervention des Anglais. Ces troubles arrivèrent au mois de mai 1609, et dès le mois suivant, les Hollandais imposèrent au commerce des Anglais des conditions déraisonnables, auxquelles ces derniers furent forcés de se soumettre.

Au mois de juillet, ils poussèrent l'insolence jusqu'au point d'envoyer aux Anglais un ordre, signé de leur vice-amiral et des autres membres du conseil, de partir dans cinq jours : les Anglais furent obligés de composer avec eux pour avoir la liberté de rester plus longtemps; enfin ils partirent avant d'avoir complété leur cargaison.

De là, ils firent voile vers Bantam, où ils achetèrent environ quatre mille sacs de poivre; et, après y avoir établi un comptoir, ils revin-

rent en Angleterre au mois de mai 1610, sans avoir perdu un seul homme.

Le Consentement, vaisseau de cent quinze tonneaux, commandé par le capitaine David Middleton, frère du chevalier Henri, et qui partit avec les deux autres vaisseaux, s'en sépara bientôt pour aller à sa destination : il arriva à la baie de Soldania au mois de juillet, cinq mois avant l'autre ; de là, il alla à Bantam, où il se défit de sa cargaison de fer et de plomb, et chargea d'autres marchandises pour les Moluques, dont il prit la route le 6 décembre, et où il arriva au commencement de janvier 1608 : il y resta jusqu'au milieu de mars, et eut de grands obstacles à surmonter dans son commerce, de la part des Espagnols, qui, après bien des difficultés, permirent de trafiquer au commencement de ce mois; mais envoyèrent des contre-ordres quelques jours après, et pressèrent le départ.

Les naturels, qui avaient plus de considération pour les Anglais, continuèrent cependant à trafiquer secrètement avec eux pendant la nuit. Au milieu du mois, les Espagnols leur ordonnèrent positivement de se retirer.

Après avoir quitté les Moluques, ils entrèrent le 23 mars dans les détroits de Bengaya : ils en trouvèrent les habitants disposés à traiter avec eux, et employèrent les efforts les plus obligeants pour les y engager. Ils reçurent beaucoup d'honnêtetés, surtout du roi de Botun, qui, après les avoir visités à bord, les invita à venir dans sa capitale, et leur envoya un pilote pour les y conduire. Quelques vaisseaux de Java y étant arrivés pendant ce temps, ils eurent le bonheur de s'entendre avec eux, et ainsi de compléter leur chargement.

Dès qu'ils eurent fini leurs affaires, ils prirent congé de ce prince équitable et poli, et retournèrent à Bantam, où ils arrivèrent le 22 mai 1608; et, après y avoir achevé leur commerce, ils en repartirent le 15 juillet pour se rendre en Angleterre.

Le quatrième voyage général que la Compagnie entreprit aux Indes orientales fut malheureux. Les deux vaisseaux *l'Ascension* et *l'Union*, destinés à faire ce voyage, partirent de Woolwich le 14 mars, sous les ordres du capitaine Alexandre Sharpey. Ils allèrent de conserve jusqu'à la baie de Soldania, où ils arrivèrent le 13 juillet, et y restèrent jusqu'au 25 septembre. Bientôt après leur départ de cette baie, les deux vaisseaux se séparèrent. *L'Ascension* prit la route de Comora, îles situées entre Saint-Laurent, et le continent, où ils furent fort bien reçus par le roi du pays.

Ils touchèrent ensuite à l'île de Pemba, dont ils trouvèrent les peuples si traîtres, qu'ils appelèrent ce lieu *l'Enfer*, à cause de la méchanceté et de la barbarie de ses habitants. En quittant Pemba, ils prirent trois pangays ou barques qui appartenaient aux Mores de Mélinde, et en firent passer sur leur bord la plus grande partie de l'équipage, au nombre de cinquante hommes; mais cette action pensa leur coûter bien cher, car les Mores, pour mieux se venger, prirent le temps qu'ils ne croyaient point les Anglais sur leurs gardes, et, tirant leurs longs poignards, ils tombèrent sur eux tous à la fois, égorgèrent leur ministre, un des marchands et deux élèves. Ils destinaient le même sort aux autres personnes de l'équipage ; mais les Anglais leur ripostèrent si vigoureusement, que de cinquante ils en tuèrent quarante, qui se trouvèrent être des plus qualifiés de Mélinde : ils mirent les dix autres à terre pour en porter la nouvelle. Ils quittèrent ces mers; car après une pareille action, il n'eût pas été sûr pour eux d'y rester.

Ils rencontrèrent, au mois de janvier 1609, une quantité d'îles délicieuses et fertiles, mais qui étaient désertes : c'est pourquoi ils les nommèrent les *Iles désolées*.

De là ils vinrent, au mois d'avril, à Aden, place de la domination du Grand Turc, et par où il tire tous ses trésors et les parfums de l'Arabie Heureuse : ils y furent bien reçus du pacha, et y laissèrent deux marchands pour y former un établissement. Cette permission cependant leur coûta cher; car, comme ils n'avaient point de patentes du Grand Seigneur, et que le privilége de trafiquer qu'il leur avait donné n'était, à ce qu'on prétendit, qu'une tolérance, le pacha eut la hardiesse d'exiger d'eux, pour cette faveur, les étoffes qui lui plurent, et elles lui plurent presque toutes; il s'empara de la partie de marchandises qu'ils avaient fait porter au lieu de sa résidence.

Ils allèrent de là à Moka, ville située sur la mer Rouge, et l'entrepôt de tout le commerce des Indes, où ils furent fort bien reçus. Ils avaient projeté de passer ensuite à Cambaya, où leur vaisseau se perdit sur des bas-fonds, à environ neuf myriamètres de la côte, par l'entêtement du capitaine, qui ne voulut point prendre de pilote, quoiqu'on l'eût averti du danger de la route. Les gens de l'équipage gagnèrent la terre, et voyagèrent jusqu'à Surate, d'où ils se rendirent en Angleterre par différents chemins.

Après le départ de *l'Ascension*, *l'Union* ayant résisté à la tempête, alla se rafraîchir à Saint-Laurent, et prit ensuite la route de Zanzibar, où ils furent aussi maltraités que leurs compagnons l'avaient été à Pemba. D'abord on les reçut bien, et ensuite on leur dressa une embuscade. De là ils firent voile pour Madagascar, et restèrent à l'ancre quatorze jours dans cette baie; mais ils y essuyèrent de grandes pertes.

Ils prirent ensuite la route d'Achem, où, après plusieurs obstacles qui leur furent suscités par les Hollandais, ils gagnèrent l'amitié du roi, et commencèrent à trafiquer avec les Guzurates. Ils y passèrent quelque temps, et allèrent à Priaman, dans la même île de Sumatra, où le commerce leur fut si avantageux, que l'établissement qu'ils y commencèrent leur fit oublier toutes leurs infortunes passées. Ils y prirent une bonne cargaison de poivre, et en partirent pour l'Angleterre.

En 1607, Henri Hudson fit voile de Gravesende le premier jour de mai avec un seul vaisseau, dix hommes d'équipage et un mousse, pour aller faire des découvertes du côté du pôle septentrional, aux frais de quelques marchands de Londres. Il découvrit le Groënland le 27 juin; comme la glace était épaisse le long de la côte, il longea la terre à deux myriamètres par un bon vent : il comptait alors être à soixante-dix-huit degrés et aux environs de Vogelhook. Il arriva le 14 juillet à la baie qui, depuis, a retenu son nom. Il avait, du côté du midi, trois ou quatre petites îles ou rochers. Le 15, il découvrit, par un temps clair, les hautes terres du Groënland, à dix myriamètres au nord-est; et suivant son estime, la partie septentrionale de la terre qu'il vit alors s'étendait jusqu'au quatre-vingt-unième degré. Le 16, il approcha davantage de la terre qu'il avait découverte, et aperçut facilement une autre terre qui y confine, et qui règne jusqu'au quatre-vingt-deuxième degré, et même plus loin, à ce qu'il lui parut à l'inspection du ciel. La quantité de glaces qu'il y a du côté du nord et qui joint la terre, l'empêcha de poursuivre ses recherches. Ainsi, il revint sur ses pas, et arriva dans la Tamise le 15 septembre.

On prétend que ce détroit et la baie qui porte le nom d'Hudson furent d'abord découverts par un Danois, qui lui donna le nom de

Christiana, de Christian IV, roi de Danemark, alors régnant. Mais le capitaine Hudson est du moins le premier qui la découvrit aux Anglais. Pendant ce voyage, il donna à différents lieux des noms qu'ils ont conservés jusqu'à présent, comme la *Baie de la Baleine,* la *Pointe d'Hackluyt,* les *Touches d'Hudson,* etc.

Henri Hudson partit de Sainte-Catherine, le 22 avril 1608, pour son second voyage, dans le dessein de trouver un passage aux Indes orientales par le nord-est. La relation que nous ont donné Purchas et Harris ne contient qu'un fait intéressant, et qu'en historien fidèle nous rapportons sans le garantir, comme on va bien le penser :

« Le 15 juin, disent-ils, un des hommes de l'équipage, jetant les « yeux sur la mer, aperçut une sirène, et appelant ses compagnons « pour la voir, il en accourut une autre : elle était alors comme collée « à côté du vaisseau, et regardait ces gens fixement ; bientôt après, un « flot la fit retourner. Du nombril jusqu'au haut, elle ressemblait à une « femme par devant et par derrière ; son corps était aussi gros qu'une « femme l'a ordinairement ; elle avait la peau blanche et de longs che- « veux noirs qui flottaient derrière. Quand elle se retourna, ils virent sa « queue, qui était semblable à celle d'un marsouin, et tachetée comme « celle d'un maquereau. Ceux qui la virent se nommaient Thomas Hills « et Robert Rayner. »

Hudson revint de ce voyage, et arriva à Gravesende le 26 août. Il entreprit l'année suivante un troisième voyage, du côté de la Nouvelle-Zemble, et après avoir été à la hauteur du cap septentrional de Finmark, il fit voile pour le Newfoundland, le cap Cod et la Virginie.

Malgré les obstacles que les Anglais rencontrèrent à la Virginie, en 1611, on jugea à propos d'essayer encore une fois s'il n'y aurait pas quelque moyen d'entretenir la paix et le commerce avec cette contrée, qui avait paru s'y refuser. Pour cet effet, les capitaines Roydon et Langham, Bully et Skelton équipèrent à leurs frais deux bons vaisseaux, dont ils donnèrent le commandement au capitaine Smith, qui avait été président de la colonie du Sud, en Virginie. Le capitaine y étant arrivé, se livra à la pêche, trafiqua avec les habitants, rangea la côte, examina le pays et en prit le plan.

Tandis qu'il était à terre, il obtint, en échange de simples bagatelles, près de onze mille peaux de castor, cent de martre et autant de loutre. Il revint avec le plus petit vaisseau, et donna ordre à l'autre de se rendre en Espagne, et d'y prendre sa charge de poisson séché, ce qu'il fit à Malaga.

Il ne mit qu'environ six mois en tout son voyage, et amassa près de 1500 livres du gain qu'il fit sur les peaux de loutre et de castor, le poisson salé, l'huile de poisson et autres marchandises semblables. Les armateurs pour le compte desquels il naviguait, furent aussi remboursés abondamment de leurs frais, par le produit de leur part de marchandises. Il présenta à l'assemblée des directeurs de la Compagnie du nord de la Virginie la carte qu'il avait faite du pays, et lui donna le nom de *Nouvelle-Angleterre*.

Les Hollandais ayant été chassés, en 1613, de la pêche au Groënland, il y avait tout lieu de croire qu'ils viendraient l'année suivante avec de grandes forces. La Compagnie y envoya treize gros vaisseaux et deux pinasses, qui furent équipés pour cet effet; mais on fut obligé de les laisser pêcher tranquillement, parce qu'ils avaient dix-huit grands bâtiments parmi lesquels on comptait quatre vaisseaux de guerre de trente canons chacun. Un des vaisseaux de la Compagnie, sur lequel étaient employés Thomas Sherwin et Guillaume Baffin, poussa ses découvertes au nord du Groënland jusqu'à quatre-vingts degrés et quelques minutes.

Parmi les événements des années 1644 et 1645, on cite les voyages de Fotherby, à la découverte des mers, terres et îles qui sont au nord, et cela aux dépens de la Compagnie de Moscovie. Une seule circonstance de ces deux voyages mérite l'attention des lecteurs :

« Au mois de juin 1614, j'allai, dit Fotherby, avec la chaloupe dans le détroit de Maudlin, pour y arborer les armes du roi ; j'y élevai une croix, sur laquelle je fis attacher les armes du roi, et par-dessous une pièce de plomb avec la marque de la Compagnie de Moscovie, le jour et le mois de l'année. Ensuite, enlevant un morceau de terre, je le fis apporter à bord, et, en présence de l'équipage, je pris possession en ces termes :

« Je prends ce morceau de terre en signe de la possession légitime « du roi Jacques, et de cet endroit en particulier, que je nomme le « *Port de la Trinité,* en faveur de la Compagnie des marchands, des

« nouveaux trafics et découvertes pour le bien de notre souverain sei-
« gneur Jacques, par la grâce de Dieu roi de la Grande-Bretagne, de
« France * et d'Irlande, dont les armes royales sont ici arborées, afin
« que tous ceux qui y aborderont puissent avoir connaissance du droit
« et de la souveraineté du roi sur tout le pays et sur chacune de ses
« parties. Dieu sauve le roi Jacques ! »

Cette même année 1614, le roi, à la sollicitation pressante des Ecossais, qui lui demandèrent quelques-uns de ses vaisseaux pour se venger des dégâts que les pirates commettaient sur leurs côtes, dépêcha les chevaliers Guillaume Monson et François Howart, avec deux vaisseaux.

Le 1er juin, le chevalier Guillaume arriva au château de Sinclare, maison du comte de Cathness, et le promontoire le plus éloigné de la Grande-Bretagne. Il y fut très-surpris d'apprendre que de vingt pirates qu'on lui avait dit être sur ces côtes, il n'entendait parler que de deux, dont un, qui avait été forcé de faire ce métier, avait profité de la première occasion pour le quitter. Il s'était rendu, lui et sa barque, au comte de Cathness, avec qui le chevalier Guillaume le trouva, et d'où il l'emmena.

L'autre pirate, nommé Clark, ayant eu avis de l'arrivée du chevalier Guillaume, avait quitté la côte, et s'était retiré à une île, parmi des pêcheurs. Le chevalier Guillaume visita Orknies, Shetland et Hébrides; et, n'entendant point parler de Clark, ni qu'il y eût aucun autre pirate sur ces mers, dirigea sa course vers Broadhaven, en Irlande. Ce port était fréquenté par les écumeurs de mer, à cause de sa sûreté et des secours qu'ils recevaient d'un gentilhomme du voisinage, appelé Cormat, qui n'épargnait rien pour les bien traiter, pas même ses propres filles.

Le pirate qui s'était rendu de lui-même, avec ses compagnons, à Cathness, fut d'une grande utilité au chevalier Guillaume. Sous prétexte qu'il était pirate lui-même, il fit tomber dans le filet le gentilhomme, avec sa femme et ses filles, ainsi que les principaux de leurs assistants et adhérents, parmi lesquels il trouva un négociant de Londres, un maître d'école et un marchand de Galbway. Il s'empara de la bande, et fit dresser une potence pour les exécuter le lendemain matin ; mais,

* De nos jours encore, cette formule, qui a peu varié, maintient la France comme une des possessions de la reine d'Angleterre.

à la sollicitation de tout le pays, il leur pardonna, après toutefois leur avoir fait promettre de se corriger, et déclarer toutes les fautes qu'ils avaient commises par le passé.

Le chevalier Guillaume suivit un pirate pendant six jours, dans sa chaloupe, par un mauvais temps; mais il lui échappa à la faveur d'un brouillard, et gagna l'île d'Enescey, d'où le capitaine trouva moyen d'envoyer au nouveau converti une lettre, que celui-ci communiqua au chevalier. Ils concertèrent ensemble une réponse, et ils firent accroire au pirate que le vaisseau du roi était de Londres, qu'il revenait des Indes, fort délabré, et qu'il ne lui restait que fort peu de monde accablé de maladie : ils l'attirèrent ainsi dans le piége. Le chevalier Guillaume, s'étant par ce moyen saisi du navire et de l'équipage, l'amena à Broadhaven. Il y fit exécuter quelques-uns des principaux et des plus coupables, pour inspirer de la terreur aux autres et à tout le pays, qui n'avait pris que trop de part à ces mauvaises manœuvres. Il arriva aux Dunes le 10 août.

En 1615, la Compagnie laissa les Hollandais aller au Groënland, avec quatorze gros bâtiments, dont trois vaisseaux de guerre. Les Anglais n'y avaient que deux vaisseaux et deux pinasses.

Les Danois firent aussi cette année leur premier voyage au Groënland, sous la conduite d'un Anglais fugitif, et escortés de trois vaisseaux de guerre. Ils eurent le front de demander aux Anglais des engins pour pêcher; mais ceux-ci les ayant refusés, les Danois partirent tranquillement, sans insister davantage sur cette demande.

Les troubles qui avaient agité les Anglais et les Espagnols s'étaient assoupis sous le roi Jacques; mais ils se réveillèrent sous Charles Ier. L'alliance de ce monarque avec la France en fut cause. Cent vaisseaux de guerre partirent de Plymouth le 3 octobre, et firent une descente près de Cadix. Les Anglais furent repoussés jusque dans leurs vaisseaux et laissèrent plus de huit cents hommes sur la place. Pour se dédommager de cet insuccès, ils allèrent au-devant de la flotte des Indes; mais elle leur échappa. Tandis que les Anglais étaient encore à Cadix, le roi d'Espagne avait envoyé à sa rencontre plusieurs frégates, pour lui faire prendre, au lieu de la route de cette ville, celle de Lisbonne. Par la prise d'une de ces frégates, les Anglais connurent les instructions du roi d'Espagne, et se déterminèrent à faire voile pour

Lisbonne : c'est ce qui sauva la flotte espagnole ; car, n'ayant point été rencontrée par les vaisseaux d'avis, elle arriva heureusement à Cadix. La saison étant avancée, les Anglais s'en retournèrent chez eux sans avoir rien fait. Charles, aussitôt que cette flotte fut de retour, la fit radouber et renforcer par des vaisseaux neufs, dans le dessein d'insulter les côtes maritimes d'Espagne, ou de s'opposer aux Espagnols qui menaçaient l'Irlande ; mais la guerre qui vint à se déclarer contre la France lui fit oublier celle d'Espagne. On en parlera amplement dans l'histoire de la marine des Français.

Les aventuriers qui débarquèrent à la Nouvelle-Angleterre, en 1620, nommèrent l'endroit de leur séjour le *Nouveau-Plymouth*. Ses plantations, sa pêche, son trafic l'enrichirent ; elle devint nombreuse, et plusieurs personnes importantes, les unes encouragées par l'espoir du gain, les autres animées du zèle d'étendre la religion, résolurent de la fortifier, et de multiplier les établissements dans la Nouvelle-Angleterre. White, ministre de Dorchester, fut un des plus ardents promoteurs de ce dessein : Roger Conan fut envoyé, avec des hommes et des provisions, aux environs du cap Anne, promontoire septentrional de la baie de Massachussets. Conan ne tarda pas à se dégoûter de son poste, et il était sur le point de revenir, lorsqu'il reçut des lettres de White, qui lui promettait des patentes pour lui et pour ses compagnons, et des secours abondants de toutes sortes de provisions. Dans cette espérance, Conan se contenta d'errer dans la Nouvelle-Angleterre, et d'y chercher un séjour plus commode.

White fit mouvoir tant de ressorts, qu'il tint à Conan la parole qu'il lui avait donnée. Plusieurs de ses amis achetèrent de la Compagnie de la Virginie septentrionale, qu'on appelait le *Conseil de Plymouth*, la partie de la Nouvelle-Angleterre qui est située entre les rivières Mérimack et Carles, au fond de la baie de Massachussets. Ses associés achetèrent tous les droits de la Compagnie ; obtinrent des lettres patentes du roi, datées de cette année ; possédèrent leurs terres en commun, de la manière que la colonie de Greenwich septentrionale les possédait alors, s'assurèrent de la protection de Sa Majesté, et de la liberté de conscience pour eux et pour tous les nouveaux colons. Ils partirent la plupart avec leur famille, et engagèrent le plus de monde qu'ils purent à les accompagner. Matthieu Craddock, écuyer, fut nommé gouverneur; il s'établit dans un endroit que les Indiens appelaient *Nahemeick*, à huit milles ou environ au nord de Boston, dans le comté d'Essex, et que ces non-conformistes nommèrent *Salem*.

Les associés qui séjournaient en Angleterre, encouragés par les succès de leur colonie de Massachussets, et par les avantages qu'ils en espéraient, résolurent de la soutenir de toute leur puissance.

Les colons bâtirent plusieurs villes, comme Charles-Town, sur la rivière Charles, dans la province de Midlessex; Dorchester, dans la province de Suffolk, et Boston, qui sortit pour ainsi dire des ruines de Charles-Town. Boston devint si grand, qu'il fut en peu de temps la capitale de la colonie de Massachussets et de la Nouvelle-Angleterre. On bâtit ensuite Roxbury, dans la province de Suffolk; Lynn, dans le comté de Sussex, et Water-Town, dans la province de Midlessex. Tous ces accroissements se firent en moins de deux ans, et cette colonie devint si nombreuse, par la multitude de ceux qui s'y rendirent, qu'elle fut contrainte de se séparer en plusieurs branches, qui se répandirent dans le pays.

Le capitaine Warriner, qui fonda Saint-Christophe, fut aussi le fondateur de la colonie de Mévis, qui s'appelait, en 1628, Névis. L'année suivante, don Frédéric de Tolède chassa de Saint-Christophe les Anglais et les Français, et leur prit à Mévis quinze vaisseaux.

Cette perte n'arrêta point les progrès de la colonie : au bout de vingt ans, elle était composée d'environ trois ou quatre mille hommes, que le commerce du sucre faisait subsister dans l'abondance.

Vers le mois d'août 1630, huit hommes furent mis à terre par leur capitaine, qui était à la pêche de la baleine, sur la côte du Groënland : ils avaient ordre de chasser et de tuer quelques bêtes sauvages pour la provision. En deux jours, ils abattirent environ vingt bêtes fauves, et s'embarquèrent le troisième jour dans leurs chaloupes, avec cette chasse; mais ils virent en arrivant que leur vaisseau avait été obligé de prendre le large, pour éviter les glaces qui commençaient à se porter vers la côte. Ils jetèrent alors leurs provisions par-dessus bord, et se hâtèrent d'arriver à Bel-Sound, le rendez-vous général de tous les vaisseaux anglais qui faisaient voile dans ces temps au Groënland. S'étant malheureusement égarés, par l'opiniâtreté de l'un d'entre eux, ils découvrirent trop tard leur erreur, et n'arrivèrent qu'après le départ des vaisseaux.

Les voilà donc abandonnés dans une contrée dénuée de toutes les choses nécessaires à la vie, sans habits capables de les défendre de la rigueur du froid le plus violent, sans aliments et sans feu pour préparer les aliments quand ils en auraient eu. Dans cet état, leur première pensée fut de prendre tous les moyens imaginables pour conserver leur vie. Ils songèrent ensuite à profiter du premier temps favorable pour gagner le havre Green, où ils trouveraient un grand nombre de bêtes fauves, et où ils en tueraient autant qu'il en faudrait pour leur provision. Ils arrivèrent le 25 août en un endroit appelé le Parc-de-Cole, à un myriamètre ou environ du havre Green, et revinrent cette nuit avec sept bêtes fauves et quatre ours.

Ce succès les encouragea à se rendre une seconde fois au Parc-de-Cole, et à se mettre à l'affût au côté de la montagne : ils tuèrent encore douze autres bêtes fauves et plusieurs ours, qu'ils transportèrent au havre Green. Là, ils chargèrent une autre chaloupe, que leur vaisseau y avait laissée, et dans laquelle ils trouvèrent de la graisse de baleine qu'on avait fait bouillir cette année. Deux jours après ils partirent pour Bel-Sound, où la commodité du terrain, l'abri formé par le rivage et autres avantages particuliers les invitèrent à se fixer, et à se faire une habitation pour le reste de l'hiver, avec des bois, des planches et des débris de tonneaux. La nuit les prit en chemin : ils halèrent leur chaloupe, l'amarrèrent du mieux qu'ils purent, et cherchèrent sur le rivage quelque endroit moins exposé à la rigueur du froid. Ils trouvèrent le lendemain matin leur bâtiment changé de place, et une grande partie de leur chasse couverte de glace et éparse sur le rivage.

Le 3 septembre, le temps fut assez beau, et ils employèrent ce jour à dégager des glaces leurs provisions; ensuite ils mirent en mer, et arrivèrent à Bel-Sound. Leur attention principale fut de se hâter d'amasser dans cet endroit autant de provisions qu'il leur en fallait pour l'hiver.

L'espèce de tente qu'ils avaient dressée avait quatre-vingts pieds de long sur cinquante de large; ils en abattirent une autre plus étroite, qu'ils avaient élevée à quelque distance de là, et se servirent des matériaux pour en construire une autre au dedans de la première; c'est ainsi qu'ils parvinrent à se fortifier contre le froid. La chambre dans laquelle ils se renfermèrent avait vingt pieds de long sur seize de large et sur dix de haut; elle était revêtue de briques, de chaux et d'une espèce de mortier fait avec du sable, des morceaux de bois, de la terre et des chevrons tirés de la petite tente qu'ils avaient détruite. Ils partagèrent cette chambre en quatre petits cabinets à coucher; ils se firent des lits avec les peaux des animaux qu'ils avaient tués, qu'ils trouvèrent très-chaudes, et qui leur servirent beaucoup lorsque l'hiver les eut réduits à l'état le plus fâcheux. Ils se firent du feu avec les morceaux d'une centaine de tonneaux vides, quelques vieilles chaloupes et autres débris que les flottes avaient laissés dans cet endroit.

Leur sort fut vraiment déplorable pendant plusieurs mois qu'ils passèrent dans une crainte continuelle de manquer de vivres; car ce qu'ils en avaient amassé ne suffisait pas pour subsister jusqu'au retour des flottes, et ils n'avaient aucune espérance de s'en pourvoir. Ils se réduisirent à trois repas par semaine, qui consistaient en chair d'ours et autres viandes; ils ne mangeaient les quatre autres jours que du biscuit vermoulu, et de la chair de baleine qu'ils avaient trouvée dans la chaloupe que leurs compagnons avaient laissée sur le rivage. Pour comble de malheur, ils commencèrent alors à perdre la clarté du soleil, qui disparaît dans ces contrées depuis le 14 octobre jusqu'au 3 février. Ils ne jouirent pendant tout ce temps que d'un faible crépuscule, qui durait pendant quelques heures; encore, au 20 décembre, tombèrent-ils dans des ténèbres complètes.

Au commencement de l'année, le froid fut si intense, que, dans l'impossibilité de percer la glace, comme ils avaient fait jusqu'alors, et de se pourvoir d'eau, ils furent obligés de s'abreuver, depuis le 10 janvier jusqu'au 20 mai, de neiges fondues. La rigueur du froid fut telle, qu'elle leur couvrit le corps de cloches qu'on eût prises pour des brûlures.

A la fin de janvier, les jours devinrent plus longs, et ils jouirent pendant sept ou huit heures de l'espèce de crépuscule dont on vient de parler. Ils reprirent l'air, ce qui leur rendit un peu le courage; mais lorsqu'ils vinrent à visiter leurs provisions, et à s'apercevoir qu'ils en avaient à peine pour six semaines, ils retombèrent dans l'accablement le plus profond. Le temps commença à devenir beau, mais les bêtes sauvages ne paraissaient point encore : ils virent seulement un ou deux chevaux marins, avec sept ou huit ours qu'ils tuèrent; ils prirent cinquante renards dans des trappes, une trentaine d'oiseaux gros comme des canards, environ soixante autres, semblables à des pigeons, et ils vécurent avec ce renfort de provisions, en faisant deux ou trois repas par jour.

Le 25 mai, il parut deux vaisseaux. Le maître d'un de ces bâtiments, qui avait appris qu'on avait laissé l'an passé des personnes à terre, mit à la mer sa chaloupe, et ordonna à quelques-uns de ses gens de s'avancer jusqu'à la grande tente, pour voir s'ils étaient encore vivants : on les trouva alors en prières dans leur chambre intérieure, et ils attendaient l'un d'entre eux qui était occupé dans la tente extérieure. Les gens que le maître du bâtiment avait dépêchés firent un cri, auquel celui-ci répondit : les sept autres l'entendirent et coururent embrasser leurs compatriotes. Ils les introduisirent ensuite dans leur habitation, et les regalèrent du mieux qu'ils purent, c'est-à-dire avec un morceau d'ours rôti quatre mois auparavant et un verre d'eau froide.

Ils passèrent ensuite sur le bâtiment, où ils attendirent la flotte de Londres, qui les transporta en Angleterre. La Compagnie de Moscovie, au service de laquelle ils avaient tant souffert, les en dédommagea.

La province qu'on appelle à présent le Maryland, avait toujours passé pour une partie de la Virginie, lorsqu'en 1631, le roi la donna à George Calvert, lord Baltimore. George Calvert ne vécut pas assez pour jouir du don de Sa Majesté. Cécile Calvert, son fils, qui avait fait un voyage à la Virginie, où on l'avait assez mal reçu, se fit délivrer les patentes en son nom ; elles furent datées du 20 juin 1632 ; en voici la teneur : « Le Maryland est toute cette partie de la péninsule comprise entre « l'Océan à l'orient, et la baie de Chesepeack à l'occident, et séparée « de l'autre partie par une ligne tirée du cap Watkin, situé dans la baie « aux environs de Wigheo à l'occident, sur l'Océan à l'orient, et au « nord sur la partie de la baie de Delawarre qui est au-dessous du « quarantième degré de latitude septentrionale, etc. C'est le roi même « qui a donné à cette province le nom de Maryland, pour immortaliser « en quelque façon son épouse. Le lord Baltimore l'obtint de la cou- « ronne d'Angleterre comme un bien de roture, et en qualité de gou- « verneur de Windsor, à condition d'envoyer tous les ans deux flèches « indiennes. »

Lorsque le lord Baltimore eut obtenu ses patentes, il prit le parti de se rendre lui-même au Maryland; il changea d'avis dans la suite, et nomma gouverneur de cette province Léonard Calvert, son frère, auquel il donna pour collègues Jérémie Hawley, écuyer, et Thomas Cornwallis, aussi écuyer. Les premiers colons qu'on y envoya partirent en 1633, au nombre d'environ deux cents. Les chefs de ces aventuriers étaient des pères de famille, qui allèrent, à l'exemple du lord Baltimore, jouir de la liberté de conscience dans des pays dont ils se flataient que la propriété les mettrait à couvert de toute persécution.

Ils firent voile de Cows, île de Wight, le 22 novembre, relâchèrent aux Barbades, s'arrêtèrent quelque temps à Saint-Christophe, et arrivèrent en Virginie, à Confort, le 24 février suivant. Ils quittèrent cet endroit le 3 mars, et entrèrent dans la rivière de Patowmeck, dont le gouverneur nomma la contrée méridionale Saint-Grégoire, et la contrée septentrionale Saint-Michel.

Après avoir fait environ vingt-cinq myriamètres sur cette rivière, et conféré avec plusieurs chefs indiens, le gouverneur retourna sur ses pas et la remonta vers le nord jusqu'à deux ou trois myriamètres de son embouchure. Il lui donna le nom de rivière George. A deux myriamètres de là il trouva une ville indienne appelée Yoamaco, où il résolut de s'établir; les habitants y consentirent, l'abandonnèrent librement, et cédèrent le 27 mars leurs maisons à ces nouveaux possesseurs, qui changèrent le nom d'Yoamaco en celui de Sainte-Marie.

La possession de cette ville ne fut pas un léger avantage pour ces premiers colons; car ses environs ayant été défrichés par les Indiens, on put y planter sur le-champ du blé et faire des jardins. Les habitations que les Indiens avaient cédées n'étaient à la vérité que des cabanes; mais ces cabanes se transformèrent bientôt en maisons et en forts. Cette colonie augmentant de jour en jour, elle eut dans la suite des subdivisions, bâtit des villes et forma des provinces.

La guerre intestine qui désola l'Angleterre sous les règnes de Charles Ier et de Charles II n'offre que peu d'expéditions maritimes. Ces rois eurent leurs vaisseaux; le Parlement, qui leur était opposé, eut aussi une armée et une flotte à ses ordres et à sa solde; mais il ne se passa à cette occasion rien de considérable sur mer. Ce qui mérite d'être rapporté est la rupture momentanée entre les Anglais et les Hollandais. Ces deux nations avaient fait jusqu'à ce temps le commerce des Indes avec une parfaite intelligence. Cet accord fut interrompu par l'inconséquence de quelques particuliers qui se prirent réciproquement des vaisseaux. Pour empêcher que ces actes d'hostilités particulières ne devinssent une affaire générale, les Etats de Hollande, qui, dans les dissensions de l'Angleterre, tenaient pour le parti républicain, envoyèrent d'abord des ambassadeurs à Londres, afin que l'entente cordiale fût rétablie par une négociation à l'amiable. Elle était sur le point de réussir, lorsqu'un incident mit les deux nations dans une division plus éclatante.

Martin Tromp, amiral de Hollande, avait été jeté aux Dunes avec une flotte de quarante-deux vaisseaux. S'étant approché du château de Douvres, le gouverneur lui envoya dire d'amener. Le fier amiral n'en voulut rien faire. Le gouverneur, choqué du refus, fit faire sur lui une décharge de mousqueterie; comme elle n'eut pas l'effet qu'il en attendait, il déféra au conseil d'Etat l'insulte qu'il venait de recevoir du général hollandais. Black, amiral aux ordres du Parlement, et qui commandait une escadre de vingt-six vaisseaux, appareilla aussitôt, cingla vers la flotte hollandaise, et tira un coup de canon à poudre sur l'amiral hollandais pour lui commander de baisser pavillon. Ce coup ayant été inutile, il en fit tirer deux autres qui ne servirent qu'à irriter Tromp, lequel répondit par une bordée de tous ses canons. L'Anglais alors s'approcha de Tromp, dans l'espérance que ses paroles feraient plus d'impression que des décharges; mais Tromp le fit envelopper et canonner. Black en fut si maltraité, qu'il fut sur le point de couler bas. Les vaisseaux anglais volèrent à son secours, et livrèrent aux Hollandais un combat si opiniâtre, qu'on crut qu'il n'aurait de fin que par celle de tous les combattants. Il dura quatre heures, pendant lesquelles on tira deux mille coups de canon. La perte fut cependant de peu de chose; car les Hollandais, à qui il en coûta le plus, en furent quittes pour un vaisseau pris et un autre coulé.

Jaloux de la gloire de leurs armes, les Etats-Généraux confièrent à l'amiral Tromp une flotte de cent quarante vaisseaux de guerre, qui furent joints par vingt-cinq autres vaisseaux de la Compagnie des Indes. Ils envoyèrent en outre, du côté du nord, une flotte de réserve équipée par les différentes villes. Tromp commença les hostilités par la prise des vaisseaux anglais qui étaient à la pêche sur la côte d'Ecosse. Black insulta pareillement les pêcheurs hollandais, qui étaient escortés par seize vaisseaux de guerre, dont douze devinrent sa proie. Les Anglais avaient en mer une autre flotte de quarante-quatre vaisseaux sous les ordres du chevalier Aiscuc. Le vice-amiral Ruyter commandait aussi une escadre hollandaise de trente-six vaisseaux et de quatre brûlots. Ces flottes se rencontrèrent à la hauteur de Plymouth et s'engagèrent dans un combat qui dura quatre heures : l'Anglais eut son vaisseau amiral coulé, deux de brûlés et quatre de pris; Ruyter n'en eut que trois endommagés. Le lendemain, celui-ci voulut recommencer le combat; mais les Anglais, s'étant vus malmenés, l'évitèrent, et Ruyter relâcha dans un port de France pour s'y radouber.

Le résultat de cette affaire ne servit qu'à exciter le courage des deux partis. Les Hollandais mirent en mer une flotte de soixante voiles sous le commandement du pensionnaire de With qui prit la place de Tromp et de Ruyter. Black ayant eu avis de sa route, partit des Dunes où il était à l'ancre et l'alla chercher : il la rencontra le 8 octobre 1652, à quatre heures après midi, et fit commencer le combat par une des ses frégates. Le feu fut d'abord égal de part et d'autre ; à l'entrée de la nuit, le contre-amiral de Hollande se retira désemparé de tous ses mâts; deux autres vaisseaux aussi maltraités qui l'accompagnaient, furent abordés si brusquement par la frégate qui avait commencé le combat, qu'ils furent pris. Comme ils étaient conduits au gros de la flotte anglaise, l'un des deux faisant eau de toutes parts, coula après qu'on en eut retiré l'équipage.

Le lendemain, l'amiral anglais alla chercher la flotte ennemie : de With avait résolu de recommencer le combat; mais les Anglais ayant repris le dessus du vent, il jugea à propos de se retirer vers les côtes de Hollande. Black le suivit de près. On se canonna de part et d'autre, et sur la fin du jour le vent ayant changé, Black se retira à son tour et regagna les côtes d'Angleterre.

Les Etats-Généraux, tendant à se rendre formidables sur mer, augmentèrent considérablement leurs forces; ils reçurent vingt vaisseaux du roi de Danemark et en firent construire de nouveaux, de manière qu'ils mirent en mer une flotte dont l'avant-garde seule était composée de soixante-dix vaisseaux, commandés par Tromp, qui était rentré dans le commandement; et l'arrière-garde de cinquante-deux, commandés par With et Ruyter. Cette armée fit voile vers les Dunes où les vaisseaux anglais étaient à l'ancre. Black, qui les commandait, ne refusa pas l'engagement : il appareilla d'abord et mit à la voile. Tromp avait envoyé sept vaisseaux à la découverte et Black neuf. Ces vaisseaux s'étant rencontrés, se canonnèrent rudement et commencèrent le combat, qui devint bientôt général. Il dura toute la journée, car ce n'est que le soir que les Hollandais avaient eu l'avantage, puisqu'ils coulèrent trois vaisseaux ennemis, en brûlèrent un et en prirent deux de quarante pièces de canon, tandis qu'ils n'en perdirent qu'un monté par un de leurs amiraux.

Le Parlement d'Angleterre apprit avec chagrin cette disgrâce, et, craignant qu'elle n'eût des suites fâcheuses, il commanda à Black de couvrir Londres en s'approchant de la Tamise ; il avait encore plus de soixante vaisseaux. Le reste de l'année se passa en escarmouches dont les avantages furent bien partagés. L'hiver fut employé à de nouveaux préparatifs pour disposer la jalousie des deux nations à éclater par les plus grandes entreprises. L'ardeur réciproque fut telle, qu'elle n'attendit point le retour de la saison propre à tenir la mer. La flotte de Tromp, de soixante-seize vaisseaux, et celle de Black, de soixante-dix, mirent à la voile ; on les aperçut le 30 janvier 1653, entre Portland et l'île de Wight. Tromp fit mettre au milieu de ses vaisseaux de guerre trois cents navires marchands, avec ordre de ne se point écarter.

Les deux amiraux anglais, suivis de trois de leurs vaisseaux, s'avancèrent vers la flotte ennemie, et rencontrèrent sept navires hollandais qui allaient à la découverte. Ils les attaquèrent avec une extrême vigueur ; la résistance fut proportionnée, et, pendant trois heures que dura ce premier effort, la victoire fut assez incertaine. Mais le combat devint extrêmement chaud par l'arrivée de trente frégates anglaises et de trente-trois vaisseaux hollandais : la nuit seule fut capable de le faire cesser. La valeur et la perte des deux partis furent égales. Black fut blessé à la cuisse, et son vaisseau reçut plus de sept cents coups de canon. Plusieurs braves officiers anglais y périrent couverts d'honneur, des vaisseaux du parti du Parlement furent brûlés ou coulés, et d'autres, fort endommagés, furent obligés de relâcher à Portsmouth pour s'y radouber. Les Hollandais n'eurent pas sujet de s'applaudir de la perte de leurs ennemis. Leur amiral eut ses mâts emportés, et presque tout son monde tué; un de leurs plus grands vaisseaux fut pris, après s'être battu pendant trois heures contre six frégates anglaises, et plusieurs de leurs bâtiments périrent par le feu ou par les flots.

La nuit ne fut qu'une disposition à une nouvelle bataille qui commença avec le jour. Les Anglais avaient été renforcés de vingt vaisseaux; mais Tromp avait le dessus du vent. Ces différents avantages soutinrent la valeur de chaque nation; on fit d'abord un grand feu du canon, les efforts durèrent jusqu'à la nuit : il y eut de part et d'autre des vaisseaux brûlés et coulés, sans que la victoire se déclarât.

La brutale fureur des deux républiques rivales qui se battaient en pure perte, ne faisait que se ranimer dans la destruction même : le point du jour arriva pour éclairer un nouveau combat. Les Anglais brûlèrent ou coulèrent dix-huit vaisseaux ennemis, et prirent huit navires marchands; mais ils perdirent vingt-quatre vaisseaux de guerre. Ceux qui restaient des deux flottes se trouvèrent si maltraités, qu'ils ne purent se retirer qu'avec beaucoup de peine.

Les deux nations épuisées n'ayant plus de forces qui répondissent à leur acharnement, en briguèrent d'étrangères. Les Hollandais mirent le roi de Danemark dans leurs intérêts; et les Anglais employèrent tout pour attirer dans leur parti Christine, reine de Suède. Ce fut peu après que six vaisseaux de guerre, commandés par un capitaine anglais, furent surpris près de Livourne par seize vaisseaux hollandais. On se battit avec valeur, malgré l'inégalité; mais les Anglais, quoique secourus par quatre autres navires, cédèrent au nombre : deux de leurs vaisseaux furent brûlés et trois autres pris. Cet avantage rendit les Hollandais maîtres de la Méditerranée.

Il n'en fut pas ainsi sur l'Océan. Tromp partit du Texel au commencement de juin avec une flotte de cent quatre vaisseaux de guerre, de neuf brûlots et de douze galiotes : il fit voile vers les Dunes, où était la flotte anglaise composée de quatre-vingts gros navires et de quarante moindres. Il la rencontra le 12 du même mois, et sur-le-champ lui livra bataille. Il sembla d'abord que les éléments, effrayés de l'horreur de cette affaire, voulussent y refuser leur concours : le vent tomba tout à coup, et empêcha le combat de continuer; mais deux heures après, la bise ayant fraîchi, on recommença à se battre avec la même opiniâtreté jusqu'à la nuit, et le lendemain jusqu'à midi. Les Anglais y perdirent deux vaisseaux et beaucoup d'hommes, entre lesquels fut un de leurs généraux. La perte des Hollandais fut bien plus considérable : ils eurent quatre vaisseaux brûlés et un coulé ; leur vice-amiral, deux contre-amiraux et deux autres moindres vaisseaux tombèrent au pouvoir de l'ennemi. Il est étonnant, dit un contemporain, que dans une affaire qui dura si longtemps, il y ait eu si peu de vaisseaux perdus ; mais l'animosité étant parvenue à son comble, les hommes n'en voulurent qu'aux hommes, et ne cherchèrent point en cette occasion la véritable gloire, qui consiste à vaincre l'ennemi en lui ôtant ou en diminuant ses forces, et non à s'acharner à sa destruction totale.

Les Provinces-Unies, affaiblies autant que leurs ennemis, firent négocier la paix à Londres. Les deux flottes cependant cherchaient à décider l'affaire par un combat. Tromp parti de Zélande le 6 août 1653 avec quatre-vingt-cinq vaisseaux de guerre, cinq brûlots et quelques navires marchands, prit la route du Texel pour joindre le vice-amiral de With, qui y était comme bloqué par la flotte anglaise renforcée de trente frégates. Il découvrit le 9 cette flotte qui était au mouillage. Aussitôt que les Anglais l'aperçurent, ils appareillèrent pour aller à lui. Tromp commença le combat par d'effroyables décharges de canon. Les Anglais répondirent fort bien ; mais comme ils voulaient envelopper le général hollandais, ils firent plusieurs divisions. De With, qui n'avait pas osé sortir, se trouvant par cette manœuvre le passage ouvert, profita de l'occasion et alla se joindre à Tromp, qui, voyant la nuit approcher et les ennemis faire retraite, se retira aussi, résolu de recommencer le combat dès le lendemain.

En effet, à la pointe du jour, Tromp fit toutes ses dispositions et divisa sa flotte en quatre escadres ; les Anglais, au contraire, se tinrent serrés ; mais Tromp les ayant entamés deux fois à la faveur du vent qu'il avait en poupe, ils changèrent leur ordre de bataille, et se partagèrent conformément à la disposition des ennemis. Le combat ne dura que jusqu'à deux heures après midi, à cause de la mort de l'amiral Tromp, qui fut tué d'un coup de mousquet. Les chefs des divisions, déconcertés par cette mort, prirent la route du Texel, dans le temps que la victoire se déclarait pour eux. Les Anglais, surpris de cette retraite, dont ils ignoraient la cause et commençant à être malmenés, ne balancèrent point à se retirer aussi. Dans ce combat, ils perdirent quatorze gros vaisseaux, et les Hollandais neuf.

La Hollande perdit dans l'amiral Tromp un grand homme de mer. Opdam fut nommé pour remplir sa place : celui-ci ne voulut point accepter ses nouvelles fonctions qu'on n'eût puni trente officiers, qui, dans la dernière bataille, avaient été spectateurs oisifs, et qu'on n'eût construit trente vaisseaux pour réparer les pertes qu'on avait faites ; mais les choses en demeurèrent là ; car la paix entre les deux Etats fut conclue et signée à Londres, le 10 avril. C'est ainsi que finit une guerre sanglante et ruineuse, qui n'eut d'autre cause que l'opiniâtreté des Hollandais à refuser le salut maritime ; opiniâtreté mal fondée, sans doute, puisqu'un des articles du nouveau traité disposa que les Hollandais mettraient le pavillon bas dans les mers britanniques devant les vaisseaux anglais.

C'est sous Cromwell que se donnèrent de mémorables batailles, et que la marine d'Angleterre fut dans une si violente activité. Afin de la tenir toujours pour ainsi dire en haleine, et que la paix ne lui fût pas nuisible, Cromwell mit en mer une escadre de trente vaisseaux pour la sûreté de l'île, en confia vingt-cinq autres à Black, pour aller vers les côtes de Barbarie, et vingt-six à Penn, pour faire voile aux Barbades. Black avait à demander à Tunis la restitution de quelques vaisseaux et de plusieurs prisonniers : il le fit ; mais comme on répondit peu favorablement à ses réclamations, il entra dans le golfe du port Famine, fit battre le château par l'artillerie de treize frégates, et attaquer avec tout le reste de sa flotte neuf gros vaisseaux turcs qui étaient en rade. Ce coup de main fut exécuté avec autant de bonheur que de courage : en moins de cinq heures les vaisseaux turcs furent brûlés, malgré l'effroyable feu de soixante pièces de canon qui bordaient les remparts, et des décharges que faisaient continuellement les soldats rangés sur la côte. Black, vengé, ne demeura pas en si beau chemin : il poussa jusqu'à Alger ; mais sa colère ne trouvant point de résistance, n'eut pas lieu d'éclater : il y reçut toutes les satisfactions qu'il demandait. Après cette expédition, il revint en Europe.

La navigation de Penn ne fut pas moins heureuse. Ce général étant arrivé aux Barbades, il y prit et confisqua dix-huit navires hollandais, qui faisaient la contrebande, et il affermit dans ces îles la domination anglaise. Il ne fut pas si heureux à Saint-Domingue : il parut devant cette île avec dix-sept vaisseaux de guerre, un grand nombre de transports et dix mille hommes de débarquement. Il y opéra sa descente; mais il fut battu et repoussé par les Espagnols. Cette victoire parut si intéressante, qu'on en célébra longtemps la mémoire dans la capitale de l'île. Penn, ayant manqué son coup, porta ses armes contre la Jamaïque, où il eut un plein succès : il en fit la conquête et la soumit à l'Angleterre.

Les différends entre la Hollande et l'Angleterre ne furent pas plutôt terminés, qu'on en vit naître entre celle-ci et l'Espagne. Cromwell avait fait avec les Français une nouvelle alliance : les Espagnols en furent piqués, parce qu'ils virent qu'on avait négligé leur amitié. Pour faire sentir à Cromwell qu'ils étaient pourtant redoutables, et qu'ils pouvaient troubler sa prospérité, ils saisirent tous les vaisseaux anglais qui étaient dans leurs ports, et firent des préparatifs de guerre. Cromwell alors fit mettre en mer trois flottes : la première pour couvrir ses côtes, la seconde pour ravager celles d'Espagne, et la troisième pour aller aux Indes occidentales. La guerre étant donc déclarée entre les deux nations, elle commença par plusieurs petits combats, dans lesquels les Espagnols eurent toujours le dessous; mais rien ne leur fut si sensible que le malheur arrivé à leur flotte qui venait des Indes : elle était richement chargée. L'escadre anglaise, qui croisait dans la rade de Cadix, l'attendait avec impatience pour l'attaquer : Black, qui la commandait, voyant paraître sept vaisseaux, fondit sur eux : il en brûla deux, dont le chargement était estimé quatre millions; il en coula un, dont la valeur était aussi très-considérable; il en fit échouer deux, et prit les deux autres, qui furent estimés douze cent mille livres sterling.

Black ne s'en tint pas là : il porta ses vues sur la flotte même; il sut que le reste de l'escadre des Indes était aux Canaries, sous l'escorte de seize vaisseaux. Ayant fait voile de ce côté, il la trouva à l'île de Ténérife, qui est défendue par trois forts. Le 30 mai 1656, il fit attaquer les vaisseaux de guerre par douze de ses meilleures frégates. Les Espagnols se défendirent d'abord avec beaucoup de courage; mais les bâtiments anglais étant venus soutenir les frégates, tous les vaisseaux espagnols furent brûlés, à la réserve de deux qui coulèrent. Les Anglais n'eurent que quatre bâtiments maltraités, qui furent radoubés au bout de deux jours. Toutes les richesses de la flotte ne furent pourtant pas perdues pour les Espagnols; car ils avaient eu soin de faire conduire dans les terres la cargaison de treize vaisseaux. Le Parlement décerna de grands honneurs à Black; mais ce brave général n'en jouit pas longtemps, car il mourut l'année suivante, en 1657.

A la mort de Cromwell, le Parlement s'intéressa dans la guerre entre les rois de Suède et de Danemark, parce qu'elle empêchait la liberté du passage du Sund, et troublait par là le commerce des Anglais. On envoya de ce côté-là trente-six vaisseaux et six brûlots. Le roi de Danemark, qui savait que les Anglais étaient dans des dispositions favorables à la Suède, demanda du secours aux Hollandais pour balancer les forces de l'Angleterre. L'amiral Opdam y fut envoyé avec quarante vaisseaux bien armés.

Sous le règne de Charles II, qui, après la mort de Cromwell, monta sur le trône de ses pères, les Anglais firent sentir la puissance de leurs armes sur la côte de Barbarie. Les corsaires ayant appris la mort du Protecteur, violèrent tous les traités qu'ils avaient faits avec lui. L'amiral Montaigu, qui allait chercher l'infante de Portugal que Charles devait épouser, fut jeté par les vents dans le port d'Alicante. Là, ayant appris l'infraction des traités de la part des Algériens, il cingla vers l'Afrique pour mettre les corsaires à la raison. N'ayant pu réduire le gouverneur d'Alger par la voie de la représentation et des ménagements, il employa la force : il fit battre la ville et les forts qui défendaient le port, et étant obligé de reprendre la route de Lisbonne, il laissa son vice-amiral avec dix vaisseaux et quelques brûlots pour continuer l'entreprise. Celui-ci ruina le fort qui défendait les avenues de la ville, renversa un grand nombre de maisons, prit sept vaisseaux, en coula un et en fit échouer un autre. Les habitants d'Alger, consternés de toutes ces pertes, forcèrent leur gouvernement à satisfaire le général anglais. Cependant, le bonheur suivait aussi Montaigu; car étant sur le point d'entrer dans la rivière de Lisbonne, il rencontra quatre vaisseaux turcs, il en coula deux et fit échouer les deux autres.

La paix, comme nous l'avons vu, avait été conclue entre l'Angleterre et les Provinces-Unies; mais elle fut bientôt rompue. C'est la proximité de leurs conquêtes qui en fut la première cause ; car, à cette occasion, ils se disputèrent des limites, ensuite s'usurpèrent des terres, enfin s'insultèrent réciproquement et se prirent des vaisseaux. Cela néanmoins n'aurait pas eu de fâcheuses suites, vu le sage parti que prirent les Hollandais d'envoyer à Londres un député pour terminer ces troubles naissants, si, lors même que le traité de pacification était sur le point de se conclure, on n'eût appris que onze navires anglais avaient pris sur les Hollandais le cap Vert, plusieurs forteresses et quelques vaisseaux. Ils attaquèrent de plus une flotte de marchands hollandais chargée de vins et d'eau-de-vie qui revenait de Bordeaux ; ils prirent cent trente navires de ce convoi qu'ils conduisirent en Angleterre. Ces nouveaux actes d'hostilité firent rompre toutes les négociations ; et de part et d'autre, on se prépara sérieusement à la guerre.

L'armée navale de Hollande, composée de cent vingt et un vaisseaux de guerre, outre les brûlots, était commandée par l'amiral Opdam, qui avait sous lui Cortenaer, lieutenant-amiral de la Meuse ; Ewertzen, lieutenant-amiral de Zélande, et Corneille Tromp. Celle d'Angleterre était sous les ordres du duc d'York, et divisée en trois escadres : la première, qui portait pavillon rouge, était commandée par le duc d'York ; la seconde, qui portait pavillon blanc, par le prince Rupert ; et la troisième, avec pavillon bleu, par le comte de Sandwich. Les deux armées étaient égales en forces ; Opdam, qui avait ordre de chercher la flotte ennemie et de l'attaquer, la rencontra le 11 juin à deux myriamètres de Glocester ; mais le vent s'étant jeté au sud-ouest, il se retira à l'embouchure de la Meuse. Les Etats, mécontents de sa retraite, lui envoyèrent un ordre précis de combattre, quelque temps qu'il fît : il leva l'ancre, et le 13, il se trouva à la portée du canon des Anglais. L'engagement commença au point du jour ; le duc d'York mit lui-même le feu au canon de la première bordée.

On combattit avec une égale valeur jusqu'à trois heures après midi. La victoire avait toujours paru incertaine : la perte de l'amiral hollandais la décida ; sa mort fut annoncée aux deux armées par le malheur de son vaisseau, qui sauta, le feu ayant pris à ses poudres ; trois autres vaisseaux hollandais, qui s'y trouvèrent par hasard accrochés, furent brûlés presque en même temps ; la mort du vice-amiral suivit de près.

Ces revers auraient fait périr l'armée de Hollande, sans la prudence du vice-amiral Tromp : il rallia cinquante vaisseaux qu'il conduisit au Texel, et plusieurs autres qui étaient maltraités ou qui avaient pris la fuite, y arrivèrent aussi la même nuit. Les Hollandais perdirent dans cette occasion dix-sept vaisseaux, plus de six mille hommes, entre lesquels étaient deux habiles généraux. Les Anglais firent quatorze cents prisonniers et ne perdirent qu'un vaisseau.

Pendant ces expéditions en Europe, Ruyter, qui avait cinglé vers les Barbades, y attaqua un fort qui appartenait aux Anglais; mais la valeur de celui qui y commandait ayant résisté à trois mille coups de canon, Ruyter se tourna d'un autre côté. Il rencontra sept vaisseaux anglais qu'il prit; il alla troubler la pêche de Terre-Neuve et y ruiner toutes les habitations appartenant aux ennemis.

La confiance qu'avait inspirée aux Anglais leur dernière victoire, le désir de se venger et le dépit qu'elle avait mis au contraire dans le cœur des Hollandais, firent faire de grands préparatifs de guerre. Ruyter, de retour, fut mis à la place d'Opdam et nommé commandant d'une flotte de quatre-vingt-quinze vaisseaux, qui fut divisée en trois escadres. La flotte d'Angleterre était de quatre-vingt-dix voiles, sous les ordres du comte de Sandwich. Celui-ci ayant eu avis que dix vaisseaux hollandais étaient entrés dans le port de Berghen, ville de la Norwége dépendante du roi de Danemark, fit voile de ce côté-là pour les enlever. Il croisa dans cette rade pour attaquer les vaisseaux hollandais quand ils sortiraient; mais ceux-ci, trop prudents pour s'exposer, ne se hâtèrent point de quitter le port.

L'impatient Anglais demanda permission au gouverneur d'y entrer, sous prétexte d'y faire des vivres, mais réellement pour s'emparer des vaisseaux hollandais. Le gouverneur lui accorda par civilité sa demande, à condition qu'il ne ferait pas entrer plus de trois batiments : cette condition ne s'accommodant point à son dessein, il résolut d'y entrer à force ouverte. Il fit avancer quatorze vaisseaux de guerre, dont le moindre était de cinquante pièces de canon, avec quatre galiotes et trois brûlots. Les Hollandais, voyant cette manœuvre, se postèrent à l'entrée du port pour la défendre. L'Anglais qui commandait le détachement commença les décharges; les Hollandais y répondirent et furent soutenus de la part du gouverneur de quarante pièces de grosse artillerie qui bordaient les remparts de la citadelle. Après quatre heures de combat, les Anglais furent obligés de se retirer avec perte de deux navires et de cinq à six cents hommes. La flotte hollandaise n'eut pas plutôt appris l'embarras des dix vaisseaux retenus à Berghen, qu'elle vola à leur secours, et vint leur ouvrir un passage par lequel ils prirent le large ; mais une tempête les dispersa et en fit tomber, tant d'entre eux que de leur escorte, une vingtaine dans les mains des Anglais ; le reste arriva fort endommagé en Hollande.

L'année suivante, la guerre fut continuée entre les deux nations avec plus d'opiniâtreté qu'auparavant. La flotte anglaise, commandée par le prince Rupert et le général Monk, était de près de cent vaisseaux de ligne, ou de soixante-dix-huit batiments, sans compter les frégates et les brûlots, selon le rapport de Rapin Toyras; elle était divisée en trois escadres, la rouge, la blanche et la bleue. L'armée navale des Etats-Généraux, forte de quatre-vingt-huit vaisseaux de ligne et de dix-neuf brûlots, était aussi divisée en trois escadres ; celle de la Meuse était commandée par Ruyter ; celle de Nord-Hollande et de Frise était commandée par Ewertzen, et celle de Zélande par Corneille Tromp. La flotte hollandaise alla mouiller en ligne à l'est-sud-est de la pointe nord d'Angleterre. Ruyter en avait le corps de bataille, Tromp l'avant-garde au sud, Ewertzen l'arrière-garde au nord ; le vent était au sud-sud-ouest.

Comme les Français étaient ligués avec les Provinces-Unies contre l'Angleterre, le duc de Beaufort, avec trente-six voiles, allait se joindre aux Hollandais ; le prince Rupert, pour prévenir cette jonction, détacha de sa flotte trente bons vaisseaux, dont il grossit le nombre de dix autres qu'il prit à Plymouth, alla à la rencontre du duc de Beaufort, et laissa la conduite du reste de son armée au général Monk. Celui-ci, qui était au vent des ennemis, ou pour profiter de cet avantage, ou pour avoir seul l'honneur d'une victoire, vint à toutes voiles sur les Hollandais, qui l'attendirent à l'ancre jusqu'à ce qu'il fût à portée ; alors ils coupèrent leurs câbles. Le combat commença vers midi avec beaucoup de vigueur. Tromp eut d'abord son vaisseau si maltraité, qu'il se vit obligé de monter sur un autre : le même accident arriva à Ruyter, qui était allé à son secours ; et le feu s'étant mis aux poudres d'un vaisseau hollandais, le fit sauter. Ruyter coula cinq vaisseaux anglais, un de cinquante pièces de canon, un de soixante-dix et trois de première grandeur. Les Anglais combattirent avec beaucoup de désavantage, parce que le vent était si frais, qu'ils ne pouvaient se servir de leurs batteries basses. Sur les trois heures, ils se retirèrent et revirèrent tous en même temps au nord-ouest. L'ennemi les poursuivit; mais, honteux de leur fuite, ils firent volte-face et continuèrent le combat jusqu'à dix heures du soir. Les Hollandais perdirent dans cette journée le lieutenant-amiral Ewertzen, qui fut emporté d'un coup de canon.

Le combat, que la nuit avait interrompu, recommença le lendemain à la pointe du jour. Un calme qui dura jusqu'à midi l'interrompit encore; mais après, le vent s'étant levé on se battit avec une ardeur égale. Les deux armées se traversèrent plusieurs fois. Tromp avait encore été obligé de changer de vaisseau et aurait infailliblement péri, si Ruyter n'avait fait, pour le sauver, des prodiges d'habileté et de valeur. Les Anglais eurent dans cette journée huit de leurs plus grands vaisseaux brûlés ou coulés, six autres furent pris, dans l'un desquels était le chevalier George Ascough, qui commandait l'escadre blanche. Monk voulut se retirer à la faveur de la nuit; mais il fut suivi de si près qu'il ne put se dérober : il battit en retraite, le jour suivant, pour tâcher de se mettre en sûreté dans la Tamise. Le prince Rupert, qui venait à son secours, le tira d'embarras. Ces deux généraux s'étant réunis, allèrent attaquer les Hollandais le lendemain au jour naissant. Ils ne furent pas plus heureux que les jours précédents : ayant perdu quatre de leurs meilleurs vaisseaux, ils se retirèrent avec précipitation, et auraient été entièrement défaits, si une brume ne les avait soustraits au victorieux Ruyter, qui avait su prendre habilement le vent sur eux. Dans ces quatre jours de combat, les Anglais perdirent vingt-trois grands vaisseaux et plusieurs autres bâtiments; ils eurent six mille hommes tués et deux mille six cents faits prisonniers; il en coûta aux Hollandais six vaisseaux, deux mille huit cents soldats et quatre-vingts matelots.

Les deux armées navales, qui s'étaient retirées pour se radouber, ne furent pas longtemps à se remettre en mer : elles se cherchèrent, se rencontrèrent le 24 juillet 1666, et se livrèrent un combat, pendant lequel les avantages furent bien partagés. L'armée anglaise était de plus de cent voiles, celle des Etats de quatre-vingt-huit vaisseaux de ligne et de dix-neuf brûlots. Ruyter attaqua l'escadre rouge, le jeune Ewertzen l'escadre blanche, et Tromp l'escadre bleue. Celui-ci mit en fuite la division qu'il combattait; et, par une ardeur indiscrète, au lieu de rester uni au corps de l'armée, il s'amusa à poursuivre les fuyards. Ewertzen fut tué d'un coup de canon, et l'escadre qu'il commandait mise en déroute. Le général anglais, avec son avantage, ne fit pas la même faute que Tromp : au lieu de courir après l'escadre dispersée, il se joignit à l'escadre rouge, commandée par le prince Rupert, et ces deux divisions fondirent ensemble sur Ruyter, à qui il fallut une grande habileté et la faveur de la nuit pour se dégager.

Le lendemain les deux escadres anglaises tombèrent avec impétuosité sur Ruyter, qui soutint leur choc avec un courage intrépide et une prudence consommée : il se débarrassa de ces terribles ennemis avec beaucoup d'adresse, et se retira à Flessingue. Cette merveilleuse conduite a fait à Ruyter plus d'honneur que ses plus grandes victoires. Les Anglais ayant manqué Ruyter, allèrent au-devant de Tromp. Ils le trouvèrent à la hauteur de Harwich : mais il leur échappa et se retira sans perte au Texel. Sa valeur mal entendue lui attira beaucoup de reproches; et, pour montrer de la déférence à Ruyter qui se plaignit ouvertement, les Etats mirent Tromp aux arrêts et lui ôtèrent son emploi.

Les escadres hollandaises retirées à Flessingue et au Texel, le général Monk se vit maître de la mer; il fit insulter les côtes de la Hollande par Holms, à qui il avait donné vingt vaisseaux de guerre et quelques brûlots. Environ cent navires marchands et deux bâtiments de guerre destinés pour des convois furent brûlés par ce général, qui fit après une descente dans une petite île où il mit le feu à plusieurs maisons. L'armée anglaise se retira ensuite à l'île de Wight, pour empêcher le duc de Beaufort de se joindre aux Hollandais; mais celui-ci passa et repassa devant cette île sans que les Anglais fissent mine de l'insulter. Cela fit croire que la mésintelligence entre les Français et les Anglais n'était pas si grande qu'on l'avait cru d'abord.

Les expéditions de l'année suivante réussirent mieux aux Hollandais. Charles II, occupé des troubles intérieurs, n'avait point de flotte en mer. Les Etats-Généraux, pour ne pas laisser la leur oisive pendant l'inaction des Anglais, ordonnèrent à Ruyter de la conduire vers les côtes d'Angleterre; il sortit le 8 juin du Texel avec cinquante vaisseaux, et alla se poster à l'entrée de la Tamise. Il fit monter dans la rivière dix-sept frégates et quelques brûlots sous le commandement de Vanghent, qui prit un fort dont il fit sauter les batteries, et brûla un magasin plein de munitions. La ville de Londres fut alarmée de ces entreprises, qui la menaçaient. On fit à la hâte, dans l'endroit le plus étroit de la Tamise, enfoncer quelques navires et tendre une forte chaîne d'une rive à l'autre.

Cet obstacle n'arrêta point les Hollandais : à la faveur d'un vent d'est et de la marée, leurs vaisseaux rompirent la chaîne et passèrent dans les intervalles des bâtiments enfoncés. Ils brûlèrent d'abord dix gros vaisseaux et plusieurs autres moins considérables,. La consternation devint générale dans la capitale. Pour la préserver, on coula de nouveau plusieurs vaisseaux dans la Tamise, et on en borda les côtes de canon. Ruyter, qui voulait faire encore plus de mal aux Anglais, appareilla pour aller brûler les vaisseaux qui étaient à Portsmouth; mais ne pouvant en approcher, il fit voile à l'ouest et prit quelques bâtiments dans la baie de Torbay; revirant ensuite à l'est, il battit les Anglais devant Harwich et donna la chasse à une escadre. Cette guerre se termina par la paix de Breda signée le 21 juillet 1667.

La paix mit fin aux hostilités, mais n'éteignit pas dans le cœur de Charles II le ressentiment de ce qu'avaient fait les Hollandais dans la Tamise. L'occasion de s'en venger se trouva quelques années après. Louis XIV, justement irrité contre les Hollandais, qui avaient osé faire de lui un objet de raillerie, entreprit de les humilier. Le ressentiment du roi d'Angleterre s'unit à celui du roi de France; leurs forces se joignirent aussi contre les Hollandais. Ceux-ci avaient en mer une riche flotte qui revenait de Smyrne et d'autres ports de la Méditerranée, sous l'escorte de quelques bâtiments de guerre : le roi d'Angleterre fit partir une escadre de huit vaisseaux pour l'enlever. Le chevalier Robert Holms, qui la commandait, attaqua les Hollandais à portée du canon.

Les vaisseaux de convoi se défendirent et donnèrent le temps au plus grand nombre des navires marchands de se sauver, le reste fut pris par les Anglais avec un vaisseau de l'escorte. On verra, dans la marine de la France, ce qui se passa dans cette guerre et dans les suivantes. Les Anglais, se trouvèrent plus tard si flattés de leurs avantages et de leurs victoires sur la Hollande, qu'ils firent ériger, en 1684, à la Bourse royale, une statue pédestre de Charles II, avec une inscription dans laquelle ils lui donnent le titre de *maître* et de *vengeur de la mer*.

Après la mort de Charles II, son frère, connu sous le nom de duc d'York, monta sur le trône d'Angleterre, et prit le nom de Jacques II. Ce prince, dès ses plus tendres années, s'était livré au métier des armes et s'y était toujours signalé, surtout dans les guerres de l'Angleterre et de la Hollande. Jamais prince, dit un contemporain, ne fut plus digne de la couronne, et jamais prince ne fut plus indignement traité par ses sujets. Son attachement à la religion catholique lui attira ses disgrâces.

Le promoteur d'un voyage pour la découverte d'un passage au nord-est, à la Chine et au Japon, fut le capitaine Jean Wood : la probabilité d'un tel passage et les avantages que cette découverte devait procurer au commerce, ayant été exposés à Sa Majesté, on donna ordre d'équiper et d'avitailler pour ce voyage *le Speedwell*, un des vaisseaux du roi, auxquels on ajouta une flûte nommée *l'Heureux*. Le vaisseau fut commandé par le capitaine Wood, et la flûte par le capitaine Guillaume Flawes; l'un et l'autre étaient chargés de marchandises d'un facile débit sur la côte de Tartarie et du Japon.

Ils partirent de la Tamise le 28 mai. Le 29 juin, à onze heures du soir, étant à soixante-quatorze degrés quatorze minutes de latitude, *l'Heureux*, apercevant des brisants, tira un coup de canon, et portant sur *le Speedwell*, lui cria : *Glace à l'avant du côté du vent!* Sur quoi il changea la barre, mais il n'eut pas le temps de virer de bord; il alla donner sur une chaîne de rochers à fleur d'eau. *L'Heureux*, qui tourna plus facilement, se sauva, et croyant que *le Speedwell* en avait fait autant, il continua sa route. *Le Speedwell* tira plusieurs coups de canon de détresse, et employa toutes sortes de moyens pour sortir du danger. Le vaisseau faisant plus d'eau qu'on ne pouvait en pomper, on coupa les mâts, et l'on envoya à terre un yacht chercher un lieu commode pour débarquer : on en découvrit un. Le lendemain à midi, on mit tout le monde à terre, à l'exception de deux hommes qui furent noyés. Il ne resta aux naufragés que leur longue chaloupe qui ne pouvait contenir que trente hommes, au lieu de soixante-dix qu'ils étaient. Pendant ce temps, le navire s'étant rempli, ils ne purent sauver que deux sacs de pain, quelques morceaux de porc et un fromage.

Ils portèrent sur une montagne ce peu de provisions et quelques autres choses nécessaires qu'ils sauvèrent. Le premier objet qu'ils rencontrèrent fut un ours blanc prodigieusement gros : ils tirèrent sur lui, mais l'animal s'enfuit. Ils firent une espèce de tente avec quelques prélarts qu'ils avaient sauvés, et creusèrent tout autour un fossé ; mais comme ils étaient mouillés et qu'ils n'avaient point de bois pour faire du feu, ils souffrirent beaucoup de la rigueur du froid.

Le 30, leur vaisseau se brisa sur les rochers, et le vent en ayant jeté à terre plusieurs débris, ils en ramassèrent. Le lendemain ils sauvèrent deux tonneaux de farine, un peu d'eau-de-vie, un tonneau de bière et un baril d'huile.

Ils restèrent dans cet état jusqu'au 8, qu'ils commencèrent à ne plus espérer de revoir le capitaine Flawes, et à considérer ce qu'ils avaient à faire dans une extrémité aussi fâcheuse. Leur longue chaloupe, on vient de le dire, n'était pas en état de contenir plus de trente hommes, lors même qu'on l'aurait haussée et pontée : ainsi ils se déterminèrent à l'allonger de douze pieds, afin d'y pouvoir embarquer tout le monde ; mais ce projet fut aussitôt abandonné. On proposa de se rendre par terre du côté de Weigatz, dans l'espérance d'y rencontrer quelques Russes ; mais bientôt après, les naufragés aperçurent le capitaine Flawes, et en ressentirent une joie inexprimable : ils allumèrent sur-le-champ un feu. Il vit le signal et les envoya chercher dans sa chaloupe. La perte du *Speedwell* rendit le voyage inutile. *L'Heureux* arriva dans la Tamise le 23 août.

En 1679, le capitaine Dampier fit un voyage autour du monde : il partit d'Angleterre au commencement de cette année pour aller au Brésil ; de là aux Moluques, à la Nouvelle-Guinée et à la Nouvelle-Bretagne, et opéra son retour par le cap de Bonne-Espérance.

Thomas Phelps partit des Dunes, à bord du *Succès*, de Londres, le 27 août 1685, pour Bantry, en Irlande ; d'où il mit à la voile le 20 septembre, pour se rendre aux îles Madères. Le 5 octobre, étant à cent milles à l'ouest du rocher de Lisbonne, il fut pris par un vaisseau du roi de Fez, et mené en captivité avec plusieurs autres esclaves chrétiens, d'abord à Salé et ensuite à Machaneff. Nous ne rapportons cet événement que pour servir d'introduction au récit d'une action courageuse. Phelps s'évada de Machaneff avec trois autres Anglais, Edmond Baxter, Antoine Bayle et Jacques Ingram, le 29 mai, et ils arrivèrent à Salé le 11 juin, où ils se rendirent en voyageant seulement pendant la nuit, sans connaître les chemins, avec peu ou point de provisions, sans argent pour en acheter, et n'osant même voir ou parler à personne.

Ils descendirent la rivière de Salé, à environ un mille au-dessus de la ville, où ils trouvèrent une chaloupe; mais ils ne furent pas assez forts pour la lancer à l'eau. Phelps et Bayle, les seuls qui sussent nager, traversèrent la rivière, et trouvèrent trois chaloupes enfoncées dans la vase, de sorte qu'ils ne purent s'en servir; mais ils s'emparèrent de deux rames avec lesquelles ils repassèrent du côté de leurs camarades. Il y avait dans la rivière deux vaisseaux hollandais; mais ils faisaient une garde si exacte, que les fugitifs ne purent emmener leurs chaloupes. Ayant pris le parti d'enterrer leurs rames dans le sable, ils allèrent chercher une retraite pour y passer la journée suivante : ils se placèrent dans un figuier bien garni de feuilles, dans un lieu qui leur parut peu fréquenté. Cet arbre fut pour eux une retraite sûre jusqu'au lendemain; il vint pourtant un More qui y fit sécher sa chemise, et s'assit au pied pour se nettoyer.

Le 12, pendant la nuit, ils descendirent le long de la rivière, et s'emparèrent d'une chaloupe qu'on y avait amarrée; ils la firent passer proche des vaisseaux hollandais, qui ne leur dirent rien ; ils continuèrent à descendre jusqu'à ce qu'ils eussent passé un vaisseau français, qui ne prit pas garde à eux. Alors faisant usage de leurs rames, ils s'avancèrent droit à la mer, et dirigèrent leur course à l'ouest-nord-ouest, à la faveur de l'étoile du nord. Ils voguèrent l'espace de quatre milles et virent un vaisseau à l'ancre, ce qui les obligea à changer de route et à gagner au nord, jusqu'à ce qu'ils l'eussent passé d'environ un myriamètre, après quoi ils se reposèrent sur leurs avirons. A la pointe du jour ils s'aperçurent que ce navire avait largué ses voiles; Phelps dit à ses camarades qu'il croyait que, si c'était un vaisseau de Salé, il serait déjà à la barre, puisque la marée et le vent lui étaient favorables; mais que si c'était un vaisseau de guerre anglais, comme ils le souhaitaient, alors le vent frais lui ferait regagner la pleine mer.

Enfin, ayant persuadé à ses camarades d'aller à lui, il se trouva heureusement que c'était la frégate *l'Alouette*, commandée par le capitaine Leighton.

Après avoir examiné quelque temps et délibéré sur les moyens de se sauver, Phelps proposa au capitaine de lui prêter sa chaloupe et celles des deux autres bâtiments de guerre de sa compagnie, se faisant fort de les piloter et de brûler les vaisseaux qui étaient alors à Mamora. Le capitaine alla aussitôt du côté du nord joindre les deux autres vaisseaux, qui étaient *le Bonaventure* et *le Greyhound*. L'amiral était resté malade à Cadix, de sorte qu'on se rendit à bord du capitaine Macdonald, qui était le plus ancien de grade; ils tinrent conseil ensemble sur ce qu'il y avait à faire. A la fin, considérant la hardiesse de ces gens qui s'étaient sauvés de l'esclavage le même jour, et qui voulaient encore pendant la nuit entreprendre cette action, ils conclurent que la chose était possible, et qu'il fallait l'exécuter. Phelps revint à bord de *l'Allouette*, et communiqua la résolution du conseil à Baxter, son camarade. Celui-ci, qui connaissait fort bien la barre, eut ordre de monter la chaloupe du *Bonaventure*. Aussitôt on fit couper quelques planches de sapin, et scier quelques barils de goudron; et lorsque tout fut prêt à sept heures du soir, la chaloupe du *Greyhound*, que montait Phelps, eut ordre de se mettre à la tête, et les autres de la suivre.

Il y avait en tout trois berges et un yacht; quarante-deux hommes se chargèrent de l'exécution du projet. On leur recommanda, sous peine de mort, de ne point s'amuser à piller, ce qui fut observé ponctuellement. Sur les huit heures, ils quittèrent les vaisseaux et allèrent tomber entre dix et onze un peu au nord de la barre; mais bientôt Baxter les redressa. Ils entendirent un grand bruit à terre; tout le monde avait pris l'alarme. Les Anglais n'en furent point découragés, et poursuivirent leur course jusqu'aux vaisseaux ennemis; ils distinguèrent à la faveur des lumières qu'on y avait allumées, que les Mores regardaient par-dessus le bord du premier qu'ils trouvèrent, et leur criaient de s'écarter; mais pour toute réponse ils jetèrent aux infidèles une vingtaine de grenades, et les chassèrent bientôt de dessus le pont. En sorte que les Anglais entrant dans le vaisseau, ne tardèrent pas à faire usage de leurs planches de sapin et de leurs barils de goudron, et y mirent le feu en plusieurs endroits. Ayant entendu du bruit à fond de cale, ils ouvrirent les écoutilles et sauvèrent la vie à trois Hollandais et à un Français, qui leur dirent que le vaisseau dévoré par le feu était l'amiral, et appartenait à Ali-Hackum ; et que l'autre, qui eut bientôt le même sort, était le même navire qui, au mois d'octobre précédent, avait pris Thomas Phelps, auteur de cette relation. La flamme fut si violente, que les Anglais furent obligés de s'éloigner du vaisseau, et de s'exposer à la grosse et à la petite artillerie dont les Mores se servaient de dessus les murs du château, quoique avec peu de succès. Les Anglais leur répondirent avec vivacité. Ils touèrent la chaloupe du *Bonaventure,* qui avait perdu toutes ses rames, et se retirèrent, n'ayant eu dans cette action qu'un seul homme blessé à mort.

Phelps et les captifs, ses camarades, restèrent à bord du capitaine Macdonald jusqu'à son arrivée à Cadix ; ensuite ils prirent congé de lui ; et, s'étant embarqués peu de temps après sur le vaisseau du capitaine Atkins, ils quittèrent Cadix le 1er juillet 1685 et arrivèrent heureusement aux Dunes le 26 du même mois.

Le prince d'Orange, qui avait épousé la princesse Marie, fille aînée du roi, était né avec de grandes qualités, mais une ambition démesurée le dévorait. Il crut avoir trouvé l'occasion de la satisfaire en profitant des dispositions des Anglais pour enlever la couronne à son beau-père. Dans cette vue il entretint le feu de la division chez les Anglais, et vint à bout de les déterminer à le prier de venir se mettre à leur tête pour la conservation de leur religion et de leur liberté. Ce prince intéressa au succès de son entreprise les Hollandais, qui lui fournirent toutes les forces qu'il fallait pour réussir. On armait, chez eux, une flotte considérable qui tenait l'Europe attentive ; elle était destinée contre le roi Jacques, sans que ce prince en sût rien ; car il n'en fut averti que par le roi de France, qui avait appris tout le secret de l'armement par M. le comte d'Avaux, son ambassadeur en Hollande. Le roi Jacques mit en mer une escadre pour observer les démarches des Hollandais et pour empêcher la descente du prince d'Orange. Cette escadre était commandée par le chevalier Roger Strikland, et composée de quarante-quatre vaisseaux, de dix-sept brûlots et de six barques.

Le chevalier fit voile avec son escadre et s'établit dans un parage d'où il pouvait avoir aisément communication avec le roi et observer l'armée navale des Hollandais ; mais comme cette division était trop inférieure aux forces ennemies, le roi mit encore en mer une flotte dont il fit amiral lord Darmouth. Elle était composée de quarante vaisseaux, de dix-huit brûlots et yachts, rassemblés de tous les ports.

L'armée navale de Hollande était forte de quatre à cinq cents bâtiments, et chargée de treize mille hommes de débarquement. Elle appareilla sur la fin d'octobre, portant le pavillon blanc avec les armes du prince d'Orange, autour desquelles on lisait ces mots : *Pour la religion et la liberté*. Elle commença à faire route avec un vent favorable; mais une tempête furieuse, qui s'éleva la nuit et qui dura douze heures, l'assaillit et la dispersa. Elle alla se radouber dans ses ports, se remit en mer le 11 novembre, et fit sa descente à Torbay et aux plages voisines, sans rencontrer aucun obstacle.

Les Anglais, qui étaient dans les intérêts du prince d'Orange, virent passer la flotte hollandaise sans faire aucun mouvement; ils conduisirent ensuite leurs vaisseaux à Torbay et se réunirent à ce prince, qui retint les meilleurs à son service, et envoya les autres dans divers ports pour y être désarmés ou radoubés. A cette époque le roi Jacques éprouva une défection générale. Se voyant abandonné, il passa en France, où il trouva un asile auprès de Louis XIV, qui prit à cœur les intérêts de ce monarque infortuné, et arma puissamment pour le remettre sur le trône. Cette guerre sera mentionnée dans l'histoire de la marine de France.

CHAPITRE VII.

Français. — Passage de la reine Marie Stuart. — Siége de Boulogne. — Prise de l'île de Corse. — Combat devant Douvres. — Siége de la Rochelle. — Siéges de Rose, de Mardik, de Piombino et de Porto-Longone, de Dunkerque, de Barcelone. — L'amiral de Brézé et les Espagnols. — Combat de Castellamare. — Révolte de Bordeaux. — Le duc de Vendôme bat la flotte espagnole. — Le chevalier de Valbelle. — Paix des Pyrénées. — Dunkerque rétrocédée à la France. — D'Hocquincourt et Tourville contre les corsaires de Barbarie. — Le commandeur Paul et les pirates. — Le duc de Beaufort et les pirates. — Prise et abandon de Gigeri. — Canal du Languedoc. — Compagnie des Indes. — Colonisation de Madagascar et de Cayenne. — Alliance avec la Hollande. — Combat de Nieuport. — Les Français chassés de Saint-Christophe. — Les Anglais prennent l'Acadie. — Paix de 1665. — Bombardement d'Alger. — Bombardement de Gênes. — Réduction de Tunis et de Tripoli. — D'Estrées, Tourville, Jean Bart.

—

Après la mort de François Ier, Henri II eut quelques occasions de faire aussi paraître sa puissance sur les deux mers. La flotte qu'il entretint sur l'Océan, sous les ordres de Léon Strozzi, le servit très-utilement contre les Anglais, dès les premières années de son règne. Henri fit passer en Ecosse sur cette flotte six mille hommes, sous les ordres du seigneur d'Essé. Celui-ci, selon l'intention du roi, fit conduire en France la jeune reine Marie Stuart, qui épousa le Dauphin.

Mais pendant que de Trêmes, envoyé par Henri pour commander en Ecosse, à la place d'Essé, continuait la guerre contre les Anglais, le roi pensa à reprendre sur eux la ville de Boulogne : Henri VIII, père d'Edouard, avait refusé de la lui rendre, quoiqu'il y fût obligé par le derner traité conclu entre les deux princes.

Les circonstances étaient favorables. Le roi de France arma puissamment par mer et par terre, et assiégea brusquement Boulogne, à la tête d'une armée considérable, tandis que Léon Strozzi, avec les galères qu'il commandait, se mit en devoir de la bloquer du côté de la mer. Une flotte anglaise ayant voulu secourir la place, Strozzi l'attaqua à la faveur d'un calme, coula plusieurs vaisseaux ennemis, et poursuivit les autres, qui se réfugièrent à l'île de Guernesey. Le calme qui régna pendant le combat fut très-favorable à nos galères : elles pouvaient aborder les vaisseaux anglais, que le défaut de vent empêchait de manœuvrer; plus basses de bord que ces gros bâtiments, elles tiraient sur eux à fleur d'eau. Cette victoire, et les progrès du siége, déterminèrent le roi d'Angleterre à demander la paix, qui fut bientôt conclue par un traité, dont l'article principal fut la restitution de Boulogne, et l'on y comprit le royaume d'Ecosse.

Henri II employa encore ses forces maritimes contre l'île de Corse, sur laquelle les rois, ses prédécesseurs, avaient eu quelques prétentions. Pour en faire la conquête, le baron de la Garde joignit dans le golfe de Lépante sa flotte, de trente-six galères, à celle des Turcs, commandée par Dragut; et ces deux flottes réunies firent voile vers l'île de Corse. Les Français y débarquèrent le 25 août 1553, et s'emparèrent de Bastia, du port de San-Fiorenzo et d'Ajaccio : les Turcs attaquèrent en même temps Bonifacio, et la prirent à l'aide des Français, à qui les habitants se rendirent. Après cette expédition, les Turcs s'en retournèrent, et le baron de la Garde fit le siége de Calvi. Mais l'arrivée de vingt-six galères ennemies, commandées par Spinola, l'obligea de se retirer.

Au mois d'août 1555, un plus sanglant combat fut donné sur l'Océan, à la hauteur de Douvres. Des armateurs de Dieppe, instruits que des navires flamands étaient en mer, chargés de riches marchandises des Indes, font voile vers la Manche, où ils les rencontrent. Les Normands ont moins de vaisseaux et d'artillerie que les Flamands; mais ils comptent plus sur leur courage que sur l'ordre de bataille : toutefois ils délibérèrent avant d'en venir aux mains. Celui qui commandait les Normands décida la question : il attaqua le vaisseau principal des Flamands, et son exemple entraîna les capitaines de ses autres navires. Ils vont à l'abordage, accrochent quinze hourques, et l'on se bat de part et d'autre avec beaucoup d'opiniâtreté. Des deux côtés, l'avantage est égal. Le feu ayant pris à un vaisseau normand, il se communique à cinq autres, et tous ces navires enflammés embrasent six vaisseaux ennemis; chacun alors paraît plus occupé du soin de sa conservation, que de l'ambition de vaincre. La flotte normande est entièrement consumée. Dans cette fatale conjoncture, les équipages, ne prenant conseil que de leur désespoir, se jettent en foule dans les vaisseaux flamands, et préfèrent la captivité à une mort certaine. Cette action désespérée devient l'occasion de la victoire. Les Flamands, aussi étonnés de la hardiesse de leurs ennemis qu'effrayés de leur nombre, ne pensent à se défendre que lorsqu'il n'en est plus temps. Ils perdent cinq de leurs vaisseaux richement chargés, qui sont menés en triomphe à Dieppe. Ce combat, que la nuit termina, coûta mille hommes aux Flamands, et quatre cents aux Normands.

Jusqu'alors la marine française s'était presque toujours montrée active, et si elle n'avait point obtenu le degré de perfection qu'on lui a vu atteindre dans la suite, elle n'était cependant pas restée sans réputation; mais depuis la fin du règne de Henri II jusqu'à celui de Louis XIII, elle se ressentit des troubles intérieurs du royaume et fut entièrement négligée. On ne fait mention dans l'histoire que d'une expédition maritime de quelque importance : le siége de la Rochelle, que soumit le cardinal de Richelieu, après la plus vigoureuse résistance, et la noble conduite du brave et intrépide Guiton. Cette ville devint le refuge des principaux chefs des protestants qui avaient échappé au massacre de la Saint-Barthélemy.

La Rochelle n'était encore que menacée, lorsqu'on vit paraître un manifeste qui reprochait à la France une multitude de torts à l'égard de la Grande-Bretagne. En même temps une flotte formidable sortit de ses ports, et se présenta devant la ville, qui, n'étant point prévenue de cette brusque rupture, refusa, malgré les instances de Soubise, l'entrée de sa rade aux Anglais. Ceux-ci tournèrent, dès lors, leurs vues sur l'île de Ré, la bloquèrent, débarquèrent des troupes, et assiégèrent les forts qui la défendaient.

Moins d'habileté dans Toiras, son gouverneur, moins d'intrépidité dans les soldats soumis à ses ordres, moins d'activité et de vigilance dans le ministre, l'île de Ré, mal pourvue de vivres et de munitions, tombait au pouvoir de l'Angleterre. La prise de l'île rendait impossible celle de la Rochelle : l'ennemi y aurait fait une place d'armes et un dépôt, d'où seraient partis des secours prompts pour la ville assiégée.

Sur ces entrefaites, le roi, qui était venu animer par sa présence la valeur de ses troupes, tomba malade, et fut obligé de s'arrêter dans le château de Villeroi. Dès lors tout roula sur le cardinal, qui, à force de soins et de peines, avait rassemblé les bateaux et les navires qui se trouvaient dans les ports voisins. Ses efforts furent couronnés de succès. Malgré les escadres anglaises, malgré leurs vaisseaux de haut bord, qui, semblables à des bastions, investissaient l'île de toutes parts, Richelieu, sur de faibles pinasses qui échappèrent à la vigilance des Anglais, y fit passer une armée entière. Cette armée, sous les ordres de Schomberg et de Marillac, les battit, les chassa, les força de se rembarquer et de regagner leurs ports, et Louis XIII, guéri, arriva encore assez à temps pour jouir de cet agréable spectacle.

Cependant ce prince, que sa santé toujours chancelante rappelait à Paris, fut engagé, par de si beaux commencements, à se reposer de la suite de l'exécution sur son ministre seul. Il lui conféra les pouvoirs les plus étendus, et les généraux de terre et de mer reçurent l'ordre de lui obéir comme au roi lui-même. Le blocus, formé par une circonvallation de deux myriamètres, et commencé en automne après la retraite des Anglais, se convertit au printemps en un siége régulier, dont on espéra moins cependant que des mesures prises pour empêcher l'entrée des secours. Les plus puissants devaient venir par mer. Richelieu leur opposa une digue qui ferma le port ; digue fameuse, dont l'exécution, célébrée alors comme un prodige, ne demanda que cinq mois, sous la direction de l'ingénieur Métézeau.

Elle avait trois cent soixante-quinze mètres de longueur, six d'épaisseur à sa base, et deux à sa partie supérieure, élevée au-dessus des plus hautes marées. Une ouverture de quelques mètres avait été laissée au milieu de la digue pour diminuer la violence des courants, et on l'avait embarrassée par des vaisseaux qui y avaient été coulés. Comptant, pour renverser cet ouvrage, sur les simples efforts des vents et de la mer, les Rochelais ne s'opposèrent point à sa construction, mais les vents et la mer le respectèrent, et une nouvelle flotte anglaise, commandée par Denbigh, beau-frère de Buckingham, inhabile à surmonter cet obstacle, se vit forcée à une honteuse retraite.

Rouargue frères del. et sc.

LASSALE

arrive à l'embouchure du Mississipi.

Avril 1682.

Jaloux de venger cet affront et le sien propre, à l'île de Ré, Buckingham prépare un nouvel armement, et, à l'aide de navires maçonnés intérieurement et remplis de pierres et de poudre, qu'on devait pousser contre la digue ou y attacher, il se flatte de la détruire ; mais, au moment où il allait monter le vaisseau amiral, il fut assassiné d'un coup de couteau par un homme qu'il avait offensé.

Comme tout était prêt, la flotte n'en mit pas moins à la voile, et partit pour sa destination. Demandé par Richelieu, Louis revint de nouveau animer ses troupes, et il eut encore le plaisir de voir les Anglais reprendre le large, après quelques tentatives inutiles et de vaines démonstrations. Les négociations mêmes qu'ils entamèrent abattirent le courage des Rochelais, qui, depuis longtemps réduits par la famine aux dernières extrémités, eurent enfin recours à la clémence du roi. Ce prince, malgré son caractère sévère, les traita assez favorablement ; ils conservèrent la liberté de leur culte ; mais leurs fortifications furent démolies, le cardinal ne voulant pas que cette ville, « le repaire de l'hérésie, » comme on la nommait, pût jamais servir de défense à la rébellion.

Vainqueur des Anglais et de ses propres sujets, Louis XIII revint à Paris avec Richelieu, qui partageait justement l'honneur d'un triomphe arraché autant à la bravoure des ennemis qu'à l'envie des courtisans. Le roi fit son entrée dans la ville le 1er novembre 1627. La mémoire de cet événement fut consacrée par une inscription latine.

Pendant cet événement, une expédition commerciale part pour les îles Maldives. Pyrard de Laval y fait naufrage avec *le Corbin*, le 1er juillet 1602, et y séjourne jusqu'en 1607. En 1603, Champlain remonte le fleuve Saint-Laurent jusqu'à la rivière des Iroquois, et prend une grande connaissance du pays. L'année suivante, Demonts et Potrincourt font un voyage en Acadie, entrent dans la baie française, et fondent la colonie de Port-Royal. Les guerres de la France les obligent à abandonner leur entreprise.

Le ministre Seignelay accorde à de la Salle la concession d'un territoire situé près du lac Ontario. Le voyageur part de France, arrive, au mois d'avril 1632, à l'embouchure du Mississipi. Il suit le cours du fleuve, et prend possession du pays des Akansas.

La première expédition militaire des Français sous le règne de

Louis XIV est celle de 1643. La France était depuis plusieurs années en guerre avec l'Espagne : l'objet de cette guerre, de la part de la France, était de diminuer la puissance excessive de la maison d'Autriche, dont les deux branches, assises l'une sur le trône impérial et l'autre sur celui d'Espagne, menaçaient l'Europe entière. La France se déclara ouvertement pour les Hollandais, qui s'étaient soustraits à la domination espagnole.

Tandis que le duc d'Enghien battait les Espagnols à Rocroy, le duc de Brézé, amiral de France, beau-frère de ce prince, remportait sur eux les mêmes avantages en mer. Il commandait l'armée navale de France dans la Méditerranée ; elle était composée de vingt vaisseaux de guerre, de deux frégates et de deux brûlots. Les Espagnols, outre les navires qu'ils tenaient dans leurs ports, avaient en rade de Gibraltar cinq galions, six vaisseaux d'Ostende et quatorze de Dunkerque ; le duc de Brézé les alla chercher jusque sur leurs côtes, et les attaqua le 9 du mois d'août 1643. Il les battit après un combat de quelques heures, et s'empara de six de leurs vaisseaux près de Barcelone. Ce combat fut suivi d'un second que l'amiral de Brézé leur livra à la hauteur de Carthagène, le 3 septembre suivant.

La guerre subsistait toujours, entre les deux branches de la maison d'Autriche d'une part, et la France jointe à la Hollande de l'autre.

Trois ans plus tard, une escadre française revint encore en Catalogne. Le commandement de l'armée de terre avait été donné au comte d'Harcourt, avec le titre de vice-roi de cette province : il avait sous ses ordres le comte du Plessis-Praslin. Ce brave officier était chargé de faire le siége de Rose : l'escadre fut employée à bloquer cette ville par mer. Quoique la garnison fût de trois mille hommes d'infanterie et de trois cents cavaliers, le siége fut poussé avec tant de vigueur, qu'après trente jours de tranchée, la ville ayant été ouverte de plusieurs côtés, le gouverneur fut obligé de demander à capituler.

La France eut encore occasion, dans le courant de la campagne de 1646, de sentir de quelle utilité étaient, pour la réussite des siéges, les vaisseaux qu'elle entretenait.

Le duc d'Orléans commandait toujours en Flandre ; il avait formé le projet de reprendre Mardik, dont les ennemis s'étaient emparés sur la fin de la campagne dernière. Ce prince jugeait de quelle conséquence il était de fermer l'entrée aux secours que cette place pouvait recevoir du côté de la mer ; il envoya en Hollande pour solliciter l'amiral Tromp de venir la bloquer avec quelques vaisseaux. Les Hollandais ne venant point aussi promptement qu'il l'aurait souhaité, il commença le siége ; mais avec quelque vigueur qu'on le poussât, on n'avançait point ; la garnison, qui avait la communication libre au dehors du côté de la mer, était tous les jours renouvelée par Dunkerque. Il fallait remédier à cet inconvénient.

On fit venir de Normandie une quantité de petits navires, que l'on appelle des *heus*. On y joignit cinq vaisseaux que fournirent les Hollandais, et l'on bloqua si bien le canal que rien ne pouvait plus entrer dans la ville. Les assiégeants virent le siége avancer considérablement : leurs batteries, commandées par le comte de Cossé, par M. de Chouppes du côté de l'attaque du duc d'Orléans, et par M. du Bourdet, lieutenant d'artillerie, à celle du duc d'Enghien, démontèrent les batteries de la ville. Le gouverneur demanda à capituler le 29 août : on l'obligea à ne point servir durant six semaines, et sa garnison, forte de deux mille cinq cents hommes, demeura prisonnière de guerre.

Le cardinal Mazarin, pour se venger du pape, qui lui avait refusé un chapeau de cardinal qu'il lui avait demandé pour son frère, chercha dans la marine les moyens les plus sûrs. Il fit décider dans le conseil un armement contre l'Italie : on arrêta que l'on ferait le siége de Piombino et de Porto-Longone. Quoique ces deux places fussent de la domination de l'Espagne, qui y avait ses garnisons, Porto-Longone et toutes ses dépendances appartenaient, quant au domaine utile, au prince Ludovico, qui avait épousé une nièce d'Innocent X. Comme le cardinal Mazarin avait cette expédition fort à cœur, tout fut bientôt prêt. Le prince Thomas avait eu jusqu'alors le commandement des troupes en Italie, il lui fut ôté : le maréchal du Plessis-Praslin fut mis à la tête de l'armée qui était destinée à agir par terre, et le maréchal de la Meilleraye eut le commandement de la flotte.

Ces deux généraux firent voile, le 17 septembre 1647, avec vingt-neuf vaisseaux français et sept portugais. Piombino pouvait empêcher l'exécution du dessein qu'ils avaient sur Porto-Longone : ils commencèrent par attaquer cette place, et s'en rendirent maîtres en deux jours. Ils y trouvèrent une grande quantité de munitions. Porto-Longone fut plus difficile à réduire : la place était en meilleur état, et défendue par une garnison plus nombreuse. Elle tint vingt jours de tranchée ouverte, pendant lesquels les assiégés montrèrent beaucoup de résolution, et firent plusieurs sorties vigoureuses. Voyant cependant qu'ils n'avaient aucune espérance de secours ils demandèrent à capituler le 29 octobre, et sortirent le 30, au nombre de six cents hommes, avec les honneurs de la guerre; mais l'artillerie, qui consistait en trente-six pièces de canon, demeura dans la place. On la trouva d'ailleurs fournie de toutes sortes de munitions. Le maréchal de la Meilleraye avait sous ses ordres, à ce siége, le marquis de Montpezat et M. de Faber, maréchaux de camp.

Ce succès fit triompher Mazarin; mais, outre la réputation que les armes françaises acquirent en cette occasion, et l'avantage qui résultait pour la France d'avoir enlevé à l'Espagne une de ses meilleures places, ce qu'il y eut d'intéressant pour la marine, dans cet heureux événement, fut que la France acquérait un port capable de recevoir ses flottes, qui, par ce moyen, pourraient tenir les mers pendant plus longtemps, et même hiverner en Italie, et traverser le commerce des ennemis.

Les Napolitains murmuraient depuis longtemps contre les impôts excessifs dont la cour d'Espagne les chargeait. Voyant leurs plaintes méprisées, ils firent éclater leur mécontentement. Les rebelles mirent à leur tête le pêcheur Mazaniello, que le duc d'Arcos fit assassiner. Mais cette mort ne produisit point l'effet que le vice-roi s'en était promis : le peuple, toujours animé contre la domination espagnole, songea à choisir un autre chef; son choix tomba sur don François de Toralto, à qui il donna le commandement des troupes. Toralto, ne conserva pas longtemps ce poste. Le roi d'Espagne avait fait équiper une flotte le plus promptement possible, il y fit embarquer une armée assez considérable dont il donna le commandement à son fils naturel don Juan d'Autriche. Ces troupes vinrent débarquer dans le royaume de Naples. Les Napolitains eurent d'abord l'avantage et repoussèrent les Espagnols; mais ceux-ci ayant pris le parti de bloquer la ville, les habitants n'avaient d'autre moyen de se dégager que de livrer un second combat et de chercher à se faire jour l'épée à la main : ils ne voulurent point se laisser conduire par le nouveau chef qu'ils s'étaient choisi.

Ils crurent donc ne pouvoir mieux faire que de s'adresser au duc de Guise. Ce seigneur, dans ce moment-là, était à Rome : la passion qu'il avait pour mademoiselle de Pons l'y avait conduit pour y poursuivre la dissolution de son mariage avec la comtesse de Bossu. Il n'avait pas peu contribué à entretenir le feu de la rébellion ; il avait fait proposer aux séditieux de se mettre à leur tête, et leur avait fait espérer le secours de la France. Il s'était en effet adressé à la cour, et le cardinal Mazarin lui avait promis de le secourir : les Napolitains le sollicitèrent si vivement, qu'il arriva dans une felouque, malgré la flotte espagnole, qui tenait la mer ; il signala son arrivée par une action de vigueur dont les Napolitains sentirent bientôt l'utilité : quoiqu'il n'eût d'autres troupes que la bourgeoisie, il força la noblesse, qui tenait pour les Espagnols, d'abandonner une partie des postes qu'elle occupait à la campagne ; par là, il ramena l'abondance dans la ville.

La flotte de France, après s'être fait attendre longtemps, parut dans les derniers jours du mois de décembre 1647. Le duc de Richelieu la commandait. Elle chercha celle d'Espagne, et le combat s'engagea près de Castellamare ; il dura six heures, et fut fort désavantageux aux Espagnols.

Une victoire pareille semblait devoir être décisive, elle ne produisit cependant aucun effet : les Français avaient la mer libre, ils étaient les maîtres de débarquer les troupes et les munitions ; mais le duc de Richelieu avait reçu de Mazarin l'ordre précis de ne se joindre au duc de Guise qu'après qu'ils seraient convenus ensemble d'un point sur lequel les vues de la cour de France et celles de ce seigneur étaient difficiles à concilier. Le duc de Guise fut fait prisonnier par les Espagnols.

Le seul fruit que la France recueillit de l'armement considérable qu'elle fit dans cette occasion, fut la gloire d'avoir montré que ses armées navales étaient en possession de battre partout les flottes espagnoles.

Mais on vit bientôt la marine française perdre cette splendeur qui la rendait redoutable. Les troubles intestins dont le royaume fut agité occasionnèrent cette décadence. Les premières divisions avaient éclaté en l'année 1647. La cour de France, dont l'attention était partagée, ne s'appliqua pas à pousser ses conquêtes en Flandre avec autant de rapidité qu'elle aurait pu le faire dans d'autres circonstances ; les suites n'en furent cependant point alors aussi funestes qu'elles le devinrent depuis; et la paix que la France fit l'année suivante avec l'empereur (traité de Westphalie, signé le 24 octobre 1648), en la mettant en état de tourner toutes ses forces contre les Espagnols, semblait lui assurer cette supériorité qu'elle avait toujours eue sur eux depuis le commencement de la guerre.

Les troubles intérieurs recommencèrent vers la fin de l'année 1648 : on en vint aux derniers excès; les factieux employèrent, pour le soutien de leur parti, des forces dont l'Etat avait besoin pour se défendre contre les ennemis du dehors. Les Espagnols, qui jusque-là avaient été battus presque partout, et auxquels on avait enlevé un grand nombre de places considérables, ne trouvant maintenant rien qui s'opposât à leurs entreprises, reprirent beaucoup de villes importantes. Ils avaient eu souvent des desseins sur Barcelone, et n'avaient jamais réussi; ils crurent, avec raison, les circonstances favorables : ils l'assiégèrent en 1651. On ne se donna pas le moindre mouvement pour essayer de mettre en mer une flotte qui pût attaquer celle des Espagnols : la ville fut obligée de se rendre.

Il en arriva autant à Dunkerque : cette place était extrêmement importante; le prince de Condé, alors duc d'Enghien, l'avait prise sur les Espagnols en 1646, et cette conquête n'avait point été regardée comme un de ses moindres exploits. Les Espagnols se crurent en état de la reprendre, et en formèrent le siége.

Le duc de Vendôme était amiral de France; cette charge, que l'on avait laissé, pendant quelque temps, vacante après la mort du duc de Brézé, lui avait été donnée en 1650. Il reçut ordre de mettre en mer tous les vaisseaux qu'il pourrait équiper, et de faire voile du côté de Dunkerque; mais tout était en désordre : les fonds nécessaires pour l'entretien de la flotte ou n'étant pas fournis ou étant détournés, la plus grande partie des vaisseaux manquaient de vivres et d'équipages. On ne put jamais en rassembler un assez grand nombre pour former une armée capable de tenir tête à celle des ennemis : Dunkerque fut rendue aux Espagnols.

Le gouvernement trouva heureusement les moyens de diminuer le feu de la rébellion. Ce commencement de calme fut favorable à la marine. La ville de Bordeaux persistait dans la révolte; on avait besoin d'une flotte qui pût la soumettre : on fit tous les efforts possibles pour en assembler une, et l'on y réussit. Elle se trouva composée de huit grands navires, trois galères, huit frégates, et de plusieurs chaloupes et brigantins ; le duc de Vendôme, qui la commandait, la conduisit devant Bordeaux. Les habitants de cette ville n'avaient pas manqué de recourir aux Espagnols : ces ennemis de la France trouvaient trop leur compte à entretenir ses troubles intestins pour ne pas déférer aux sollicitations des Bordelais ; ils avaient promis d'envoyer une armée navale pour les secourir ; le duc de Vendôme en était bien informé ; il fit construire deux forts sur les bords de la Garonne, et entra dans ce fleuve avec sa flotte ; par là il ferma si bien le passage, que les vaisseaux espagnols n'osèrent jamais tenter de le forcer. Les Bordelais, ne pouvant espérer aucun secours, virent bien qu'ils n'avaient d'autre parti à prendre que de se soumettre.

Cette réduction de Bordeaux contribua beaucoup à achever de rétablir le calme dans le royaume : tout fut entièrement pacifié dans le courant de l'année 1653. La tranquillité intérieure dont la France commença à jouir la mit bientôt en état de réparer ses pertes et de faire sur ses ennemis des entreprises considérables.

Le duc de Guise, prisonnier des Espagnols, fut échangé trois ans après et revint en France. Les Napolitains supportaient toujours fort impatiemment la domination espagnole : ils se soulevèrent une seconde fois, et invitèrent de nouveau le duc de Guise à venir prendre le commandement de leurs troupes. Le ministère de France chercha à réparer la faute que l'on avait faite la première fois : on donna au duc de Guise une flotte de quarante vaisseaux ; mais il ne fut pas aussi heureux dans cette tentative qu'il l'avait été dans les commencements de sa première expédition. Il aborda à Castellamare. Le gouverneur capitula. Ce premier avantage ne fut point soutenu ; le vice-roi de Naples, à la première alarme, avait rassemblé ses troupes : il vint attaquer les Français et les défit. M. du Plessis-Bellière fut tué dans le combat.

En 1654, le duc de Vendôme commandait la flotte du roi dans la Méditerranée ; ayant rencontré à la hauteur de Barcelone l'armée navale d'Espagne, il l'attaqua, quoiqu'elle fût supérieure à la sienne, et la battit après un combat très-vif. Le commandeur Paul, officier général de grande réputation sur mer, partagea l'honneur de cette action.

Pendant que le duc de Vendôme remportait ces avantages sur les Espagnols, le chevalier de Valbelle ne soutenait pas avec moins de gloire contre les Anglais l'honneur de la marine française. La France n'était point en guerre avec eux ; elle venait même de faire avec Cromwell un traité d'alliance. Le chevalier de Valbelle fut cependant attaqué par quatre vaisseaux de cette nation. Il n'en avait qu'un de trente pièces de canon : il se défendit pendant plusieurs heures avec toute la valeur imaginable. Les vaisseaux ennemis criblèrent le sien de coups de canon ; il refusa néanmoins de se rendre, et alla s'échouer sur un banc. Une si belle défense excita la générosité du commandant anglais ; il envoya au chevalier de Valbelle une barque pour le sauver avec ce qui lui restait de monde, et lui permit ensuite de se retirer en France.

Les avantages considérables que l'on remporta sur les Espagnols les amenèrent à la fin au point où on les voulait : la paix fut conclue par le traité des Pyrénées le 7 novembre 1659 ; le mariage du roi avec l'infante d'Espagne en fut le sceau.

Ce traité était l'ouvrage du cardinal Mazarin, qui mourut vers le commencement de l'année 1661. Le roi prit alors les rênes du gouvernement, et, par les soins que ce prince donna à la marine, il se vit bientôt en état d'ajouter à ses autres triomphes celui de se faire craindre des puissances maritimes, et de remporter sur elles des avantages considérables.

Il fallait commencer par retirer Dunkerque des mains des Anglais ; on avait toujours regardé en France cette place comme fort importante : on en avait fait la conquête sur les Espagnols en 1646 ; ils l'avaient reprise sur nous en 1651.

C'était avec Cromwell qu'avait été fait le traité en vertu duquel les Anglais possédaient Dunkerque. Après la mort du Protecteur, Charles II était parvenu à remonter sur le trône. Ce prince avait été obligé de faire dans cette occasion des dépenses très-considérables, et n'en était pas moins disposé à tout donner à ses plaisirs. Le besoin d'argent l'engagea à écouter les propositions que le roi de France lui fit sur la cession de Dunkerque : moyennant cinq millions qui lui furent donnés, Charles remit à la France non-seulement cette ville, mais encore Mardik, et généralement tous les ports que les Anglais occupaient sur les côtes de Flandre. Le roi fit aussitôt travailler aux nouveaux ouvrages dont il voulait fortifier Dunkerque, et il fit creuser entre la ville et la citadelle un bassin assez large pour contenir à flot trente gros vaisseaux de guerre.

A cette époque, les Algériens et les Tunisiens s'étaient emparés de plusieurs navires français. Le chevalier d'Hocquincourt avait déjà remporté quelques avantages sur eux, et avait commencé à leur faire sentir à quoi ils devaient s'attendre. D'Hocquincourt était un jeune chevalier de Malte, avide de gloire, rempli de courage, que l'envie de se signaler avait porté à faire construire avec beaucoup de soin, à Marseille, une frégate de trente-six pièces de canon, avec laquelle il s'était proposé d'aller en course contre les Algériens.

Son projet avait fait du bruit à la cour ; beaucoup de jeune noblesse s'empressa de se joindre au chevalier : de ce nombre fut Tourville, qui devint depuis un si habile homme de mer.

Lorsque tout fut prêt, la frégate mit à la voile par un vent largue et des plus favorables, qui continua de même jusqu'au quatrième jour, que l'on découvrit l'île de Malte, où le chevalier d'Hocquincourt relâcha. Pendant le séjour qu'il y fit, le chevalier de Cruvillier, dont le seul emploi avait toujours été d'aller en course contre les pirates, lui raconta les outrages qu'avait subis une captive chrétienne au harem du bey de Tunis; puis il lui proposa d'être son matelot. Il avait une frégate de vingt-quatre pièces de canon, prête à mettre à la voile. D'Hocquincourt, charmé de l'occasion, accepta. Ils partirent aussitôt.

Il y avait cinq jours qu'ils étaient en mer, lorsque, étant à la hauteur du golfe de Corone, la frégate de Cruvillier, qui faisait l'avant-garde, signala deux voiles, et se mit en panne. Aussitôt on se prépara au combat; chacun prit son poste et attendit ces deux vaisseaux. C'étaient des corsaires : ils avaient le vent et venaient à pleines voiles, comme des gens sûrs de la victoire. Lorsqu'ils furent à portée de canon, on reconnut au pavillon que c'étaient deux navires algériens.

Ils commencent le combat par deux bordées qu'ils envoient sur les frégates : le chevalier d'Hocquincourt, qui les voulait voir de plus près, essuie ce feu sans y répondre. Lorsqu'on est vergue à vergue, il commande tout à la fois le feu du canon et de la mousqueterie. Ce grand fracas oblige les infidèles à changer de manœuvre pour se remettre; mais le chevalier d'Hocquincourt ne leur en donne pas le temps.

Les Algériens ont déjà perdu tant de monde, et leurs vaisseaux sont tellement maltraités par l'artillerie des frégates, qu'ils font tous les efforts possibles pour en venir à l'abordage : cette façon de combattre leur est ordinairement favorable.

Ils tentent deux ou trois fois l'entreprise, et sont repoussés avec perte. Le vaisseau du chevalier d'Hocquincourt fait le simulacre de prendre la fuite, lorsqu'on voit sortir tout à coup deux autres corsaires du cap de Matapa, proche duquel l'action était engagée. On peut juger de la joie des Algériens. Ils la font éclater par des cris redoublés et par des salves de toute leur artillerie, qu'ils déchargent sur les chrétiens. Ceux-ci leur répondent en gens qui ne sont point disposés à céder la victoire. Il ne faut cependant pas moins que la fermeté et l'intrépidité des deux braves capitaines, pour oser recommencer à se mesurer avec des ennemis qui viennent d'être ainsi renforcés. On se battit pendant plus de trois heures sans que la victoire parût se déterminer d'aucun côté. A la fin, le chevalier d'Hocquincourt voyant son vaisseau tout désemparé, la moitié de son équipage hors de combat ou blessée, le reste fatigué à n'en pouvoir plus, prit une résolution qu'il ne pouvait exécuter qu'en s'exposant à un extrême péril. Il proposa à ses gens d'aborder le pirate; une nouvelle vigueur saisit aussitôt l'équipage; on entendit crier de tous côtés : *Arrive sur le tripolitain!* Un coup de gouvernail en fit l'affaire; le chevalier d'Hocquincourt, lui portant à l'instant l'éperon dans le flanc, l'accrocha sans peine.

Le chevalier de Tourville, tout blessé qu'il était déjà, se signala dans cette occasion : il se jeta, le premier, par le beaupré sur le pont du vaisseau des infidèles. Il fut suivi de cinq ou six autres volontaires, et par trente matelots des plus résolus. Après une heure de combat il ne resta pas un Tripolitain, et Tourville se vit maître du vaisseau.

Il n'y avait plus que l'Algérien qui combattait contre Cruvillier; ce corsaire était en si mauvais état, que, ne pouvant gouverner, il se vit obligé de continuer la lutte seul et en désespéré, voulant plutôt périr que de se rendre. Les deux chevaliers combattirent contre lui encore quelque temps et le coulèrent à fond, ce qui finit le combat. Ils n'avaient cependant perdu que vingt-trois hommes, mais leurs vaisseaux étaient en fort mauvais état. Ils gagnèrent l'île de Siffanto pour se radouber.

La perte faite dans le combat avait été réparée par trente esclaves chrétiens, tous gens de mer et de service qu'on avait trouvés dans le vaisseau tripolitain dont on s'était emparé. Ils résolurent d'armer ce bâtiment et de vendre les Turcs qu'ils avaient faits prisonniers; le commandement du nouveau vaisseau fut donné à M. d'Artigny, Tourville en fut fait lieutenant : il s'était assez signalé dans le combat pour avoir mérité cette marque de distinction.

Il n'y avait que quelques jours que la petite escadre était en mer, lorsqu'elle découvrit trois voiles. On les laissa approcher; le commandant, qui avait voulu les attirer au combat, avait fait prendre exprès les devants à son vaisseau tripolitain. Les corsaires y avaient été trompés. Quand ils furent assez près pour reconnaître leur erreur, il n'était plus temps de reculer.

Le combat durait depuis deux heures, avec un carnage des plus terribles, lorsque d'Artigny fut tué d'un coup de canon. Le chevalier de Tourville se trouva le premier officier du vaisseau; il en prit le commandement. Il animait ses gens à redoubler d'ardeur pour fixer la victoire, et il leur donnait lui-même l'exemple; mais on vint l'avertir que le vaisseau avait une voie d'eau, si grande, qu'il n'y avait pas moyen avec toutes les pompes de l'affranchir : il fallait se rendre ou couler bas. On ne balança pas à prendre le seul parti qui restât. Tous crièrent en même temps : « *A l'abordage !* » ce qui fut bientôt exécuté. Plus de cent cinquante Turcs se jetèrent dans le vaisseau des chrétiens; ceux-ci passèrent avec une égale promptitude sur celui des ennemis : ils étaient au nombre d'environ quatre-vingts. Les Turcs s'attachèrent au pillage; mais le navire ayant coulé, aucun d'eux ne put se sauver.

Le combat était terrible pendant ce temps-là dans le vaisseau des corsaires. Les gens du chevalier de Tourville étaient extrêmement fatigués; plusieurs étaient blessés : quelques efforts que fissent les chrétiens, sans un secours qui leur vint à propos, ils n'auraient pu éviter de succomber.

Dans la chaleur de l'action, Tourville avait entendu un grand bruit venant de l'écoutille : c'étaient des chrétiens qu'on avait enfermés, et qui le servirent avec le zèle et l'ardeur qu'inspire l'espérance d'une liberté prochaine. Un renfort pareil ne laissa pas longtemps la victoire incertaine : après une demi-heure de combat, il n'y eut pas un Turc qui ne mît bas les armes.

Les expéditions qui venaient d'être faites contre les corsaires, leur avaient rendu redoutable la valeur française; mais ce n'était que des courses de particuliers. Le roi voulut agir par lui-même, et leur faire sentir les effets de son indignation. Il mit en mer une escadre composée de six vaisseaux de guerre ; elle partit des îles d'Hyères le 3 mars 1663, sous les ordres du commandeur Paul.

Les premiers jours furent employés à donner la chasse à tous les corsaires que l'escadre rencontra. Le vent étant ensuite devenu propice pour visiter la rade de Tunis, le commandeur Paul ne perdit pas l'occasion d'y entrer. Il y trouva un vaisseau mouillé au large de la Goulette, qui arbora pavillon anglais; il y vit aussi une grande flûte, qui était sous le fort, avec quelques autres bâtiments. Il crut l'occasion favorable pour tenter un coup d'éclat qui intimidât les corsaires. Quoique la flûte et le petit vaisseau de guerre fussent sous le canon du fort de la Goulette, il les enleva.

Cette action, qui s'était passée à la vue des habitants de Tunis, sous le canon de leur fort, et sans qu'ils osassent se mettre en mer pour s'y opposer, fut extrêmement glorieuse pour l'escadre du roi.

La flotte était sortie de Toulon depuis trois semaines; pendant le reste du mois et les deux suivants, elle fut occupée à donner la chasse aux corsaires. Le 7 juin, tous les vaisseaux étant réunis, et se trouvant le long de la côte de Barbarie, à la vue de Bône et du cap de Ferro, on aperçut un navire. L'escadre était encore assez éloignée pour qu'il pût espérer d'avoir le temps de mettre à terre tout l'équipage : le premier vaisseau qui en approcha fut *le Soleil,* commandé par Duquesne, et qui plus tard fut monté par Tourville. On ne lui tira qu'un seul coup de canon. La prise était considérable : ce bâtiment était rempli d'nne grande quantité de marchandises.

La flotte était trop près de terre pour ne point essayer de procurer à quelques captifs le moyen de se sauver : on détacha pour cela deux chaloupes. Un grand nombre de Barbares, qui étaient sur la côte, firent un feu assez nourri de mousqueterie; ils ne purent empêcher cependant que onze esclaves, de différentes nations, ne se jetassent à la mer, et n'abordassent les chaloupes. On sut par eux que le vaisseau dont on venait de s'emparer était d'Alger, qu'il se nommait *la Perle,* et était un des meilleurs voiliers de Barbarie; qu'il venait d'Alexandrie, et que

Morel Fatio, del — Dozelot sc

LE SOLEIL ROYAL, AU MOUILLAGE

Le plus beau Vaisseau sous Louis XIV.

(Histoire générale de la Marine)

les marchandises dont il était chargé pouvaient valoir environ trois cent mille francs.

Un autre navire fut amariné par deux chaloupes de l'escadre dans les mêmes parages. On trouva à bord du corsaire deux chrétiens et un More. Plusieurs des vaisseaux étaient en fort mauvais état. Le commandeur Paul prit le parti de les ramener à Toulon, pour faire promptement réparer ceux qui avaient été endommagés.

Il rencontra, à la vue de ce port, le duc de Beaufort, qui commandait les galères du roi : ce général avait ordre d'aller aussi donner la chasse aux corsaires. Il fit prendre les devants à deux vaisseaux, *le Mercure* et *la Victoire*, et à un brûlot. Il suivit avec six galères, un brigantin et une barque longue.

Il ne fut pas moins heureux dans son expédition, que le commandeur Paul l'avait été dans la sienne.

Au commencement de l'année suivante, les chevaliers d'Hocquincourt et de Tourville s'étaient mis en mer avec chacun un vaisseau ; le chevalier Marini s'était joint à eux : leur petite division était composée de trois navires. Il y avait déjà quelque temps qu'ils croisaient, lorsqu'ils aperçurent jusqu'à trente-six galères turques : la partie était trop inégale pour qu'ils pussent espérer un succès. Les Turcs fondirent sur eux à force de rames, les galères firent une décharge de tout leur canon ; le chevalier de Tourville y répondit par une bordée, et leur fit jeter un grand nombre de lances à feu et de grenades, accompagnées d'un feu continuel de mousqueterie. Dans les deux autres vaisseaux, on suivit le même ordre de combat. Les galères ne purent y résister ; elles furent obligées de faire une honteuse retraite, et gagnèrent au plus vite le port Dauphin, dans l'île de Chio.

Tant d'avantages remportés sur les corsaires les avaient extrêmement déconcertés : la crainte des armes françaises les retint pendant quelque temps ; mais ils recommencèrent bientôt leurs brigandages. On jugea que le moyen le plus infaillible de les contenir était de faire un établissement en Afrique.

En 1665, le roi mit en mer, sous les ordres du duc de Beaufort, une flotte de seize vaisseaux, à laquelle se joignirent quelques bâtiments maltais et hollandais ; six mille hommes furent embarqués, et le marquis de Gadagne fut choisi pour les commander. On alla descendre à Gigeri, aux environs d'Alger : la place fut attaquée, et en peu de jours on s'en rendit maître.

On devait bien s'attendre que les Mores ne verraient pas tranquillement les Français s'établir dans un poste qui leur ouvrait tout le pays. Il était donc de la prudence de ceux-ci de se fortifier de manière à résister aux attaques des ennemis; c'est ce que l'on ne fit point, et cette faute coûta cher : le camp fut bientôt ouvert dans plusieurs endroits. La peur saisit alors toute l'armée. Officiers, soldats, tous ne songeaient qu'à la retraite; il fallut que le général cédât au torrent; Gigeri fut abandonné, et les troupes regagnèrent les vaisseaux la nuit du 30 au 31 octobre.

Cet insuccès éloignait l'exécution du dessein que l'on avait formé de réduire les corsaires; mais ils ne jouirent pas longtemps de leur triomphe. Le roi, qui voulait absolument assurer la liberté du commerce, donna ses ordres, dès le commencement de l'année suivante, pour l'armement d'une flotte considérable qu'il destinait contre ces barbares; elle fut mise encore sous les ordres du duc de Beaufort, secondé par le commandeur Paul.

Le duc de Beaufort les alla chercher jusque dans leurs mers, et les ayant rencontrés à la hauteur de Tunis, il les attaqua. Le combat fut sanglant et opiniâtre; l'avantage resta aux Français : ils prirent ou coulèrent une grande quantité de vaisseaux; de ce nombre furent l'amiral, le vice-amiral et le contre-amiral.

Les soins que le roi s'était donnés pour se mettre en état de réprimer les insultes des Algériens, ne l'avaient point empêché de travailler d'un autre côté à perfectionner la marine, dont il avait pris le rétablissement si fort à cœur. Louis XIV entreprit et eut la gloire d'achever la jonction des deux mers par le moyen d'un canal tiré depuis Cette, sur les côtes du Languedoc, jusqu'à la Garonne, aux environs de Toulouse.

Ce fut dans les mêmes vues d'étendre le commerce de la France, que le roi établit les Compagnies des Indes orientales et occidentales, par le conseil de Colbert, ce grand ministre à qui il fut redevable en partie du lustre que le progrès des sciences et des arts répandit sur son règne.

On était bien revenu du faux système que l'on avait suivi en France pendant longtemps, en conséquence duquel il fallait laisser faire le commerce aux étrangers, qui seraient comme les facteurs de la France, à laquelle ils apporteraient les marchandises des Indes ; pendant que, livrée à de plus nobles occupations, elle apprendrait tous les jours à dompter ses voisins et s'appliquerait à reculer ses frontières.

Ce prince envoya aussi une colonie à Madagascar : cette île devait servir d'entrepôt pour le commerce de tout l'Orient ; cet établissement parut être d'une si grande utilité, et fit naître de telles espérances, que l'on frappa à cette occasion une médaille.

La Compagnie des Indes occidentales fut formée sur le même plan, à peu près, que celle des Indes orientales.

La France jouissait alors d'une paix profonde : depuis que le traité des Pyrénées avait terminé la guerre qu'elle avait été obligée de soutenir contre l'Espagne pendant un grand nombre d'années, il n'était survenu entre les deux couronnes aucunes dissensions, ou s'il y en avait eu, elles n'avaient pas encore éclaté ; la France n'avait eu non plus rien à démêler avec ses autres voisins ; mais le roi se trouva engagé, en quelque sorte malgré lui, dans la guerre qui s'éleva cette année entre les Anglais et les Hollandais. Il envoya à Londres un ambassadeur extraordinaire, pour renouveler les instances qui avaient déjà été faites au roi d'Angleterre. Mais les Hollandais n'attendirent point l'effet de cette négociation : leur flotte attaqua celle des Anglais. Ils eurent lieu de se repentir de tant de précipitation : leur armée fut battue ; ils perdirent huit mille hommes.

Le résultat de cette bataille ne fut pas le seul malheur que les Hollandais essuyèrent : le roi d'Angleterre avait cherché à leur susciter un nouvel ennemi, l'évêque de Munster. Ce prélat avait une passion démesurée pour la guerre, et cet exercice convenait beaucoup mieux à son goût que le soin de gouverner un diocèse. Il entra dans les terres des Hollandais du côté de l'Ower-Issel, et y exerça des cruautés inouïes.

Les Etats-Généraux eurent alors recours au roi, et demandèrent qu'en conséquence des traités d'alliance, et particulièrement de celui de l'année 1662, qui contenait une ligue défensive entre les deux puissances, on armât pour les aider à se défendre.

La mort de Philippe IV, qui arriva dans ces circonstances, et qui donna ouverture aux droits du roi, lui fit désirer encore davantage de ménager les Hollandais. Il tenait à épuiser toutes les voies de conciliation. Le roi d'Angleterre voulait absolument pousser les Hollandais; rien ne fut capable de lui faire changer de résolution. Louis XIV, piqué de l'inutilité de ses démarches, se déclara contre lui. Les ordres furent donnés pour mettre une flotte en mer : elle fut plus considérable par le choix des vaisseaux et la réputation des officiers qui les commandaient, que par leur nombre.

Cette flotte devait agir avec celle des Hollandais. Il fut réglé que la jonction se ferait dans la Manche. L'escadre des Hollandais fut bientôt prête; leur intention était d'abord d'aller se poster entre Calais et Douvres, pour empêcher que les vaisseaux qui sortiraient de la rivière de Londres ne pussent se joindre aux Dunes, et pour couper toute communication des ports de Plymouth, Portsmouth et autres, avec la Tamise.

Elle alla chercher la flotte des ennemis, qu'elle découvrit le 11 juin 1666, entre Nieuport et la pointe du nord d'Angleterre, venant à elle à toutes voiles. Deux principaux chefs la commandaient, le prince Rupert et le général Monk, que Charles II avait fait duc d'Albemarle.

La bataille se donna presque aussitôt : elle dura quatre jours. Les trois premiers ne décidèrent rien, la perte fut à peu près égale des deux côtés. Le quatrième, la victoire sembla se déclarer pour les Hollandais; leurs ennemis commençaient à plier, mais un renfort de vingt-deux navires, que ceux-ci reçurent dans le plus grand feu de l'action, empêcha la déroute. Dès que Ruyter les aperçut, il donna avec tant de vigueur dans la flotte ennemie, qu'il la perça deux fois, amarina six vaisseaux et en coula quatre. Les Anglais prirent la fuite; les Hollandais les poursuivirent avec vivacité ; mais un brouillard s'étant élevé sur le soir, Ruyter gagna le large avec son armée triomphante.

La victoire que les Hollandais venaient de remporter, en humiliant le roi d'Angleterre, pouvait, s'ils avaient su en profiter, leur procurer avec honneur une paix que ce prince s'était obstiné jusque-là à leur refuser; mais un succès aussi heureux les fit trop présumer de leurs forces. Ils firent promptement radouber les vaisseaux qui avaient souffert; ils en mirent en mer de nouveaux, et, avec une flotte de quatre-vingt-neuf voiles, ils allèrent chercher les Anglais jusque dans la Tamise. Les flottes restèrent en présence près de dix jours; la bataille ne se donna que le 4 août 1666. Les Hollandais ne soutinrent point la gloire qu'ils s'étaient acquise dans la précédente : après une perte assez considérable, leurs vaisseaux, fort maltraités, eurent bien de la peine à regagner leurs ports.

L'échec que venaient de recevoir les Hollandais n'avait cependant rien de décisif. Si leur flotte avait pu être jointe par celle de France, ils l'auraient aisément réparé : celle-ci était enfin arrivée à la Rochelle le 23 août. Le roi en fit aussitôt avertir les Etats-Généraux, et concerta avec eux les opérations nécessaires pour la jonction ; mais la précipitation de Ruyter empêcha la réussite des mesures que l'on avait prises. Le duc de Beaufort ne dut son salut qu'au bonheur qu'il eut de passer devant l'île de Wight sans rencontrer les Anglais. Il arriva le 24 septembre en rade de Dieppe.

Pendant qu'ils soutenaient ainsi la guerre avec des avantages à peu près égaux à ceux des Anglais, les Français s'en dédommageaient en Amérique. Depuis plus de quarante ans, les deux nations possédaient chacune une moitié de l'île Saint-Christophe, l'une des Antilles : ce pays avait été découvert par les Espagnols, mais ils en avaient négligé la possession. En 1625, par un événement assez singulier, les Français, sous la conduite d'Enambuc et du Rossey, et les Anglais, commandés par Vaërnard, se trouvèrent en même temps des deux côtés de cette île : elle était habitée par des Caraïbes, espèce de sauvages. Les deux nations unirent leurs forces contre eux, partagèrent ensuite leurs conquêtes à l'amiable, et vécurent quelque temps en bonne intelligence.

L'ambition des Anglais troubla bientôt cette union. L'année suivante, c'est-à-dire en 1630, le roi catholique, envoyant au Brésil une flotte contre les Hollandais, qui s'étaient emparés d'une partie du pays, avait donné ordre à don Frédéric de Tolède, qui la commandait, de passer à l'île Saint-Christophe, et de n'y pas laisser un seul Anglais ni un seul Français.

C'était pour défendre l'île Saint-Christophe contre les efforts des Espagnols, que l'escadre de M. de Cusac avait été équipée. Cet officier, content de la victoire qu'il avait remportée sur les Anglais, et n'apprenant aucune nouvelle des Espagnols, se lassa d'attendre, et de leur côté, les Français, au nombre d'environ quatre cents hommes, s'embarquèrent sur deux navires qui se trouvèrent dans la rade.

Les choses étaient restées dans cette situation jusqu'en l'année 1666. Les Espagnols, chassés à leur tour de Saint-Christophe, par les Anglais, n'avaient pas pu reprendre cette île. La guerre, qui était alors déclarée entre l'Angleterre et la France, donna lieu à différentes hostilités dans l'Amérique. Les Anglais ne furent point heureux dans l'île Saint-Christophe : on les en chassa entièrement.

Ils se dédommagèrent de l'insuccès qu'ils avaient eu à Saint-Christophe, par la prise de l'Acadie, dans l'Amérique septentrionale : ce pays appartenait à la France.

Ces avantages réciproques compensaient les pertes qui se faisaient de part et d'autre ; mais ce n'était point là ce que les Anglais s'étaient promis d'une guerre qui avait commencé favorablement pour eux. Les échecs dont leurs premières victoires avaient été suivies, les portèrent enfin à souhaiter eux-mêmes de la terminer. La paix fut conclue, à Breda, au commencement de l'année 1667.

La paix avec les Anglais, et la bonne intelligence qui subsistait toujours entre le roi et les Etats-Généraux, laissa en France la marine dans l'inaction pendant quelques années. Louis XIV était occupé à faire valoir les droits de la reine sur la succession du roi d'Espagne, Philippe IV : il avait porté la guerre en Flandre et dans le comté de Bourgogne. Cette guerre ne donna lieu à aucune action sur mer, en Europe.

La rupture de la France avec l'Espagne autorisait les courses des flibustiers sur les vaisseaux espagnols. Ces marins étaient des aventuriers, qui faisaient dans les Indes le métier de corsaires, et en voulaient principalement aux Espagnols : ils étaient presque tous Français. Nous ferons connaître leurs principales aventures dans le volume suivant.

Les Espagnols s'étaient empressés de terminer une guerre qui tournait fort désavantageusement pour eux. Louis XIV conserva les villes de Flandre qu'il avait prises, et rendit aux Espagnols le comté de Bourgogne dont il s'était pareillement emparé.

Le repos dont jouit alors la France, donna occasion à ce prince de travailler à remplir les vues qu'il avait pour la perfection du gouvernement. Dans les soins qu'il se donna, la marine ne fut point oubliée : il fit construire un grand nombre de vaisseaux, donna ses ordres pour que l'on fît des approvisionnements considérables dans les ports de l'Océan et de la Méditerranée.

Divers avantages furent remportés sur les pirates de la Méditerranée, pendant les années 1668, 1669 et 1670; mais toutes ces expéditions n'étaient que de faibles essais de la puissance redoutable que Louis XIV voulait déployer sur mer : elle commença à éclater dans la guerre que ce monarque fit aux Hollandais.

Louis XIV apprit qu'ils venaient de former avec l'Empereur et le roi d'Espagne des liaisons qui semblaient annoncer le dessein de contrevenir aux traités de paix : ce prince crut qu'il était prudent de prendre des précautions pour n'être pas surpris. Il augmenta considérablement le personnel de ses troupes, remplit de grands magasins de vivres et de munitions de guerre, et fit travailler dans tous ses ports à construire et équiper des vaisseaux, pour être en état de mettre en mer une forte armée navale.

Les Etats-Généraux furent bientôt instruits de ces préparatifs et de leur destination. Les Hollandais avaient cru pouvoir compter sur l'Angleterre, presque autant que sur l'Espagne; ils ne tardèrent pas à connaître les dispositions de Charles, ce qui fit beaucoup diminuer cette fierté qui jusque-là avait éclaté dans toutes leurs actions.

Louis XIV avait ordonné l'armement de cinquante vaisseaux de guerre; l'armée de terre, qu'il voulait employer contre eux, n'était pas moins considérable que celle de mer. Elles ne furent pas longtemps à se mettre en mouvement. Le roi fit sur les Hollandais des conquêtes rapides; mais comme ils avaient plus de forces sur mer qu'ils n'en avaient sur terre, ce prince trouva de ce côté-là plus de résistance.

Leur flotte, commandée par le lieutenant-amiral Ruyter, était composée de soixante-douze vaisseaux de guerre, et d'un grand nombre d'autres bâtiments, frégates, galiotes, brûlots, yachts et avisos. Le comte d'Estrées, vice-amiral, commandait la flotte française; il avait trente vaisseaux, six frégates, quatre flûtes et six brûlots, montés par près de vingt mille hommes.

La flotte d'Angleterre, sous les ordres du duc d'York, était distribuée en deux escadres, la rouge et la bleue : chacune partagée en trois divisions; celle de France formait l'escadre blanche, partagée aussi en trois divisions. La flotte hollandaise était pareillement distribuée en trois escadres, et chaque escadre en trois divisions.

Les deux flottes alliées s'étant jointes à l'île de Wight, où était le rendez-vous, elles mirent à la voile pour aller chercher l'armée des Etats. Le combat commença à huit heures du matin. Les navires des escadres se trouvèrent alors mêlés, sans qu'ils pussent se dégager, ce qui occasionna un grand carnage dans les deux partis : le vent étant tombé, et l'air étant obscurci par la fumée, on ne pouvait pas éviter l'ennemi. Les vaisseaux ne gouvernaient plus : ils dérivaient les uns sur les autres, on ne pouvait conserver aucun ordre ; on se massacrait et on se désemparait réciproquement, sans que l'on pût mettre en œuvre l'adresse ni l'habileté. On se battit de cette manière jusqu'au soir. Ruyter profita alors d'un vent qui s'éleva pour rassembler ses vaisseaux, et recommença un combat qui dura encore quelques heures. La nuit qui survint sépara les deux armées.

Le lendemain, vers midi, elles se retrouvèrent en présence. Les flottes alliées, qui avaient le dessus du vent, voulurent engager le combat ; mais le comte d'Estrées n'eut pas plutôt approché des Hollandais, que leur flotte revira et alla mouiller à Schoneveld, rade de Zélande. Comme l'action n'avait point été décisive, chaque parti ne manqua pas de s'attribuer la victoire.

Les pertes considérables que les Hollandais avaient faites dans la campagne de 1672, les déterminèrent à envoyer au roi de France une députation dont l'objet était d'implorer sa clémence, et de lui demander la paix aux conditions qu'il lui plairait de leur imposer. La crainte qu'ils avaient que Louis XIV ne voulût les pousser à toute extrémité leur fit faire en même temps une tentative du côté du roi d'Angleterre.

Cependant, les Hollandais avaient armé deux flottes : l'une, commandée par Ruyter, alla tenter d'enlever à la France les îles Caraïbes et les Antilles ; l'autre flotte, sous les ordres de l'amiral Tromp, chercha à opérer une descente sur les côtes de Bretagne et de Poitou. Tromp fut obligé de reprendre la route du Texel.

Les alliés ne virent qu'avec beaucoup de peine le peu de succès d'une expédition sur la réussite de laquelle ils avaient fondé de grandes espérances ; mais leur inquiétude redoubla lorsqu'ils virent la France joindre à ce triomphe les avantages qu'elle eut bientôt après du côté de l'Italie.

Messine s'était révoltée, et il était à craindre que l'exemple de cette grande ville n'entraînât toute la Sicile dans la rébellion. L'avarice des gouverneurs fut la cause de ces mouvements; les grandes maisons d'Espagne regardaient les Etats d'Italie, dépendants de la monarchie espagnole, comme une ressource pour rétablir leurs affaires : les peuples se trouvaient par là exposés à toutes sortes de vexations. Les troupes qui étaient en Catalogne furent destinées pour cette expédition; elles reçurent ordre de se rendre à Barcelone, pour s'y embarquer. Dès qu'elles furent arrivées, le vice-roi se mit à leur tête, et alla attaquer Messine. Il ne comptait pas que des milices bourgeoises osassent tenir contre une armée disciplinée; mais l'aversion que les Messinois avaient pour les Espagnols redoubla leur courage; ils firent une si belle défense, que le vice-roi fut obligé de se retirer avec perte.

Les Espagnols voyaient bien qu'ils emploieraient inutilement leurs forces à l'assiéger dans les formes, et que le seul moyen qu'ils eussent de la reprendre était de tâcher de l'affamer. Ils allaient être victorieux, lorsqu'on aperçut la flotte de France qui venait à toutes voiles. Cette vue remplit la ville d'une joie incroyable; elle n'était pas cependant encore dans le cas de triompher : les Espagnols bloquaient le port avec une flotte de vingt-trois vaisseaux de guerre et de dix-neuf galères; mais ils eurent la lâcheté de se retirer sans attendre le combat.

Cependant le duc de Vivonne, qui était parti de la rade de Toulon le 29 janvier 1675, avec neuf vaisseaux de guerre, une frégate légère, trois brûlots et huit bâtiments chargés de blé et de munitions, arriva à la vue des côtes de Sicile le 11 février. Dès que les Espagnols l'aperçurent, ils prirent le parti de chercher à réparer la faute qu'ils avaient commise de laisser entrer les secours dans Messine; leur flotte était de vingt vaisseaux et de seize galères; ils vinrent au-devant de l'escadre française, ne doutant pas que la supériorité des forces ne leur procurât une prompte victoire.

Les Français se battirent pendant quatre heures contre toute l'armée ennemie : leur artillerie étant bien servie, ils firent toujours un si grand feu, qu'aucun vaisseau espagnol n'osa les approcher de plus près que de la portée du canon. Le duc de Vivonne, voyant que les galères commençaient à se rebuter, sentit bien qu'il n'y avait plus de danger à rassembler tous les navires de son escadre, et que ceux de la troisième division, qui n'avaient point encore donné, pouvaient au contraire lui être d'une grande utilité. L'action continuait avec une opiniâtreté égale de part et d'autre, lorsque le duc de Vivonne reçut un renfort qui fixa bientôt la victoire de son côté. Le chevalier de Valbelle, après avoir secouru Messine, vint vent arrière sur les Espagnols et les força de plier.

Cette victoire ne coûta aux Français que deux cents hommes, tant soldats que matelots. Ils perdirent peu d'officiers. La nouvelle, qui en fut portée en France, engagea le roi à faire de nouveaux efforts pour défendre les Messinois ; il leur envoya des galères chargées de troupes et de munitions : elles arrivèrent à Messine dans le mois de juin. Le duc de Vivonne détacha le marquis Duquesne avec quelques vaisseaux et plusieurs galères pour aller faire le siége d'Agousta, petite ville située dans la partie de l'île la plus éloignée de Messine, entre Syracuse et Catane. On canonna la place pendant quelques jours, les troupes ayant ensuite débarqué, on l'emporta d'assaut ; les forts, quelques jours après, se rendirent presque sans résistance.

Les succès ne furent pas moins heureux l'année suivante. Les Espagnols voulaient, à quelque prix que ce fût, recouvrer Messine : il aurait fallu, pour y réussir, qu'ils eussent eu des forces maritimes capables d'empêcher l'entrée de cette ville aux secours que la France y envoyait. Tous les événements de cette guerre, et particulièrement la bataille qu'ils avaient perdue, l'année précédente, contre la flotte du roi, leur prouvant qu'ils n'étaient pas en état de tenir la mer contre les Français, ils engagèrent les Etats-Généraux à leur fournir un secours : ils en obtinrent vingt-quatre vaisseaux, et Ruyter fut destiné pour les commander. Cet amiral se rendit aux côtes de Sicile, où il fut joint par neuf galères espagnoles et un vaisseau de guerre, en attendant que ceux qu'on équipait à Palerme fussent en état d'être mis en mer. Apprenant qu'une flotte française, destinée à porter des secours aux habitants de Messine, approchait, il fit route de ce côté-là.

L'armée du roi, composée de vingt vaisseaux de guerre et de six brûlots, était commandée par Duquesne. Le général français fut averti, par un vaisseau anglais qu'il rencontra sur sa route, que Ruyter l'attendait pour le combattre. Il dépêcha une felouque à Messine, afin d'instruire le duc de Vivonne de son arrivée, de lui apprendre l'intention dans laquelle était Ruyter, et de le prier d'envoyer au-devant de lui dix vaisseaux français qui étaient dans le port de Messine, sous les ordres du marquis d'Almeras.

Ruyter avait envoyé au-devant de la flotte de France un bâtiment léger, à rames, avec ordre d'être toujours à la vue des vaisseaux français, de tirer d'heure en heure un coup de canon, s'ils ne changeaient pas de route; et en cas qu'ils en prissent une autre, de faire une décharge de toute son artillerie. Duquesne jugea aisément, par la manœuvre de ce bâtiment, que Ruyter n'était pas éloigné. Il crut être assez fort pour le combattre; et, sans attendre les dix vaisseaux que devait lui amener le marquis d'Almeras, il navigua sur la route du bâtiment hollandais.

Depuis plusieurs jours que Ruyter était dans cet endroit, il avait reconnu que le même vent soufflait chaque matin. Il manœuvra toute la nuit pour se mettre en état de profiter le lendemain de l'avantage que ce vent pouvait lui procurer; mais Duquesne, qui connaissait parfaitement la mer, avait sur cela les mêmes notions que l'amiral hollandais, et il travailla si bien pendant la nuit, qu'il s'établit dans une position fort avantageuse.

La lutte dura toute la journée. On s'était battu avec un acharnement inconcevable. Ruyter dit, dans la lettre qu'il écrivit aux Etats-Généraux, le lendemain, qu'il n'avait jamais vu de combat si opiniâtre et si furieux. Les vaisseaux du roi tirèrent plus de trente-cinq mille coups de canon. Les galères d'Espagne, que le gros temps avait obligées de se retirer aux îles de Lipari, profitèrent du calme pour venir remorquer les vaisseaux hollandais qui se trouvèrent maltraités. Les ennemis en avaient perdu trois dans le combat : de ce nombre était leur contre-amiral; les Français ne perdirent que trois brûlots.

L'armée française était composée de trente vaisseaux; la flotte des ennemis était de vingt-neuf vaisseaux de guerre, neuf galères et plusieurs brûlots. Ruyter arriva le premier avec toute sa division, et tomba sur l'avant-garde des vaisseaux du roi : le combat fut extrêmement rude, et soutenu très-vigoureusement.

On se battait avec une valeur égale de part et d'autre : l'amiral hollandais, se trouvant alors fort affaibli, et désespérant de pouvoir rompre l'avant-garde française, fit un mouvement pour s'approcher de son corps de bataille. L'occasion était belle pour les Français; s'ils en avaient profité, leur victoire aurait été complète; mais les capitaines ne recevant point d'ordres, chacun resta dans son poste, et Ruyter, échappé du danger qu'il avait couru, essuya seulement le feu de la queue de l'arrière-garde. Etant ensuite un peu tombé sous le vent, aussi bien que le reste des vaisseaux de sa division, il fut reçu avec tout le canon du corps de bataille, qui jusque-là n'avait presque point donné. La lutte fut terrible, et le malheur qui arriva à Ruyter ne la fit point cesser : un boulet lui emporta la moitié du pied gauche, et lui brisa la jambe droite. Il tomba du coup, et se fit une troisième blessure à la tête; les douleurs cruelles qu'il ressentait ne l'empêchèrent point de continuer à donner des ordres, avec autant de sang-froid que s'il n'avait point été blessé. L'action dura encore quelque temps avec la même vivacité; mais la nuit sépara les combattants. Les ennemis se retirèrent à Saragosse. Les Français se présentèrent deux fois à l'embouchure du port, pour les inviter à sortir; voyant qu'il n'y avait pas moyen de les attirer au combat, la flotte entra dans le port d'Agousta, et en partit le 30 pour retourner à Messine.

Les Hollandais se seraient consolés du triste résultat de cette bataille, s'ils avaient pu conserver Ruyter. Ses plaies allèrent d'abord assez bien; mais la fièvre l'ayant pris quelques jours après, il mourut le 29 avril à Saragosse. Ce fut une perte irréparable pour les Etats : cet amiral (voir page 208) avait toutes les qualités d'un grand capitaine; il joignait à une intrépide valeur une prudence admirable, et personne n'avait une plus parfaite connaissance de la navigation et des combats de mer. De simple matelot, il s'était élevé aux plus grands honneurs, par son mérite.

Ces succès réitérés rendaient les armes de la France redoutables à ses ennemis; mais le nouvel avantage qu'elle remporta sur eux donna encore plus d'éclat à son triomphe. Le maréchal de Vivonne, rappelé en France par les ordres du roi, chercha quelque occasion de se signaler avant son départ. Il fut informé que les flottes alliées, après avoir quitté Saragosse, s'étaient retirées dans le môle de Palerme. Il fit route de ce côté-là, avec le dessein de les combattre, s'il était possible. Son armée était composée de vingt-huit vaisseaux, vingt-cinq galères, qui étaient nouvellement venues de Marseille, et neuf brûlots. L'avant-garde, commandée par Duquesne, était de dix vaisseaux et trois brûlots.

Toute l'armée arriva à la vue de Palerme le dernier jour de mai 1676. Le lendemain, les ennemis ayant paru hors du môle, M. de Vivonne envoya reconnaître leurs dispositions : l'armée des ennemis, composée de vingt-sept vaisseaux de guerre, quatre brûlots et dix-neuf galères, était rangée sur une ligne sous la ville de Palerme, ayant à sa gauche le môle et ses deux forts, le milieu couvert et défendu par la forteresse de Castellamare, et à sa droite un autre fort et les bastions de la ville ; les galères dans les intervalles et sur les ailes des vaisseaux.

Quelque danger qu'il y eût à les attaquer dans un poste si avantageux, on ne voulut point perdre l'occasion de combattre. Les vaisseaux et les galères commandés se présentèrent fièrement aux ennemis ; dès qu'ils furent à la portée du canon, on fit sur eux un très-grand feu. Ils le soutinrent avec beaucoup de fermeté, s'approchèrent de leurs adversaires plus près que d'une encâblure, mouillèrent sur la bouée de leurs ancres, et ne commencèrent à tirer qu'après avoir eu la patience de se bien établir pour le combat. Tant de résolution de la part des Français intimida les ennemis à un tel point, qu'effrayés de la valeur avec laquelle ils se voyaient attaqués de si près, ils coupèrent leurs câbles, prirent la fuite, et allèrent s'échouer sur les côtes voisines. Ce commencement de désordre donnait une belle occasion aux brûlots du détachement d'exécuter leur manœuvre : trois d'entre eux s'accrochèrent à trois vaisseaux, qu'ils incendièrent.

Pendant que ceci se passait, le reste de l'armée française était tombé sur le corps de bataille des ennemis, où étaient les amiraux d'Espagne et de Hollande, et sur leur aile gauche. Le feu, qui durait depuis une heure, étant très-vif de part et d'autre, les deux derniers brûlots qui restaient de la division prirent leur temps, à la faveur de la fumée, pour s'attacher à l'amiral d'Espagne, et l'un d'eux, l'ayant abordé par son travers, y mit le feu. L'autre, croyant que pour un si grand navire on pouvait utilement employer deux brûlots, l'aborda par sa poupe, et acheva d'en assurer l'embrasement. La vue de tous ces vaisseaux enflammés ayant jeté l'étonnement et la crainte dans la ligne des ennemis, l'amiral de Hollande, avec le reste de l'armée, prit le parti d'aller échouer entre la ville et le môle. La précipitation avec laquelle se fit cette manœuvre causa beaucoup de confusion ; M. de Vivonne commanda aux quatre brûlots qui lui restaient d'aller s'attacher à un gros de navires échoués : ils exécutèrent cet ordre avec tant de courage et de bonheur, qu'ils abordèrent chacun le leur. Les ennemis firent toutes sortes d'efforts pour les déborder; mais les mouvements qu'ils se donnèrent pour y parvenir ne servirent qu'à leur causer une plus grande perte : ils jetèrent eux-mêmes le feu sur d'autres vaisseaux, et on vit en un instant un embrasement de cinq ou six navires. Dans toute l'action, ils en eurent douze consumés. La perte des Français fut peu considérable.

Tandis que la flotte du roi maltraitait celle des Hollandais, sur les côtes de Sicile, ces ennemis de la France n'étaient pas plus heureux en Amérique. Ils avaient envoyé, au printemps de cette année, onze vaisseaux de guerre avec des troupes. Le vice-amiral Binckes, qui les commandait, avait pris sur les Français l'île de Cayenne : il y avait trouvé peu de résistance. Dès que le roi eut reçu la nouvelle de cette perte, il donna au comte d'Estrées une escadre de six vaisseaux et de trois frégates, avec ordre de faire voile de ce côté-là. Les Français arrivèrent le 17 décembre. L'île retourna sous l'obéissance du roi, avec autant de facilité que ses ennemis en avaient trouvé à la prendre.

Les Hollandais furent encore battus dans ces mers, au commencement de l'année suivante. Le comte d'Estrées, après avoir repris Cayenne, avait fait voile pour la Martinique. Il en partit le 11 février 1677, avec six vaisseaux, quatre frégates, un brûlot, deux corvettes, une caiche et une galiote, et alla chercher l'escadre, commandée par le vice-amiral Binckes, qui était à Tabago. Il arriva le 19 dans une anse, à deux lieues du fort de cette île, et fit mettre quelques troupes à terre, pour la reconnaître.

Le comte d'Estrées, sentant bien qu'avec les troupes qui étaient sur son escadre il ne pouvait entreprendre des siéges de longue durée, prit le parti de faire insulter le fort, pendant qu'avec son escadre il entrerait dans le port, et occuperait les ennemis à la défense de leurs vaisseaux. Il choisit le 27 février pour l'exécution de cette entreprise. La flotte des ennemis, composée de dix vaisseaux de guerre, d'un brûlot et de trois petits bâtiments, était amarrée dans une espèce de cul-de-sac où les vaisseaux du comte d'Estrées ne pouvaient entrer qu'un à un, à la file. Les navires hollandais étaient disposés en croissant, de manière que tous pouvaient lâcher deux fois leur bordée au premier vaisseau français, avant qu'il pût être à portée de les attaquer, leur brûlot étai posté avantageusement : outre le canon qui tirait du fort, ils avaient encore des batteries placées de façon qu'elles pouvaient jouer à fleur d'eau, et qu'elles voyaient entrer les vaisseaux de plus loin que leur portée; il y avait d'ailleurs peu d'espérance de retraite, parce que l'on ne peut sortir de cet endroit qu'en se touant. Ces périls ne furent pas capables d'arrêter les Français.

Tous leurs vaisseaux étant rassemblés, firent des décharges effroyables; les ennemis y répondirent par le feu de leurs batteries, et bientôt il y eut plusieurs navires embrasés. Les Hollandais avaient placé dans une grande flûte, comme dans un lieu de sûreté, leurs femmes, leurs enfants, leurs nègres, et tous leurs effets. Le feu se communiqua à ce bâtiment : les cris des femmes et des enfants, et les hurlements des nègres se joignant au bruit effroyable du canon et à celui des vaisseaux, que le feu faisait sauter en l'air, remplirent le port d'épouvante et d'horreur. Le comte d'Estrées continuait de se battre avec le contre-amiral ennemi; son canon mit le feu au vaisseau hollandais : ce navire, qui avait dix-huit milliers de poudre, sauta avec un fracas épouvantable, et porta tant de débris enflammés sur celui du comte d'Estrées, qu'il en fut bientôt embrasé. Ce commandant ne sauva sa vie qu'à la faveur d'un canot que M. Bertier, garde de la marine, eut la hardiesse d'aller enlever, à la nage, sous l'éperon d'un vaisseau ennemi.

Le comte était cependant encore dans un fort grand danger; mais s'étant trouvé assez près de la caïque française, lorsque le canot sur lequel il était coula bas, les matelots se jetèrent à l'eau, et l'aidèrent à gagner ce bâtiment. Le combat continuait cependant avec beaucoup d'opiniâtreté : un vaisseau français fut démâté de son grand mât; un autre, qui était échoué, et qui ne pouvait porter son feu où il aurait voulu, recevait presque toutes les décharges des batteries de terre; un troisième était à la côte, démâté et tout brisé. Il perdit tant de monde, que Mascarani, qui le commandait, se vit seul sur le pont, entouré de corps morts et de mourants. Mais tout cela n'était rien en comparaison de la perte des ennemis : onze de leurs vaisseaux avaient été brûlés, les trois autres étaient démâtés. Ce combat, un des plus furieux qui jamais aient été donnés sur mer, dura sept ou huit heures. Si l'attaque du fort avait aussi bien réussi, le succès aurait été complet.

Il n'était pas possible que des actions aussi vives ne coûtassent beaucoup de monde. Gabaret, que son mérite et ses services avaient élevé au grade de lieutenant général, fut celui de tous les officiers qui fut le plus regretté : il avait reçu, avant le coup de canon qui l'emporta, trois blessures très-dangereuses, que, par un courage et une fermeté admirables, il avait différé de faire panser, pour avoir le temps d'achever une action qu'il avait si glorieusement commencée. On fut aussi fort sensible à la perte de plusieurs autres braves officiers.

Le comte d'Estrées, avant de quitter la rade de Tabago, essaya de brûler les trois vaisseaux ennemis qui étaient échoués à la côte, ainsi que deux navires français qui étaient pareillement échoués, et tellement dématés qu'il n'était pas possible de les retirer. On arma pour cela en brûlot une barque hollandaise dont on venait de s'emparer; mais le calme empêcha l'exécution de cette entreprise.

Le comte d'Estrées alla ensuite à Grenade, et fit voile pour la France, au mois de juin 1677.

Le roi, fort satisfait de la brillante expédition du comte d'Estrées, aurait cependant été bien aise que l'on eût détruit l'établissement que les Hollandais avaient dans l'île de Tabago; il n'était question que de s'emparer du fort dont l'attaque n'avait point réussi. Ce prince voulut que le vice-amiral tentât une seconde fois cette entreprise : il lui donna une escadre de huit vaisseaux de guerre et de huit autres bâtiments. Le comte d'Estrées partit de Brest le 1er octobre, et fit, avant d'aller à Tabago, une expédition à laquelle il n'employa que quelques jours. Etant arrivé le 20 aux environs du cap Vert, il fit, dès le lendemain, canonner les forts de l'île de Gorée. Celui qui y commandait eut la lâcheté de ne se point défendre.

Le comte d'Estrées fit voile ensuite pour les Barbades, où il arriva le 1er décembre; ayant trouvé là un secours de la Martinique, qui avait ordre de le joindre, il prit la route de Tabago, et arriva devant cette île le 7 : il avait sept vaisseaux de guerre, deux frégates de quarante pièces de canon chacune, deux grandes flûtes, quatre brûlots et six autres petits bâtiments, tant corvettes, barques, caïques que brigantins. Dès le même jour, il débarqua du canon et des mortiers, et mit à terre les troupes qu'il avait destinées à l'attaque du fort. Le 12, le gouverneur commença à faire feu de ses canons; on y répondit par des bombes.

La troisième que l'on tira tomba sur le magasin à poudre. Il n'y avait point d'autre logement dans le fort : le gouverneur y était à table avec ses officiers; tous sautèrent en l'air, à l'exception de deux. Le comte d'Estrées profitant de l'occasion, fit attaquer le fort l'épée à la main, et l'emporta. Le pillage fut permis aux soldats, et les Hollandais, auxquels on fit quartier, se rendirent prisonniers de guerre au nombre de quatre ou cinq cents hommes : il y avait plus de trois cents morts; on trouva environ cent blessés.

Le comte d'Estrées avait eu la précaution de faire fermer le port par une partie de ses vaisseaux, pour empêcher que ceux des ennemis n'en pussent sortir pendant qu'il attaquerait le fort. Le spectacle affreux de ce qui venait de se passer causa tant de frayeur aux Hollandais qui montaient ces navires, qu'ils se rendirent sans faire de résistance. On travailla aussitôt à démolir le fort, et l'on embarqua ce qu'on put de trente pièces de canon qui s'y étaient trouvées. Le grand succès de cette opération fut attribué à la prudence avec laquelle le comte d'Estrées avait conduit l'entreprise.

La perte de ce pays, et celle de l'île de Gorée, ne furent pas les seules que les Hollandais éprouvèrent cette année : le chevalier de Lézy, frère de M. de la Barre, gouverneur de l'île de Cayenne, et qui avait contribué par sa valeur à reprendre cette île sur eux, s'était emparé, dès le mois de juillet, du fort d'Orange, dans l'Amérique méridionale, et avait ruiné toutes les colonies hollandaises des environs.

Avec quelque vivacité que se fît la guerre, on ne laissait pas cependant de continuer à parler de paix. Quelque dures que parussent aux Etats-Généraux les conditions auxquelles Louis XIV consentit à la leur accorder, la crainte qu'une guerre qui avait commencé si mal pour eux n'eût des suites encore plus fâcheuses, les faisait incliner à tout accepter; mais le prince d'Orange, qui voyait que la paix allait lui ôter la plus grande partie du crédit qu'il avait dans la république, trouva moyen par ses intrigues de faire changer les résolutions que les Etats paraissaient disposés à prendre.

Le succès ne répondit cependant point aux espérances qu'avaient eues les Hollandais; la France fit sur eux de nouvelles conquêtes, et ils eurent bientôt lieu de se repentir de la détermination qu'ils avaient prise. Les alarmes que leur causèrent les progrès du roi les déterminèrent à faire des offres convenables à leur situation. Louis XIV paraissait disposé à les accepter; en sorte qu'il y avait tout lieu de croire que la paix allait bientôt être faite entre les deux puissances; mais les intrigues de l'Empereur et du roi d'Espagne en empêchèrent la conclusion.

Louis XIV eut à se plaindre de l'Empereur. Le roi voulait envoyer quelque argent à Nuys pour le payement des troupes qu'il avait en garnison dans cette place. Il crut que la voie la plus sûre était d'en faire l'envoi à ses ambassadeurs à Cologne. Le droit des gens voulait que l'on respectât leurs équipages; mais l'Empereur se douta apparemment du dessein que l'on avait : les chariots furent arrêtés dans Cologne même, et l'argent, qui montait à 50,000 écus, fut enlevé. Le roi, indigné d'un tel attentat, rappela ses ambassadeurs, et se disposa à faire éprouver à l'Empereur les effets de son ressentiment. Les avantages qu'il eut en Allemagne ne furent cependant point capables d'inspirer à l'Empereur des sentiments de paix.

Toutefois, le roi d'Angleterre faisait tous les efforts possibles pour tâcher de concilier ces deux princes.

Les choses allèrent cependant fort lentement; l'Empereur et le roi d'Espagne, qui se flattaient toujours de parvenir à enlever à la France ses premiers avantages, ne voulaient point de paix; les Etats-Généraux, que leur propre expérience éclairait sur les difficultés que ces deux puissances trouveraient dans l'exécution de leurs projets, étaient fâchés de les voir dans de pareilles dispositions. Louis XIV, qui n'ignorait pas qu'ils auraient fort souhaité de voir finir la guerre, avait voulu les détacher des alliés, et leur avait fait proposer de faire une paix particulière; mais la reconnaissance qu'ils avaient des secours que la cour de Vienne et celle d'Espagne leur avaient fournis les avait empêchés de se prêter aux vues de la France. Cependant les nouveaux progrès que Louis XIV avait faits pendant la campagne de 1677 leur faisant sentir le besoin extrême qu'ils avaient d'une prompte paix, ils commencèrent à prendre tout de bon les mesures nécessaires pour y arriver. Ils s'entremirent entre la France et les alliés, et firent l'office de médiateurs, principalement à l'égard des Espagnols.

Le roi avait fait sur ceux-ci des conquêtes considérables : il leur avait enlevé la Franche-Comté, s'était emparé de presque toute la Flandre, et était maître d'une partie du royaume de Sicile. Quand il vit que l'on commençait à parler sérieusement de paix, il abandonna Messine.

Ce dessein demandait un grand secret : c'était le seul moyen de l'exécuter avec sûreté; on ne doutait point que si les Messinais pouvaient soupçonner la retraite des Français, ils ne s'y opposassent à force ouverte. Le roi agit comme s'il avait voulu faire de nouvelles conquêtes en Sicile, et donner aux Messinais des secours plus considérables que ceux qu'il leur avait envoyés les années précédentes.

Ce prince fit armer, au commencement de l'année 1678, une escadre de vaisseaux, sur laquelle il fit embarquer des troupes, des vivres et une grande quantité de munitions, et choisit le maréchal de la Feuillade pour conduire cette affaire. Il le nomma vice-roi de Sicile, à la place du maréchal de Vivonne, qui demandait à revenir, et ne confia qu'à lui seul le secret de l'abandon de Messine.

Les vaisseaux que l'on armait à Toulon furent prêts au commencement du mois de février. Le maréchal de la Feuillade arriva le 20 à Messine; le maréchal de Vivonne le vint recevoir à son débarquement, et lui remit l'autorité dont il était revêtu. La Feuillade se fit aussitôt reconnaître vice-roi, remit l'ordre dans la ville, visita les postes, et prit connaissance des affaires, avec la même application que s'il avait dû rester à Messine pendant plusieurs années. Il publia ensuite qu'il voulait faire une entreprise considérable en Sicile, avant que les ennemis se missent en campagne. Il fit avec beaucoup de dépenses tous les préparatifs de cette prétendue expédition, et conduisit son projet avec tant d'adresse, qu'il embarqua toutes les troupes et l'artillerie du roi sans qu'aucun habitant de Messine soupçonnât son véritable dessein.

Ensuite, il envoya dire aux jurats qu'il avait oublié de leur communiquer une chose importante, et qu'il les priait de se rendre à son bord; ils vinrent le trouver, et c'est alors qu'il leur déclara qu'il repassait en France. Il est aisé de s'imaginer la consternation que cette nouvelle portée à Messine répandit dans cette ville: les habitants demeuraient exposés à la vengeance des Espagnols. Les principaux prirent le parti d'abandonner leurs biens et leur patrie, pour se soustraire à une mort honteuse; ils embarquèrent leurs femmes, leurs enfants et ce qu'ils avaient d'argent et d'effets précieux; quatre cent cinquante familles furent reçues sur les vaisseaux, et tout ce monde ne faisait pas la dixième partie de ceux qui se présentèrent. La flotte partit de Messine le 16 à la pointe du jour. Elle prit la route d'Agosta : le maréchal de la Feuillade fit embarquer avec les mêmes précautions les troupes, l'artillerie et les munitions qui étaient dans cette place, il fit ensuite voile pour la France, et arriva à Toulon le 9 avril 1678, avec cent vingt bâtiments.

Cette démarche, que le roi n'avait faite que pour faciliter la conclusion de la paix, ne produisit point l'effet qu'il s'en était promis ; les Espagnols, de leur côté, malgré les grandes pertes qu'ils avaient éprouvées, ne parurent pas moins obstinés à vouloir continuer la guerre, et la France fut obligée de se préparer à de nouvelles expéditions.

Depuis la prise de Tabago, le comte d'Estrées était resté à la Martinique ; il résolut, au printemps de cette année, d'aller chasser les Hollandais de l'île de Curaçao ; il mit à la voile le 7 mai, avec quinze vaisseaux de guerre, trois brûlots et sept flibustiers. On n'était plus qu'à quelques lieues des îles d'Avés, qui sont toutes environnées de bas-fonds, lorsque le comte d'Estrées envoya, sur le soir, un ordre à tous les vaisseaux de courir toute la nuit une aire de vent qui portait sur les îles dont il ne se croyait pas si proche. Vers minuit, dix-huit navires qui marchaient sur la même ligne touchèrent presque en même temps. *Le Bourbon*, commandé par M. de Sourdis, *le Dromadaire*, grosse flûte de charge, deux brûlots et l'hôpital de l'armée étaient un peu de l'arrière ; ils eurent le temps de revirer de bord, et servirent, quand le jour fut venu, à sauver les équipages ; on ne put empêcher cependant que près de trois cents hommes ne périssent. Il ne fut plus possible de penser à l'expédition qu'avait projetée le comte d'Estrées.

Le comte de Châteaurenault fut plus heureux dans un combat qu'il livra aux Hollandais sur les côtes d'Espagne. Il avait une escadre de cinq vaisseaux et un brûlot, commandés par de braves capitaines.

Les Hollandais avaient douze vaisseaux, dont un était amiral et un autre contre-amiral ; ces deux navires étaient à trois ponts ; ils avaient avec ces douze vaisseaux six brûlots et une flûte · ils étaient commandés par le vice-amiral Evertzen. M. de Châteaurenault, quoique de beaucoup inférieur en forces, ne balança cependant pas à les attaquer.

La rencontre avait été imprévue ; les Hollandais n'avaient pas eu le temps d'établir un ordre de bataille ; M. de Châteaurenault, s'apercevant qu'ils voulaient se former en croissant, afin de le combattre avec plus d'avantage et de pouvoir même l'envelopper, ne leur en donna pas le temps. Il chargea l'avant-garde avec tant de vigueur, que les ennemis, occupés uniquement à se défendre, ne purent plus manœuvrer, quoique les Français fussent au vent, ce qui empêchait leurs batteries basses de jouer. Les ennemis qui avaient déjà une plus grande quantité de canons, par le nombre de leurs vaisseaux, avaient encore par cette raison beaucoup de supériorité sur eux ; ils se battirent cependant avec tant de courage et de résolution, qu'ils firent arriver presque tous les vaisseaux ennemis, et la nuit ayant séparé les combattants, les Hollandais se retirèrent fort en désordre, après avoir perdu quatre de leurs vaisseaux, qui furent coulés.

L'honneur de cette victoire dédommagea en quelque manière la France de la perte qu'elle venait de faire en Amérique. Le comte d'Estrées, dont la flotte s'était trouvée réduite à un fort petit nombre de vaisseaux, n'avait plus été en état de rien entreprendre dans ces mers. Les flibustiers avaient aussi beaucoup perdu dans ce malheureux accident : de sept de leurs navires qui s'étaient joints à l'armée du comte d'Estrées, plusieurs avaient péri.

Il était temps que les Espagnols songeassent sérieusement à terminer une guerre dont les résultats étaient fort désavantageux pour eux de tous les côtés. Les nouvelles conquêtes que le roi faisait en Flandre ayant plus que jamais alarmé les Hollandais, ceux-ci déclarèrent nettement à leurs alliés l'intention dans laquelle ils étaient de faire leur paix, et le roi leur ayant accordé une suspension d'armes de six semaines, ils employèrent ce temps à presser les Espagnols de terminer la guerre : ceux-ci donnèrent enfin leur consentement à la paix.

Ces fiers ennemis, qui avaient eu de si grandes espérances lorsqu'ils s'étaient engagés dans cette guerre contre la France, furent obligés d'accepter les conditions que Louis XIV leur imposa en vainqueur. Ce prince, voyant que les conférences de Nimègue traînaient en longueur, dressa lui-même le plan du traité de paix, et régla les conditions auxquelles il consentait à l'accorder. En cherchant à secourir les Etats-Généraux, les Espagnols avaient attiré sur eux tout le poids de la guerre ; la France, qui trouvait plus d'avantage à conquérir des villes voisines de ses domaines, avait négligé de conserver ce qu'elle avait d'abord enlevé aux Hollandais, et avait tourné ses forces du côté de la Flandre espagnole.

A l'égard des Hollandais, le plus grand avantage que le roi eut sur eux dans cette guerre fut le plaisir de les avoir humiliés. La paix qui en fut la suite procura un avantage très-considérable à la France, en reculant ses frontières et en augmentant ses domaines aux dépens de ses ennemis, que cette perte affaiblissait. Toute l'Europe retentit alors des louanges de Louis XIV. On était également frappé de la grandeur de ses victoires et de la modération avec laquelle il en avait usé : on lui déféra unanimement le surnom de GRAND ; les Etats-Généraux avaient été les premiers à le lui donner, ils allèrent même jusqu'à le consacrer par des monuments publics.

La paix qui avait réconcilié l'Espagne avec la France devant faire cesser toute hostilité entre les deux nations, le roi la fit publier dans l'Amérique, et fit défendre aux flibustiers de continuer leurs courses contre les Espagnols. Nous verrons plus tard qu'il n'était pas facile de les faire obéir.

La paix de Nimègue devait suspendre un peu en France l'activité de la marine. Louis XIV ne la perdit cependant point de vue ; il la regardait comme un moyen de mettre ses côtes en garde contre les entreprises de ses voisins, ou d'attaquer ses ennemis ; et dans le temps d'une inaction apparente, il prenait des mesures pour en augmenter la splendeur. Il fit bâtir et fortifier Rochefort, à l'embouchure de la Charente, et mit ce port en état de recevoir les plus grands vaisseaux de guerre ; il fit faire aussi de grands travaux à Brest et à Toulon. Il augmenta ensuite considérablement ses forces maritimes, en faisant construire un grand nombre de vaisseaux de guerre ; on enrôla soixante mille matelots, qui furent distribués par classes, pour servir à tour de rôle, sans que le commerce maritime en fût incommodé. Enfin, comme il n'y avait point de meilleur moyen pour maintenir les forces navales que de former des officiers capables de les commander, le roi institua des compagnies de gardes-marine, pour y élever la jeune noblesse qui se destinait au service de mer.

Ce prince visita lui-même les plus considérables de ses places, et pendant le séjour qu'il fit à Dunkerque, il voulut donner à la reine et à toute sa cour, qui l'avaient suivi dans ce voyage, le spectacle d'un combat naval et de toutes les manœuvres de la marine; on avait pour cela fait préparer un vaisseau et quelques frégates.

Les Tripolitains étant venus pirater sur les côtes de Provence, où ils avaient enlevé des vaisseaux français, le roi mit en mer une escadre, et ordonna à Duquesne, auquel il en donna le commandement, d'attaquer les pirates partout où il les trouverait. Duquesne rencontra huit de leurs vaisseaux, et leur donna la chasse. Ils ne se crurent pas en état de se défendre contre les Français : ils s'enfuirent dans le port de Scio, qui est une des îles de l'Archipel. Quoique ce port appartînt au Grand Seigneur, Duquesne ne balança pas à y attaquer les corsaires; et, par le feu terrible qu'il fit, il coula presque tous leurs vaisseaux. Le gouverneur de la citadelle ayant fait tirer sur les Français, Duquesne, obligé de se défendre, pointa son canon contre le fort, et l'abattit en partie. Le Grand Seigneur en fut très-irrité; mais il aima mieux faire la paix des Tripolitains, auprès du roi, que de prendre leur parti. Duquesne en régla les conditions avec le pacha de Tripoli.

Cela n'empêcha pas les Algériens non-seulement de faire des courses sur les vaisseaux français, mais d'avoir l'audace de déclarer au père Levacher, missionnaire apostolique qui exerçait dans leur ville le consulat de la nation française, que, jugeant à propos de rompre avec la France, ils faisaient partir douze vaisseaux armés en guerre contre les marchands de cette nation. Outré de cette insolence, Louis XIV se prépara à les en punir; il fit équiper une flotte considérable, et Duquesne, sous le commandement duquel elle fut mise, eut ordre d'aller bombarder leur ville.

Duquesne partit de Toulon le 12 juin 1682, avec quatre vaisseaux, trois brûlots, trois flûtes et deux tartanes. Dans le même temps, M. Foran, commandant le vaisseau *l'Etoile,* partit de Brest avec cinq galiotes, et joignit Duquesne, le 20, près de l'île de Formentera. Le chevalier de Tourville avait pris les devants avec quelques vaisseaux : les galères étaient aussi parties de Marseille pour se rendre devant Alger, et elles y joignirent Duquesne. Le 21, toute l'armée réunie arriva sur la côte de Barbarie, entre Alger et Sarcelle ; elle consistait en onze vaisseaux de guerre, quinze galères, cinq galiotes à bombes, trois brûlots, quelques flûtes et tartanes : il y avait sur quatre galiotes deux mortiers et quatre pièces de canon.

Les galiotes à bombes venaient d'être inventées par Bernard Renau d'Eliçagaray, dit *le petit Renau*, fils adoptif de M. Colbert du Terron, intendant de la Rochelle.

Duquesne fit aussitôt préparer tout ce qui était nécessaire pour le bombardement; mais comme il fallait quelques jours pour charger les bombes et disposer les galiotes, il ne voulut point rester pendant ce temps-là dans l'inaction. Ayant été averti qu'il y avait deux petits vaisseaux à Sarcelle, il entreprit d'aller les y brûler. Il prit quatre navires pour cette expédition : le sien, *le Prudent, le Téméraire* et *l'Eole,* commandés par le chevalier de Lhéry, MM. de Beaulieu et d'Amfreville, et huit des quinze galères qu'il mit sous les ordres du chevalier de Noailles. L'entreprise ne laissait pas que d'être hardie : les vaisseaux que l'on se proposait d'attaquer étaient sous le canon de la forteresse; il fallait s'exposer à un feu terrible. Néanmoins elle réussit en partie : on détacha les chaloupes, elles brûlèrent un des vaisseaux ennemis; mais les artificiers manquèrent l'autre; il y eut quarante hommes de tués et de blessés.

Le 5 août, le vent s'étant rangé à l'ouest-nord-ouest, on se disposa à marcher sur le soir, la résolution ayant été prise de faire cette attaque la nuit, afin que les ennemis profitassent moins du temps qu'il faut mettre à se traverser : car dans cette conjoncture, on souffre beaucoup du feu sans pouvoir y répondre.

Comme Duquesne voulait faire combattre tous les bâtiments, vaisseaux, galères et galiotes, il prit la disposition suivante : *Le Saint-Esprit,* qu'il montait, remorqué par deux galères, devait aller se poster au nord-est et sud-ouest de la tour du fanal ; deux galiotes, remorquées par une galère, devaient se mettre sur la gauche, c'est-à-dire vers le sud, et les trois autres, menées par deux galères, devaient être placées sur la droite, c'est-à-dire sur le nord ; tous les vaisseaux s'étendant ensuite vers le sud et vers le nord, devaient former un croissant autour de la muraille qui forme la clôture du port, et chaque galère remorquant un vaisseau devait, après l'avoir conduit à son poste, se placer dans les intervalles.

La brise ayant duré jusque vers le soir assez tard, on ne put se mettre plus tôt en marche. Duquesne, voyant qu'il ne pouvait attaquer qu'en désordre, prit le parti de mouiller où il se trouvait, et d'attendre au lendemain pour ranger son armée ; mais les vents se remirent au nord-est.

Le mauvais temps, qui dura jusqu'au 16, ne permit pas de songer à prendre aucun parti. Le vent ayant alors paru plus favorable, Duquesne communiqua à MM. de Tourville et de Lhéry un moyen qu'il avait imaginé pour conduire les galiotes près des murailles d'Alger. Ce projet ayant été approuvé, on se prépara aussitôt à l'exécuter.

On envoya porter par les chaloupes des ancres vers le port, à une distance convenable. Cinq vaisseaux furent détachés pour prendre le bout des amarres, et soutenir les galiotes qui se devaient haler dessus, et se traverser lorsqu'elles seraient assez proches. *Le Vigilant*, monté par le chevalier de Tourville, qui devait tenir le milieu, vis-à-vis la tour du fanal, avait l'amarre de la galiote *la Cruelle*, commandée par M. de Pointis ; sur la droite, *le Vaillant*, commandé par M. de Beaulieu, avait l'amarre de *la Menaçante*, que conduisait M. de Goitou ; M. le chevalier de Lhéry, qui était sur *le Prudent*, avait celle de *la Brûlante*, commandée par M. de Sorbiers, à la gauche de M. de Tourville ; M. Foran, sur *l'Etoile*, avait l'amarre de *la Foudroyante*, montée par M. de Boislye ; et, tout au sud, M. de Belle-Isle avait celle de *la Bombarde*, qui était conduite par M. de Combe, et dans laquelle était embarqué M. de Camelin, capitaine de bombardiers de terre, que le roi avait envoyé pour cette expédition.

On ne marcha que le soir du 21 août, le temps ne l'ayant pas permis plus tôt. La manœuvre que l'on se proposait de faire étant toute nouvelle, les choses ne purent être arrangées avec la justesse que l'on aurait souhaitée. D'ailleurs, avec quelque zèle et quelque application que travaillât M. de Camelin, comme il n'avait aucune connaissance de la marine, les mouvements qu'il faisait n'étaient point réguliers. De là résultèrent plusieurs inconvénients : les galiotes, arrivant sur leurs ancres, se trouvèrent ou abordées ou embarrassées les unes par les autres.

La Foudroyante commença à tirer, M. de Pointis suivit, puis les autres. Un moment après, les ennemis envoyèrent sept ou huit coups de canon, mais ils ne tirèrent pas davantage. Les bombes ardentes, sur l'effet desquelles on avait le plus compté, dans l'espérance qu'elles brûleraient les vaisseaux ennemis, crevèrent toutes au sortir du mortier :

la même chose arriva à la plus grande partie des bombes ordinaires; les autres ne purent porter jusqu'à la ville, les galiotes d'où on les jetait en étant trop éloignées. On continuait cependant de tirer; mais il arriva un malheur qui dérangea toutes les opérations. Un des mortiers de M. de Pointis, chargé d'une bombe ardente, ayant fait faux feu, et la bombe continuant à s'enflammer sans partir, on crut l'incendie de la galiote inévitable. L'épouvante se mit aussitôt parmi les soldats ; presque tous se jetèrent à la mer ou dans les chaloupes qui portaient les munitions ; mais M. de Pointis et ses officiers ne voulurent point abandonner la galiote ; M. Landouillet, commissaire d'artillerie de marine, et M. Renau eurent le courage de prendre le même parti, et cherchèrent quelque moyen d'empêcher l'embrasement du navire. Ce n'était point une chose aisée. La bombe jetait ses grenades et du feu gros comme deux hommes ; il y avait à bord quarante autres bombes ardentes, et beaucoup d'autres matières propres à s'enflammer. On parvint pourtant à l'éteindre tout à fait.

Le peu de succès que l'on avait eu dans cette première tentative, la difficulté de trouver un temps propre à en faire une seconde, et le danger évident de séjourner dans une rade aussi périlleuse que celle d'Alger, dans une saison où les courants deviennent fréquents, semblaient devoir rebuter Duquesne : il ne voulut cependant point abandonner une entreprise qui lui avait déjà coûté beaucoup de peines et de soins.

Duquesne prit des mesures plus sûres ; on porta, par son ordre, deux ancres que le chevalier de Lhéry se chargea d'aller mouiller, et qui, assez éloignées l'une de l'autre, furent placées à portée de pistolet de la muraille qui fait la clôture du port. Les sentinelles ayant crié à nos chaloupes, M. de Lhéry, pour réponse, leur tira quelques coups de canon.

Le mauvais temps obligea les Français de rester pendant quatre jours dans l'inaction. Duquesne avait changé quelque chose dans l'arrangement qui avait été fait lors de la première attaque : le chevalier de Tourville, qui devait toujours avoir l'amarre de *la Cruelle*, alla mouiller vers l'entrée du port, où cette fois on voulut placer cette galiote, et M. de Lhéry mouilla de l'autre côté, tout au nord, ayant l'amarre de *la Brûlante;* il se posta entre elle et *la Cruelle*. *La Me-*

naçante était aidée par *le Téméraire, la Bombarde* par *le Laurier*, et *la Foudroyante* par *l'Etoile*. On avança dans cette disposition. M. de Pointis ayant été assez heureux pour que son amarre ne trouvât aucun embarras, arriva en place pour se traverser, et tira quelque temps avant que les autres galiotes fussent à leur poste.

Les ennemis ne restèrent pas, dans cette occasion, aussi tranquilles qu'ils l'avaient été la première fois; ils firent sur les galiotes un grand feu qu'ils redoublaient lorsque l'on allumait les bombes : les galiotes reçurent plusieurs coups dans le bois, dans les voiles et dans les manœuvres; elles n'eurent cependant aucun homme de tué, quoiqu'elles eussent essuyé plus de douze cents coups de canon. On jeta cent quatorze bombes, et l'on ne se retira qu'à la pointe du jour. On sut, par quelques esclaves qui se sauvèrent, que la consternation avait été extrême dans Alger, qu'il y avait eu plusieurs maisons renversées et quantité de gens tués.

Ce n'était là que le prélude de ce que l'on voulait faire éprouver à ces pirates : on se disposa à bombarder encore leur ville la nuit suivante; mais on n'eut point un temps favorable, et l'on ne put agir que le 5 septembre. On avait eu avis, par d'autres esclaves sauvés nouvellement, que les Algériens armaient une galère et quelques brigantins pour venir attaquer les galiotes, et tâcher de les enlever; on en renforça les équipages, et l'on prit toutes les précautions nécessaires pour bien recevoir les ennemis.

Comme les Algériens ne répondaient point aux bombes qu'on leur jetait, cette inaction fit juger que leurs bâtiments étaient dehors pour attaquer les Français; le major en avertit M. de Pointis, qui était le plus avancé. On ne s'était point trompé : M. de Pointis vit la galère ennemie, accompagnée de quelques brigantins, voguer droit sur sa poupe; il fut joint aussitôt par les chevaliers de Flavacour et de la Guiche, qui commandaient les chaloupes de *l'Indien* et du *Cheval-Marin ;* ces deux officiers le renforcèrent de tous leurs équipages. Il attendait la galère et avait ordonné que l'on fît un grand silence pour que les ennemis ne pussent point se douter qu'il fût si bien accompagné; mais une précipitation indiscrète ayant fait crier à quelques-uns : Vive le roi! avant que la galère se fût tout à fait approchée, elle commença à faire feu de sa mousqueterie et de son canon. Au lieu d'aller droit à

M. de Pointis, comme cet officier l'aurait souhaité, elle prolongea. Cette manœuvre fit croire à M. de Pointis qu'elle voulait l'aborder par la proue; il y passa aussitôt, et fit faire un si grand feu de mousqueterie et de canon, qu'elle fut obligée de virer de bord pour se mettre hors de portée. Elle tourna ensuite du côté de *la Menaçante*, qui était à sa droite; mais en ayant été fort mal reçue, elle se trouva dans un fort grand désordre, fit, sans le vouloir, le tour de la bombarde dont elle essuya le feu, et regagna le mur du port, le long duquel elle se retira. M. de Pointis n'eut qu'un homme de tué; le chevalier de Comminge, qui était à bord de *la Menaçante*, y fut blessé.

On jeta des bombes pendant toute la nuit suivante ; les ennemis y répondirent par le canon. Un brouillard, qui s'éleva deux heures avant le jour, rendit le feu plus lent de part et d'autre : il y eut cent bombes et environ six cents coups de canon tirés; on fut aussi heureux cette fois-ci qu'on l'avait été lors du premier bombardement.

Les ravages considérables des bombes avaient causé dans la ville une extrême consternation; le dey, que l'on appellait Baba-Hussan, craignant de ne pouvoir plus contenir ses peuples, fut obligé de rabattre de l'orgueil qui lui avait fait soutenir jusque-là l'effort des troupes du roi. Le jour qui suivit le second bombardement, il invita le père Levacher, consul français, d'aller prier Duquesne de vouloir bien lui accorder la paix. On ne s'était proposé que d'humilier ces corsaires et de leur imprimer la terreur des armes de la France. Duquesne répondit qu'il voulait bien mettre des bornes à la vengeance du roi son maître, mais qu'il fallait, avant d'entrer dans aucune négociation, qu'ils commençassent par lui rendre quatre cents esclaves français qui avaient été pris en différentes occasions.

Cette première condition dut leur paraître fort rigoureuse; mais on était en état de tout exiger d'eux : ils rendirent les esclaves. Les autres articles ayant ensuite été bientôt arrangés, on allait signer le traité, lorsqu'un Turc, nommé Mézo-Morto, qui jouissait de quelque considération parmi le peuple, s'éleva contre cet accommodement. Il commença par engager dans son parti le taïf, c'est-à-dire la soldatesque ; il s'empara ensuite des principaux postes de la ville, fit arrêter le dey, à qui l'on coupa la tête, et se fit proclamer roi à sa place. Après cette révolution, qui fut l'ouvrage d'un seul jour, il ne fut plus question de paix;

on se disposa à un troisième bombardement, et l'on s'avança dans le même ordre qui avait été tenu dans les deux occasions précédentes. On jeta une très-grande quantité de bombes, qui firent un ravage étonnant; les Barbares en furent si fort irrités, que, ne sachant comment se venger, ils se saisirent du consul français, le mirent dans un de leurs mortiers et le tirèrent, au lieu d'une bombe. Leur cruauté n'en demeura pas là : ils traitèrent de même plusieurs esclaves français, qu'ils attachaient à la bouche de leurs canons, en sorte que les membres de ces malheureux étaient portés jusque sur les navires de leurs compatriotes; l'horreur que causa aux Français cette insigne barbarie les anima à un point qu'ils auraient voulu pouvoir détruire toute la ville.

Le lendemain ils recommencèrent à lancer des bombes : chacune des trois galiotes, *la Cruelle*, *la Bombarde* et *la Foudroyante*, furent fortifiées par une barque, dont on avait aussi renforcé l'équipage; mais à l'instant où l'on commençait à marcher, le temps changea tout à coup, et loin de pouvoir songer à combattre, on ne pensa qu'à prendre des précautions contre les accidents que l'on prévoyait, et qui survinrent effectivement ; et comme on ne pouvait sans un péril manifeste rester dans cette rade, il fallut se résoudre à quitter Alger. Si l'on n'avait pas dompté entièrement cette ville, on eut au moins la satisfaction de l'avoir humiliée, et d'avoir trouvé un moyen infaillible de la détruire, ou de lui faire demander la paix.

On s'était flatté cependant que les grandes pertes que les Algériens avaient faites dans cette occasion les engageraient à prévenir les malheurs d'une seconde expédition, et qu'ils songeraient sérieusement à se réconcilier avec la France ; mais le roi, voyant qu'ils ne se disposaient point à se soumettre, prit le parti de les y contraindre. Dès que la saison put le permettre, Duquesne eut ordre d'aller les bombarder de nouveau. Ce général partit du port de Toulon vers le milieu du mois de mai 1683, avec six bâtiments de guerre, après avoir donné ordre aux autres vaisseaux, galères, galiotes à bombes et autres bâtiments qui devaient composer l'armée, de se rendre aux îles Formentera, proche d'Iviça.

L'armée arriva au rendez-vous le 2 juin. Duquesne attendit les galères jusqu'au 14, et employa ce temps à exercer les bombardiers, ainsi qu'à charger les bombes, carcasses et autres artifices.

Le 15, la flotte appareilla et fit route vers Alger, où elle mouilla le 20, sur les cinq heures du soir. On y trouva cinq navires, commandés par le marquis d'Amfreville, qui avait repris sur les corsaires de Salé un vaisseau anglais dont ces pirates s'étaient emparés.

Le 23, à dix heures du matin, les commandants des vaisseaux portèrent leurs ancres à douze cents mètres près du môle. Les Algériens les regardaient tranquillement sans tirer un seul coup ; ils ne pouvaient point se douter du dessein des Français. Ceux-ci venaient les uns après les autres, sans qu'il parût de cordages ni d'ancres, le tout étant ajusté de manière que les vaisseaux ne paraissaient avoir d'autre dessein que de reconnaître le môle; d'ailleurs, les Algériens n'étaient pas fâchés qu'on vît les préparatifs qu'ils avaient faits pour leur défense.

Les sept galiotes qui se devaient haler sur les ancres attachées à chaque vaisseau étaient : *la Foudroyante, la Brûlante, la Bombarde, la Cruelle, la Menaçante, la Fulminante* et *l'Ardente*. Les sept vaisseaux auxquels on avait attaché les ancres à touée étaient : *le Fleuron, le Ferme, la Sirène, le Prudent, l'Aimable, le Vigilant* et *le Laurier*. Les ancres des deux bouts étaient un peu plus à terre, et c'était sur elles que se halaient *le Cheval-Marin*, du côté de la Pesquerie, au sud-est, et *l'Etoile*, du côté du fanal, au sud-ouest. Ces deux vaisseaux étaient commandés par M. de Belle-Isle et le commandeur de Goutes, et devaient flanquer les galiotes. Chacun des sept navires devait prendre soin d'une galiote qui lui était particulièrement destinée, tant pour la poster que pour la soutenir en cas d'attaque. Il y avait deux corps de garde de chaloupes, l'un au nord et l'autre au sud de la ligne, et quelques canots légers de rames postés vers l'entrée du port, qui devaient brûler les amarres s'ils voyaient les ennemis se disposer à sortir, afin qu'à ce signal toutes les chaloupes marchassent vers les galiotes qui pourraient être attaquées. Tourville porta l'ancre du vaisseau du nord, et d'Amfreville celle du vaisseau du sud, qui tous deux devaient être les plus proches de la ville. Celles des intervalles furent ensuite portées par les capitaines des vaisseaux sur lesquels on devait amarrer les bouts des toues.

Le mauvais temps empêcha que l'on pût faire avancer les galiotes avant la nuit du 26, et même il faisait encore une grosse mer ; elles en furent très-incommodées.

Les sept galiotes s'étant conduites par les toues aux postes qu'elles devaient occuper, avec les deux vaisseaux aux deux ailes, et trente chaloupes armées pour aller là où il serait nécessaire, on commença à tirer à une heure après minuit, et l'on jeta environ quatre-vingt-dix bombes de treize et de quinze livres de poudre; elles ne portèrent pas toutes. La majeure partie réussit cependant assez bien, et il y en eut peu qui ne tombassent ou dans la ville ou dans le môle. On en vit une portée sur le haut de la tour du fanal, d'où elle roula dans les batteries qui étaient en bas, et causa un désordre extrême. Les ennemis répondirent par un très-grand feu de canon. On n'essuya que cette défense de leur part; ils n'eurent garde de faire sortir leurs galères pour attaquer les galiotes françaises; ils avaient pris le parti de les désarmer.

Le lendemain, 27, on songea à recommencer. Les galiotes s'avancèrent, et jetèrent, dans l'espace de deux heures, cent vingt-sept bombes qui réussirent très-bien : il en tombait quelquefois trois ou quatre ensemble, que l'on entendait crever avec fracas. La maison de Bassa-Assen, gendre du roi, et le plus puissant du pays, fut renversée; d'autres maisons furent abattues, et sept ou huit cents personnes ensevelies sous les ruines. Les plus riches magasins furent détruits, et les marchandises exposées au pillage.

Les ennemis firent au commencement un feu extraordinaire avec leurs plus gros canons, et tirèrent jusqu'à six cents coups. Ils avaient même fait allumer un grand nombre de feux à la côte, afin de mieux voir les galiotes; mais cette clarté, découvrant la ville, servait à donner plus de justesse pour tirer les bombes. Leur canonnade n'eut d'effet que sur une chaloupe qui soutenait une galiote : un boulet emporta trois hommes.

La consternation était générale dans la ville. Toute la populace demandait la paix à grands cris; les troupes se joignirent à elle et menaçaient de se soulever. Le tumulte augmentant, le divan s'assembla le 28 de grand matin, et tous ceux qui le composaient convinrent de la nécessité qu'il y avait de faire la paix avec les Français. Avant de prendre une dernière résolution, le dey fit venir M. de Beaujeu, capitaine de vaisseau du roi, qui avait été pris depuis dix-huit mois sur un petit bâtiment, et vendu douze mille écus. Sitôt qu'il parut, le dey lui fit ôter sa chaîne, et lui dit que pour récompense de la liberté qu'il lui donnait, il lui demandait un bon conseil sur l'état présent des choses. M. de Beaujeu ne le ménagea point ; il lui répondit que le seul parti qu'il eût à prendre était d'aller trouver le général du roi de France, de lui demander pardon de la faute qu'il avait faite, et de se soumettre à toutes ses volontés ; mais qu'il ne lui assurait pas qu'avec tout cela on voulût lui pardonner. Le dey sentit bien la nécessité où il était de suivre en partie l'avis que venait de lui donner le capitaine français, mais il voulut soutenir devant lui la fierté qu'il avait témoignée jusque-là. Il répondit qu'il aimerait mieux voir toute la ville à feu et à sang que de faire les démarches qu'on lui conseillait ; il ne laissa pas cependant, malgré cette réponse, d'envoyer un député pour demander la paix.

Les Français jugèrent de l'intention des Algériens, à la vue d'une tanche qui sortit d'Alger, avec pavillon blanc, et qui, nonobstant le vent contraire, voguait vers l'amiral. Les Algériens l'accostèrent à neuf heures du matin. Le député ayant été introduit auprès de Duquesne, et lui ayant exposé le sujet de sa mission, ce général s'en tint au même ultimatum qu'il avait déjà signifié lors de son expédition de l'année précédente : il répondit qu'il n'entendrait à aucune proposition de paix que les Algériens n'eussent commencé par mettre en liberté, sans aucune rançon, non-seulement tous les Français qu'ils retenaient captifs, mais même tous les autres esclaves, de quelque nation qu'ils fussent, pris sur les vaisseaux portant pavillon français ; il dit en même temps au député, que si les Algériens ne se soumettaient promptement, rien ne pourrait les soustraire à la vengeance éclatante qu'on voulait tirer de toutes leurs pirateries. L'envoyé, consterné d'une proposition pareille, retourna à la ville. Après plusieurs pourparlers, Duquesne accorda au dey une trêve jusqu'au lendemain. On devait naturellement s'attendre à n'être plus dans le cas de faire aucune hostilité ; mais quelques assurances que les Algériens eussent données, on ne laissa pas de travailler toute la nuit à relever les ancres, et à se mettre en état de recommencer l'attaque, s'ils n'exécutaient pas ce qui leur avait été prescrit.

Dès le lendemain, 29, sur les dix heures du matin, on vit sortir de la ville une douzaine de chaloupes, qui nageaient à force de rames vers l'armée, quoique la mer fût grosse et le vent très-rude ; elles arrivèrent à bord vers midi, et amenèrent cent quarante-deux esclaves, parmi lesquels était M. de Beaujeu. Le même envoyé, qui était déjà venu plusieurs fois, les accompagnait. Le 30, on amena cent vingt-six autres esclaves; le 1er juillet, cent cinquante-deux; le 2, quatre-vingt-trois, et le 3, encore plusieurs : le tout faisait cinq cent quarante-six. Mais il en restait encore, à la campagne et dans les villes, beaucoup d'autres, qu'ils promirent de renvoyer. Un soulèvement avait manqué d'avoir lieu dans Alger, à cause de cette restitution, les propriétaires se plaignant de ce que, sans leur donner l'assurance que l'on ne les bombarderait plus, on leur enlevait des esclaves qu'ils avaient achetés fort cher; mais le désir de la paix les amena cependant à tout accorder. Les Français n'avaient tiré jusque-là que deux cents bombes; leur armée n'était que de dix vaisseaux de guerre, de sept galiotes et de quelques bâtiments de transport; ils avaient affaire à des corsaires qui avaient plus de quatre cents pièces de canon en batterie, qui se préparaient depuis deux ans à une vigoureuse résistance, et avaient une milice de douze mille hommes aguerris!

Il fut question ensuite de rédiger les articles du traité que l'on consentait à leur accorder ; on donna des otages de part et d'autre.

Le dey fit introduire les Français dans le divan; ils commencèrent par donner la liste des esclaves qui n'avaient point encore été délivrés; ils demandèrent ensuite, ou que l'on restituât tous les effets qui avaient été enlevés aux Français, ou que, si l'on ne pouvait les rendre en nature, on en payât la valeur. Le divan croyait avoir beaucoup fait en rendant les esclaves qu'on lui avait demandés, et il consentait à délivrer ceux qui étaient encore dans les villes; mais à l'égard de la restitution des prises, cet article semblait trop dur à des corsaires, dont la plupart se seraient trouvés dépouillés de tous biens, si on leur avait enlevé le fruit de leurs brigandages. Il ne fut pas possible de convenir de rien sur cet objet. Duquesne, instruit de leur refus, donna ordre aux otages de revenir à bord. Le dey, qui sentait quelle suite allait avoir la rupture des conférences, pria M. de Layette de demeurer jusqu'au lendemain, pour lui donner le temps de délibérer encore sur ce qu'il avait à faire : il renvoya M. de Combes en échange de Mézo-Morto, qui eut ordre de revenir. Rien n'était comparable à la situation dans laquelle se trouvait la ville pendant ces négociations ; on craignait à chaque instant d'y voir régner la dernière confusion : ceux que la restitution exigée par les Français n'intéressait pas personnellement, voulaient qu'on leur accordât tout ; les autres, que la satisfaction demandée aurait entièrement ruinés, eussent préféré voir la ville réduite aux dernières extrémités plutôt que d'y consentir.

Dès que Mézo-Morto fut rentré dans la ville, il alla aux casernes, et, en buvant avec les soldats, il trouva le moyen de leur persuader que Baba-Assen ne méritait pas de régner sur eux; qu'il avait déshonoré leur patrie en délivrant les esclaves sans que les Français rendissent les Algériens qu'ils avaient pris. Ce discours produisit un soulèvement contre le dey, et l'on se défit de Baba-Assen le jour même : les soldats allèrent dans la ville par petites troupes, et sur les dix heures du soir, ayant trouvé le dey qui revenait de la tour, huit d'entre eux tirèrent sur lui et le tuèrent ; aussitôt, d'un commun accord, ils élevèrent Mézo-Morto sur le trône. Il semblait dès lors que rien ne fît plus obstacle à l'accommodement avec les Français : le nouveau roi, étant maître de la milice, pouvait contraindre les habitants à faire la restitution demandée ; c'est néanmoins ce qu'il ne fit point. Il envoya M. de Layette rendre compte à Duquesne de ce qui s'était passé, et le fit prier en même temps de lui faire savoir ses prétentions par écrit. Le général français les lui envoya ; mais il n'eut aucune réponse, et il vit bien qu'il fallait se disposer à de nouvelles attaques. Il ne put plus douter du parti que les Algériens avaient pris, lorsque ayant fait mettre pavillon rouge en poupe, et fait tirer deux coups de canon à boulet, il les vit y répondre par deux coups pareils, et arborer aussi pavillon rouge; il se mit aussitôt en devoir de les en faire repentir.

Dès le même jour le combat recommença. On fit les mêmes manœuvres que précédemment.

A quelques extrémités que fussent réduits les corsaires, rien n'égalait leur obstination; on ne recevait de leur part aucune proposition; on apprit cependant le 3 août, par un esclave qui s'était échappé, qu'il y avait dans la ville un gros parti contre Mézo-Morto ; que l'on en était venu aux mains, et qu'il y avait eu beaucoup de personnes tuées de part et d'autre ; on espéra les amener enfin à demander la paix, et on les bombarda plus vivement encore que l'on n'avait fait auparavant, ce qui augmentait la fureur dans laquelle les Algériens étaient contre les Français. Ils en vinrent jusqu'à renouveler les cruautés de l'année précédente, et recommencèrent à attacher à la bouche de leurs canons des esclaves français, dont les membres étaient portés jusque sur la flotte.

C'est dans cette occasion que le chevalier de Choiseul-Beaupré, au moment d'être lié à la volée d'un canon, et conduit au lieu où devait se faire cette horrible exécution, fut reconnu par un capitaine algérien, que Lhéry avait autrefois pris dans ses courses, et qu'il avait, conjointement avec ses officiers, au nombre desquels était Choiseul, traité avec les plus grands égards.

Touché de voir le Français dans cet état, l'Algérien fit tout ce qui dépendait de lui pour que sa grâce fût accordée ; mais, n'ayant pu rien obtenir, comme il vit qu'après l'avoir attaché on allait mettre le feu au canon, il se jeta sur lui à corps perdu, l'embrassa étroitement, et, s'adressant à l'artilleur : « Tire, lui dit-il ; puisque je ne puis sauver mon bienfaiteur, j'aurai du moins la consolation de mourir avec lui. » Témoin de ce spectacle, le roi d'Alger en fut attendri ; la générosité de l'officier excita la sienne, et Choiseul fut sauvé.

A ce sujet, on lira sans doute avec intérêt la lettre suivante, écrite par le chevalier Choiseul-Beaupré à M. de Seignelay, sous la date du 19 décembre 1683 :

« Depuis que je suis fait esclave, j'ai été assez malheureux de ne pouvoir trouver une seule occasion pour assurer à Votre Excellence de mes très-humbles respects, que celle-ci, qui n'est pas même sûre ; mais j'espère que ces gens-ci la trouveront bonne, n'ayant rien à informer Votre Excellence qui les regarde. Permettez, s'il vous plaît, que je vous rende compte de la manière dont j'ai été pris. Vous saurez, Monseigneur, que, le 29 juillet, M. le Motheux ayant eu ordre de M. Duquesne d'appareiller pour la garde d'un petit vaisseau saletin, qui a été depuis acheté par un Anglais, ici, et d'envoyer sa chaloupe à la chaîne pour joindre les autres qui s'y devaient trouver, pour ensuite se poser en sorte que l'on pût remarquer si le vaisseau levait l'ancre ; M. le Motheux, duquel Votre Excellence m'a fait l'honneur de me faire lieutenant, me donna sa chaloupe, armée de cinq soldats et de onze matelots ; et, comme il n'avait rien paru sortir les jours auparavant de cette ville, M. Duquesne ne donna point de lieu de rendez-vous, comme à l'accoutumée. Je fus droit à la chaîne, comme il m'était ordonné. Etant assez près pour voir qu'il n'y avait point de chaloupes, je m'en fus au vaisseau, à dessein d'y rester jusqu'au jour, selon mon ordre ; une demi-heure après il en sortit un canot, que je suivis aussitôt, pour, en le prenant, savoir de lui quelque chose ; mais je fus arrêté par une galiote et quatre chaloupes qui faisaient leur ronde. Ayant demandé : Qui vive ? je tirai le premier, et eux ensuite ; mes matelots s'étant tous renversés comme morts, les coups et les cris ne leur purent faire lever la tête, répondant seulement qu'*ils étaient morts*. Les ennemis furent près d'une demi-heure sans oser nous aborder ; ils firent encore une décharge de pierriers et mousqueterie, blessèrent mon sergent et un soldat ; nous restâmes trois combattants, l'autre s'étant mis du nombre des dormants ; nous fûmes abordés de tous côtés ; ils commencèrent à tailler ; étant à moi, j'en renversai un dans la mer avec moi, d'où, étant tiré malgré moi, je fus conduit au gouverneur, qui, m'ayant renversé à ses pieds, puis m'ayant relevé, ne pouvant me tenir, étant presque mort des bourrades qu'il m'avait données, me dit que, sachant la mort du consul, j'étais sorti à dessein de venir brûler ses vaisseaux ; que, pour moi, je méritais le feu ; que demain j'irais au canon. Je lui dis : « Tout à l'heure, si tu veux. » — Le lendemain, le peuple nous prit ; il nous aurait assommés si l'on ne nous eût enfermés. On me mit la chaîne et l'on me donna la bastonnade ; huit jours après, nous fûmes portés au canon, et, après m'avoir assommé de coups, je fus livré pour être attaché ; ensuite on me délia, on remit ma partie au lendemain ; je fus ensuite gardé pour le dernier, et attaché... Comme on allait mettre le feu, le capitaine de la caravelle, que M. le chevalier de Lhéry avait pris, *se mit sous le canon, disant qu'il voulait mourir, ou ma grâce*, qu'on lui accorda. Je ne voulus pas qu'on m'ôtât qu'on ne me rendît mon valet, qui, lié sur un autre canon, attendait aussi qu'on mît le feu ; tout me fut accordé. On nous amena ici, au bagne du Bailly, attendant un pareil sort, que l'on nous promet tous les jours. J'ai resté deux mois jetant le sang à force de coups ; cela est passé. M. le chevalier de Tourville m'a envoyé quinze louis et du linge. Ordonnez, s'il vous plaît, Monseigneur, quelques secours et l'honneur de votre protection, ayant résolu de prier Dieu jusqu'au dernier moment pour Votre Excellence et votre famille. Comme je ne puis pas écrire à M. le comte de Choiseul, ayez la bonté de l'assurer qu'il ne se mette point en peine, car, de quelque couleur qu'on me peigne ma mort, elle n'est point capable de me faire fausser ma religion, ni honte à sa maison ; ne voulant point de salut que de mon Dieu et de mon roi, duquel j'espère mourir véritable sujet, et de Votre Excellence le très-humble, très-obéissant et fidèle serviteur.

« CHOISEUL-BEAUPRÉ. »

Le bombardement continuait cependant avec la même vigueur. Le 9, la mer étant belle, les galiotes tirèrent le matin deux cent vingt-cinq bombes, et les ennemis neuf cents coups de canon. Les Algériens faisaient toujours quelques tentatives; ils firent sortir du port une galère qui voulut enlever *la Fulminante*, commandée par le marquis de la Bretesche ; mais on fit un si grand feu de mousquets et de grenades, que la galère ennemie fut obligée de se retirer.

Quelques esclaves s'échappaient toujours de la ville ; le lendemain de ce combat il s'en sauva un par lequel on sut que la galère algérienne, à laquelle on avait déjà eu affaire, devait encore sortir du port ; on prit des mesures pour l'enlever. Au lieu de douze chaloupes que l'on s'était contenté de mettre en garde les jours précédents, on en mit trente, dont six étaient à canon, neuf à mortier, et les autres armées de pierriers. L'avis qu'avait donné l'esclave se trouva vrai : le 13, la galère turque sortit, et alla, avec les bâtiments de sa suite, se ranger du côté du fort de Baba-Assen ; mais elle n'osa venir à bord, et se contenta de faire d'assez loin une salve de son canon et de sa mousqueterie. Quelques chaloupes turques voulurent avancer ; mais quand elles virent que les françaises avaient du canon, elles prirent promptement la fuite. Les jours suivants, la galère vint encore avec des chaloupes et des brigantins pour escarmoucher; elle n'osa cependant rien entreprendre, et pour l'empêcher de revenir, on fit avancer au sud *le Cheval-Marin* et *le Laurier*, et au nord *le Fleuron* et *l'Étoile* : ces quatre vaisseaux la recevaient à coups de canon dès qu'elle voulait paraître ; elle n'osa plus sortir.

Le 14, on jeta encore des bombes ; le 16, on en tira environ deux cents, et les ennemis tirèrent autant de coups de canon. On continua de même le 17 ; mais les Turcs répondirent plus faiblement. On sut le lendemain, par un esclave hollandais qui se sauva de la ville, que Mézo-

Mortò avait été estropié d'un éclat de bombe, que plusieurs vaisseaux avaient été coulés, que tous les autres étaient si fort endommagés qu'on ne pouvait plus les soutenir qu'à force de pompes, et que les bombes, qui avaient abîmé la plupart des maisons et des mosquées, n'avaient fait de la ville qu'un tas immense de débris et de ruines. Si Duquesne avait pu continuer encore le bombardement pendant quelque temps, les Algériens auraient été contraints d'en passer par où il aurait voulu ; mais ce général fut obligé de terminer son expédition : elle durait depuis près de deux mois ; il avait épuisé toutes ses bombes, et la saison, qui était déjà avancée, ne lui permettait pas d'attendre qu'on lui en envoyât d'autres. Quoiqu'il n'eût point obtenu tout ce qu'il aurait souhaité, il devait être fort content de ses succès.

Duquesne prévoyait bien qu'aussitôt la mauvaise saison passée, le roi enverrait une nouvelle armée devant Alger pour achever de réduire les corsaires ; il voulait leur ôter l'espérance qu'ils pouvaient avoir de réparer une petite partie de leurs pertes pendant l'hiver ; en conséquence il laissa devant la ville trois vaisseaux, commandés par MM. Foran, Gravier et Ridault.

Les Algériens comprirent que la France s'était absolument proposé de les réduire, et qu'il n'était pas possible qu'ils pussent tenir tête à une si grande puissance ; la crainte de voir recommencer les malheurs qu'ils avaient essuyés les années précédentes les porta enfin à demander la paix. Elle leur fut accordée par un traité que M. de Tourville signa avec le divan. L'une des principales conditions fut que le dey enverrait un ambassadeur au roi, pour lui demander pardon des hostilités que les Algériens avaient commises contre les Français. Selon cet accord l'ambassadeur arriva à Versailles, où, après avoir rempli, dans une audience publique, les engagements que sa nation avait pris, le roi confirma le traité.

Nous donnons ci-après la relation du bombardement d'Alger, envoyée au marquis de Seignelay par Renau d'Eliçagaray :

« L'armée arriva le 4 juin aux îles Formentera ; le *Laurier*, l'*Étoile* et les galiotes y arrivèrent le 9, et après y avoir attendu les galères jusqu'au 15, pendant quoi on travailla à charger deux mille bombes. M. Duquesne appareilla et fit route le lendemain pour venir ici. On y arriva le 18, et on y trouva MM. d'Amfreville, de Septesmes, de Villette, de Mené et de Saint-Mars. M. d'Amfreville avait une prise anglaise chargée de citrons, qu'il reprit sur un Turc qui se disait de Tétouan; mais on a vérifié qu'il était forban, ayant aussi commission d'Alger : il y avait vingt-cinq Algériens dedans, et quelques Saletins.

« M. Duquesne résolut de se servir des galiotes, sans attendre les galères; et comme cela paraissait délicat, à cause que les ennemis avaient deux galères prêtes et deux autres que l'on disait aussi être bientôt en état de sortir, il ordonna que l'on viendrait d'abord mouiller un peu en deçà de la grande portée de canon de la ville, et que l'on ferait porter un peu plus près de la ville sept vaisseaux à égale distance des batteries des ennemis, et de porter sept ancres à touer vis-à-vis d'eux, environ à six cents toises du môle, aussi à égale distance des batteries, dont les haussières seraient frappées sur ces vaisseaux, et qu'outre ceux-là on porterait encore plus près de la ville deux vaisseaux aux deux ailes, qui auraient chacun une ancre à touer aussi plus près de la ville que les premières ancres à touer, et à leur côté, afin qu'étant avancés dessus, ils pussent être sur les deux ailes des galiotes pour les pouvoir flanquer en cas de sortie des ennemis, lorsqu'elles seraient en place pour jeter des bombes. Il y aura ci-joint un bout de plan d'Alger, avec l'ordre de ce mouillage, pour tâcher d'en donner une idée claire.

« Toutes ces ancres à touer sont plus près les unes des autres que les vaisseaux sur lesquels elles tiennent, qui occupent plus d'espace pour pouvoir éviter à tous les changements de vents et des marées, afin que les galiotes qui se halent dessus ne fassent point un si grand front pour pouvoir mieux être flanquées par les deux vaisseaux des ailes.

« Le 20, l'armée mouilla, et le lendemain les neuf vaisseaux se postèrent dans l'ordre que je viens de dire. Ce jour-là et le 22 se passèrent à préparer les touées de galiotes et celles de deux vaisseaux des ailes.

« Le 23, à dix heures du matin, on fut porter les ancres à touer; M. de Tourville porta celle du vaisseau du nord, et M. d'Amfreville celle du sud, qui devaient être les plus proches de la ville; M. de Lhéry porta celle du milieu, se réglant sur les deux ailes; ensuite celles des intervalles furent portées par les capitaines des vaisseaux sur lesquels les haussières devaient être frappées, se réglant tous sur les trois qui avaient leurs chaloupes dessus. Tout cela se fit avec beaucoup d'ordre et de justesse.

« Les ennemis ne tirèrent pas un seul coup, croyant que tous ces mouvements se faisaient pour savoir la portée de leurs canons. M. le duc de Mortemart était dans le canot de M. de Tourville, accompagné de M. le marquis de la Porte.

« Le reste de ce jour fut employé à préparer toutes choses pour bombarder au premier beau temps, et le soir on donna ordre à M. le major de mener des chaloupes en garde pour empêcher les ennemis de draguer les ancres à touer ; mais ils ne sortirent point.

« Le 24, la mer fut grosse, et M. Duquesne se contenta de donner les mêmes ordres pour les chaloupes de garde ; et comme elles furent portées par les marées proche des murailles, les ennemis tirèrent quelques coups de mousquet, sans blesser personne.

« Le 25, il y eut fort mauvais temps, et l'on ne fit rien.

« Le 26, la mer fut fort grosse; mais comme le vent manqua entièrement le soir, et que l'on était dans l'impatience de commencer à faire quelque chose, M. Duquesne vint faire marcher les galiotes et les deux vaisseaux des ailes, dans l'ordre qu'il avait prescrit. Après avoir fait donner aux galiotes dix gardes de la marine, dix grenadiers et dix soldats d'augmentation à chacune, il ordonna au major de poster la moitié des chaloupes armées vers les vaisseaux du nord, et l'autre vers ceux du sud, après qu'il en aurait donné deux à chaque galiote pour s'en servir, et qu'il en aurait porté deux fort proche de la sortie du port, pour brûler des amorces de temps en temps, en cas que les ennemis fissent quelque sortie, afin qu'à ce signal toutes les chaloupes des ailes marchassent vers les galiotes qui auraient pu être attaquées.

« On ne commença à tirer qu'à une heure après minuit, tant à cause que l'on différa fort longtemps à se mettre en marche, pour donner le temps à la mer de se calmer, que parce qu'on fut quelque temps à se poster, à cause qu'il en faut toujours beaucoup, et l'on continua de tirer pendant une heure et demie ou deux; après quoi, M. Duquesne tira deux coups de canon pour la retraite. Dans ce temps-là, il vint un vent de terre fort frais, qui nous aurait empêchés de nous orienter. On tira environ quatre-vingt-dix bombes, toutes à douze et à quinze livres de poudre ; il y en eut huit ou dix de crevées en sortant du mortier ou en l'air; les bonnes furent toutes tant sur le môle que sur le port, et cinq ou six dans les premières maisons de la ville. Les ennemis tirèrent environ trois cents coups de canon sans blesser personne, quoiqu'il y eût quelques coups sur les galiotes.

« M. le duc de Mortemart, accompagné de MM. de la Porte, de Blénac et de M. le Motheux et de son écuyer, étaient dans le canot de M. de Tourville, qui était présent à tout avec M. de Lhéry, allant et venant dans tous les endroits, et envoyant le major porter des ordres de tous côtés.

« M. de Lhéry avait dans le sien MM. de Gèvres, de Belle-Fontaine, d'Aligre, de Combes et de Combes l'ingénieur; beaucoup d'autres officiers et volontaires allaient dans les autres chaloupes.

« Le 27 au soir, la mer s'abattit entièrement, et il y eut tout à fait calme; et, comme il faisait des éclairs de tous côtés, et que le ciel était fort chargé, avec assez d'apparence de mauvais temps, M. Duquesne fut quelque temps irrésolu; cependant, après avoir donné les mêmes ordres que le soir auparavant, il fit marcher tout dans le même ordre. On fut en place environ à onze heures, et on jeta des bombes jusqu'à environ une heure, qu'il survint un si gros coup de vent de terre, que la mer devint furieuse. Les galiotes s'en retournèrent fort vite auprès des vaisseaux, et toutes les ancres à toucr chassèrent. On tira ce soir-là environ cent dix bombes, aussi à douze et à quinze livres de poudre; il y en eut environ quinze ou seize qui crevèrent en sortant du mortier ou en l'air. Les ennemis redoublèrent leur feu et tirèrent environ six cents coups de canon; il n'y eut que M. de Choiseul, enseigne sur *le Prudent,* qui fut tué, avec deux autres hommes de la chaloupe, qui furent tués du même coup que lui.

« M. le duc de Mortemart, accompagné des mêmes gens, M. de Tourville, M. de Lhéry, et M. d'Amfreville qui n'avait pas la fièvre aussi fort qu'auparavant, furent présents à tout comme la nuit précédente.

« J'étais dans le canot du major ce soir, aussi bien que partout où il a été les autres fois, pour vous pouvoir mander, Monseigneur, avec la dernière exactitude, selon vos ordres, tout ce qui s'est passé ici.

« Le 28, Babasan envoya un député, avec un autre Turc interprète et le père Levacher, à neuf heures du matin, pour proposer la paix. M. Duquesne leur dit qu'avant que d'écouter aucune proposition, il voulait qu'ils lui envoyassent tous les esclaves français, et tous ceux qui avaient été pris sous la bannière de France, sans en excepter aucun; sans quoi il n'écouterait rien. Il leur donna cela fort succinctement par écrit, sans vouloir que le père Levacher se mêlât d'aucune négociation. Babasan renvoya deux ou trois heures après les deux Turcs, avec une lettre du père Levacher en réponse; mais il les renvoya sans les vouloir écouter ni voir leur lettre, disant qu'il fallait que les choses se passassent entre lui et la puissance d'Alger, sans entremetteur, et qu'il ne fallait plus revenir sans satisfaire premièrement à ce qu'il voulait. Ils revinrent encore, à six ou sept heures du soir, pour demander en grâce que l'on ne tirât point de bombes ce soir-là, et que le lendemain, à midi, tous les esclaves qu'ils pourraient envoyer seraient à bord, et qu'ils continueraient à les renvoyer à mesure qu'ils les ramasseraient. M. Duquesne leur accorda ce qu'ils demandaient pour ce soir-là; aussi bien il lui aurait été impossible de faire tirer, les ancres à touer ayant chassé le soir d'auparavant : il aurait fallu les replacer avant que nous songeassions à y retourner; et ils prièrent que l'on tirât un coup de canon, pour faire connaître à ceux d'Alger qu'on leur avait accordé ce qu'ils demandaient. Ils étaient convenus de ce signal avant que de repartir de la ville, ce qui fit connaître qu'il fallait qu'ils fussent fort pressés. En effet, l'on apprit le lendemain par M. de Beaujeu (qu'ils amenèrent avec cent quarante-deux esclaves, à l'heure qu'ils avaient promis), qu'il y avait beaucoup de division, de partis déclarés, et beaucoup de terreur parmi eux, par le grand désordre que les bombes avaient fait la dernière nuit. Cependant il est certain que l'on n'avait fait que de commencer fort médiocrement, et que ç'aurait été tout autre chose lorsque l'on aurait eu de belles nuits pour commencer de bonne heure, et que l'on aurait approché les ancres, comme on allait faire, pour tirer de près les bombes et les carcasses. Jusqu'à cette heure, ils sont fort ponctuels à suivre ce que M. Duquesne leur a prescrit, et je ne doute point qu'il n'ait d'eux tout ce qu'il leur demandera; et je ne crois point que le plus et le moins soient à l'épreuve de quatre ou cinq cents bombes, de la manière qu'il semble qu'ils les envisagent.

« Le 29, comme j'ai dit ci-dessus, cent quarante-deux, sans M. de Beaujeu ; le 30, ils en ont amené cent vingt-quatre.

« Le 1er juillet, cent cinquante-deux, et vinrent demander en grâce, de la part de Babasan, à M. Duquesne les Turcs de la prise de M. de Lhéry; mais il ne voulut leur accorder que le rey (c'est le capitaine de la caravelle); encore leur dit-il que c'était seulement en considération de Babasan, à qui il voulait faire ce présent sans conséquence.

« Le 2, ils en ont encore amené quatre-vingt-trois, et plusieurs aujourd'hui avec quatre femmes, dont il y en avait trois Messinoises de la famille de *Guenegau*, jurat de Messine, et une Marseillaise.

« M. le Motheux, qui porte les nouvelles et qui va partir tout présentement, ne me donne que le temps de vous envoyer, Monsieur, la copie de la lettre que j'écris à Monseigneur le marquis. Je crois que vous serez bien aise d'apprendre ces commencements de paix-ci. Si le reste suit du même air, je ne crois pas qu'il puisse y avoir rien de plus glorieux pour la marine.

« Je suis, Monsieur, etc. « *Signé :* RENAU.

« A la rade d'Alger, le 3 juillet 1683. »

Gênes ne tarda pas à éprouver un désastre semblable à celui d'Alger. Pendant la dernière guerre, la république avait fourni secrètement des secours aux Espagnols, et c'était dans ses arsenaux que les pirates, quoique leurs ennemis, trouvaient, par l'avidité des commerçants, les munitions dont ils avaient besoin. Tout récemment, à la demande de Louis XIV, qui désirait avoir un magasin de sel à Savonne, pour l'approvisionnement de Casal, qu'il venait d'acheter du duc de Mantoue, elle avait répondu par un refus formel. Gênes était dans l'appréhension que le monarque, qui semblait s'arroger alors tout ce qui était à sa bienséance, n'en prît peut-être occasion de s'assurer de la ville elle-même.

Dans cet état mutuel de défiance, la république fit un armement de quatre galères, et prétendit que c'était pour la sûreté de ses rivières. Louis soupçonnait là un secours préparé au roi d'Espagne, qui avait avec lui quelques difficultés, et qui avait déjà envoyé une garnison dans la ville. Ce fut le signal de la vengeance.

On équipa, dans les ports de la Méditerranée, une flotte qui fut en état d'être mise en mer dans le mois d'avril : le commandement en fut donné au marquis Duquesne, lieutenant général des armées navales, et le marquis de Seignelay, secrétaire d'Etat de la marine, voulut être présent à cette expédition.

L'armée navale partit de Toulon le 5 mai 1684, Elle était composée de quatorze vaisseaux de guerre, vingt galères, dix galiotes, vingt-sept tartanes, deux brûlots, huit flûtes, et il y avait outre cela soixante-douze petits batiments à rames.

La flotte relâcha le 7 aux îles d'Hyères, et arriva devant Gênes le 17. Le même jour, les dix galiotes à bombes, qui avaient chacune deux mortiers, se postèrent à portée de canon des murailles, sur une ligne, depuis la tour du fanal, qui était à la gauche, jusqu'au faubourg de Bisagno, qui était à la droite. Les vaisseaux se postèrent sur une autre ligne, derrière les galiotes. Les galères, disposées en deux escadres, furent postées aux extrémités des deux lignes, d'où elles faisaient divers mouvements pour soutenir les galiotes, et empêcher qu'aucun bâtiment ne sortît du port de Gênes. Les flûtes et les tartanes, où étaient les bombes et la poudre pour le service des mortiers, furent placées hors de la portée du canon, un peu plus loin que les galiotes.

Dès que les Génois avaient vu la flotte mouillée devant leur ville, le sénat s'était assemblé. Le lendemain matin, 18 mai, six sénateurs se rendirent à bord du marquis de Seignelay pour lui faire compliment de la part de la république. Les députés, après avoir essayé de justifier la conduite de la république, prirent congé du ministre, et lui dirent qu'ils allaient informer des intentions du roi le conseil qui était assemblé, et qu'ils feraient savoir la résolution qui aurait été prise. Le conseil ne finit qu'à cinq heures du soir, et, pour réponse, les Génois firent une décharge de toute leur artillerie sur l'armée navale. Comme tout était préparé du côté des Français, on fut bientôt en état d'agir. Duquesne signala aux galiotes de tirer sur la ville; elles le firent avec tant de promptitude et de succès, que deux heures après on commença à voir le feu dans plusieurs des palais et des édifices publics.

Le 19, ces bâtiments se postèrent plus près de la ville, et l'on continua de tirer des bombes; elles faisaient des ravages étonnants. On apprit, le 20, par deux Anglais qui sortirent avec leurs vaisseaux, qu'il y avait environ trois cents maisons démolies et brûlées : de ce nombre étaient plusieurs palais; entre autres celui du doge et celui de Saint-George, qui contenait le trésor de la ville ; l'arsenal, le magasin général étaient entièrement détruits.

La fierté naturelle aux républicains et l'appui des Espagnols, firent supporter aux habitants cette attaque avec courage; mais la menace d'une seconde entreprise vit mollir leur résolution, et les porta à rechercher la médiation du pape. Toutefois, le roi accueillit ses propositions, et rendit ses bonnes grâces à la république, moyennant qu'elle désarmerait ses galères, que la garnison espagnole évacuerait Gênes, et que le doge, nonobstant la loi fondamentale de l'Etat, qui lui interdisait de sortir de la ville, serait envoyé, accompagné de quatre sénateurs, porter à Versailles l'assurance de sa soumission. Ils furent reçus avec une majesté tenant de la hauteur, mais aussi avec toute sorte de politesse et une bienveillance marquée.

Comme on les promenait dans les jardins et les appartements, dont on leur faisait remarquer la magnificence, Seignelay ayant demandé au doge ce qu'il trouvait de plus extraordinaire à Versailles : « C'est de m'y voir, » répondit-il.

Une guerre soutenue pendant plusieurs années contre presque tous les Etats de l'Europe, et terminée à l'avantage de la France; Alger punie, Gênes humiliée et réduite à faire au roi la satisfaction la plus éclatante, étaient pour ce prince des avantages si considérables, et avaient si fort élevé la gloire de ce monarque, qu'il semblait qu'il n'y eût aucune puissance qui ne dût le respecter. La crainte d'attirer sur eux des malheurs pareils à ceux qu'avaient essuyés les Algériens n'avait cependant point été capable de retenir les corsaires de Tripoli : depuis la paix que le roi avait bien voulu leur accorder en 1683, ils avaient encore fait des courses sur les vaisseaux français. Le roi se disposa à les en punir : il fit équiper une flotte, qu'il mit sous les ordres de M. le maréchal d'Estrées, vice-amiral.

Elle partit le 17 juin 1685 de l'île de l'Ampédouze, et arriva le 19 devant Tripoli, où croisaient M. le marquis d'Amfreville et M. de Nesmont, qui avaient pris les devants avec quelques vaisseaux.

Le maréchal d'Estrées ayant mouillé devant cette place, et le mauvais temps n'ayant pas permis dans les premiers jours de rien entreprendre, on employa ce temps d'inaction à faire lever un plan de la place. Pour cela on envoyait toutes les nuits quelques chaloupes en garde, avec d'autres petits bâtiments; les officiers généraux s'y embarquaient pour prendre par eux-mêmes une connaissance exacte de l'entrée du port. On n'eut point d'autre occupation jusqu'au 22 juin. Le temps s'étant mis ce jour-là au beau, on se disposa à en profiter : les ordres furent donnés pour préparer les galiotes à bombes. La manœuvre fut bientôt faite : les capitaines firent recaler leurs mâts de hune, et mirent leurs mortiers en place; les chaloupes des vaisseaux de guerre allèrent mouiller des ancres à portée du canon de la ville, afin de pouvoir se haler sur ces ancres; on fit, pour le soir du même jour, un détachement qui fut composé de quatorze grandes chaloupes à rames, de trois galiotes et de plusieurs autres bâtiments pour le service des bombardes.

Tourville commandait l'attaque. Il fit poster les bâtiments armés à l'entrée du port, pour empêcher les entreprises des ennemis; et les galiotes à bombes étant arrivées à l'endroit qui leur avait été marqué, elles commencèrent sur les dix heures du soir à jeter des bombes dans la ville. Elles firent tout l'effet que l'on s'était promis. On s'était attendu à un grand feu de la part des ennemis : les nuits précédentes, ils avaient beaucoup tiré sur nos chaloupes d'observation. On continua le feu pendant toute la nuit; à six heures du matin, le détachement et les galiotes se retirèrent; elles avaient jeté cinq cents bombes. Le soir du 23, les capitaines eurent ordre de les conduire au même lieu où elles avaient été la nuit précédente; mais, le vent s'étant rafraîchi, elles ne purent tirer que sur les deux heures après minuit. Les Tripolitains restèrent encore tranquilles; les bombes étaient cependant jetées si juste, que l'on voyait le feu en plusieurs endroits.

Ce ravage des bombes les incommodait beaucoup et leur causait de très-grandes pertes; le maréchal d'Estrées se persuada que s'il pouvait parvenir à battre en brèche leurs murailles, la crainte de se voir forcés dans leur ville les mettrait plus promptement à la raison. Leur ville était fort basse; par conséquent, à moins que l'on trouvât le moyen de faire une descente, le projet du vice-amiral n'était pas facile à exécuter. Il y avait, à une portée de mousquet de la ville, un écueil dont la situation était fort avantageuse pour le dessein que l'on avait : il n'était question que de savoir si, dans ce poste, il y avait assez de terre pour que l'on pût y dresser une batterie. Un détachement de chaloupes armées et d'une galiote à rames eut ordre d aller examiner les lieux, et de sonder jusque dans le port le fond qu'il pouvait y avoir. Dès que les chaloupes furent à portée, les Tripolitains sortirent de l'inaction dans laquelle ils avaient été jusque-là, et firent un très-grand feu ; mais leur canon, quoique bien servi, n'empêcha pas que l'on n'approchât l'écueil.

On vit, au bord de la mer, quantité de cavalerie et d'infanterie; M. de la Guiche, qui commandait la première des chaloupes, leur envoya quelques volées de canon. Ils en furent extrêmement surpris : ils n'avaient jamais vu de grosse artillerie sur cette sorte de petits bâtiments. Lorsqu'on eut pris toutes les connaissances que l'on voulait avoir, on se rembarqua, et le détachement alla rejoindre l'armée.

Les Tripolitains, déjà déconcertés par l'effet des bombes, étaient dans une étrange inquiétude sur l'entreprise qu'ils voyaient que l'on voulait faire dans leur port; ils ne pouvaient revenir de l'étonnement où les avait jetés l'intrépidité avec laquelle les Français avaient, en plein jour et malgré un feu continuel, abordé dans un endroit dont ils s'étaient imaginé être entièrement les maîtres. L'impossibilité dans laquelle ils se crurent de se défendre contre des gens que leur valeur mettait au-dessus de tous les obstacles, leur fit songer à tâcher de terminer une guerre dont les suites ne pouvaient que leur être funestes. Ils résolurent d'envoyer demander la paix; et, vers midi, on vit sortir du port une chaloupe qui portait pavillon blanc. Elle vint à bord de M. le maréchal d'Estrées : il en sortit un vieillard de quatre-vingt-quatorze ans, qui, après avoir salué le général français, lui dit qu'il était l'infortuné Triek, beau-frère de Baba-Assan, chassé d'Alger depuis deux ans, après y en avoir régné vingt, en qualité de dey. Il dit qu'il venait de la part du divan de Tripoli pour savoir quelles étaient les prétentions des Français, et qu'il était chargé de négocier la paix. Le maréchal répondit qu'il voulait bien faire dresser des articles, sur lesquels ils délibéreraient; que, pour faciliter les négociations, non-seulement il leur accorderait une trêve jusqu'au lendemain midi, et même qu'il leur enverrait des officiers auxquels ils pourraient déclarer leurs intentions; mais que s'ils tenaient à profiter d'une occasion si favorable, il fallait que ce fût sans aucun délai, parce qu'il ne voulait pas perdre un seul moment de beau temps.

Triek retourna à la ville pour rendre compte du succès de sa mission. Le lendemain, 25, il revint dès le matin à bord des vaisseaux pour prendre les officiers chargés des conditions sous lesquelles M. le maréchal d'Estrées consentait à leur accorder la paix. Ils allèrent chez le dey, où les plus considérables de la ville étaient assemblés. On leur lut les articles, dont les principaux étaient qu'ils donneraient 200,000 écus pour les dédommagements des prises qu'ils avaient faites sur les vaisseaux français, et rendraient non-seulement tous les Français qu'ils retenaient esclaves, mais encore ceux des autres nations qu'ils avaient pris sous la bannière de France. Ils se récrièrent sur la somme demandée et en offrirent la moitié; mais après bien des contestations et des prières, on la réduisit à la somme de 500,000 livres. Ils furent obligés d'en passer par là et promirent de la fournir; ils s'engagèrent aussi à rendre tous les esclaves qu'on leur demandait. Il avait été arrêté que les infidèles payeraient 50,000 écus le lendemain, et on leur avait accordé quinze jours pour solder le reste. Il y eut de la difficulté pour le premier payement; mais le maréchal d'Estrées leur envoya dire qu'il trouverait bien le moyen de leur faire tenir leur parole: il fit avancer les galiotes et prépara tout pour jeter des bombes. La vue du danger effraya les Tripolitains: ils délivrèrent cent quatre-vingts esclaves, et lui apportèrent 200,000 écus.

Le roi avait contre les Tunisiens les mêmes sujets de mécontentement que contre les corsaires qui venaient d'être châtiés. Le maréchal d'Estrées fit voile de leur côté; mais ce qui venait d'arriver à la ville de Tripoli les détermina à la soumission. L'amiral les obligea de rendre tous les esclaves français, et de payer au roi les frais de l'armement.

Pendant que le maréchal d'Estrées était occupé à faire respecter la puissance du roi sur les côtes de Barbarie, Tourville faisait rendre au pavillon national l'honneur qui lui était dû.

Ce brave lieutenant général montait un vaisseau de cinquante-quatre pièces de canon et de trois cents hommes, et il avait avec lui deux autres petits bâtiments bien inférieurs au sien. Il rencontra, par le travers d'Alicante, le vice-amiral Papachin, qui revenait de Naples avec deux vaisseaux espagnols, dont l'un était de soixante-dix-sept pièces de canon et de cinq cents hommes d'équipage, et l'autre de cinquante-quatre pièces de canon et de trois cents hommes. Tourville envoya dire au vice-amiral de saluer le pavillon du roi. Sur le refus de l'Espagnol, les vaisseaux français l'attaquèrent. Tourville combattit contre Papachin, et, après une action qui dura trois heures, il aborda par le beaupré le vaisseau du vice-amiral, et l'obligea de saluer de neuf coups de canon le pavillon de France.

Cette affaire ne pouvant être considérée que comme une entreprise de particuliers, n'était pas une cause de rupture entre les deux nations; la trêve qui, en 1684, avait suspendu pour vingt années la guerre que se faisaient les deux nations, fut rompue bientôt après. Le roi d'Espagne se joignit aux ennemis que le prince d'Orange, prétendant au trône d'Angleterre, avait suscités à la France.

Louis XIV, allié fidèle de Jacques II, se vit obligé de recommencer une guerre plus vive et plus sanglante que toutes celles qui l'avaient précédées, et qui dans la suite devint fameuse sous le nom de Ligue d'Augsbourg. L'Empereur, le roi d'Espagne, l'électeur de Brandebourg, le palatin, étaient les principaux confédérés.

Les ordres furent donnés pour équiper promptement vingt-quatre vaisseaux, deux frégates et six brûlots. Tout fut bientôt préparé, la flotte partit de Brest le 6 mai 1688, sous les ordres du comte de Châteaurenault : le 9, elle arriva à la vue des côtes d'Irlande. Le 11 mai, les ennemis, sous le commandement du vice-amiral Herbert, parurent à la pointe du cap Mazana. On compta vingt-huit voiles, dans le nombre desquelles on remarqua quatre vaisseaux du premier rang. Il n'y en avait point de pareils dans l'armée française.

Pendant que le combat s'était engagé entre les avant-gardes des deux armées, les vaisseaux français des autres divisions s'étaient mis en ligne, et avaient fait grand feu sur ceux des ennemis qui se trouvaient à leur travers. L'action fut vive; mais après un combat de quelques heures, les navires ennemis, fort endommagés, furent obligés de prendre la fuite.

La flotte se disposa à retourner en France; on voulut néanmoins essayer auparavant d'attirer les Anglais à un second combat; mais ils avaient été trop maltraités dans la première action pour oser tenter de nouveau le sort des armes.

Voici la relation du combat contre le vice-amiral Herbert, d'après l'original écrit en entier de la main de Châteaurenault : *

« L'amiral d'Angleterre était au milieu de ses vaisseaux, qui étaient au nombre de vingt-deux navires de guerre et six quaicher ou yachts; le nombre répondait au nôtre, qui était de vingt-quatre navires de guerre et quatre brûlots, avec cette différence que les vaisseaux anglais

* *Archives de la Marine.*

étaient beaucoup plus gros, qu'ils avaient cinq vaisseaux de soixante-dix à quatre-vingts canons, et que leurs plus petits étaient plus gros que nos moindres.

« Le sieur Panetier était à la tête de la division de M. Gabaret, suivi des sieurs de Machaut, de Saint-Mars, de Réal, M. Gabaret, le chevalier de Rosmadec, le chevalier de Forbin, le sieur de Salampart, ma division suivait ; et à la tête était le chevalier de Belle-Fontaine, le sieur de la Harteloire, le chevalier de Coetlogon ; moi, le sieur Desnos, le chevalier Dervaux, le marquis de Saint-Hermine et le sieur de Beaulieu ; l'arrière-garde avait à sa tête les sieurs de Lahire, de Perinet, de la Noyene, M. Foran, les sieurs de Vaudricourt, de Roussel, Duquesne-Guitton et de Monfortier. Le sieur Panetier, ayant vu le signal que fit l'avant-garde, donna sur les ennemis, arriva sur leur signe à portée du mousquet pour engager la tête ; à cette occasion tous les vaisseaux du roi prirent leur poste et se mirent en ligne les uns après les autres par la contre-marche.

« Le sieur Panetier et le navire ennemi, qui était par son travers, tirèrent de même temps ; cependant deux vaisseaux de la tête des ennemis, qui étaient un peu sous le vent, faisaient force de voiles pour entrer dans la baie; ils furent rudement reçus par quelques vaisseaux de l'arrière-garde qui n'avaient pu encore prendre leur poste, et après quelque temps de combat, les deux vaisseaux arrivèrent vent arrière.

« Toute l'avant-garde de nos vaisseaux et le corps de bataille jusqu'à moi se trouvèrent en ligne dans le même temps que l'amiral des Anglais se trouva par mon travers ; ce fut là que nous commençâmes à nous tirer; toute la ligne continua ensuite jusqu'au serre-file ; les ennemis combattirent de même jusqu'à ce qu'il leur convînt de virer, à cause de la terre, ce qu'une partie fit vent arrière ; j'avais mis mon petit hunier sur le mât, étant par le travers de l'amiral, ce qui ne l'empêcha pas de faire porter largue ; je fus obligé d'en faire de même pour l'approcher, et quand il voulut revirer, il le fit vent arrière.

« La différence dont nos vaisseaux vont nous empêcha de garder régulièrement nos postes, les Anglais faisant trop force de voiles et allant mieux que nous. Je ne laissai pas, après le revirement, de regagner bientôt le travers de l'amiral, qui avait son grand hunier rompu, et nous combattîmes ensuite plus de quatre heures ensemble, à la tête chacun de nos vaisseaux, par le travers l'un de l'autre : à mesure que j'arrivais sur cet amiral, il arrivait aussi sur moi, de sorte que je me trouvai plus de deux heures dans la ligne de leur corps de bataille pour le pouvoir combattre à portée. M. Gabaret et M. Foran combattaient chacun dans leur division. Après six heures de combat, je me trouvai à sept lieues d'où nous avions commencé ; dans ce temps, le vent fraîchissant beaucoup et la tête des ennemis ployant toujours, je me trouvai hors d'espérance d'un plus grand avantage ; ainsi je rentrai pour gagner le lieu de mon débarquement, afin de le presser davantage pour aller rechercher les ennemis sans aucune inquiétude de ce côté-là. Dans le temps que je revirais, j'avais six pieds d'eau dans le navire par cinq coups de canon que j'avais à bas, que je bouchais aisément à l'autre bord ; j'ai eu trois barils de poudre mouillés.

« Je n'ai jamais tant espéré que dans cette occasion, où le moindre accident arrivé aux vaisseaux anglais par les suites, nous aurait fait avoir le plus grand avantage qu'on puisse avoir dans un combat, par la situation où j'étais et par l'assurance que je devais avoir que la seconde et la troisième division, étant commandées par de braves gens, avec de bons vaisseaux et en bon état, n'auraient pu manquer d'arriver dans mes eaux et de joindre les ennemis auxquels les brûlots auraient du moins fait abandonner les vaisseaux désagréés. Je fus très-bien suivi du chevalier de Coetlogon, des sieurs Desnos, de la Harteloire et du marquis de Saint-Hermine ; le chevalier Dervaux fit avec son mauvais et petit vaisseau inutilement tout ce qu'il put pour me suivre, mais allant trop mal, il fut contraint de laisser passer le marquis de Saint-Hermine, qui va beaucoup mieux et qui tint toujours le poste avec beaucoup d'exactitude et de vigueur. Avec ces vaisseaux je fus quatre heures le maître de la tête des Anglais, sur lesquels j'arrivais autant que je le pouvais, et comme j'avais remarqué d'abord le dessein de l'amiral, qui allait très-bien, de nous gagner le vent au large et de nous mettre entre deux feux, afin de pouvoir gagner ensuite le débarquement, ce qu'il aurait pu faire aisément si la seconde division était demeurée à l'avant-garde, dont les vaisseaux allaient mal. Je pris heureusement le parti de faire force de voiles afin de faire l'avant-garde avec ma division, dont la plupart des vaisseaux, et particulièrement le mien, allaient beaucoup mieux; le chevalier de Belle-Fontaine, que j'ai trouvé si bon acteur autrefois en pareille occasion avec un bon vaisseau, après avoir suivi autant qu'il put avec son mauvais vaisseau, demeura enfin de l'arrière de ma division, aussi bien que le sieur de Beaulieu, qui fit la même chose. M. Gabaret et M. Foran vous peuvent rendre mieux compte que moi de leurs divisions, étant trop éloigné d'eux.

« Il est à remarquer, Monseigneur, qu'il est fort extraordinaire que les Anglais aillent si bien au prix de nous; qu'ils aient du moins été aussi forts que nous, et que nous les ayons menés de la manière que nous avons fait; il ne l'est pas moins que ce soit Herbert à qui cette aventure soit arrivée, lui qui passe pour le plus capable et le plus brave de leurs généraux. Aussi il est certain qu'après que la crainte de l'incertitude du combat fut passée à ceux de leur nation que nous avions débarqués, ils en ressentirent une telle confusion, que, quoique nous fussions tous très-bien ensemble, qu'ils fussent ravis d'être sortis du péril où ils croyaient être, et qu'ils m'eussent en mon particulier quelque espèce d'obligation de la manière dont j'en avais usé avec eux, je n'ai pas reçu le moindre compliment de leur part sur ce fait.

« Après avoir mis à la voile et être venu au cap de Clear avec tous les vaisseaux, j'ai renvoyé à Bantry, au lieu du débarquement, la frégate *la Tempête*, avec ordre d'attendre la division du roi d'Angleterre, sur le choix du sieur Duquesne-Monier, qui la commande, ou du sieur de la Clocheterie, qui commande *la Mutine*. J'ai envoyé à M. d'Avaux les lettres du roi et celles que vous m'écrivez, où il verra les intentions de Sa Majesté, sur lesquelles il se réglera, et en enverra la décision à Bantry au sieur Duquesne-Monier. J'ai trouvé aussi qu'il y peut être nécessaire dans l'état où sont les choses en ce lieu, où il a été fort utile pour la diligence du débarquement. J'ai aussi envoyé dans le même lieu la frégate *la Pressante*, qui est armée des équipages de l'escadre et commandée par le sieur de Septèmes, avec ordre d'attendre des nouvelles et des ordres de M. d'Avaux pour s'en revenir en France. Je suis très-satisfait de cet officier, qui a fait une petite prise espagnole dans laquelle il y avait des Anglais.

« Après cela je suis venu chercher les ennemis; mais j'ai bien cru que ce devait être inutilement, y ayant apparence qu'ils se seront retirés quelque part pour se raccommoder, ou pour nous éviter devant qu'ils aient un plus grand nombre de vaisseaux de leur nation ou de hollandais ; et comme ce combat peut faire prendre quelques mesures à Sa Majesté à l'égard des Anglais, j'ai cru qu'il serait à propos de vous envoyer M. de Châteaurenault pour vous rendre compte promptement de toutes choses ; et, pour cet effet, je fais partir le vaisseau *l'Emporté* pour le débarquer à la première terre. Il est à propos que vous soyez informé que, hors ce combat que j'ai eu avec les Anglais, je ne leur ai rien demandé en aucun lieu, quoique j'aie rencontré un de leurs vaisseaux de guerre sous le vent de l'escadre, qui se mit en panne quand on lui donna chasse ; je ne voulus pas qu'on lui allât parler, n'y ayant aucune *rente* à attendre à la mer de cette nation, quelque amie qu'elle puisse être, comme vous l'avez éprouvé.....

« Je suivrai de près le chevalier de Châteaurenault pour recevoir vos ordres, et remettre l'escadre en état de les exécuter ; mais vous voudrez bien que je vous dise que nos vaisseaux n'ont pas assez d'équipage ; ils ne peuvent pas répondre la plupart à ce qu'on ne doit attendre avec si peu de monde ; les Anglais sont bien autrement armés que nous, nous savons certainement que plusieurs de leurs vaisseaux ont cinq cents hommes d'équipage.

« Je suis, Monseigneur, avec le plus de zèle et de respect, votre très-humble et très-obéissant serviteur.

« CHATEAURENAULT. »

Les Français avaient trop bien commencé la campagne pour appréhender de se mesurer avec des ennemis qui n'avaient évité que par la fuite une défaite totale. Le roi se trouvait à même de mettre en mer une flotte très-considérable. Ce prince recueillait le fruit des soins qu'il avait pris d'entretenir la marine pendant la paix. Tourville fut destiné pour commander l'escadre que l'on préparait à Toulon. Cette escadre, jointe à celle qu'on équipait dans les ports de l'Océan, se trouva composée de soixante gros vaisseaux de guerre. Elle était sous les ordres de Châteaurenault.

Les Anglais, ces fiers ennemis qui devaient avoir une flotte si puissante, et qui s'étaient vantés d'avoir une si grande supériorité sur la France, ne purent rassembler que soixante-dix vaisseaux, tant anglais que hollandais.

On se disposa à aller chercher les ennemis pour leur livrer bataille ; on sut qu'ils étaient à la hauteur d'Ouessant; la flotte fit voile de ce côté-là. Mais, de quelque manière qu'on s'y prît, il n'y eut pas moyen de les attirer au combat. Ils fuyaient devant une armée qu'ils s'étaient vantés d'obliger de rester dans ses ports. Mais si les Français regrettèrent de ne pouvoir engager un combat dont le succès ne leur paraissait pas douteux, l'objet que le roi s'était proposé n'en était pas moins rempli : les vaisseaux français, trouvant la mer libre, transportaient à Jacques II des troupes et des munitions.

Lorsque ce prince était passé en Irlande, le roi lui avait donné trois frégates, commandées par M. Duquesne-Monier, pour éloigner de ce royaume les bâtiments anglais qui voudraient en approcher, et pour transporter d'un port d'Irlande à un autre les choses que l'on aurait besoin d'y faire conduire. Ces frégates donnèrent la chasse à beaucoup de vaisseaux anglais, et firent, dans le mois de juillet, une prise assez considérable. Elles étaient parties de la rade de Carrickfergus; elles rencontrèrent le 5 juillet, à huit heures du matin, cinq voiles sous le cap d'Ecosse. Les frégates du roi, se trouvant au vent, arrivèrent sur ces navires pour les reconnaître, et virent, quand elles en furent plus proche, que les deux premiers de ces bâtiments étaient des navires anglais, ayant chacun une flamme au grand mât; les trois autres étaient des transports. Comme un des deux vaisseaux tenait plus de vent que l'autre, M. Duquesne détacha, pour l'attaquer, la frégate *la Jolie,* commandée par M. de Nuegle, capitaine anglais, pendant qu'avec la sienne il combattrait l'autre navire, que montait le commandant. Il ne crut point nécessaire que sa troisième frégate prît part au commencement du combat. Elle se nommait *la Tempête,* et était commandée par M. Booth, Anglais. Il ordonna à ce capitaine de se tenir en état de secourir celle des deux autres frégates qui en aurait besoin. Il fondit aussitôt sur le navire anglais, l'approcha à portée du pistolet, et après lui avoir envoyé sa bordée, qui fut promptement suivie d'une décharge de mousqueterie, il accrocha le vaisseau, et en vint à l'abordage. Le combat dura une demi-heure, avec un carnage égal de part et d'autre; mais le capitaine du vaisseau anglais ayant été tué, l'équipage demanda quartier. L'autre navire avait été fort maltraité par le feu de la frégate contre laquelle il avait affaire; lorsqu'il vit que celle qui n'avait point encore combattu arrivait sur lui, il ne crut pas devoir opposer une plus grande résistance. Les autres bâtiments n'avaient point attendu pour prendre la fuite. Il n'y en eut qu'un qui s'échappa : les deux autres furent pris par M. Duquesne, qui s'était mis à leur poursuite. Ils étaient remplis de vivres et de munitions. Les frégates continuèrent leur route, et arrivèrent le 23 au lieu où devaient débarquer les troupes qu'elles portaient.

Le chevalier d'Amblimont ne se tira pas avec moins de succès d'un combat qu'il livra à des vaisseaux hollandais. Il était allé en course avec quatre petites frégates; il rencontra cinq navires hollandais. Quoique la partie ne fût pas égale, il ne balança cependant point à les attaquer; après un combat fort opiniâtre, il en coula deux, un autre sauta par l'effet du feu qui se mit aux poudres, et il en prit un de vingt-quatre pièces de canon. Ce combat lui coûta deux cents hommes.

M. de Selingue, capitaine de la frégate *la Serpente,* rend compte* dans les termes suivants de cette brillante affaire :

« Nous sommes partis de Dunkerque le 19 juillet 1689, pour aller croiser du côté du nord, notre escadre étant composée de quatre vaisseaux de guerre. Le 27 dudit mois, étant parvenus à quinze lieues à l'ouest nord-ouest du Texel, sur les trois heures du matin nous eûmes connaissance de quatre vaisseaux hollandais et d'une galiote. D'abord que nous fûmes à la portée du mousquet, M. d'Amblimont tira un coup de canon sur le commandant des Hollandais, qui étaient aussi en ligne de bataille comme nous. Je m'empressai dès aussitôt d'arriver sur l'arrière-garde jusqu'à la portée de pistolet, d'où je commençai le combat. M. d'Amblimont ensuite, et le reste de même. La première décharge que je donnai à mon ennemi fut si violente, qu'il fut d'abord obligé de forcer de voiles pour s'approcher plus près de son commandant; mais comme M. d'Amblimont le châtiait d'une force à ne pouvoir secourir ses camarades, mon ennemi ne put être soulagé que par la force de ses défenses, qui furent assez violentes. Mais cet endroit ne donnait aucun relâche à mon équipage, qui était animé comme des lions.

« Comme j'arrivais incessamment pour l'aborder, le foudroyant de coups de canon et de mousqueterie, malgré toutes ses défenses, il fut obligé de se lancer sous le vent de son commandant, ce qui m'obligea de passer bord à bord au vent dudit commandant, à qui M. d'Amblimont

* *Archives de la Marine.*

faisait danser un furieux menuet ; et, venant par le travers de sa hanche, je lui envoyai toute ma bordée d'artillerie et de mousqueterie, joint au grand feu qu'il recevait de M. d'Amblimont. Ces *ruderies* l'obligèrent à arriver vent arrière, ce qui força l'arrière-garde de l'ennemi à retenir le vent pour laisser passer son commandant, et M. d'Amblimont devant elle, qui ne l'abandonnait point; ladite arrière-garde ne put s'empêcher de repasser au vent de son commandant et de M. d'Amblimont, ce qui me donna le plaisir de l'attaquer de nouveau; et, dans ce même moment, je vis le commandant des Hollandais en feu par sa poupe.

« Pendant ce temps, M. Herpin et M. de la Motte arrivèrent sur la flûte, qu'ils firent rendre par la suite à coups de canon, qui donna lieu à la galiote de se sauver. M. d'Amblimont pour lors avait abordé l'arrière-garde, le premier vaisseau que je combattais; et tandis que j'obligeais l'avant-garde à se rendre, je vis le vaisseau abordé par M. d'Amblimont sauter en l'air, et en même temps couler à fond, qui lui a fait perdre beaucoup de monde, particulièrement son enseigne, et son capitaine en second blessé. Je quittais l'ennemi que je combattais pour aller secourir mon commandant, en qui je voyais le feu ; mais ayant aperçu qu'on l'avait éteint, je retournai sur mes pas sur l'ennemi que je combattais, et je le battis d'une si grande violence que je l'obligeai à se rendre sans l'aborder, crainte qu'il ne s'eût fait aussi sauter en l'air, et il n'y aurait pas manqué, puisque mes officiers trouvèrent des poudres avec des bouts de mèche allumés auprès en trois ou quatre différents endroits. Pendant que j'envoyais mon monde à bord de l'avant-garde que j'avais prise, il arriva la chaloupe du vaisseau qui était en feu, avec tout le monde qui s'y était pu sauver dedans, qui jetaient leurs mains jointes au ciel, me demandant quartier et la charité de leur sauver la vie ; je leur accordai cette grâce, après avoir donné ordre à ma guise pour ne pas tomber dans la grande confusion d'une si grosse quantité de prisonniers, étant déjà beaucoup affaibli de mes gens : j'en ai eu pendant trois jours soixante-seize à mon bord.

« C'est une chose affreuse d'entendre et de concevoir qu'en moins de trois heures de temps, il ne s'est jamais vu un si furieux carnage et un si grand désordre : un vaisseau en feu, un coulé à fond et les autres pris. »

« Nous sommes arrivés avec nos prises, le 3 août, dans les bancs de Dunkerque, et nous sommes entrés dans le port aujourd'hui 4, également avec nos prises. J'ai remorqué ou traîné la mienne jusque dans la rade de Dunkerque.

« SELINGUE. »

En outre de la flotte, le roi avait fait équiper une grande quantité d'autres bâtiments dont on donnait le commandement à des officiers de marine, que l'on envoyait en course, ou que l'on destinait à escorter des navires marchands. C'est ce qui occasionnait tous les jours de petits combats particuliers contre les vaisseaux des alliés.

Le chevalier de Forbin et Jean Bart se signalèrent souvent dans ces rencontres, et ce fut à l'issue d'un combat contre les Anglais que ces deux célèbres marins furent faits prisonniers. Voici à quelle occasion :

Ils se chargèrent d'escorter vingt navires marchands qu'ils trouvèrent prêts à partir. Quand ils furent par le travers de l'île de Wight, ils aperçurent de loin deux vaisseaux anglais de cinquante pièces de canon chacun, qui venaient sur eux à pleines voiles. Le temps était beau et la mer fort calme, avec une petite brise, en sorte que les navires ennemis ne trouvaient aucun obstacle dans leur route ; les Français n'avaient pas beaucoup de temps pour délibérer sur ce qu'ils avaient à faire. Le plus sûr pour eux était d'abandonner la flotte : leurs bâtiments étaient bons voiliers, ils se seraient aisément échappés s'ils avaient voulu. Il semblait même que ce fût le seul parti qu'ils eussent à prendre ; il fallait être bien hardi pour entreprendre, avec une petite frégate et un vaisseau de vingt-quatre pièces de canon, de se défendre contre deux gros bâtiments de guerre. Ils ne purent cependant se résoudre à fuir ; la gloire qu'il y aurait eu pour eux à remporter la victoire contre des ennemis si supérieurs en forces, les détermina à hasarder le combat.

Ils cherchèrent à tirer, s'ils pouvaient, quelque secours des navires marchands ; ils choisirent les deux plus gros, et prirent sur les autres des matelots pour fortifier les équipages de ces deux bâtiments ; il fut réglé que la frégate et le vaisseau de guerre attaqueraient le commandant anglais, tandis que les deux navires marchands occuperaient l'autre vaisseau ennemi, en lui tirant des coups de canon ; les deux capitaines français comptaient que s'ils étaient assez heureux pour enlever celui qu'ils auraient abordé, ils s'en serviraient pour aller attaquer le second vaisseau, et ils avaient lieu d'espérer en ce cas que celui-ci ne leur échapperait pas.

Pendant ce temps, les Anglais approchaient toujours, et bientôt ils furent à portée : on suivit dans l'attaque l'ordre qui avait été réglé; les deux capitaines français eurent affaire au commandant anglais. Comme il était important pour eux que le combat fût décidé promptement, ils cherchèrent à en venir à l'abordage, mais les efforts qu'ils firent dans ce but ne leur réussirent point; toutefois, ils ne se rebutaient pas; ils espéraient toujours qu'ils seraient plus heureux; mais ils jugèrent aisément quel allait être le succès du combat, lorsqu'ils virent que les marchands avaient eu la lâcheté de les abandonner. Leur fuite permit au second vaisseau anglais de venir au secours du premier; les forces, qui n'étaient déjà point égales auparavant, le furent encore bien moins; quoique les Français comprissent que c'était pour eux une nécessité de se rendre, ils résolurent cependant de différer le plus qu'ils pourraient de prendre ce parti, afin de donner à la flotte plus de temps pour fuir; ils combattirent encore pendant deux heures. Le chevalier de Forbin eut les deux tiers de son équipage tués, et il reçut six blessures; Jean Bart, de son côté, n'était pas dans une meilleure situation : presque tout son monde avait été tué ou blessé; il avait lui-même reçu une blessure à la tête. Enfin, se voyant hors de défense, ils se rendirent.

On les conduisit à Plymouth, mais ils n'y demeurèrent pas longtemps : ils trouvèrent le moyen de s'évader de leur prison, et firent dans une barque le trajet de Plymouth à Saint-Malo; ils n'étaient que cinq hommes dans cette embarcation, et ramèrent avec deux mauvais avirons pendant plus de quarante-huit heures. Le roi fut informé avec détail du combat qu'ils avaient soutenu et de l'action hardie qu'ils venaient d'accomplir : ce prince voulut récompenser leur courage et les fit tous deux capitaines de vaisseau.

Jean Bart est le nom le plus populaire de la marine française. Une foule d'anecdotes plus ou moins vraies s'y rattachent. En voici une qui donne l'idée du caractère déterminé de cet illustre marin :

Dunkerque était bloquée; Jean Bart se trouvait dans le port de Bergues, avec une prise qu'il avait faite sur les Anglais, et qu'il se

Morel Fatio del.

Ferdinand Delannoy sculp.

JEAN BART À BORD DU CORSAIRE ANGLAIS.

Imprimé par [illegible]

(Histoire générale de la Marine.)

disposait à emmener. En attendant un vent favorable, il s'était tranquillement attablé dans une auberge, devant une bouteille de cidre, et fumait sa pipe proverbiale.

Un homme portant l'uniforme de commodore de la marine anglaise, vint s'asseoir en face du fumeur, et se mit à le considérer d'une manière fatigante. Jean Bart allait lui en demander le *pourquoi*, lorsque l'inconnu, s'adressant au cabaretier, s'informa si ce n'était pas là le célèbre Jean Bart.

« Lui-même, répond l'interrogé.

— A merveille, poursuit l'Anglais. J'ai deux mots à lui dire. »

Alors l'insulaire exprime à Jean Bart le plaisir qu'il éprouve de se voir en présence d'un marin si distingué. La conversation s'engage, et Jean Bart propose au commodore de se battre avec lui pour faire plus intime connaissance, ne voyant pas de meilleur moyen. Celui-ci accepte, mais à la condition qu'on ira préalablement déjeuner ensemble à son bord. Jean Bart ne se fait pas prier.

A l'heure dite, il est sur le pont du navire anglais, qui était à l'ancre à portée de pistolet de ses deux vaisseaux amarrés. Le repas fut gai. On mangea beaucoup, on but davantage, à la façon des Anglais. Après son dernier verre d'eau-de-vie et en commençant sa dernière pipe :

« Je vous quitte, dit Jean Bart à son amphitryon ; mais demain je vous rendrai, j'espère, toutes vos politesses.

— Vous vous abusez, lui répond le commodore ; car dès ce moment vous êtes mon prisonnier.

— Ton prisonnier, moi, chien d'Anglais ! dit Jean Bart en bondissant. Ah ! mille bombes, c'est ce que nous allons voir ! » Et, se tournant vers ses vaisseaux : « A moi, mes braves ! s'écrie-t-il d'une voix tonnante ; à moi, *Dunkerque* et *Jean-Bart !* »

Tout en parlant ainsi, il s'élance, plus prompt que l'éclair, sur une mèche placée à deux pas de lui, l'allume à sa pipe, et se précipite vers un baril de poudre défoncé. Posant la mèche allumée quelques lignes au-dessus, il dit au commodore : « Si un seul de vous fait un pas vers moi, nous sautons tous ! »

L'Anglais reste immobile, de même que son équipage, frappé de terreur. En même temps les Français qui ont entendu le cri de leur capitaine, et deviné la trahison, accostent en foule et envahissent le vaisseau du commodore. Lui-même devient leur prisonnier, avec tout son équipage.

Citons, pour clore ce volume, un fait non moins mémorable. A peu près à la même époque, notre colonie du Canada était sérieusement menacée par les Anglais. Le chevalier de Frontenac, gouverneur de Quebec, en avait été averti. Il fortifia la ville le mieux possible, et attendit l'ennemi, qui ne tarda pas à paraître. En effet, une escadre forte de trente-quatre voiles, et commandée par l'amiral Guillaume Phips, vint jeter l'ancre dans le Saint-Laurent. Aussitôt une chaloupe, portant pavillon blanc, se détache du vaisseau amiral, et s'avance vers la ville. C'était un trompette que Phips envoyait à sa place, pour recevoir la soumission des habitants, et remettre un message qui concluait à l'abandon, par les Français, de toute la Nouvelle-France. L'envoyé demanda à Frontenac une réponse écrite. Celui-ci s'écria, avec indignation : « Je vais répondre par la bouche de mon canon. » Puis il fait reconduire le trompette jusqu'à son embarcation, et l'amiral anglais commence l'attaque.

Le premier coup de canon qui lui est répondu par la place renverse son pavillon. Quelques braves Français s'élancent à la nage, et s'en emparent, à la vue de toute la flotte ennemie, et au milieu d'une grêle de balles. Cet événement leur sembla d'un heureux augure. En effet, il n'y avait pas un seul coup tiré sur les Anglais qui ne portât; si bien qu'ils disaient : « Il faut qu'il y ait un Indien derrière chaque arbre. » Frontenac manœuvrait de façon à leur dissimuler qu'il n'avait qu'une poignée d'hommes. Le lendemain, la ville fut la première à recommencer le feu. Le jour suivant, les troupes anglaises débarquaient près de Beauport. On sonne le tocsin à la cathédrale, comme pour appeler toute la ville au combat. Soudain les Anglais, emportés par une terreur panique, fuient en désordre, abandonnant leur artillerie.

L'amiral Phips ne songea plus dès-lors qu'à lever le siége de Quebec, et à sortir du fleuve Saint-Laurent.

FIN DU DEUXIÈME VOLUME.

Rouargue frères del. et sc.

DÉFENSE DE QUÉBEC,

par Mr. DE FRONTENAC

TABLE DES MATIÈRES

CONTENUES DANS CE VOLUME.

LIVRE DEUXIÈME.

DEPUIS L'INVENTION DE LA BOUSSOLE JUSQU'AU SIÈCLE DE LOUIS XIV.

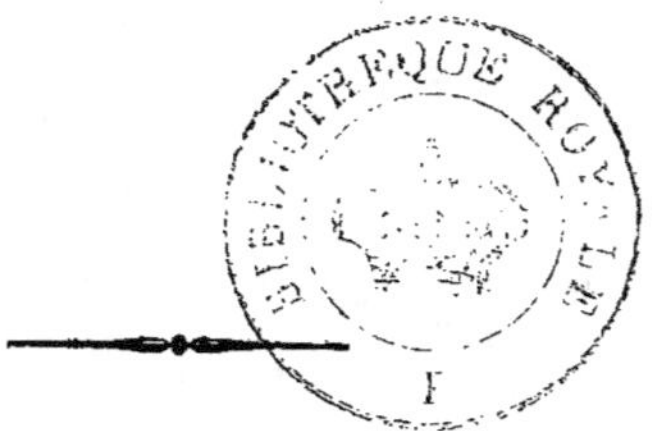

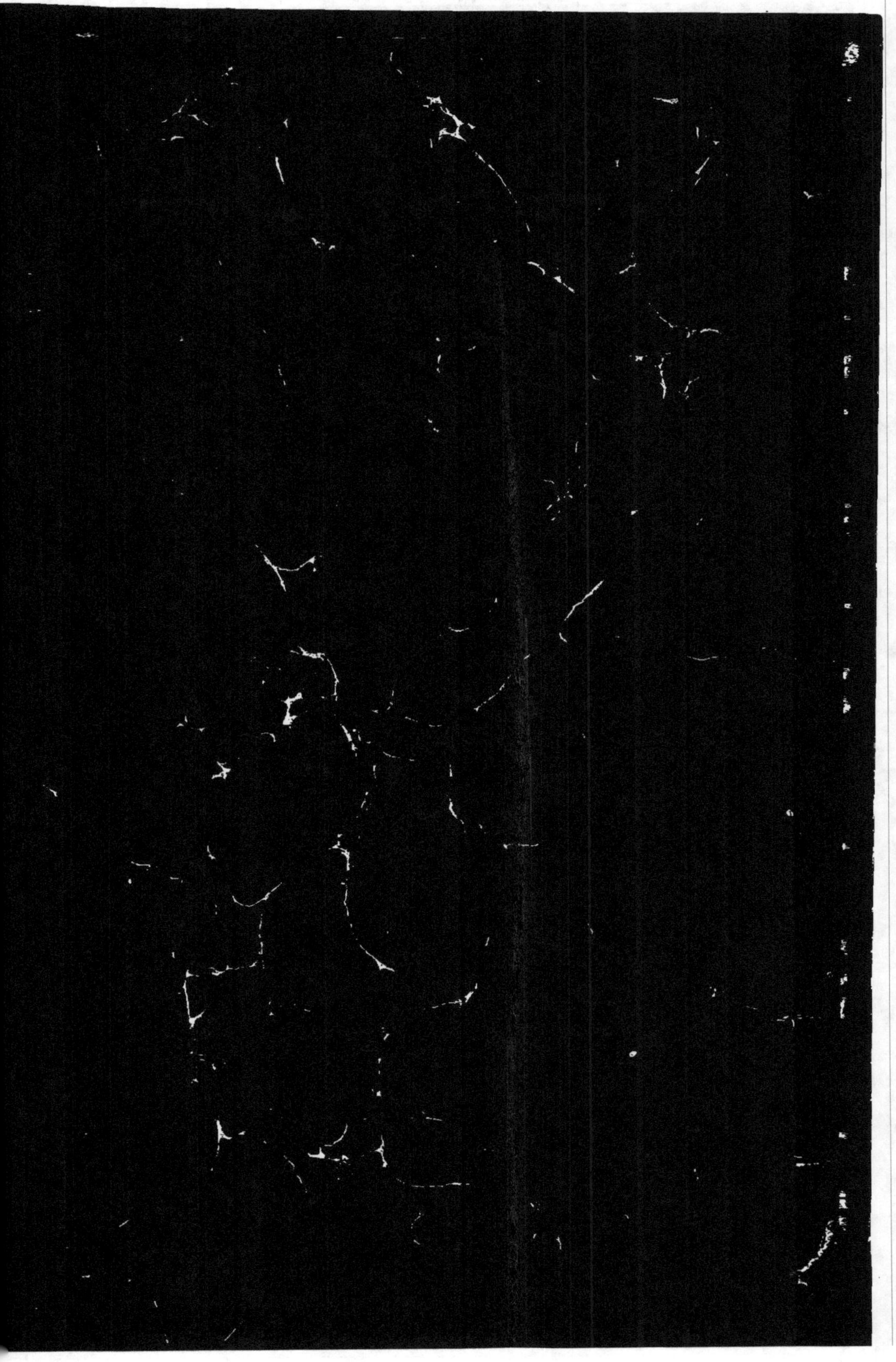

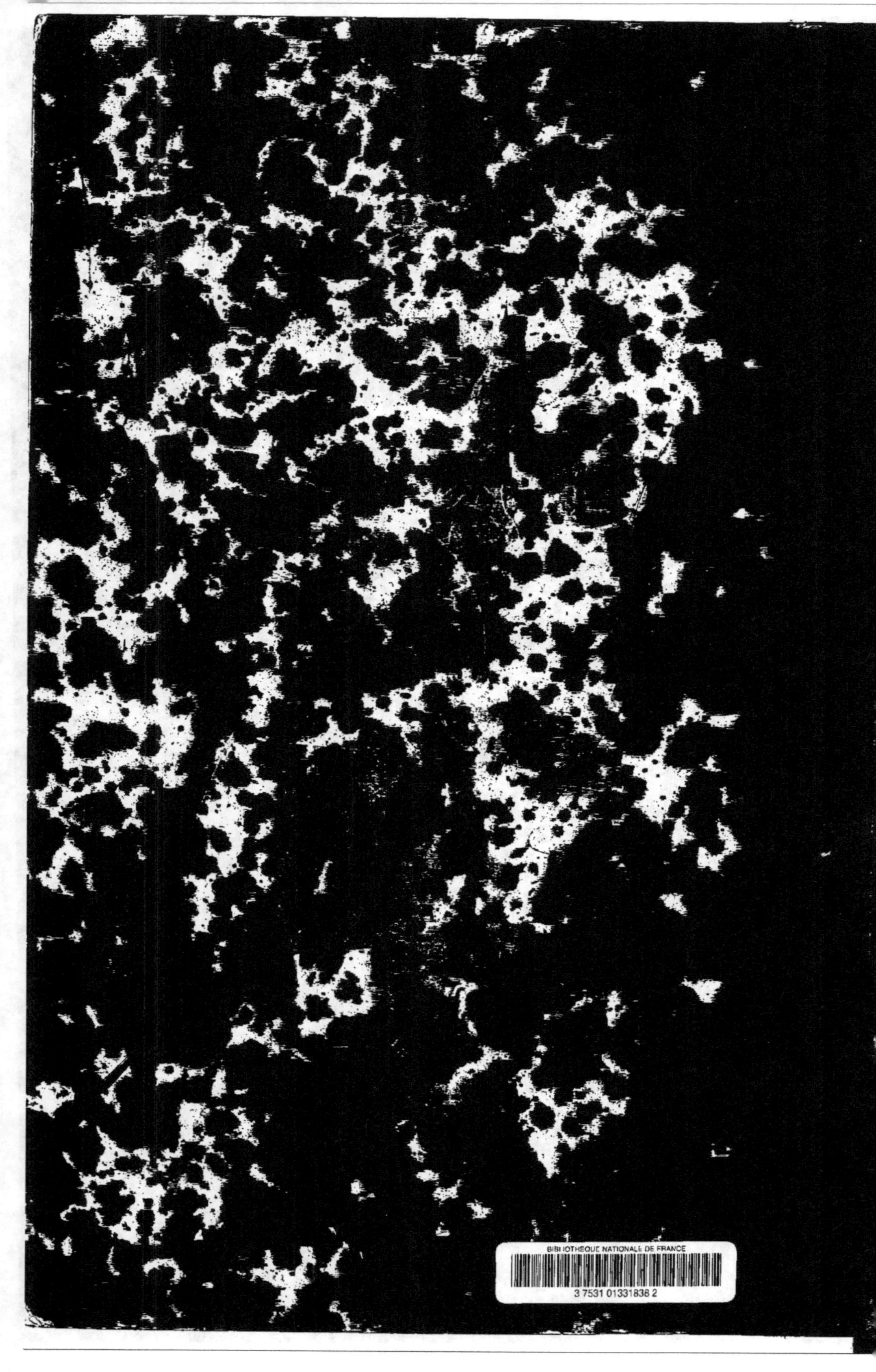

www.ingramcontent.com/pod-product-compliance
Lightning Source LLC
LaVergne TN
LVHW020555110826
845149LV00002B/280